Inhoudsopgave

Inleiding

1	**Inleiding**	
1.1	Doelgroep	
1.2	Taalniveaus	
2	**Didactisch concept *Contact!* deel 1**	
2.1	Het vierfasemodel van Neuner	6
2.2	Socratisch en cyclisch aanbieden van de grammatica	6
2.3	Klassikale lessen versus zelfstudie	6
2.4	Driefaseaanpak van de oefeningen	7
3	**Opzet tekstboek *Contact!* deel 1**	7
4	**Opzet werkboek Contact! deel 1**	9
5	**Didactische aanwijzingen per vaardigheid**	9
5.1	**Begin van een hoofdstuk: titelpagina**	9
5.2	Luisteren – Algemene aanwijzingen voor luistervaardigheidsoefeningen	9
5.3	Spreken – Algemene aanwijzingen voor spreekvaardigheidsoefeningen	10
5.3.1	Spreekoefeningen in twee-, drie- en viertallen	10
5.3.2	Kettingoefeningen en klassikale spreekoefeningen	11
5.3.3	Routines: Wat kun je zeggen?	11
5.4	Schrijven – Algemene aanwijzingen voor schrijfvaardigheidsoefeningen	12
5.4.1	Aanpak dictoglosoefeningen	12
5.4.2	Aanpak individuele schrijfoefeningen	13
5.4.3	Correctiemodel schrijfoefeningen	13
5.5	Lezen – Algemene aanwijzingen voor leesvaardigheidsoefeningen	14
5.6	Invuloefeningen – Algemene aanwijzingen voor invuloefeningen	15
5.7	Grammatica – Algemene aanwijzingen voor grammaticaoefeningen	15
5.8	Notitie – Algemene aanwijzingen voor het bespreken van informatie in de kaders getiteld 'Notitie'	15
5.9	Uitdrukking – Algemene aanwijzingen voor het bespreken van de uitdrukking	16
5.10	Uitspraak – Algemene aanwijzingen voor het bespreken van de uitspraak	16
5.11	Woordenschatverwerving – Algemene aanwijzingen voor het omgaan met de woordenlijsten	16

Hoofdstuk 1	19
Hoofdstuk 2	30
Hoofdstuk 3	42
Hoofdstuk 4	51
Hoofdstuk 5	62
Hoofdstuk 6	75
Hoofdstuk 7	91
Hoofdstuk 8	104
Hoofdstuk 9	116
Hoofdstuk 10	127
Hoofdstuk 11	137
Hoofdstuk 12	152
Voortgangstoetsen	165
Correctiemodel schrijfoefeningen	199

De kopieerbladen bij *Contact!* deel 1 kunt u downloaden via www.cornelsen.de/contact

Contact!
Niederländisch

1

Handreichungen für den Unterricht

Contact!
Niederländisch

Handreichungen für den Unterricht

Erarbeitet von
Femke de Groot
Elsbeth de Leeuw
Susan Mennen
(alle Radboud in'to Languages)

Unter Mitwirkung von
Ghislaine Giezenaar
Petra Roël
(alle Radboud in'to Languages)

Bearbeitung und Redaktion dieser Ausgabe
Dieter Maenner

Technische Umsetzung dieser Ausgabe
zweiband.media, Berlin

Projektkoordination der Originalausgabe
Susan Mennen (Radboud in'to Languages), Nynke Scholtens (Intertaal)

Redaktion der Originalausgabe
Emma van Kampen
Jeanine Roos
Nynke Scholtens
(alle Intertaal)

Unter Mitwirkung von
Roelfien Munnikes

Layoutkonzept und technische Umsetzung der Originalausgabe
ontwerp omslag: Jaap de Bruin, j.j.design, Almere
begeleiding lay-out: Julia de Vries (Intertaal)
lay-out: Jaap de Bruin, j.j.design, Almere
illustraties: Jaap de Bruin, j.j.design, Almere

www.cornelsen.de

Die Links zu externen Webseiten Dritter, die in diesem Lehrwerk angegeben sind, wurden vor Drucklegung sorgfältig auf ihre Aktualität geprüft. Der Verlag übernimmt keine Gewähr für die Aktualität und den Inhalt dieser Seiten oder solcher, die mit ihnen verlinkt sind.

1. Auflage, 1. Druck 2011

© dieser Ausgabe: 2011 Cornelsen Verlag, Berlin

© der Originalausgabe: 2010 Intertaal, Amsterdam / Antwerpen

Das Werk und seine Teile sind urheberrechtlich geschützt. Jede Nutzung in anderen als den gesetzlich zugelassenen Fällen bedarf der vorherigen schriftlichen Einwilligung des Verlages. Hinweis zu den §§ 46, 52 a UrhG: Weder das Werk noch seine Teile dürfen ohne eine solche Einwilligung eingescannt und in ein Netzwerk eingestellt oder sonst öffentlich zugänglich gemacht werden. Dies gilt auch für Intranets von Schulen und sonstigen Bildungseinrichtungen.

Druck: Druckhaus Berlin-Mitte GmbH

ISBN 978-3-06-020060-3

 Inhalt gedruckt auf säurefreiem Papier aus nachhaltiger Forstwirtschaft.

1 Inleiding

Voor u ligt de handleiding van **Contact!** Deel 1. **Contact!** is een driedelige, communicatieve leergang Nederlands voor anderstaligen. Elk deel bestaat uit de volgende onderdelen:
- een tekstboek + twee cd's met luistermateriaal
- een werkboek + drie cd's met luistermateriaal en uitspraakoefeningen
- een handleiding

1.1 Doelgroep

Contact! is bedoeld voor hoogopgeleide, anderstalige volwassenen en adolescenten.
De leergang kan zowel op taleninstituten, roc's, volksuniversiteiten als universiteiten gebruikt worden in Nederland en België. Buiten Nederland is de methode goed bruikbaar voor onderwijs Nederlands als Vreemde Taal. Ook is deze leergang zeer goed te gebruiken in de bovenbouw van middelbare scholen in Duitsland. **Contact!** is geschikt voor zowel (semi-)intensieve als voor extensieve cursussen. Aangezien alle vaardigheden (spreken / luisteren / lezen / schrijven) tot en met niveau B2 aan bod komen, kan de cursist zich met behulp van **Contact!** deel 1, 2 en 3 bovendien voorbereiden op het Staatsexamen Nederlands als Tweede Taal, Programma II, dat een startkwalificatie is voor een studie aan hbo of universiteit.

1.2 Taalniveaus

De leergang bestaat uit drie delen die leiden naar de verschillende niveaus van het Raamwerk NT2, gebaseerd op het Europees Referentiekader (ERK / CEFR).
Een uitgebreide beschrijving van deze niveaus is te vinden op: http://taalunieversum.org/onderwijs/gemeenschappelijk_europees_referentiekader/3/4/

De niveaus waarnaar de verschillende delen leiden zijn:
Contact! deel 1: van 0 naar A2
Contact! deel 2: van A2 naar B1
Contact! deel 3: van B1 naar B2 (Staatsexamen Nederlands als Tweede Taal, programma II).

Deze handleiding betreft **Contact!** deel 1.
Hieronder staat een uitgebreide beschrijving van het taalniveau van **Contact!** deel 1. Na de eerste helft van het boek wordt niveau A1 bereikt, aan het einde van deel 1 niveau A2:

Beschrijving taalniveaus Contact! deel 1:

	Begrijpen		Spreken		Schrijven
	luisteren	*lezen*	*gesproken interactie*	*gesproken productie*	
A1	Kan vertrouwde woorden en basiszinnen die hemzelf, zijn familie en directe concrete omgeving betreffen herkennen, wanneer de mensen langzaam en duidelijk spreken.	Kan vertrouwde namen, woorden en zeer eenvoudige zinnen begrijpen, bijvoorbeeld in mededelingen, op posters en in catalogi.	Kan eenvoudige interacties uitvoeren, aangenomen dat de andere persoon bereid is om dingen te herhalen of opnieuw te formuleren in een langzamer spreektempo en hem helpt bij het formuleren van wat hij probeert te zeggen. Hij kan eenvoudige vragen stellen en beantwoorden m.b.t. directe behoefte of zeer vertrouwde onderwerpen.	Kan eenvoudige uitdrukkingen en zinnen gebruiken om zijn woonomgeving en de mensen die hij kent, te beschrijven.	Kan een korte, eenvoudige briefkaart schrijven, bijvoorbeeld voor het zenden van vakantiegroeten. Hij kan formulieren met persoonlijke details invullen, bijvoorbeeld het invoeren van zijn naam, nationaliteit en adres op een inschrijvingsformulier.
A2	Kan zinnen en de meest frequente woorden begrijpen die betrekking hebben op gebieden die van direct persoonlijk belang zijn (bijvoorbeeld basisinformatie over hemzelf en familie, winkelen, plaatselijke geografie, werk). Hij kan de belangrijkste punten in korte, duidelijke, eenvoudige boodschappen en aankondigingen volgen.	Kan korte, eenvoudige teksten lezen. Hij kan specifieke voorspelbare informatie vinden in eenvoudige, alledaagse teksten zoals advertenties, menu's en dienstregelingen en hij kan korte eenvoudige, persoonlijke brieven begrijpen.	Kan communiceren over eenvoudige en alledaagse taken die een eenvoudige en directe uitwisseling van informatie over vertrouwde onderwerpen en activiteiten betreffen. Hij kan zeer korte sociale gesprekken hanteren, zelfs terwijl hij gewoonlijk niet voldoende begrijpt om het gesprek zelfstandig gaande te houden.	Kan een reeks uitdrukkingen en zinnen gebruiken om in eenvoudige bewoordingen zijn familie en andere mensen, leefomstandigheden, zijn opleiding en zijn huidige of meest recente baan te beschrijven.	Kan korte eenvoudige notities en boodschappen die betrekking hebben op directe behoeften opschrijven. Hij kan een zeer eenvoudige persoonlijke brief schrijven, bijvoorbeeld om iemand voor iets te bedanken.

Bron: http://taalunieversum.org/onderwijs/gemeenschappelijk_europees_referentiekader/

2 Didactisch concept van *Contact!* deel 1

Doelen

Met **Contact!** deel 1 bereikt de cursist na zes hoofdstukken niveau A1 van het ERK / CEFR. Na hoofdstuk 12 zit hij op niveau A2. De aanpak van het boek is realistisch en communicatief omdat het belangrijkste doel van een taal communicatie is. Met **Contact!** deel 1 leren de cursisten de Nederlandse taal als instrument te gebruiken voor het geven en ontvangen van informatie, het uiten van gedachten, gevoelens, ervaringen en meningen binnen hun eigen leefwereld. Gedurende het doorwerken van de leergang krijgt de cursist de lexicale en grammaticale bagage voor diverse situaties in het dagelijks leven. Hij wordt hierbij in alle vaardigheden getraind in een communicatieve setting.

Didactische uitgangspunten

2.1 Het vierfasemodel van Neuner

Het belangrijkste didactische uitgangspunt van **Contact!** is dat zowel in het tekstboek als in het werkboek de lesstof is opgebouwd volgens het vierfasemodel van Neuner (Neuner, G. e.a. *Übungstypologie zum kommunikativen Deutschunterricht,* Langenscheidt,1981). Neuner onderscheidt vier fasen waarin taalelementen aangeboden en verwerkt moeten worden. Om zo effectief mogelijk een taal te leren, gaan de oefeningen van receptief naar productief, en van gesloten naar open.
In elk van de drie delen (A, B en C) van een hoofdstuk doorloopt de cursist het vierfasemodel van Neuner tweemaal. Dit geldt zowel voor het tekstboek als voor het werkboek.

Hieronder staan de vier fasen van Neuner.

Fase A:
Introductie van het taalelement (receptief) in een functionele context. Dit gebeurt bijvoorbeeld door middel van een luister- of leestekst. *(Zie bijvoorbeeld tekstboek hoofdstuk 5, deel C, oefening 6, p. 104)*

Fase B:
In deze fase worden deeloefeningen gedaan met de nieuwe taalelementen uit fase A. Deze oefeningen zijn nog erg gestuurd en receptief of reproductief. Voorbeelden van dit soort oefeningen zijn aankruisoefeningen, omcirkeloefeningen of gestuurde invuloefeningen. *(Zie bijvoorbeeld tekstboek hoofdstuk 5, deel C, oefening 7, p. 104)*

Fase C:
In deze fase begint de echte productie, maar nog wel gestuurd. In de oefening staan bijvoorbeeld woorden of formules die de cursisten moeten gebruiken in de oefening. Zo kunnen met behulp van de oefening bepaalde constructies uitgelokt worden. *(Zie bijvoorbeeld tekstboek hoofdstuk 5, deel C, oefening 9, p. 106)*

Fase D:
In de laatste fase gaan de cursisten zelf produceren, ongestuurd. De opdrachten zijn open. Het zal hier meestal gaan om een schrijf- en spreekopdracht. Het is de bedoeling dat de cursisten de aangeboden taalelementen onafhankelijk van de teksten uit de les leren gebruiken. *(Zie bijvoorbeeld tekstboek hoofdstuk 5, deel C, oefening 10, p. 107)*

Zoals Van Kalsbeek in haar artikel *Vind je cursisten lekker?* (1991) ook al aangeeft, is het onderscheid tussen de verschillende fasen niet bij elke oefening even eenduidig en is het ook niet de bedoeling om het ABCD-model al te dogmatisch te hanteren. Zij beschrijft het ABCD-model als een glijdende schaal waarlangs oefeningen geordend kunnen worden. De fasen hoeven elkaar ook niet in dezelfde les op te volgen. Het grote voordeel van het model voor zowel de cursist als de docent is dat de oefeningen op moeilijkheidsgraad geordend zijn. Zo worden cursisten niet te snel geconfronteerd met ongestuurde oefeningen. Een docent kan dan in de fasen A t/m C gericht feedback geven, namelijk alleen op de taalelementen die worden geoefend, en een cursist krijgt gerichte input voor zijn taalverwerving.

2.2 Socratisch en cyclisch aanbieden van de grammatica

De grammaticaoefeningen zijn socratisch van opzet. Dit houdt in dat de oefeningen de cursisten stimuleren om op basis van voorbeelden zelf bepaalde grammaticaregels af te leiden. De leergang stuurt het zelf ontdekken door gerichte vragen te stellen en de voorbeelden aan te bieden in een verhelderende lay-out. Deze aanpak heeft op lange termijn meer effect dan wanneer de regels kant en klaar worden aangeboden (zie ook L. Zijlmans, *Welles Nietes: didactische grammatica voor NT2-docenten,* Intertaal, 2003).
Ook is ervoor gekozen de grammaticale onderwerpen, afhankelijk van de moeilijkheidsgraad, cyclisch aan te bieden. Grammaticale onderwerpen komen in verschillende hoofdstukken weer terug, worden herhaald en geleidelijk uitgebreid en verdiept. Dit omdat er tussen het leren van een regel en het verwerven en kunnen toepassen daarvan, een behoorlijke tijd kan zitten.

2.3 Klassikale lessen versus zelfstudie

In **Contact!** wordt ervan uitgegaan dat in klassikale lessen de nadruk ligt op de mondelinge vaardigheden. Daarbij wordt een actieve deelname van de cursist in de klas verwacht. De docent is een begeleider van het leerproces van de cursist, de cursist vervult zelf de hoofdrol. Hij verwerft zo zelfstandig mogelijk de taal en wordt hierbij begeleid door de docent. Om dit te bevorderen is voor thema's gekozen die de cursist motiveren en interesseren en zijn de teksten actueel. Ter bevordering van de communicatie werken cursisten in tweetallen, kleine groepjes of met de hele groep met rollenspellen, conversatie en spelletjes. Er is veel afwisseling in werkvormen en soorten oefeningen zodat de cursisten hun interesse behouden. In de klassikale lessen zal veel gewerkt worden met het tekstboek, terwijl cursisten het werkboek voornamelijk zelfstandig zullen doorwerken. Om deze reden zijn schriftelijke opdrachten zoveel mogelijk in het werkboek verwerkt en bevinden zich achter in het werkboek de oplossingen van de oefeningen. In principe kunnen de cursisten deze oefeningen dus zelfstandig maken en zelfstandig corrigeren. C- en D- schrijfoefeningen volgens het model van Neuner moet de cursist wel bij de docent inleveren, omdat deze oefeningen opener

zijn en dus meerdere antwoordmogelijkheden hebben. Dit staat bij de oefening aangegeven met de opdracht: "Lever uw tekst in bij de docent".
De uitspraakoefeningen staan in het werkboek. De docent kan zelf kiezen of hij de oefeningen klassikaal of thuis wil laten uitvoeren. Ook kan de docent ervoor kiezen een gedeelte van de oefeningen in de les te doen, en een gedeelte thuis te laten doen.

2.4 Driefaseaanpak van de oefeningen

Voor alle oefeningen in het tekstboek wordt de volgende didactische aanpak in drie fasen aangeraden:

1. Introductiefase
2. Uitvoerfase
3. Evaluatiefase

Introduceer tijdens de introductiefase het onderwerp en activeer de voorkennis. Geef instructie over de uitvoering van de oefening. Het daadwerkelijk uitvoeren van de oefening gebeurt in de tweede fase. Bespreek in de derde fase, de evaluatiefase, de antwoorden en kijk terug op de oefening.
Deze aanpak is terug te vinden in de aanwijzingen per vaardigheid en de aanwijzingen per hoofdstuk.

3 Opzet tekstboek *Contact!* deel 1

Het tekstboek bestaat uit twaalf hoofdstukken. Elk hoofdstuk is thematisch opgebouwd. Door deze thematische aanpak neemt de cursist de grammatica en de woordenschat gemakkelijker op en wordt het spreken bevorderd. De thema's zijn gekozen op basis van de belevingswereld van de cursisten. Ook is er aandacht voor de moderne communicatievormen (internet, sms, msn). In elk hoofdstuk komen alle vaardigheden aan de orde. Er is zoveel mogelijk gebruik gemaakt van authentiek materiaal.

De structuur van de hoofdstukken
De hoofdstukken bestaan uit drie delen (A, B en C). Elk deel behandelt een subthema van het hoofdthema.
Het hoofdstuk begint met een introductiepagina. Op deze pagina staan de titel van het hoofdstuk en de thematische functies. Daarnaast introduceren foto's het thema van het hoofdstuk. In het bijbehorende hoofdstuk in het werkboek staat een opdracht bij deze foto's. Na de introductiepagina volgen de oefeningen.

Oefeningen
In het tekstboek staan oefeningen voor alle vaardigheden. Er is relatief veel aandacht voor spreekvaardigheid. Schrijfvaardigheid komt ook aan de orde, maar in het werkboek staan meer en uitgebreidere oefeningen voor deze vaardigheid. Voor de behandeling van elk soort oefeningen staan didactische aanwijzingen per vaardigheid in deze docentenhandleiding, vanaf 5.1 (p. 9). In de aanwijzingen per hoofdstuk wordt teruggewezen naar deze algemene aanwijzingen.

Bij de oefeningen staan symbolen, zodat direct duidelijk is om wat voor soort opdracht het gaat. De verklarende lijst voor deze symbolen staat hieronder, en is ook te vinden in de inleiding van het tekstboek.

Verklarende lijst van symbolen bij de oefeningen

Naast de oefeningen met bovengenoemde symbolen komen de volgende elementen in elk hoofdstuk terug:

Notitie
De kaders getiteld *Notitie* zijn bedoeld om bepaalde aspecten van de grammatica of het vocabulaire te verklaren. Ook worden ze gebruikt om tips te geven of om de aandacht te vestigen op bijzonderheden en uitzonderingen van de taal. Zie 5.8 voor aanwijzingen voor de aanpak van dit onderdeel.

Aanvulschema's
In **Contact!** staan verschillende soorten aanvulschema's. In de blauwe blokken met in de instructie "Wat kun je zeggen", staan nieuwe communicatieve elementen. *(Zie bijvoorbeeld tekstboek hoofdstuk 5, deel A, oefening 2a, p. 86).* Deze aanvulschema's dienen doorgaans als uitgangspunt voor woordenschat die nodig is voor een (spreek)oefening. In de groene blokken staan nieuwe grammaticale elementen. *(Zie bijvoorbeeld tekstboek hoofdstuk 5, deel A, oefening 4a en 4b, p. 88).*
In de meeste blokken met een grammaticaal thema moeten de cursisten zelf het schema aanvullen om vervolgens de grammaticaregel te kunnen formuleren.
Het is aan te raden alle aanvulschema's altijd uitvoerig te behandelen in de les en te corrigeren om te voorkomen dat de cursist de stof verkeerd aanleert.

Uitdrukking
In elk ABC-deel staat een Nederlandse uitdrukking. De docent legt de uitdrukking aan de cursisten uit. Daarnaast vinden de cursisten de vertalingen van de uitdrukkingen in de woordenlijst.

Uitspraak
Een belangrijk onderdeel bij taalverwerving is de uitspraak. Daarom wordt er hier in **Contact!** veel aandacht aan besteed. De cursist zal hierdoor niet alleen beter verstaanbaar zijn, maar zich ook zekerder voelen bij het praten.
Aan het einde van ieder hoofdstuk worden één of twee uitspraakaspecten behandeld. In het werkboek en op de cd's van het werkboek staan de bijbehorende oefeningen.

Overzicht
Elk hoofdstuk eindigt met een overzicht van de grammatica, de taalhandelingen en het vocabulaire uit het betreffende hoofdstuk. De cursist kan zo op ieder gewenst moment deze aspecten nazoeken. Door de kleurenschema's zijn de verschillende onderdelen van het overzicht makkelijk herkenbaar. Grammaticale onderwerpen staan eerst in het overzicht in een groene kleur. Woordenschat en taalfuncties staan in een rode kleur op de tweede plaats in het overzicht.

Ik kan nu:
Het overzicht wordt afgesloten met een aantal can-do-statements waarmee de cursist zelf kan beoordelen of hij de stof uit het hoofdstuk beheerst. *(Zie bijvoorbeeld tekstboek hoofdstuk 1, p. 26).*

Spel
Het boek bevat vier spellen, na iedere drie hoofdstukken één. De cursisten spelen de spellen in groepjes en herhalen op een ongedwongen en speelse manier de lesstof uit de voorafgaande hoofdstukken.

Bijlagen

Het tekstboek bevat drie bijlagen:
1. Het grammaticaoverzicht.
   Hierin staan alle grammaticaonderdelen die aan bod zijn geweest.
2. De lijst met sterke en onregelmatige verba.
3. De transcripties.
Hierin staan de transcripties van de luisterteksten uit het tekstboek, die niet in de hoofdstukken zijn afgedrukt. De transcripties van de luisterfragmenten bij de dictoglosoefeningen (zie 5.4.1 aanpak dictoglostaken) staan alleen in de docentenhandleiding.

Bij het tekstboek hoort een apart boekje met een uitgebreide woordenlijst per les en een alfabetische woordenlijst, die de cursisten en studenten helpen bij zowel het opzoeken als het leren van woorden. Beide lijsten zijn vertaald in het Duits.

4 Opzet werkboek *Contact!* deel 1

In het werkboek staan oefeningen, uitspraakoefeningen en informatie over Nederland en de Nederlandse samenleving. De oefeningen in het werkboek zijn voornamelijk bedoeld als huiswerk om zelfstandig mee te oefenen.

Oefeningen
Het werkboek bevat een reeks functionele schrijf- luister-, lees-, woordenschat- en grammaticaoefeningen bij ieder deel (A, B en C) van het tekstboek. In het tekstboek wordt aangegeven wanneer cursisten welke oefeningen kunnen doen. In het werkboek is er relatief meer aandacht voor schrijfvaardigheid dan in het tekstboek. De schrijfopdrachten moeten regelmatig bij de docent ingeleverd worden zodat de docent het niveau van de cursisten goed kan volgen. Vanaf hoofdstuk 4 zijn er oefeningen bij bekende Nederlandstalige liedjes.

Vast onderdeel in deel C van het werkboek is een oefening bij de foto's op de introductiepagina van het tekstboek. Deze oefening sluit het thema van het hoofdstuk af.

Uitspraakoefeningen
In het tekstboek staat de theorie van de uitspraak, in het werkboek staan de bijbehorende oefeningen. Deze oefeningen gaan van receptief (aspecten van uitspraak leren onderscheiden) naar productief (aspecten van uitspraak leren nazeggen). De oefeningen zijn te vinden op de cd's van het werkboek.

Over Nederland: informatie over Nederland en de Nederlandse samenleving
Onder de noemer 'Over Nederland' leert de cursist door middel van een leestekst over typisch Nederlandse onderwerpen. Het begrip van deze leesteksten wordt getoetst door opdrachten bij de teksten.

Bijlagen
1. Transcripties van de luisteroefeningen.
2. Oplossingen. Cursisten kunnen hiermee zelf controleren of zij een oefening juist hebben uitgevoerd. Voor open schrijfoefeningen kunnen er twee situaties voorkomen. Bij sommige schrijfoefeningen moet de cursist zijn opdracht inleveren bij de docent (in dat geval staat er geen voorbeeldoplossing in het boek). Bij andere schrijfoefeningen hoeft de cursist de opdracht niet in te leveren bij de docent (in dat geval is er gebruikgemaakt van voorbeeldoplossingen in het boek. Uiteraard kan de docent er ook voor kiezen de cursisten deze oefeningen wel in te laten leveren.).

5 Didactische aanwijzingen per vaardigheid

In de leergang staan, zoals eerder aangegeven, oefeningen voor alle vaardigheden. In dit gedeelte staan algemene aanwijzingen voor de aanpak van de verschillende vaardigheden. In de aanwijzingen per hoofdstuk wordt regelmatig teruggewezen naar dit gedeelte.

5.1 Begin van een hoofdstuk: titelpagina

Een nieuw hoofdstuk begint altijd met een titelpagina met 'Wat leert u in dit hoofdstuk?' en foto's die de thema's in het hoofdstuk weergeven.
Het is aan te raden de volgende aanpak bij de start van een hoofdstuk te volgen om de voorkennis van de cursisten zo goed mogelijk te activeren.
Kijk met de cursisten naar de titel en bespreek deze samen. Bekijk de foto's en benoem samen de activiteiten / thema's. Maak eventueel een woordweb met voor het hoofdstuk relevante woorden die de cursisten noemen. Bespreek ervaringen van de cursisten met deze thema's. Dit zal bij het eerste hoofdstuk uiteraard nog lastig zijn, maar vanaf hoofdstuk 2 wordt dit makkelijker.
Blader daarna samen door het hoofdstuk en bekijk kort welke oefeningen er aan bod komen.

5.2 Luisteren – Algemene aanwijzingen voor luistervaardigheidsoefeningen

Zie bijvoorbeeld oefening A1 van hoofdstuk 2 (H2A1, p. 28). De transcripties van de luisteroefeningen staan als bijlage in zowel het tekstboek als het werkboek.

De luisteroefeningen hebben het volgende symbool:

Voor hoofdstuk 1 t / m 6 gelden op het gebied van luistervaardigheid de volgende omschrijvingen (ERK / CEFR A1):

> Kan vertrouwde woorden en basiszinnen die hemzelf, zijn familie en directe concrete omgeving betreffen herkennen, wanneer de mensen langzaam en duidelijk spreken.

Voor hoofdstuk 7 t / m 12 gelden op het gebied van luistervaardigheid de volgende omschrijvingen (ERK / CEFR A2):

> Kan zinnen en de meest frequente woorden begrijpen die betrekking hebben op gebieden die van direct persoonlijk belang zijn (bijvoorbeeld basisinformatie over hemzelf en familie, winkelen, plaatselijke geografie, werk). Hij kan de belangrijkste punten in korte, duidelijke, eenvoudige boodschappen en aankondigingen volgen.

De luisteroefeningen in het werkboek doen de cursisten in principe thuis. Voor de luistervaardigheidsoefeningen in het tekstboek wordt de volgende vaste driefaseaanpak geadviseerd:

Introductiefase
1. Bekijk de informatie in het boek (plaatjes / foto's) en bespreek de titel van de luistertekst.
2. Vraag of de cursisten kunnen raden waar de tekst over zal gaan.
3. Vraag waar de cursisten aan denken bij dit onderwerp en maak hiervan een woordweb op het bord.
4. Bespreek eventuele sleutelwoorden. Dit zijn woorden die essentieel zijn voor het begrip van de tekst, maar die cursisten nog niet kennen. Het gaat hier dus niet om details, maar om woorden die onmisbaar zijn voor een globaal begrip van de tekst. Deze sleutelwoorden staan aangegeven in de aanwijzingen per oefening. Schrijf deze woorden eventueel op het bord.
5. Bespreek relevante 'kennis van de wereld'. Dit is niet-talige kennis die essentieel is voor het begrip van de tekst, maar die de cursisten niet allemaal hebben. Het kan hier gaan om culturele informatie zoals het kerstfeest, om informatie over Nederland, bijvoorbeeld over het weer in de winter, etc.
6. Laat de tekst één keer in zijn geheel horen en instrueer cursisten nog niet naar de oefeningen te kijken.
7. Stel een aantal globale vragen over de tekst (waar praten de mensen over, hoeveel mensen hoort u, hoort u mannen of vrouwen, waar zijn de mensen, etc.)

Uitvoerfase
1. Laat de cursisten de oefening bij de tekst bekijken.
2. Bespreek de instructie bij de oefening klassikaal: zorg ervoor dat alle cursisten de vragen begrijpen.
3. Laat de tekst nogmaals in zijn geheel horen en instrueer de cursisten de bijbehorende oefening te maken.
4. Laat de tekst indien nodig nogmaals horen.

Evaluatiefase
1. Laat cursisten in tweetallen hun antwoorden bespreken en vergelijken.
2. Bespreek klassikaal de antwoorden: vraag cursisten naar hun antwoord en een motivatie daarvoor. Laat andere cursisten reageren. Als er veel discussie is over het goede antwoord, laat dan het betreffende tekstfragment nogmaals horen.
3. Geef aan wat het juiste antwoord is.
4. Laat eventueel de cursisten de transcriptie van de tekst thuis lezen terwijl zij nogmaals naar de tekst luisteren. Benadruk echter wel bij de cursisten dat zij niet alle woorden van de tekst hoeven te begrijpen, maar dat het gaat om globaal begrip van de tekst (zie de omschrijving van het ERK / CEFR op niveau A1 en A2).

5.3 Spreken – Algemene aanwijzingen voor spreekvaardigheidsoefeningen

Voor hoofdstuk 1 t/m 6 gelden op het gebied van spreekvaardigheid de volgende omschrijvingen (ERK / CEFR A1):

Spreken	
gesproken interactie	*gesproken productie*
Kan eenvoudige interacties uitvoeren, aangenomen dat de andere persoon bereid is om dingen te herhalen of opnieuw te formuleren in een langzamer spreektempo en hem helpt bij het formuleren van wat hij probeert te zeggen. Hij kan eenvoudige vragen stellen en beantwoorden met betrekking tot directe behoefte of zeer vertrouwde onderwerpen.	Kan eenvoudige uitdrukkingen en zinnen gebruiken om zijn woonomgeving en de mensen die hij kent, te beschrijven.

Voor hoofdstuk 7 t/m 12 gelden op het gebied van spreekvaardigheid de volgende omschrijvingen (ERK / CEFR A2):

Spreken	
gesproken interactie	*gesproken productie*
Kan communiceren over eenvoudige en alledaagse taken die een eenvoudige en directe uitwisseling van informatie over vertrouwde onderwerpen en activiteiten betreffen. Hij kan zeer korte sociale gesprekken hanteren, zelfs terwijl hij gewoonlijk niet voldoende begrijpt om het gesprek zelfstandig gaande te houden.	Kan een reeks uitdrukkingen en zinnen gebruiken om in eenvoudige bewoordingen zijn familie en andere mensen, leefomstandigheden, zijn opleiding en zijn huidige of meest recente baan te beschrijven.

5.3.1 Spreekoefeningen in twee-, drie- en viertallen

Zie voor een voorbeeld van dit soort oefeningen H2A5 (p. 30). Spreekoefeningen voeren de cursisten in groepjes uit. Ze leren op deze manier van elkaar en kunnen elkaar corrigeren.
Bij deze oefeningen kan de volgende vaste driefaseaanpak gevolgd worden:

Introductiefase
1. Introduceer het thema van de oefening, lees samen de titel van de oefening.
2. Bespreek samen waar de cursisten aan denken bij dit thema. Maak samen op het bord een woordweb met voor de oefening relevant vocabulaire.
3. Lees samen de instructie bij de oefening en zorg dat de oefening voor alle cursisten duidelijk is.
4. Bespreek eventuele standaardzinnen die voor de oefening relevant zijn.
5. Vorm twee-, drie-, of viertallen. Zorg ervoor dat niet steeds dezelfde cursisten bij elkaar zitten, maar wissel per les af. Het is wenselijk dat cursisten verschillende spreekpartners treffen omdat ze van verschillende partners veel meer kunnen leren.

Uitvoerfase
De cursisten voeren in groepjes de spreekopdracht uit. Loop rond en corrigeer. Corrigeer alleen op aspecten die al aan de orde zijn geweest en in het bijzonder op dat aspect dat in de oefening getraind wordt (spreekdoel). Dit spreekdoel staat in de aanwijzingen bij de oefening. Noteer veelvoorkomende fouten voor de evaluatiefase. Vraag cursisten eventueel elkaar te corrigeren op het taalaspect dat in de oefening getraind wordt. Dit is een goede oefening voor de cursisten, en het is functioneel omdat een docent niet overal tegelijk kan zijn.

Evaluatiefase
1. Bespreek met de cursisten wat ze van de opdracht vonden.
2. Bespreek eventuele vragen van cursisten over de oefening.
3. Schrijf de veelvoorkomende fouten op het bord en geef feedback.
4. Herhaal eventueel enkele regels of standaardzinnen.

Laat een spreekoefening eventueel klassikaal uitvoeren door een groepje. Het is prettig als de oefening wordt uitgevoerd door een groepje dat goed heeft voldaan aan het spreekdoel. Hierdoor kunnen alle cursisten een beeld krijgen van de gewenste spreekproductie.

5.3.2 Kettingoefeningen en klassikale spreekoefeningen

De kettingoefeningen zijn klassikale spreekoefeningen waarbij alle cursisten achtereenvolgens op gestructureerde wijze aan het woord komen. Het doel is vaak het inslijpen van een bepaalde taalhandeling, zodat deze beter beklijft. Zie voor een voorbeeld van dit soort oefeningen H1A4. (p. 10) Een klassikale spreekoefening 👥 is vaak een wat opener spreekoefening. Zie voor een voorbeeld van dit soort oefeningen H2A2 (p. 29).

Voor de kettingoefeningen en klassikale spreekoefeningen kan de volgende vaste driefaseaanpak gevolgd worden:

Introductiefase
1. Introduceer het thema van de oefening, lees samen de titel van de oefening.
2. Bespreek samen waar de cursisten aan denken bij dit thema. Maak samen op het bord een woordweb met voor de oefening relevant vocabulaire.
3. Lees samen de instructie bij de oefening en zorg dat de oefening voor alle cursisten duidelijk is.
4. Bespreek eventuele standaardzinnen die voor de oefening relevant zijn.

Uitvoerfase
De cursisten voeren de spreekopdracht uit. Het is de bedoeling dat de cursisten een soort spreekketting vormen. Eén cursist begint en stelt een vraag aan een andere cursist. Deze antwoordt en stelt weer een vraag aan een volgende cursist, etc. Zo doet de hele klas mee. De docent staat voor / in de klas en corrigeert.
Corrigeer alleen op aspecten die al aan de orde zijn geweest en in het bijzonder op dat aspect dat in de oefening getraind wordt (spreekdoel). Dit spreekdoel vindt u in de aanwijzingen bij de oefening. Noteer veelvoorkomende fouten voor de evaluatiefase.
Vraag cursisten eventueel elkaar te corrigeren op het taalaspect dat in de oefening getraind wordt. Dit is een goede, functionele oefening voor de cursisten.

Evaluatiefase
1. Bespreek met de cursisten wat ze van de opdracht vonden.
2. Bespreek eventuele vragen van cursisten over de oefening.
3. Schrijf de veelvoorkomende fouten op het bord en geef feedback.
4. Herhaal eventueel enkele regels of standaardzinnen.

5.3.3 Routines: Wat kun je zeggen?

De routinespreekoefeningen zijn oefeningen waarbij alle cursisten aan het woord komen. Het doel is het aanleren van een bepaalde standaard taalhandeling en het inslijpen ervan, zodat deze beter beklijft. Zie voor een voorbeeld van dit soort oefening H2B10b (p. 37). Soms wordt de routinespreekoefening vooraf gegaan door een invuloefening. Het doel van de invuloefening is dat de cursisten zich eerst bewust worden van de woordkeus of grammaticale constructie, voordat ze de taalhandeling inslijpen. Zie voor een voorbeeld van dit soort oefeningen H2C3 (p. 40).

Voor de routinespreekoefeningen kan de volgende vaste driefaseaanpak gevolgd worden:

Introductiefase
1. Bekijk samen de zinnen in het schema.
2. Ga na of iedereen de betekenis van alle zinnen begrijpt. Laat de cursisten de zinnen aan elkaar uitleggen of maak eventueel met uw gezichtsuitdrukking, mimiek of intonatie duidelijk wat de zinnen betekenen.
3. Bespreek in welke situatie(s) deze zinnen gebruikt kunnen worden.
4. Oefen klassikaal de prosodie van de zinnen.
5. Leg uit welke oefening u met de zinnen wilt gaan doen (zie 'Uitvoerfase').

Uitvoerfase
De cursisten gaan de zinnen gebruiken. Dit kan op verschillende manieren. Een aantal suggesties:
a) In tweetallen oefenen
Laat de cursisten de zinnen in tweetallen oefenen, waarbij ze aandacht besteden aan de prosodie. Laat de cursisten proberen om de zinnen, na een paar keer oefenen, uit het hoofd te zeggen.
b) Twee cirkels
Maak twee cirkels: één buitencirkel en één binnencirkel. De cursisten in de binnencirkel, staan met hun gezicht naar de buitencirkel; de cursisten in de buitencirkel, kijken naar de binnencirkel. Ieder heeft op die manier iemand tegenover zich staan. De cursisten in de buitencirkel stellen een vraag of maken een opmerking (afhankelijk van de zinnen in de oefening), de cursisten in de binnencirkel reageren.
Na één vraag (of na een aantal vragen) draait de buitencirkel één stap door. Iedereen heeft nu een nieuwe spreekpartner. De cursisten in de buitencirkel stellen weer een vraag (of voeren het hele gesprekje nog een keer), de cursisten in de binnencirkel reageren. Ga zo verder, tot alle vragen uit het schema zijn geweest. Laat van rol wisselen. Doe alle vragen nog een keer.

U kunt er ook voor kiezen om de cursisten in de ene cirkel het boek wel te laten gebruiken, en de cursisten in de andere cirkel niet.

c) Rondlopen
Laat de cursisten rondlopen, zonder boek, en elkaar vragen stellen en antwoord geven.

Evaluatiefase
1. Bespreek met de cursisten wat ze van de opdracht vonden.
2. Bespreek eventuele vragen van cursisten over de oefening.
3. Schrijf de veelvoorkomende fouten op het bord en geef feedback.
4. Herhaal eventueel enkele regels of standaardzinnen.

5.4 Schrijven – Algemene aanwijzingen voor schrijfvaardigheidsoefeningen

Voor hoofdstuk 1 t/m 6 gelden op het gebied van schrijfvaardigheid de volgende omschrijvingen (ERK/CEFR A1):

> Kan een korte, eenvoudige briefkaart schrijven, bijvoorbeeld voor het zenden van vakantiegroeten. Hij kan formulieren met persoonlijke details invullen, bijvoorbeeld het invoeren van zijn naam, nationaliteit en adres op een inschrijfformulier.

Voor hoofdstuk 7 t/m 12 gelden op het gebied van schrijfvaardigheid de volgende omschrijvingen (ERK/CEFR A2):

> Kan korte eenvoudige notities en boodschappen die betrekking hebben op directe behoeften opschrijven. Hij kan een zeer eenvoudige persoonlijke brief schrijven, bijvoorbeeld om iemand voor iets te bedanken.

Schrijfvaardigheidsoefeningen doen de cursisten in principe thuis. Ze staan dan ook voornamelijk in het werkboek. Alleen de dictoglosoefeningen (zie 5.4.1) zijn groepsactiviteiten en worden derhalve in de les uitgevoerd. Deze oefeningen staan daarom in het tekstboek.

In het werkboek staan verschillende soorten schrijfoefeningen, die zijn geordend van gesloten naar open. Voor de gesloten schrijfoefeningen vinden de cursisten de oplossing of een voorbeelduitwerking achter in het boek. Bij meer open schrijfoefeningen staat aangegeven dat de cursisten de oefening moeten inleveren bij de docent.

Hier staan, vanwege het verschil in aanpak, de schrijfoefeningen en dictoglosoefeningen apart.

5.4.1 Aanpak dictoglosoefeningen

Zie voor een voorbeeld van dit soort oefeningen H11B9 (p. 249).
Dictoglos is een communicatieve werkvorm, waarbij interactie tussen taalleerders centraal staat. Naar aanleiding van een tekst die wordt voorgelezen door de docent of die op de cd staat, maken de cursisten in groepjes een schriftelijke reconstructie van de tekst. Deze reconstructie hoeft niet letterlijk hetzelfde te zijn (het is geen dictee), maar de essentiële informatie van de oorspronkelijke tekst moet terug te vinden zijn in de teksten van de cursisten. Een aantal grote voordelen van deze methode is dat:
– cursisten leren samen de problemen op te lossen die ze tegenkomen bij het formuleren van een tekst;
– cursisten leren van elkaar;
– cursisten tijdens de oefening ook andere vaardigheden trainen en niet alleen schrijfvaardigheid;
– de oefening motiverend werkt omdat cursisten samen tot een oplossing moeten komen;
– grammatica niet geïsoleerd wordt geoefend, maar is ingebed in een communicatieve taak.

Voor de dictoglosoefeningen wordt de volgende vaste driefaseaanpak geadviseerd (zie voor meer informatie over de methode ook: Kuiken&Vedder – Dictoglos, *samenwerkend leren in het tweede en vreemde taalonderwijs, 2000*).

Introductiefase
1. Introduceer de oefening. Vertel de cursisten wat ze gaan doen en wat het doel van de oefening is.
2. Ga zo nodig kort in op onbekende woorden en belangrijke grammaticale constructies in de tekst.
3. Vorm drie- of viertallen. Zorg dat u niet steeds dezelfde cursisten met elkaar laat werken, maar wissel per les af. Het is wenselijk dat cursisten verschillende leerpartners treffen omdat ze van verschillende partners veel meer kunnen leren.

Uitvoerfase
1. Geef aan dat de tekst een eerste keer wordt afgespeeld of dat de tekst een eerste keer wordt voorgelezen. Vertel dat de cursisten dan alleen nog moeten luisteren zonder aantekeningen te maken.
2. Laat de tekst een eerste keer horen of lees de tekst een eerste keer voor, in normaal spreektempo, dus **niet** op dicteersnelheid. Cursisten maken nog geen notities.
3. Geef aan dat u de tekst nu een tweede keer laat horen of gaat voorlezen en dat de cursisten notities kunnen maken van de meest essentiële informatie van de tekst.
4. Laat de tekst een tweede keer horen of lees de tekst een tweede keer voor, in normaal spreektempo, dus **niet** op dicteersnelheid.
5. Geef aan dat de cursisten nu in hun groepje gezamenlijk een tekst moeten schrijven, met behulp van hun aantekeningen. Elk groepje levert dus één tekst bij u in. De tekst hoeft geen exacte kopie te zijn, maar de belangrijkste informatie moet aanwezig zijn.
6. Geef de cursisten de tijd om hun tekst te schrijven. Loop rond en assisteer, maar geef geen informatie uit de tekst. Hier moeten zij in overleg samen uitkomen. Noteer veelvoorkomende fouten voor de evaluatiefase.

Evaluatiefase per groepje
1. Op het moment dat een groepje klaar is met een tekst, neemt de docent deze in en corrigeert de tekst met behulp van het correctiemodel (Zie 5.4.3.).
2. Geef de tekst terug aan de cursisten en geef ze tijd om de aangegeven fouten te verbeteren.
Neem daarna de tekst nogmaals in om te zien of de fouten juist verbeterd zijn.
3. Deel de originele tekst uit zodat de groepjes hun tekst hiermee inhoudelijk kunnen vergelijken.

Evaluatiefase klassikaal
1. Bespreek met de cursisten wat ze van de opdracht vonden.
2. Bespreek eventuele vragen van cursisten over de oefening.
3. Schrijf de veelvoorkomende fouten op het bord en geef feedback.
4. Herhaal eventueel enkele regels of standaardzinnen.

5.4.2 Aanpak individuele schrijfoefeningen

Zie voor een voorbeeld van dit soort oefeningen H3C3 (p. 60).
Voor de individuele schrijfoefeningen in het tekstboek en werkboek kan de volgende vaste driefaseaanpak worden gevolgd:

Introductiefase
1. Introduceer het thema van de oefening, lees samen de titel van de oefening.
2. Bespreek samen waar de cursisten aan denken bij dit thema. Maak samen op het bord een woordweb met voor de oefening relevant vocabulaire.
3. Lees samen de instructie bij de oefening en zorg dat de oefening voor alle cursisten duidelijk is.
4. Bespreek eventuele standaardzinnen die voor de oefening relevant zijn.
5. Geef aan dat de cursisten deze oefening als huiswerk moeten uitvoeren en wanneer zij hem moeten inleveren. De docent kan ervoor kiezen de oefeningen op papier te laten inleveren of per e-mail zodat er makkelijker een foutenoverzicht kan worden gemaakt (zie 5.4.3 'Correctiemodel schrijfoefeningen' (p. 14)).

Uitvoerfase
De cursisten voeren de oefening als huiswerk uit en leveren hem in.

Evaluatiefase
1. Corrigeer buiten lestijd de oefeningen van de cursisten met behulp van het correctiemodel (zie '5.4.3 Correctiemodel schrijfoefeningen').
2. Bespreek met de cursisten wat ze van de opdracht vonden.
3. Bespreek eventuele vragen van cursisten over de oefening.
4. Schrijf de veelvoorkomende fouten op het bord en geef feedback.
5. Herhaal eventueel enkele regels of standaardzinnen.
6. Geef de schrijfproducten van de cursisten terug. Geef eventueel aan wanneer zij een tweede, gecorrigeerde versie moeten inleveren.

5.4.3 Correctiemodel schrijfoefeningen

Voor de correctie van de schrijfoefeningen kan de docent werken met het correctiemodel op p. 14. Dit correctiemodel staat als kopieerblad op p. 199.

De bedoeling is dat de docent in de eerste versie van de schrijfproducten van de cursisten met behulp van deze symbolen aangeeft welk soort fout de cursist heeft gemaakt. De docent zet een streep onder de fout en schrijft er de aangegeven code boven (zie de voorbeelden in het correctiemodel).
Geef dus niet zelf het juiste alternatief voor een fout, maar laat de cursist op deze manier nadenken en zelf zijn fouten corrigeren. Dit heeft veel meer leereffect.

De docent kan het beste de cursisten instrueren in hun teksten telkens een regel wit tussen hun zinnen te laten, zodat er ruimte is voor de codes.

De cursisten schrijven aan de hand van de feedback een tweede versie.
Dit motiveert de cursisten hun teksten te verbeteren en na te denken over hun fouten.
In deze tweede versie verbetert de docent wél expliciet de fouten, als er nog fouten in het schrijfproduct zitten. Dit om te voorkomen dat cursisten een derde versie moeten inleveren, of niet weten wat de fout precies is.

Het is bij de correctie belangrijk dat de docent zich beperkt tot aspecten die de cursisten al hebben geleerd. Voor de schrijfoefeningen die in hoofdstuk 1 staan bijvoorbeeld, is het raadzaam om alleen nog gebruik te maken van de codes S, W, √, ___, WP, SV en A (zie correctiemodel). Later kan het aantal codes worden uitgebreid, als andere grammaticale onderwerpen ook aan de orde zijn geweest. Dit betekent dat niet alle fouten in een schrijfproduct worden gecorrigeerd, maar alleen die fouten die cursisten op een bepaald punt in het taalleerproces niet meer zouden hoeven te maken.

Ook kan een docent ervoor kiezen bij sommige oefeningen alleen te corrigeren op bepaalde veelvoorkomende fouten zoals de volgorde in de bijzin of inversie.

Dit correctiemodel is zowel voor de dictoglosoefeningen als voor de individuele schrijfoefeningen te gebruiken. De codes staan in de volgorde waarin de onderwerpen in het tekstboek geïntroduceerd worden.

	Correctiemodel schrijfoefeningen
S:	U moet dit woord anders spellen. **Bijvoorbeeld:** S *Waneer begint de les?*
W:	U moet hier een ander woord gebruiken. **Bijvoorbeeld:** W *Ik heb 35 jaar.*
√:	U hebt hier een woord vergeten. **Bijvoorbeeld:** √ *Om 9.00 uur ga naar het werk*
___:	U moet dit woord weghalen. **Bijvoorbeeld:** ___ *Ik woon naar in Nederland.*
WP:	U moet dit woord op een andere plaats in de zin zetten. **Bijvoorbeeld:** WP *China ik kom uit.*
SV:	U moet voor dit subject een andere vorm van het verbum gebruiken. **Bijvoorbeeld:** SV *De man lopen naar huis*
PL:	U moet hier een andere vorm van de pluralis gebruiken. **Bijvoorbeeld:** PL *Ik wil twee stoels kopen.*
A:	U moet hier een ander artikel gebruiken. **Bijvoorbeeld:** A *De boek is heel interessant.*
I:	U moet hier inversie gebruiken. **Bijvoorbeeld:** I *Om 14.00 uur ik ga naar huis.*
BZ:	U moet hier een bijzin gebruiken. **Bijvoorbeeld:** BZ *Ik ga naar huis omdat ik ben ziek.*
Adj:	U moet dit adjectief in een andere vorm zetten. **Bijvoorbeeld:** Adj *Ik heb een grote probleem.*
T:	U moet dit verbum in een andere tijd zetten. **Bijvoorbeeld:** T *Ik luister gisteren naar mooie muziek.*
R:	U moet hier een ander relatief pronomen gebruiken. **Bijvoorbeeld:** R *Ik zie de man dat jij bedoelt.*
O:	Overige fouten

5.5 Lezen – Algemene aanwijzingen voor leesvaardigheidsoefeningen

Voor hoofdstuk 1 t/m 6 gelden op het gebied van leesvaardigheid de volgende omschrijvingen (ERK/CEFR A1):

> Kan vertrouwde namen, woorden en zeer eenvoudige zinnen begrijpen, bijvoorbeeld in mededelingen, op posters en in catalogi.

Voor hoofdstuk 7 t/m 12 gelden op het gebied van leesvaardigheid de volgende omschrijvingen (ERK/CEFR A2):

> Kan korte, eenvoudige teksten lezen. Hij kan specifieke voorspelbare informatie vinden in eenvoudige, alledaagse teksten zoals advertenties, menu's en dienstregelingen en hij kan korte eenvoudige, persoonlijke brieven begrijpen.

Leesvaardigheidsoefeningen staan zowel in het tekstboek als in het werkboek. Zie voor een voorbeeld van dit soort oefeningen H2C6 (p. 41).
De leesoefeningen in het werkboek doen de cursisten in principe thuis. De leesoefeningen in het tekstboek dienen vaak ter voorbereiding op een grammaticaal thema of om vocabulaire te introduceren. De cursisten kunnen deze teksten eventueel thuis voorbereiden, maar het is ook goed om ze (kort) klassikaal te behandelen.
Hiervoor kan de volgende aanpak worden gebruikt.

Voor de les
Stel vast of de cursisten deze tekst intensief of extensief moeten lezen. Bij intensief lezen moet de cursist de tekst helemaal doorlezen en goed begrijpen. Bij extensief lezen moet de cursist in korte tijd specifieke informatie in een tekst zoeken. Als cursisten de tekst slechts extensief moeten lezen, kan de docent zich bij de introductie tot stap 1 t/m 5 beperken. De uitvoerfase wordt wel helemaal doorlopen en de evaluatiefase van stap 1 t/m 3.

Introductiefase
1. Bekijk de informatie in het boek (plaatjes/foto's) en bespreek de titel van de leestekst.
2. Vraag of de cursisten kunnen raden waar de tekst over zal gaan.
3. Vraag waar de cursisten aan denken bij dit onderwerp en maak hiervan een woordweb op het bord.
4. Bespreek eventuele sleutelwoorden. Dit zijn woorden die essentieel zijn voor het begrip van de tekst, maar die cursisten volgens u nog niet kennen. Het gaat hier dus niet om details, maar om woorden die onmisbaar zijn voor een globaal begrip van de tekst. Deze sleutelwoorden staan aangegeven in deze aanwijzingen bij de oefening. Schrijf deze woorden eventueel op het bord.
5. Bespreek eventuele relevante 'kennis van de wereld'. Dit is niet-talige kennis die essentieel is voor het begrip van de tekst, maar die cursisten niet allemaal hebben. Het kan hier gaan om culturele informatie zoals het kerstfeest, om informatie over Nederland, bijvoorbeeld over het weer in de winter, etc.
6. Geef de cursisten de tijd om de tekst te bekijken. Lees daarna de tekst klassikaal. De cursisten kunnen ook individueel de tekst lezen. Benadruk hierbij dat de cursisten de tekst globaal moeten kunnen begrijpen en

niet alle woorden hoeven te kennen. Stimuleer bij onbekende woorden het afleiden van de betekenis uit de context en eventueel het gebruik van een woordenboek.
7. Stel een aantal globale vragen over de tekst.

Uitvoerfase
1. Laat de cursisten de oefening bij de tekst bekijken.
2. Bespreek de instructie bij de oefening klassikaal: zorg ervoor dat alle cursisten de vragen begrijpen.
3. Instrueer de cursisten de bijbehorende oefening te maken.

Evaluatiefase
1. Laat cursisten in tweetallen hun antwoorden bespreken en vergelijken.
2. Bespreek klassikaal de antwoorden: vraag cursisten naar hun antwoord en een motivatie daarvoor. Laat andere cursisten reageren. Als er veel discussie is over het goede antwoord, zoek dan samen in de tekst naar het bijbehorende fragment.
3. Geef aan wat het juiste antwoord is.
4. U kunt de cursisten nog vragen over de tekst laten stellen. De betekenis van onbekende woorden achterhalen, is de taak van de cursisten. Stimuleer de cursisten zoveel mogelijk om zelfstandig woordbetekenissen op te zoeken. Zij kunnen ze bijvoorbeeld thuis opzoeken in hun woordenboek. Het is wel goed om te benadrukken dat cursisten niet alle woorden van de tekst te hoeven begrijpen (zie criteria CEFR A1 en A2).

5.6 Invuloefeningen – Algemene aanwijzingen voor invuloefeningen

Bij de invuloefeningen moeten de cursisten schema's in- en aanvullen.
Het doel van deze oefeningen is dat cursisten op een bewuste manier aan de slag gaan met woorden of zinnen die eerder impliciet aan bod zijn gekomen. Ook hier is het socratisch leren weer van groot belang. De cursisten moeten zelf patronen herkennen, bijvoorbeeld in reeksen (zie bijvoorbeeld het invulschema van de rangtelwoorden in oefening H5A5c (p. 89)), of in standaardzinnen die steeds volgens dezelfde syntaxis zijn opgebouwd.

Introductiefase
1. Bekijk samen de oefening.
2. Bespreek met de cursisten wanneer ze deze informatie eerder hebben gezien of gehoord.
3. Bespreek samen eventuele sleutelwoorden.
4. Ga na of iedereen de oefening begrijpt.
5. Beluister of lees eventueel nog een keer de voorafgaande tekst(en) of verwijs cursisten naar eerdere oefeningen.
6. Instrueer de cursisten, indien van toepassing, om zelf een patroon in een reeks te ontdekken.
7. Instrueer de cursisten het schema in te vullen, eventueel in tweetallen.

Uitvoerfase
1. De cursisten vullen het schema in, eventueel in tweetallen.
2. Loop rond en assisteer waar nodig.

Evaluatiefase
1. Laat de cursisten in tweetallen of groepjes hun antwoorden vergelijken.
2. Verwijs eventueel naar de transcripties van luisterteksten, waarin cursisten de goede antwoorden kunnen vinden.
3. Bespreek de antwoorden klassikaal.
4. Schrijf de woorden op het bord.
5. Geef antwoord op eventuele vragen.

Vervolgsuggestie
Veel van de invulschema's bevatten standaardzinnen, die de cursisten goed moeten kennen.
Om deze zinnen in te slijten, kunt u nog een spreekoefening koppelen aan de invuloefening.
Zie daarvoor: 5.3.3 Routines: Wat kun je zeggen?

5.7 Grammatica – Algemene aanwijzingen voor grammaticaoefeningen

Zie voor een voorbeeld van dit soort oefeningen H2B8 (p. 36). De grammaticaoefeningen zijn socratisch van opzet (zie ook 2.2). Voor het leereffect is het belangrijk dat de cursisten zelf de regel afleiden. Het is dus niet de bedoeling dat de regels uitgebreid op het bord worden uitgelegd. Met behulp van de oefeningen moeten de cursisten zelf de regels kunnen formuleren.

Introductiefase
1. Kondig aan dat u samen een grammaticaal onderwerp gaat bekijken.
2. Bekijk de introductieoefeningen en het invulschema.
3. Lees samen de instructie en zorg ervoor dat alle cursisten de instructie begrijpen.

Uitvoerfase
1. Laat de cursisten de oefeningen uitvoeren, eventueel in tweetallen.
2. Laat de cursisten de grammaticale regel afleiden.
3. Loop rond en assisteer waar nodig.

Evaluatiefase
1. Laat cursisten de regel formuleren.
2. Laat ter controle cursisten voorbeelden geven van toepassingen van deze regel.
3. Vaak volgt er dan in het tekstboek een wat eenvoudigere oefening om te controleren of de cursisten de regel ook kunnen toepassen. Het wordt aangeraden om deze oefening in de klas uit te laten voeren en klassikaal na te kijken, zodat duidelijk wordt of de cursisten de regel begrijpen.
4. In het werkboek volgen verdiepingsoefeningen over het onderwerp. Deze doen de cursisten in principe thuis.

5.8 Notitie – Algemene aanwijzingen voor het bespreken van informatie in de kaders getiteld 'Notitie'

Door alle hoofdstukken heen staan kaders getiteld notitie.
Zie voor een voorbeeld: hoofdstuk 6 p. 113 en 114.
De informatie in deze kaders is bedoeld als achtergrondinformatie of verdiepingsinformatie. Hierin zijn aspecten van grammatica, vocabulaire of andere aspecten van het Nederlands te vinden die cursisten niet per se hoeven te leren, maar die wel relevant of interessant kunnen zijn.
De kaders hoeven daarom niet per definitie in de les te

worden behandeld. Als de docent vindt dat het onderwerp voor alle cursisten van belang is, kan een notitiekader wel expliet behandeld worden. In het algemeen zal het echter zo zijn dat cursisten deze informatie thuis bekijken. Moeilijke of nieuwe woorden uit deze kaders zijn ook opgenomen in de woordenlijst per les. Sommige cursisten hebben wel behoefte aan verdiepingsinformatie, terwijl andere cursisten er op dat moment misschien nog niet aan toe zijn. De docent kan hier een keuze in maken op basis van het onderwerp in het notitiekader en de groep.

5.9 Uitdrukking – Algemene aanwijzingen voor het bespreken van de uitdrukking

Aan het einde van elk deel van een hoofdstuk (A, B, C) van het tekstboek staat een uitdrukking binnen het thema. Zie bijvoorbeeld hoofdstuk 7 p. 157.
De docent kan ervoor kiezen om deze uitdrukkingen klassikaal te bespreken. Sommige cursisten hebben hier wel behoefte aan, terwijl andere cursisten op dat moment nog niet toe zijn aan het behandelen van uitdrukkingen. De docent kan ook hierin een keuze maken waarbij hij het cursistenbelang en het groepsbelang tegen elkaar afweegt. Als de docent een uitdrukking wil behandelen, kan hij hiervoor de volgende aanpak volgen.

1. Lees samen de uitdrukking en bekijk de illustratie.
2. Laat cursisten in tweetallen de uitdrukking bespreken en proberen de betekenis te achterhalen.
3. Bespreek de betekenis van de uitdrukking klassikaal en verwijs de cursisten naar de vertaling in de woordenlijst.
4. Laat cursisten situaties bedenken waarin ze deze uitdrukking kunnen gebruiken of kunnen horen.
5. Inventariseer deze situaties op het bord.

5.10 Uitspraak – Algemene aanwijzingen voor het bespreken van de uitspraak

Aan het einde van elk hoofdstuk wordt / worden één of twee uitspraakaspecten onder de loep genomen. Het is raadzaam dit onderdeel altijd de nodige aandacht te geven. Zoals Thio en Verboog al opmerken in *Verstaanbaar Spreken* (1999) is verstaanbaarheid een voorwaarde om begrepen te worden bij het spreken van een taal. Als iemand onverstaanbaar spreekt, is hij niet te begrijpen, ook al spreekt hij in correcte Nederlandse zinnen. Daarom worden in **Contact!** al in de beginfase stelselmatig enkele uitspraakaspecten belicht, zonder daarbij perfectie van een cursist te eisen. Zeker in het begin moeten cursisten de tijd krijgen te wennen aan de Nederlandse klanken en prosodie.
Onder uitspraakaspecten verstaan we niet alleen de uitspraak van klanken (vocalen en consonanten) maar ook klemtoon, zinsaccent, intonatie en ritme. Het onderdeel uitspraak neemt u klassikaal met de cursisten door. Hiervoor kunt u de volgende aanpak volgen.

Introductiefase
1. Kondig aan dat u samen een of twee uitspraakaspecten gaat bekijken.
2. Lees samen de beschrijving in het tekstboek en laat de voorbeelden horen.
3. Geeft uitleg bij het uitspraakaspect. Gebruik hierbij visuele ondersteuning. Denk aan gebaren, mimiek, klankplaten (indien voorradig) of het bord.
4. Laat de voorbeelden een tweede maal horen en spreek ze zelf nog een keer uit. Het is belangrijk dat de cursisten het uitspraakaspect eerst goed leren horen (perceptie) voordat zij deze zelf gaan produceren.
Eventueel kunt u de gegeven voorbeelden hierna een aantal keer laten herhalen door cursisten.
5. In het werkboek volgen de oefeningen. Het is aan te raden deze globaal met de cursisten door te nemen zodat de cursisten weten hoe ze thuis deze oefeningen moeten uitvoeren.
Laat de cursisten het werkboek voor zich nemen. Attendeer de cursisten op de opbouw van de oefeningen: van receptie naar productie. Dit betekent dat de cursist eerst oefeningen krijgt waarbij hij moet leren waarnemen en vervolgens oefeningen waarbij hij moet spreken. Bij de receptieve oefeningen zal een cursist dus moeten aankruisen of onderstrepen, bij de productieve oefeningen zal hij moeten nazeggen. Bij deze laatste oefeningen is het de bedoeling dat de cursist zichzelf opneemt en zijn opname beluistert. U kunt ervoor kiezen delen van een of meer oefeningen al in de les te doen.

Uitvoerfase
(Indien de oefeningen tijdens de les gedaan worden)
1. Laat de cursisten (een deel van) de receptieve oefeningen uitvoeren.
2. Laat de cursisten in tweetallen hun antwoorden vergelijken.
3. Geef het juiste antwoord.
4. Ga in op eventuele problemen.
5. Laat de cursisten (een deel van) de productieve oefeningen uitvoeren. Doe dit beurtelings en ga in op eventuele problemen.

Evaluatiefase
1. De oefeningen zijn als huiswerk gedaan. Bespreek met de cursisten de volgende les wat ze van de opdracht vonden.
2. Bespreek vragen / problemen die de cursisten hadden bij het uitvoeren van de oefening. Herhaal eventueel enkele zinnen / onderdelen van de oefeningen en geef uitleg voorzover dat mogelijk is.

5.11 Woordenschatverwerving – Algemene aanwijzingen voor het omgaan met de woordenlijsten

Bij het tekstboek van **Contact!** is een apart boekje toegevoegd met twee woordenlijsten; een woordenlijst per les en een alfabetische woordenlijst.

Om ervoor te zorgen dat de cursisten dit hulpmiddel effectief en zinvol gebruiken, is het aan te raden dat de docent in het begin van de lessenreeks aandacht besteedt aan het omgaan met de woordenlijst.

WOORDENLIJST PER LES
De woordenlijst per les is in eerste instantie bedoeld als hulpmiddel voor de cursist. Hij is met name bedoeld om de betekenis van woorden in op te zoeken en fungeert daardoor als woordenboek. Het voordeel van deze lijst ten opzichte van een regulier woordenboek is dat slechts die vertaling en interpretatie van een woord wordt aangeboden, die in de context van de tekst of oefening bedoeld wordt.

De lijst kan echter ook gebruikt worden om woorden te leren. Het is daarbij erg belangrijk dat de docent zijn cursisten vertelt dat alleen de vetgedrukte woorden in deze lijst leerwoorden zijn. De meeste van deze leerwoorden komen uit het *Basiswoordenboek Nederlands* (1996) door P. de Kleijn en E. Nieuwberg. Een kleine selectie woorden is door de auteurs toegevoegd.

Het is belangrijk om de cursisten ervan te doordringen dat het aantal leerwoorden in de lijst beperkt is om te voorkomen dat ze elk woord uit de woordenlijst per les proberen te leren. Dit zou ondoenlijk en ongewenst zijn. Een cursist die dit probeert te doen, zal zich zeker voor een onmogelijke taak gesteld voelen en ontmoedigd raken.

Het is belangrijk dat cursisten beseffen dat zij zelf verantwoordelijk zijn voor het verwerven van voldoende woordenschat om te kunnen communiceren in het Nederlands. Ze zullen daarvoor actief met woordenschatverwerving aan de slag moeten.

De woordenlijst per les biedt daarvoor een eerste aanzet. Adviezen die een docent aan zijn cursisten kan geven met betrekking tot het leren van woorden:
- schrijf een contextzin op waaruit de betekenis van het woord blijkt.
- Lees regelmatig (delen van) de woordenlijst door. Hoe vaker je een woord ziet, hoe groter de kans dat een woord beklijft.

De woorden in de lijst per les staan in de volgorde zoals ze in het tekstboek staan. Ze zijn onderverdeeld per hoofdstuk (1, 2, 3, …), deel (A, B, C), oefeningnummer (1, 2, 3, …) en oefeningletter (a, b, c, …). Ook is aangegeven of een woord voorkomt in een luisterfragment (HT = Hörtext) of op een notitieblaadje. Een woord wordt in de woordenlijst opgenomen op de plaats waar het het eerste voorkomt.

In het tekstboek wordt cyclische ordening toegepast.

ALFABETISCHE WOORDENLIJST
De alfabetische woordenlijst is bedoeld als overzicht van alle leerwoorden. Een cursist kan er snel de betekenis van woorden in opzoeken.

In deze lijst staat minder grammaticale informatie. Zo worden verba in principe alleen als infinitief aangeboden, staan er geen vervoegingen in de lijst, staan substantieven in de singularisvorm en worden adjectieven in de basisvorm, dus zonder -e aangeboden.

BIBLIOGRAFIE
- Kalsbeek, A. van. *Vind je cursisten lekker?* In: Les 53, 1991
- Kleijn, P. de & Nieuwborg, E. *Basiswoordenboek Nederlands.* Wolters-Noordhoff, 1996
- Kuiken, F. & Vedder, I. *Dictoglos – samenwerkend leren in het tweede- en vreemde taalonderwijs.* Coutinho, Bussum, 2000.
- Neuner, G. e.a. *Übungstypologie zum kommunikativen Deutschunterricht,* Langenscheidt, 1981
- Thio, K & Verboog, M. *Verstaanbaar spreken – een handleiding uitspraakonderwijs voor docenten Nederlands als tweede taal,* Coutinho, Bussum, 1999.
- Zijlmans, L. *Welles Nietes. Didactische grammatica voor NT2-docenten.* Intertaal, Amsterdam / Antwerpen, 2003.
- http://taalunieversum.org/onderwijs/gemeenschappelijk_europees_referentiekader/3/4/

Hoofdstuk 1A

Waar kom je vandaan?

Titelpagina
Omdat de cursisten nog geen Nederlands spreken, wordt op dit moment de titelpagina nog niet behandeld. Dit kan bij hoofdstuk 1 eventueel aan het einde van het hoofdstuk gedaan worden. Zie daarvoor paragraaf 5.1, titelpagina (p. 9).

Hoe heet u?

Doel
Vragen en reageren: naam, nationaliteit, land van herkomst, talenkennis

Grammatica
Woordvolgorde hoofdzin

 Luisteren – Een nieuwe klas cd 1 - 1

a)
Doel
- De cursisten kunnen de namen verstaan van aanwezige cursisten.
- De cursisten kunnen aankruisen op de presentielijst wie er aanwezig is.

Uitvoering
Introductiefase
Dit is waarschijnlijk de eerste les met de cursisten. Omdat de cursisten absolute beginners zijn, kunt u nog niet de algemene aanwijzingen voor de aanpak van luistervaardigheidsoefeningen (p. 9) volgen. De volgende aanpak van deze oefening kan daarom worden gevolgd:

1. Stel uzelf voor op verschillende manieren:
   – ik ben …
   – ik heet …
   – mijn naam is …
   Schrijf deze zinnen ook op het bord.

2. Als dit voor iedereen duidelijk is, kunt u toevoegen:
   – Ik kom uit Nederland.
   Op deze manier krijgen de cursisten al wat voorkennis voor de dialoog.

3. Maak de cursisten duidelijk, met gebruik van gebaren, dat u samen gaat luisteren naar een dialoog. De cursisten hoeven hun boek nog niet te openen.

Uitvoerfase
1. Laat de dialoog een eerste keer horen.
2. Probeer te praten over wat de cursisten hebben gehoord (mensen in een klas die hun namen zeggen, zeggen waar ze vandaan komen, etc).
3. Laat de cursisten het boek openen en oefening 1a) bekijken. Leg uit dat ze een kruisje moeten zetten bij de personen die aanwezig zijn.
4. Laat de dialoog een tweede keer horen.
5. Vraag de cursisten of ze de dialoog nog een keer willen horen.

Evaluatiefase
1. Bespreek de antwoorden.
2. Laat de dialoog eventueel nogmaals horen als er veel discussie is.

Transcriptie
Zie tekstboek, p. 8.

Oplossing

naam	aanwezig
Mario Ambrosini	X
Helmut Bergmann	X
Jacques Deveraux	
Mohammed Kandili	X
Aziz Kermani	X
Su Ling	X
Marwane Mahmed	X
José Martínez	X
Helen Mirror	X
Ingeborg Olvang	X
Elena Protsjenka	X

Vervolgsuggestie
Na deze introductieoefening kunt u zelf een presentielijst behandelen in de les met korte vragen: hoe heet jij? Wat is jouw naam? Wie ben jij? Deze vragen kunt u ook op het bord schrijven met het antwoord erachter en oefenen, zodat cursisten al even mondeling bezig zijn. Op dit punt is het nog niet nodig om in te gaan op land, taal etc., dat komt later.

b)
Doel
De cursisten kunnen het juiste vraagwoord, pronomen of verbum verstaan en herkennen.

Uitvoering
Introductiefase
Dit is waarschijnlijk de eerste les met de cursisten. Omdat de cursisten absolute beginners zijn, kunt u nog niet de algemene aanwijzingen voor de aanpak van luistervaardigheidsoefeningen (p. 9) volgen. De volgende aanpak van deze oefening kan daarom worden gevolgd:

1. Vertel de cursisten dat u samen nog een keer naar de tekst gaat luisteren.
2. Geef aan dat de cursisten het juiste woord moeten omcirkelen tijdens het luisteren.
3. Doe als voorbeeld de eerste zin (die staat al omcirkeld in het boek).

Uitvoerfase
1. Laat de dialoog horen.
2. Laat de dialoog eventueel een tweede keer horen.

Evaluatiefase
1. Bespreek de antwoorden.
2. Laat de dialoog eventueel nogmaals horen als er veel discussie is.

Transcriptie
Zie tekstboek, p. 8.

Hoofdstuk 1A

Oplossing
Goedemorgen / hallo!
Hoe / wie heet u?
En hoe / **wie** bent u?
Ik **kom** / ben uit Spanje, uit Barcelona.
En u? **Wat** / Wie is uw naam?
Ik **kom** / ben uit Italië, uit Rome.
Ik / jij heet Marwane Mahmed.
Ik / jij kom uit Marokko en **ik** / jij spreek goed Arabisch en Frans.
Wat is **uw** / je naam?
Ik **ben** / heet Russin.
En u, meneer, hoe **heet** / bent u?
En wie heet / **bent** u?
En hoe **heet** / bent u?
Wie / Hoe is Mohammed Kandili?
Ik kom / **ben** uit Turkije.

c)
Doel
De cursisten kunnen vaste constructies aanvullen over: vragen en reageren: naam, nationaliteit, land van herkomst, talenkennis.

Uitvoering
Introductiefase
1. Bespreek het verschil tussen formeel en informeel taalgebruik (u en jij / je, uw en jouw / je)
2. Instrueer de cursisten in tweetallen het schema in te vullen.
3. Verwijs de cursisten, indien nodig, naar oefening 1b).

Uitvoerfase
De cursisten voeren in tweetallen de oefening uit.

Evaluatiefase
1. Bespreek de antwoorden klassikaal.
2. Schrijf de woorden op het bord.
3. Bespreek eventuele vragen.

Oplossing
informeel

vraag	antwoord
Hoe heet je?	Ik **heet** Helen.
En **wie** ben jij?	Ik **kom uit** China.
	mijn moedertaal is **Engels**.
	Ik **spreek** ook Frans, Duits en Engels.

formeel

vraag	antwoord
Hoe heet u?	Mijn **naam** is Ingeborg Olvang.
En **wie** bent u?	Ik kom **uit** Denemarken.
	Ik **ben** Deense.
	Ik **spreek** ook Russisch en Pools.

2 Invuloefening – Ik kom uit ..., ik ben ..., ik spreek ...

Doel
- De cursisten kunnen veelvoorkomende landen, talen en nationaliteiten noteren.
- De cursisten kunnen hun eigen land, taal en nationaliteit noteren.

Uitvoering
Introductiefase
1. Bespreek het verschil tussen taal, land en nationaliteit.
2. Bespreek samen de woorden Nederland, Nederlander / Nederlandse en Nederlands.
3. Bespreek het verschil tussen de mannelijke en vrouwelijke vorm in: "Ik ben..." en bij het aangeven van nationaliteit in: "Mijn nationaliteit is ..."
4. Instrueer de cursisten om alleen of in tweetallen het schema aan te vullen.
5. Verwijs de cursisten, indien nodig, naar oefening 1.

Uitvoerfase
1. Laat de cursisten de oefening uitvoeren, eventueel in tweetallen.
2. Loop rond en help waar nodig.

Evaluatiefase
1. Bespreek de antwoorden klassikaal.
2. Schrijf de woorden op het bord.
3. Bespreek eventuele vragen.

Oplossing
2. Engels
3. Afghanistan
5. Italiaans
6. Marokko
7. Russin
8. Duitser
9. China
10. Denemarken
11. Turks

Vervolgsuggestie
Bespreek de talen en nationaliteiten van uw cursisten.

> **Oefeningen werkboek**
> Op deze oefeningen in het tekstboek volgen in het werkboek oefening 1, 2 en 3. Dit wordt in het tekstboek als volgt aangegeven:
>
> 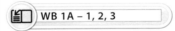 WB 1A – 1, 2, 3
>
> Lees samen met de cursisten de instructie bij de oefeningen en bespreek of ze duidelijk zijn. Vraag of het principe van een kruiswoordpuzzel voor alle cursisten duidelijk is (oefening 2). Geef de oefeningen op als huiswerk.
> De oplossing van de werkboekoefeningen staat achter in het werkboek. Voor het eerste hoofdstuk is het echter het beste om de oefeningen ook nog klassikaal te evalueren.

3 Grammatica – Woordvolgorde hoofdzin

Doel
De cursisten kunnen een korte zin vormen met het subject en de persoonsvorm op de juiste plaats en in de juiste vorm.

Uitvoering
Introductiefase
1. Bespreek de termen subject, verbum en rest aan de hand van de voorbeelden.
2. Bespreek de vormen van het verbum voor ik, jij, hij, zij aan de hand van het verbum komen.
3. Instrueer de cursisten het schema in te vullen, eventueel in tweetallen.

Hoofdstuk 1A

Uitvoerfase
1. Cursisten vullen het schema in.
2. Loop rond en help / corrigeer waar nodig.

Evaluatiefase
1. Bespreek de antwoorden klassikaal.
2. Schrijf de woorden op het bord.
3. Bespreek eventuele vragen.

Oplossing	kom	uit Amerika.
Ik	spreekt	**Engels / Duits / Nederlands …**
Hij	etc.	Duits.
Mijn moedertaal	**is**	
Zij	heet	Helen.
Zijn naam	**is**	John.

4 Spreken – Hoe heet je? Welke nationaliteit heb je?

Doel
- De cursisten kunnen vragen naar elkaars naam en nationaliteit.
- De cursisten kunnen antwoorden op een vraag over hun naam en nationaliteit.

Uitvoering
Zie 5.3.2 Kettingoefeningen en klassikale spreekoefeningen (p. 11).

5 Invuloefening – En dit is …

Doel
De cursisten kunnen relevant behandeld vocabulaire uit dit hoofdstuk invullen in de tekst.

Uitvoering
Introductiefase
1. Geef aan dat de cursisten een tekstje gaan lezen over iemand die zich voorstelt.
2. Instrueer de cursisten op de open plekken een passend woord in te vullen.

Uitvoerfase
1. Cursisten vullen individueel of in tweetallen het schema in.
2. Loop rond en help / corrigeer waar nodig.

Evaluatiefase
1. Bespreek de antwoorden klassikaal.
2. Schrijf de woorden op het bord.
3. Bespreek eventuele vragen.

Oplossing
Mijn naam is Yadollah, maar mijn roepnaam is Yadi. Ik kom uit Iran. Ik **spreek** Farsi, Dari en ook goed Russisch, want mijn moeder komt **uit** Rusland. Mijn vader is **Afghaan**, hij is geboren in Afghanistan. Het is een internationale familie!
Dit is mijn vriend, zijn **naam** is Amir. Amir komt **uit** Afghanistan.
Zijn moedertaal **is** Dari. Hij spreekt ook een beetje Engels. En dit is mijn docente. Zij komt uit Nederland, zij is **Nederlandse**.
Haar **moedertaal** is Nederlands en zij spreekt ook goed Engels en Frans.

> **Oefeningen werkboek**
> Op deze oefeningen in het tekstboek volgen
>
> 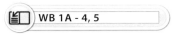 WB 1A - 4, 5
>
> Zie voor aanwijzingen voor deze oefeningen p. 9.

6 Lezen – Ik heet Annabelle

a) + b)
Doel
- De cursisten kunnen de hoofdlijnen van een korte, informele tekst begrijpen.
- De cursisten kunnen vragen beantwoorden over deze tekst.

Uitvoering
Zie 5.5 Lezen – Algemene aanwijzingen voor leesvaardigheidsoefeningen (p. 14).

Oplossing
2. Ze komt **uit Frankrijk**.
3. Ze spreekt **Frans, Engels, Duits en een beetje Nederlands**.
4. Hij komt **uit Frankrijk**.
5. Ze komt **uit Marokko**.
6. Ze is **Française en Marokkaanse**.

c)
Doel
De cursisten kunnen een kort tekstje over zichzelf schrijven.

Uitvoering
Zie 5.4.2 Aanpak individuele schrijfoefeningen (p. 13).

> **Oefeningen werkboek**
> Op deze oefeningen in het tekstboek volgen
>
>  WB 1A - 6, 7, 8
>
> Geef duidelijk aan dat oefening 8 ingeleverd moet worden.
> Zie voor aanwijzingen voor deze oefeningen p.9.

7 Spreken – Wie zijn uw medecursisten?
Doel
- De cursisten kunnen hun medecursisten vragen naar naam, land van herkomst, moedertaal en talenkennis.
- De cursisten kunnen vragen beantwoorden over hun naam, land van herkomst, moedertaal en talenkennis.

Uitvoering
Zie 5.3.2 Kettingoefeningen en klassikale spreekoefeningen (p. 11).

Uitdrukking
Doel
De cursisten begrijpen globaal de betekenis van de behandelde uitdrukking.

Uitvoering
Zie 5.9 Uitdrukking – Algemene aanwijzingen voor het bespreken van de uitdrukking (p. 16).

Hoofdstuk 1B

 1, 2, 3, 4

> **Doel**
> Vragen en reageren: adres, woonplaats, leeftijd, geboortedatum
> Het alfabet
> Tellen
> **Grammatica**
> Vormen van het presens bij regelmatige verba

1 Luisteren – Het abc cd 1 - 2

a)
Doel
De cursisten kunnen de letters van het Nederlandse alfabet verstaan.

Uitvoering
Introductiefase
1. Geef aan dat u samen met de cursisten het Nederlandse alfabet gaat beluisteren.
2. Vraag uw cursisten of ze al letters kennen en schrijf deze op het bord.

Uitvoerfase
Luister naar het Nederlandse alfabet.

Evaluatiefase
1. Controleer of de cursisten nu alle letters kunnen herkennen.
2. Bespreek eventuele vragen.

Transcriptie
Zie tekstboek, p. 12.

b)
Doel
De cursisten kunnen de letters van het Nederlandse alfabet uitspreken.

Uitvoering
1. Geef aan dat u samen met de cursisten nogmaals het Nederlandse alfabet gaat beluisteren.
2. Geef aan dat u nu ook samen de letters gaat uitspreken.
3. Laat cursisten om beurten een letter herhalen.
4. Zeg met de hele klas nogmaals het alfabet, zonder de tekst eerst te beluisteren.

Evaluatiefase
1. Controleer of de cursisten nu alle letters kunnen herkennen (besteed in het bijzonder aandacht aan de klinkers, omdat veel cursisten hier moeite mee kunnen hebben).
2. Bespreek eventuele vragen.

Vervolgsuggestie
Laat cursisten in tweetallen hun naam spellen en van elkaar noteren.

2 Luisteren – Hoe spel je dat? cd 1 - 3, 4

a)
Doel
- De cursisten kunnen de letters van het Nederlandse alfabet verstaan.
- De cursisten begrijpen het woord 'spellen'.

Uitvoering
Zie 5.2 Luisteren – Algemene aanwijzingen voor luistervaardigheidsoefeningen (p. 9).

Transcriptie
Zie tekstboek, p. 12.

b)
Doel
De cursisten kunnen woorden en namen spellen.

Uitvoering
Introductiefase
1. Vertel de cursisten dat zij gaan luisteren naar mensen die zeggen hoe ze heten en die hun naam spellen.
2. Vertel dat zij de zinnen en gespelde namen moeten herhalen.

Uitvoerfase
Beluister de oefening en stimuleer de cursisten de zinnen en gespelde namen na te zeggen.

Evaluatiefase
1. Laat cursisten individueel nogmaals een naam spellen.
2. Vraag welke letters de cursisten nog moeilijk vinden.

Transcriptie
Zie tekstboek, p. 12.

> **Oefeningen werkboek**
> Op deze oefeningen in het tekstboek volgt
>

3 Spreken – Hoe spellen jullie dat?
Doel
De cursisten kunnen hun naam spellen.

Uitvoering
Zie 5.3.2 Kettingoefeningen en klassikale spreekoefeningen (p. 11).

Vervolgsuggestie
Laat cursisten in tweetallen oefenen met het spellen van bijvoorbeeld hun naam en achternaam, hun adres, of woorden uit de woordenlijst. De ene cursist spelt, de andere cursist noteert het woord. Vervolgens controleren ze samen of het juist is.

4 Luisteren – Getallen cd 1 - 5, 6, 7

a)
Doel
De cursisten maken kennis met de getallen in het Nederlands.

Hoofdstuk 1B

Uitvoering
Introductiefase
1. Geef aan dat u samen gaat luisteren naar de getallen in het Nederlands.
2. Vertel de cursisten dat zij nu alleen maar hoeven te luisteren.

Uitvoerfase
Luister samen naar de getallen.

Evaluatiefase
1. Vraag de cursisten of het duidelijk was.
2. Vraag of de cursisten nog vragen hebben over de getallen.

b)
Doel
- De cursisten kennen de getallen in het Nederlands.
- De cursisten kunnen de getallen herhalen en gebruiken.

Uitvoering
Introductiefase
1. Geef aan dat u samen nogmaals gaat luisteren naar de getallen in het Nederlands.
2. Schrijf een aantal getallen op het bord en vraag of uw cursisten deze getallen kunnen uitspreken. Verbeter de cursisten nog niet.
3. Vertel dat u nu nogmaals gaat luisteren naar de getallen in het Nederlands en dat zij kunnen controleren of ze het goed hebben gedaan.
4. Instrueer de cursisten om de getallen te herhalen.
5. Wijs de cursisten op de getallen in het tekstboek op pagina 12 en 13.

Uitvoerfase
1. Luister samen naar de getallen.
2. Herhaal klassikaal de getallen.

Evaluatiefase
1. Kijk nogmaals naar de getallen die u op het bord hebt geschreven.
2. Vraag of de cursisten de getallen nu nog een keer willen uitspreken.
3. Schrijf nog een aantal getallen op het bord en vraag de cursisten deze uit te spreken.
4. Vestig de aandacht op bijzondere gevallen (acht – tachtig, vier – veertig, honderd (niet éénhonderd, maar wel tweehonderd).
5. Bespreek eventuele vragen.

Transcriptie
Zie tekstboek, p. 12-13.

NOTITIE
Zie 5.8 Notitie – Algemene aanwijzingen voor het bespreken van informatie in de kaders getiteld 'Notitie' (p. 15).
Als u deze informatie bespreekt, kunt u ter controle van het begrip enkele cursisten hun geboortejaar laten noemen.

c)
Doel
- De cursisten herkennen de getallen in het Nederlands.
- De cursisten kunnen getallen in het Nederlands van elkaar onderscheiden.

Uitvoering
Introductiefase
1. Vertel dat u samen gaat luisteren naar korte dialogen met daarin getallen.
2. Vertel dat ze het getal dat ze horen, moeten aankruisen.
3. Luister samen naar het voorbeeld.

Uitvoerfase
1. Start de oefening.
2. Laat cursisten de oefening individueel uitvoeren.

Evaluatiefase
1. Bespreek klassikaal de antwoorden.
2. Laat zinnen eventueel nogmaals horen, als er veel discussie is.
3. Bespreek eventuele vragen.

Transcriptie
Zie tekstboek, p. 315.

Oplossing
1. 15, 2. 6, 3. 14, 4. 9, 5. 8, 6. 21, 7. 167, 8. 18

d)
Doel
- De cursisten herkennen de getallen en letters in het Nederlands.
- De cursisten kunnen de juiste dialoog aan het juiste plaatje koppelen.

Uitvoering
Introductiefase
1. Vertel dat u samen gaat luisteren naar korte dialogen met daarin getallen en letters.
2. Vertel dat ze elke dialoog moeten koppelen aan het juiste plaatje.
3. Luister samen naar het voorbeeld.

Uitvoerfase
1. Start de oefening.
2. Laat cursisten de oefening individueel uitvoeren.

Evaluatiefase
1. Bespreek klassikaal de antwoorden.
2. Laat dialogen eventueel nogmaals horen, als er veel discussie is.
3. Bespreek eventuele vragen.

Transcriptie
Zie tekstboek, p. 315.

Oplossing
Afbeelding 1: dialoog 1, Afbeelding 2: dialoog 4, Afbeelding 3: dialoog 7, Afbeelding 4: dialoog 5, Afbeelding 5: dialoog 3, Afbeelding 6: dialoog 2, Afbeelding 7: dialoog 6

> **Oefeningen werkboek**
> Op deze oefeningen in het tekstboek volgen
>
> 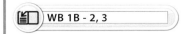 WB 1B - 2, 3

Hoofdstuk 1B

 Spreken – Wat is je telefoonnummer?

Doel
De cursisten kunnen hun telefoonnummer geven.

Uitvoering
Zie 5.3.2 Kettingoefeningen en klassikale spreekoefeningen (p. 11).

Vervolgsuggestie
Laat cursisten in tweetallen oefenen met het geven van bijvoorbeeld hun leeftijd, huisnummer, postcode, gewicht, etc.

NOTITIE
Zie 5.8 Notitie – Algemene aanwijzingen voor het bespreken van informatie in de kaders getiteld 'Notitie' (p. 15).
Als u deze informatie bespreekt, geef de cursisten dan als test mondeling een aantal sommen op. Controleer klassikaal de antwoorden.

 Spreken – Hoeveel is … ?

Doel
- De cursisten kunnen de woorden **plus, min, maal / keer** en **gedeeld door** begrijpen en toepassen.
- De cursisten kunnen getallen juist uitspreken en begrijpen.

Uitvoering
Zie 5.3.1 Spreekoefeningen in twee-, drie- en viertallen (p. 10).

 Lezen – Opa Jan

a) + b)
Doel
- De cursisten kunnen een korte tekst met persoonlijke informatie begrijpen.
- De cursisten kunnen relevante informatie uit de tekst halen en vragen beantwoorden.

Uitvoering
Zie 5.5 Lezen – Algemene aanwijzingen voor leesvaardigheidsoefeningen (p. 14).

Oplossing
1. Johannes Karelsen.
2. In Den Haag.
3. In 1929.
4. In Den Haag, aan de Koningin Emmakade.
5. Op nummer 64.

c)
Doel
De cursisten kunnen vaste constructies aanvullen over: vragen / antwoorden over adres, spellen, vragen naar huisnummer, postcode, telefoonnummer, e-mailadres, leeftijd en geboortedatum.

Uitvoering
Introductiefase
1. Instrueer de cursisten in tweetallen het schema in te vullen.
2. Verwijs de cursisten, indien nodig, naar voorgaande oefeningen.

Uitvoerfase
De cursisten voeren in tweetallen de oefening uit.

Evaluatiefase
1. Bespreek de antwoorden klassikaal.
2. Schrijf de woorden op het bord.
3. Bespreek eventuele vragen.

Oplossing
informeel
Wat is je huisnummer?
Wat is je telefoonnummer?
Wat is je mobiele nummer?
Hoe oud ben jij?
formeel
Waar woont u?
Wat is uw adres?
Op welk nummer woont u?
Welke postcode hebt u?
Wat is uw telefoonnummer?
Wat is uw mobiele nummer?
Wat is uw e-mailadres?
Wat is **uw** leeftijd?
Wat is **uw** geboortedatum?
antwoord
K – a – b – e – l – s – t – r – a – a – t

> **Oefeningen werkboek**
> Op deze oefeningen in het tekstboek volgt
>

 Spreken – Wat is uw adres?

Doel
- De cursisten kunnen de vaste constructies uit het schema begrijpen en toepassen.
- De cursisten kunnen antwoorden op vragen over hun personalia.

Uitvoering
Zie 5.3.1 Spreekoefeningen in twee-, drie- en viertallen (p. 10).

 Lezen – Het Nederlands in de wereld

Doel
- De cursisten herkennen de verba in de tekst.
- De cursisten weten waar in de wereld Nederlands wordt gesproken.

Uitvoering
Zie ook 5.5 Lezen – Algemene aanwijzingen voor leesvaardigheidsoefeningen (p. 14).

Introductiefase
1. Vraag de cursisten of zij enkele verba kunnen noemen.
2. Vertel de cursisten dat zij in de tekst de verba moeten zoeken en omcirkelen.

Uitvoerfase
De cursisten voeren in tweetallen de oefening uit.

Evaluatiefase
1. Bespreek de antwoorden klassikaal.

Hoofdstuk 1B

2. Schrijf de woorden op het bord.
3. Bespreek eventuele vragen.

Oplossing
Het Nederlands is een Indo-Europese taal. Circa 23 miljoen mensen spreken het Nederlands als moedertaal. De meeste van deze sprekers wonen in West-Europa. Het Nederlands is de officiële taal in Nederland en in Vlaanderen, een deel van België. Het Nederlands van Vlaanderen heet Vlaams. Nederland en België liggen in Europa. De inwoners van Suriname – ex-kolonie van Nederland – kennen het Nederlands ook, maar zij spreken meestal Sranantongo. De inwoners van de eilanden Aruba, Bonaire, Curaçao, Saba, Sint-Eustatius en Sint-Maarten – eilanden binnen het koninkrijk der Nederlanden – spreken wel Nederlands, maar meestal Papiaments. Deze eilanden en Suriname liggen in Midden- en Zuid-Amerika.
Het Nederlands en het Duits behoren tot dezelfde familie. Ze lijken een beetje op elkaar. Het Nederlands heeft ook veel overeenkomsten met het Engels. Men spreekt Afrikaans in Zuid- Afrika. Ook het Afrikaans heeft banden met de Nederlandse taal. In de officiële taal van Indonesië, het Bahasa, zitten ook veel Nederlandse elementen, want Indonesië is ook een voormalige kolonie van Nederland. Nederlandse immigranten in de hele wereld spreken soms ook nog Nederlands.

> **Oefeningen werkboek**
> Op deze oefeningen in het tekstboek volgt
>
>  WB 1B - 5

a) + b) + c) + d)
Doel
- De cursisten kunnen voor de gegeven verba de juiste vormen van het presens invullen.
- De cursisten kennen het verschil tussen het pronomen personale met en zonder nadruk.

Uitvoering
Introductiefase
1. Bespreek de pronomina en vormen van het verbum die in het schema te zien zijn.
2. Bespreek het verschil tussen pronomina met en zonder nadruk (zie hieronder). Wijs de cursisten op de informatie in het notitiekader onder oefening 9.
3. Geef aan dat de cursisten in tweetallen het schema bij b) en de zinnen bij c) en d) moeten aanvullen.
4. Verwijs de cursisten, indien nodig, naar voorgaande oefeningen.

Uitvoerfase
De cursisten voeren in tweetallen de oefening uit.

Evaluatiefase
1. Bespreek de antwoorden klassikaal.
2. Schrijf de woorden op het bord.
3. Bespreek eventuele vragen.

Aanwijzingen voor de uitleg van het pronomen personale met en zonder nadruk
Vertel dat je het pronomen personale altijd zonder nadruk kunt gebruiken in spreek- en schrijftaal.

In plaats van het woord 'nadruk' kunt u tijdens de les ook het meer internationale woord 'accent' gebruiken. Dat kan voor veel cursisten verhelderend werken.
Geef wat voorbeelden:
– Je komt uit Duitsland.
– Ze spreekt twee talen.
– We leren Nederlands.
– Ze schrijven een e-mail.
Geef de cursisten de tijd om zelf ook een zin te bedenken met *je, ze, we, ze* (pluralis). Loop rond en kijk of de cursisten echt iets opschrijven. Laat een aantal zinnen op het bord schrijven. Zorg ervoor dat de mensen die een zin noemen / opschrijven ook correcte zinnen hebben gemaakt. Het is belangrijk op dit moment geen verwarring te veroorzaken.

Kijk eventueel of iemand een zin maakt waarbij een contrastsituatie ontstaat, zoals:
– Hij komt uit Amerika maar zij komt uit Engeland.
– Ik woon in Utrecht maar jij woont in Amersfoort.
Grijp die zinnen aan om te laten zien dat daarbij de vormen van het pronomen personale met nadruk nodig zijn. Gebruiken de cursisten geen contrastsituaties, geef dan zelf een aantal voorbeelden (zie hierboven).

Belangrijk is dat u het pronomen personale met veel nadruk uitspreekt, zodat cursisten het verschil goed horen. Als docent hebt u hier een grote en belangrijke rol in.
Vraag de cursisten weer om zelf ook één of twee van dit soort zinnen te bedenken. Behandel een aantal zinnen van cursisten waarvan u weet dat ze correct zijn.

Laat tot slot ook wat zinnen horen, waarin wel een contrastsituatie zit, maar waarin de niet benadrukte vormen worden gebruikt. Vertel of laat ervaren dat die gewoon niet sterk en aanwezig genoeg zijn.

In deze fase van het leerproces is het goed om u enkel tot dit verschil tussen pronomen personale met en zonder nadruk te beperken. Het is beter om nu bijvoorbeeld niet in te gaan op het gebruik van benadrukte vormen in geschreven, formele taal.

b)
Oplossing

presens			
	infinitief		
	liggen	spreken	wonen
singularis			
ik	lig	spreek	woon
jij / je	ligt	spreekt	woont
	lig_ je / jij	spreek_ je / jij	woon je / jij
u	ligt	spreekt	woont
hij	ligt	spreekt	woont
zij / ze	ligt	**spreekt**	woont
het	ligt	spreekt	woont
pluralis			
wij / we	liggen	spreken	wonen
jullie	liggen	**spreken**	wonen
zij / ze	**liggen**	spreken	wonen

Hoofdstuk 1C

c)
De vorm van het presens bij jij / je en u is hetzelfde als bij **hij / zij / ze / het**.

d)
De pluralisvormen zijn identiek aan de **infinitief**.

> **Oefeningen werkboek**
> Op deze oefeningen in het tekstboek volgen
>
>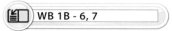
>
> Zie voor aanwijzingen voor deze oefeningen p. 9.

10 Spreken en grammatica – Welke vorm?

Doel
De cursisten kunnen de juiste persoonsvorm bij het subject noemen.

Uitvoering
Zie 5.3.1 Spreekoefeningen in twee-, drie- en viertallen (p. 10).

Oplossing

ik	je, u	hij, ze, het
spreek	spreekt	spreekt
begrijp	begrijpt	begrijpt
woon	woont	Woont
luister	luistert	luistert
studeer	studeert	studeert
dans	danst	Danst

we	jullie	ze
spreken	spreken	spreken
begrijpen	begrijpen	begrijpen
wonen	wonen	wonen
luisteren	luisteren	luisteren
studeren	studeren	studeren
dansen	dansen	dansen

> **Oefeningen werkboek**
> Op deze oefeningen in het tekstboek volgt
>
>

11 Spreken – Waar woont u?

Voorbereiding
Maak kopieën van het kopieerblad. Deze deelt u straks uit in de klas.

Doel
- De cursisten kunnen vragen naar personalia en reageren.
- De cursisten kunnen personalia correct noteren.

Uitvoering
Zie 5.3.1 Spreekoefeningen in twee-, drie- en viertallen (p. 10).

Opmerking
Deze oefening is bedoeld als C / D-oefening. Er staat een uitgebreid voorbeeld omdat het pas hoofdstuk 1 is. Na eventueel de dialoog samen bekeken te hebben en / of te refereren aan de vragen in het schema, kan het boek dichtgeslagen worden en kunnen de cursisten de oefening uitvoeren.

Let op: bij deze opdracht hoort een kopieerblad.

Uitdrukking

Doel
De cursisten begrijpen globaal de betekenis van de uitdrukking.

Uitvoering
Zie 5.9 Uitdrukking – Algemene aanwijzingen voor het bespreken van de uitdrukking (p. 16).

C Tot de volgende keer!

> **Doel**
> Begroeten en afscheid nemen
> Uzelf en iemand anders voorstellen
> Vragen en reageren: beroep en studie
> Een formulier invullen
>
> **Grammatica**
> Woordvolgorde vraagzinnen
> Presens van *hebben* en *zijn*

1 Luisteren – Begroeten en afscheid nemen   1 - 8

a) + b) + c)

Doel
De cursisten kennen formele en informele begroetingen en afscheidsgroeten in het Nederlands.

Uitvoering
Zie 5.2 Luisteren – Algemene aanwijzingen voor luistervaardigheidsoefeningen (p. 9).

Transcriptie
Zie tekstboek, p. 315.

Hoofdstuk 1C

Oplossing
a)

	komen (begroeten)	weggaan (afscheid nemen)
informeel	hoi hallo	tot ziens doei
formeel	dag goedemiddag	tot ziens dag

b)

	komen (begroeten)	weggaan (afscheid nemen)
informeel	hoi hallo dag goedemiddag	tot ziens doei dag
formeel	dag goedemiddag	tot ziens dag

c)

	komen (begroeten)	weggaan (afscheid nemen)
informeel	hoi hallo dag goedemiddag goedemorgen goedenavond	tot ziens doei dag tot de volgende keer tot gauw tot straks tot zo tot morgen welterusten
formeel	dag goedemiddag goedemorgen goedenavond	tot ziens dag tot morgen goedenacht

NOTITIE
Zie 5.8 Notitie – Algemene aanwijzingen voor het bespreken van informatie in de kaders getiteld 'Notitie' (p. 15).

> **Oefeningen werkboek**
> Op deze oefeningen in het tekstboek volgt
>
> 📖 WB 1C - 1

 **Invuloefening – Wat vraag je?**
Doel
De cursisten kunnen formele en informele vragen naar personalia construeren.

Uitvoering
Introductiefase
1. Bespreek nogmaals het verschil tussen informeel en formeel taalgebruik.
2. Bespreek het verschil tussen woordvolgorde in de hoofdzin en de vraagzin (zie 5.7 Grammatica – Algemene aanwijzingen voor grammaticaoefeningen, p. 15)
3. Geef aan dat de cursisten het schema bij a) en de zinnen bij b) moeten aanvullen, eventueel in tweetallen.
4. Verwijs de cursisten, indien nodig, naar voorgaande oefeningen.

Uitvoerfase
De cursisten voeren de oefening uit.

Evaluatiefase
1. Bespreek de antwoorden klassikaal.
2. Schrijf de woorden op het bord.
3. Bespreek eventuele vragen.

Oplossing
a)
vraag
informeel
Wat is je (voor)naam? of: Hoe heet jij?
Hoe schrijf je dat?
Wat is je achternaam?
Hoe spel je dat?
Waar woon je?
Waar kom je vandaan? of:
Uit welk land kom je?
Wat is je adres?
Wat is je telefoonnummer?
Wat studeer je?
Wat is je beroep? of: Wat (voor werk) doe je?
Welke talen spreek je?
Hoeveel talen spreek je?
formeel
Wat is uw (voor)naam? of: Hoe heet u?
Wat is uw achternaam?
Waar woont u?
Waar komt u vandaan? of: Uit welk land komt u?
Wat is uw adres?
Wat is uw telefoonnummer?
Wat studeert u?
Welke talen spreekt u?
Hoeveel talen spreekt u?

b)
Spreekt u Nederlands?
Spreek je Nederlands?
Komt u uit Nederland?
Kom je uit Nederland?
verbum, subject, rest

> **Oefeningen werkboek**
> Op deze oefeningen in het tekstboek volgen
>
>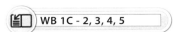

Hoofdstuk 1C

3 **Grammatica – Subject en persoonsvorm**
a) + b)
Doel
- De cursisten kunnen bij een subject de juiste persoonsvorm vinden.
- De cursisten kunnen bij de verschillende pronomina de juiste vormen van *hebben* en *zijn* invullen.

Uitvoering
Zie 5.7 Grammatica – Algemene aanwijzingen voor grammaticaoefeningen (p. 15).

Introductiefase
1. Bespreek nogmaals de termen subject en persoonsvorm.
2. Geef aan dat de cursisten het subject en persoonsvorm moeten omcirkelen bij a), eventueel in tweetallen.
3. Bespreek de verba *hebben* en *zijn*.
4. Verwijs de cursisten, indien nodig, naar voorgaande oefeningen.
5. Geef aan dat de cursisten bij b) het schema moeten aanvullen.

Uitvoerfase
De cursisten voeren in tweetallen de oefeningen uit.
Evaluatiefase
1. Bespreek de antwoorden klassikaal.
2. Schrijf de woorden op het bord.
3. Bespreek eventuele vragen.

Oplossing
a)
Dialoog 1
- Dag meneer, ik ben Anton Jansen en wie bent u?
- Ik ben Carlos Santiago.
- Waar komt u vandaan?
- Ik kom uit Spanje, uit Sevilla.
- Bent u al lang in Nederland?
- Ik ben hier al drie jaar.
- Wat voor werk doet u?
- Ik ben kok.

Dialoog 2
- Hoi, ik ben Monique en hoe heet jij?
- Ik heet Peter.
- Waar kom jij vandaan, Peter?
- Ik kom uit Amerika, uit Los Angeles.
- Nou, je spreekt al heel goed Nederlands.
- Ben je in Nederland voor je werk?
- Nee, ik studeer hier.
- Wat studeer je?
- Ik studeer taalwetenschap.

Dialoog 3
- Dit zijn Stefania en Aldo. Ze komen uit Italië.
- Prettig kennis met jullie te maken, ik ben Marga.
- Wonen jullie in Nederland?
- Nee, wij zijn hier op vakantie.
- Ze logeren bij mij.
- Jullie spreken heel goed Nederlands.
- Wij hebben een Nederlandse moeder.
- O, dan begrijp ik het.

Dialoog 4
- Goedemiddag mevrouw Croes, mijn naam is Judy Benne. Ik ben de secretaresse van meneer Van der Wal. Hij wil u informatie over het congres toesturen …. Eh, wilt u het per e-mail of per post ontvangen?
- Oké, wat is uw adres?
- Ik woon op de Amstelkade nummer 20 in Amsterdam.
- En wat is uw postcode?
- Dank u wel. Ik stuur de informatie meteen op.

b)

presens	hebben	zijn
singularis		
ik	heb	ben
jij / je	hebt ! heb je	bent ! ben je
u	hebt / heeft	bent
hij	heeft	is
zij / ze	heeft	is
het	heeft	is
pluralis		
wij / we	hebben	zijn
jullie	hebben	zijn
zij / ze	hebben	zijn

Oefeningen werkboek
Op deze oefeningen in het tekstboek volgt

 WB 1C - 6

4 **Spreken – Waar komt u vandaan?**
Doel
De cursisten kunnen vragen uit welk land iemand komt en op vragen hierover reageren.

Uitvoering
Zie 5.3.2 Kettingoefeningen en klassikale spreekoefeningen (p. 11).

5 **Spreken – Wij komen uit …**
a) + b) + c) + d)

Let op: bij deze opdracht hoort een kopieerblad.

Voorbereiding
Maak kopieën van het kopieerblad en knip er kaartjes van. Deze deelt u straks uit in de klas. Er moeten altijd minstens twee of drie kaartjes met dezelfde opdruk in omloop zijn.

Doel
- De cursisten kunnen vragen formuleren met de woorden adres, achternaam, telefoonnummer, land, talen en werk.
- De cursisten kunnen elkaar voorstellen.

Uitvoering
Zie 5.3.2 Kettingoefeningen en klassikale spreekoefeningen (p. 11).

Hoofdstuk 1C

6   Schrijven – Inschrijfformulier

Doel
De cursisten kunnen hun personalia invullen op een inschrijfformulier.

Uitvoering
Zie 5.4 Schrijven – Algemene aanwijzingen voor schrijfvaardigheidsoefeningen (p. 12).

NOTITIE
Zie 5.8 Notitie – Algemene aanwijzingen voor het bespreken van informatie in de kaders getiteld 'Notitie' (p. 15).

7   Spreken – De sportschool

Doel
- De cursisten kunnen hun personalia geven.
- De cursisten kunnen personalia van een ander juist noteren.

Uitvoering
Zie 5.3.1 Spreekoefeningen in twee-, drie- en viertallen (p. 10).

Opmerking
Laat de cursisten met de ruggen naar elkaar zitten, zodat zij niet op elkaars papier kunnen kijken. Als u de beschikking heeft over een Talenpracticum met Callcenterfunctie, kunt u de oefening erg goed op die manier uitvoeren.

8   Spreken – Interview

Doel
- De cursisten kunnen elkaar interviewen met behulp van de vragen in dit hoofdstuk.
- De cursisten kunnen de antwoorden juist noteren.

Uitvoering
Zie 5.3.1 Spreekoefeningen in twee-, drie- en viertallen (p. 10).

Uitdrukking

Doel
De cursisten begrijpen globaal de betekenis van de uitdrukking.

Uitvoering
Zie 5.9 Uitdrukking – Algemene aanwijzingen voor het bespreken van de uitdrukking (p. 16).

> **Oefeningen werkboek**
> Op deze oefeningen in het tekstboek volgen
>  WB 1C - 7, 8
>
> Bespreek het begrip 'prepositie' en laat de cursisten voorbeelden geven.

 Uitspraak  cd 1 - 9

Doel
- De cursisten maken kennis met de lange en korte vocalen / **aa** / en / **a** /, en / **oo** / en / **o** /.
- De cursisten leren luisteren naar het verschil tussen / **aa** / en / **a** /, en / **oo** / en / **o** /.

- De cursisten kunnen het verschil tussen / **aa** / en / **a** / en / **oo** / en / **o** / maken.

Uitvoering
Zie 5.10 Uitspraak – Algemene aanwijzingen voor het bespreken van de uitspraak (p. 16).

> **Oefeningen werkboek**
> Op dit gedeelte in het tekstboek volgen
>  WB 1 uitspraak 1, 2, 3, 4, 5

Overzicht (Übersicht)
Elk hoofdstuk eindigt met een overzicht van de grammatica, de taalhandelingen en het vocabulaire uit het betreffende hoofdstuk.
Dit overzicht is bedoeld als naslagwerk. Het is niet nodig om het overzicht integraal door te nemen met de cursisten. Na hoofdstuk 1 verdient het wel aanbeveling om de cursisten attent te maken op dit overzicht.
U kunt het overzicht bijvoorbeeld opgeven als huiswerk.

Ik kan nu (Ich kann jetzt)
Het overzicht wordt afgesloten met een aantal can-do-statements waarmee de cursist zelf kan beoordelen of hij de stof uit het hoofdstuk beheerst.
Het is aan te raden om hier aan het eind van elk hoofdstuk aandacht aan te besteden.

Doel
De cursisten krijgen inzicht in de leerstof die zij zouden moeten beheersen.

Uitvoering
Introductiefase
Vertel wat het doel van het schema *Ik kan nu* is.

Uitvoerfase
Laat de cursisten het schema *Ik kan nu* lezen en invullen. Dit kan individueel of in tweetallen.

Evaluatiefase
1. Bespreek het schema klassikaal.
2. Vraag wat de cursisten wel en niet kunnen.
3. Stel korte controlevragen:
   – Waar kom je vandaan?
   – Wat is je achternaam? Kun je dat spellen?
   – Wat is je beroep?
   Geef eventueel korte opdrachten:
   – Stel jezelf voor.
   – Stel de persoon naast je voor.
   – Vraag de leeftijd van de persoon naast je.
4. Bespreek eventuele vragen.
5. Verwijs cursisten indien nodig terug naar bijbehorende oefeningen in het tekstboek en / of werkboek.

Let op: als u constateert dat de (meerderheid van de) groep een onderdeel nog niet beheerst, is het raadzaam om dit onderdeel opnieuw te behandelen, voordat u doorgaat naar het volgende hoofdstuk.

Hoofdstuk 2A
Zullen we iets afspreken?

Titelpagina
Zie 5.1 Begin van een hoofdstuk: titelpagina (p. 9).

A Dat is lang geleden!

> **Doel**
> Vragen en reageren: hoe het met iemand gaat
> De dagen van de week
> Vragen en reageren: een afspraak maken
>
> **Grammatica**
> Het artikel (definiet / indefiniet)

 Luisteren – Zullen we naar het café gaan cd 1 - 10

a)
Doel
- De cursisten kunnen verstaan dat Geert en Mustafa telefonisch een afspraak maken om naar het café te gaan.
- De cursisten kunnen verstaan hoe het met Geert en Mustafa gaat.
- De cursisten kunnen verstaan waarom Geert en Mustafa op bepaalde dagen niet kunnen.
- De cursisten kunnen verstaan voor welke dag en tijd Geert en Mustafa de afspraak maken.

Thema tekst: een telefoongesprek tussen twee vrienden, vragen hoe het gaat, een afspraak maken
Sleutelwoorden: *de afspraak, afspreken, het café, donderdag(ochtend), morgen(avond), het uur, vrijdag, de week, woensdag*
Kennis van de wereld: Geert en Mustafa zijn jongensnamen, Nederlandse cafés (overdag en 's avonds open, zowel koffie als alcohol, etc.)

Uitvoering
Zie 5.2 Luisteren – Algemene aanwijzingen voor luistervaardigheidsoefeningen (p. 9).

Let op: Het is de eerste keer dat de oefenvorm 'waar of niet waar' aan bod komt. Controleer of de cursisten de betekenis daarvan begrijpen. Leg uit dat ze een kruisje moeten zetten bij het antwoord van hun keuze.

Transcriptie
Zie tekstboek, p. 315.

Oplossing
1. waar, 2. niet waar, 3. niet waar, 4. niet waar, 5. waar

Notitie
Zie 5.8 Notitie – Algemene aanwijzingen voor het bespreken van informatie in de kaders getiteld 'Notitie' (p. 15).

Let op: Opnemen en ophangen zijn separabele verba. Het separabel verbum is nog niet aan de orde geweest. U kunt bij voorbeelden in de les daarom het beste alleen de infinitief van deze verba gebruiken.

b)
Doel
- De cursisten kunnen het juiste verbum, vraagwoord en de juiste prepositie verstaan en opschrijven.
- De cursisten kunnen vragen hoe het gaat en reageren.

Uitvoering schema 1
Introductiefase
1. Vertel de cursisten dat u samen nog een keer naar de tekst gaat luisteren.
2. Vertel dat de cursisten de ontbrekende woorden in het eerste schema moeten invullen.

Uitvoerfase
1. Laat de dialoog horen.
2. Laat de dialoog eventueel een tweede keer horen.
3. Laat de cursisten het schema invullen.

Evaluatiefase
1. Bespreek de antwoorden.
2. Vertel dat de spreker in de tekst 'Hoe gaat het?' zegt (zie schema 1, het eerste in te vullen antwoord), maar dat 'Hoe is het?' ook een goede manier van formuleren is.
3. Beantwoord eventuele vragen.

Transcriptie
Zie tekstboek, p. 315.

Oplossing:

vraag	
informeel	formeel
Hoe **gaat** het met je?	Hoe gaat het met u?
Hoe is het **met** je vader?	Hoe is het **met** meneer Jansen?

Uitvoering schema 2
Zie 5.3.3 Routines: Wat kun je zeggen? (p. 11).

Let op: Besteed aandacht aan het verschil tussen formeel en informeel taalgebruik.

Notitie
Zie 5.8 Notitie – Algemene aanwijzingen voor het bespreken van informatie in de kaders getiteld 'Notitie' (p. 15).

> **Oefeningen werkboek**
> Op deze oefeningen in het tekstboek volgen
>
> 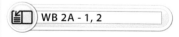 WB 2A - 1, 2

 Spreken – Hoe gaat het met je?

Let op: bij deze opdracht hoort een kopieerblad.

Zie ook: 5.3.2 Kettingoefeningen en klassikale spreek-oefeningen (p. 11).

Hoofdstuk 2A

Doel
De cursisten kunnen iemand vragen hoe het gaat en kunnen reageren op die vraag.

Uitvoering
Introductiefase
1. Laat twee cursisten de voorbeelddialoog uit de oefening hardop voorlezen.
2. Besteed aandacht aan de prosodie van de zinnen.

Uitvoerfase
1. Deel de kaartjes uit.
2. De cursisten lopen rond en vragen elkaar hoe het ermee gaat. Hoe ze moeten antwoorden, zien de cursisten op hun kaartjes.
3. U kunt de kaartjes één of een paar keer laten doorgeven, zodat iedere cursist verschillende antwoorden kan oefenen.

Evaluatiefase
1. Bespreek, indien nodig, nog een keer het verschil tussen formeel en informeel taalgebruik.
2. Laat één of enkele gesprekjes klassikaal uitvoeren. Kies hierbij bij voorkeur cursisten waarvan u hebt gehoord dat ze de opdracht goed hebben uitgevoerd.

3   Invuloefening – Dagen van de week
a)
Doel
De cursisten kunnen de dagen van de week noteren.

Uitvoering
Introductiefase
1. Bekijk en bespreek samen de afbeelding van de agenda in de oefening.
2. Laat cursisten eventueel hun eigen agenda pakken.
3. Bespreek de sleutelwoorden *agenda*, *week* en *dagen*.
4. Instrueer de cursisten om alleen of in tweetallen het schema in te vullen.
5. Verwijs de cursisten, indien nodig, naar de transcriptie van de dialoog van oefening 1. (p. 315)

Uitvoerfase
1. Laat de cursisten de oefening uitvoeren, eventueel in tweetallen.
2. Loop rond en help waar nodig.

Evaluatiefase
1. Bespreek de antwoorden klassikaal.
2. Schrijf de woorden op het bord.
3. Bespreek eventuele vragen.

Oplossing
maandag, dinsdag, **woens**dag, **donder**dag, vrij**dag**, zater**dag**, zon**dag**

b)
Doel
De cursisten kunnen de hoofdlijnen van een korte, informele tekst begrijpen.

Uitvoering
Zie 5.5 Lezen – Algemene aanwijzingen voor leesvaardigheidsoefeningen (p. 14).

Oefeningen werkboek
Op deze oefeningen in het tekstboek volgen

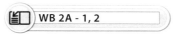 WB 2A - 1, 2

4   Grammatica – Het artikel
Zie ook: 5.7 Grammatica – Algemene aanwijzingen voor grammaticaoefeningen (p. 15).

a) + b)
Doel
- De cursisten kunnen het artikel bij een substantief herkennen.
- De cursisten kennen de vormen van het artikel (singularis en pluralis, indefiniet en definiet).

Uitvoering
Introductiefase
1. Bekijk en bespreek samen de woorden bij de plaatjes bij deze oefening.
2. Bespreek de termen artikel, singularis, pluralis, definiet en indefiniet aan de hand van het schema.
3. Instrueer cursisten het schema in te vullen, eventueel in tweetallen.

Uitvoerfase
1. Cursisten vullen het schema in.
2. Loop rond en assisteer waar nodig.

Evaluatiefase
1. Bespreek de antwoorden klassikaal.
2. Schrijf de woorden op het bord.
3. Bespreek eventuele vragen.

Oplossing
de maand, het jaar, het jaartal, de weekdag, de dag
het weekeinde, het weekend

definiet artikel = **de** of **het**
indefiniet artikel = **een**
het artikel bij pluralisvormen = **de**

Notitie
Zie 5.8 Notitie – Algemene aanwijzingen voor het bespreken van informatie in de kaders getiteld 'Notitie' (p. 15).

Bij oefening 5 (spreken) komt een deel van het vocabulaire uit dit notitieblaadje ook voor.
Bespreek daarom in ieder geval de bij die oefening de benodigde sleutelwoorden *vandaag, morgen, overmorgen, en dagdeel*.

Eventueel kunt u nog toevoegen aan het notitieblaadje: *de namiddag*.

5   Spreken – Welke dag is het vandaag?
Doel
De cursisten kunnen vragen stellen en beantwoorden over de dagen van de week.

Hoofdstuk 2B

Uitvoering
Introductiefase
1. Introduceer het thema van de oefening.
2. Herhaal, indien nodig, de woorden *vandaag, morgen, overmorgen, en dagdeel*.

Zie verder 5.3.1 Spreekoefeningen in twee-, drie- en viertallen (p. 10).

 Lezen – Speciale dagen
a) + b)
Doel
- De cursisten kunnen de hoofdlijnen van de tekst begrijpen.
- De cursisten kunnen vragen beantwoorden over de tekst.

Uitvoering
Zie 5.5 Lezen – Algemene aanwijzingen voor leesvaardigheidsoefeningen (p. 14).
Sleutelwoorden: *de betekenis, bijvoorbeeld, de uitdrukking*
Kennis van de wereld: het christelijk paasfeest, verkeersdrukte aan het begin van de vakantie, zondag als rustdag

Oplossing
dinsdag	**zater**dag	**vrij**dag
maandag	**zon**dag	**woens**dag

Oefeningen werkboek
Op deze oefeningen in het tekstboek volgen

 WB 2A - 1, 2

In oefening 6 van het werkboek gaat het over het heao. Bespreek kort wat het heao is: het hoger economisch en administratief onderwijs.
Oefening 7 van het werkboek dienen de cursisten in te leveren.

 Spreken – Vragen stellen
a) + b)
Doel
- De cursisten kunnen een voorstel doen voor een afspraak.
- De cursisten kunnen reageren op een voorstel voor een afspraak.
- De cursisten kunnen een afspraak maken.

Uitvoering
Zie 5.3.1 Spreekoefeningen in twee-, drie- en viertallen (p. 10).

Laat in de introductiefase de voorbeelddialogen hardop voorlezen.
Bespreek de standaardzinnen in de voorbeelddialogen.
Laat cursisten bij de uitvoering van deze oefening hun eigen agenda gebruiken.
Maak duidelijk dat de cursisten de dialoog uit hun hoofd moeten kunnen voeren.

Vervolgsuggestie
Laat variëren op het thema.

In plaats van een afspraak te maken om naar het café te gaan, kunnen de cursisten een afspraak maken om samen naar de supermarkt, de kantine, et cetera te gaan. In plaats van samen huiswerk te maken, kunnen de cursisten bijvoorbeeld samen boodschappen doen.
Het hangt uiteraard af van de woordenschat van uw cursisten, hoeveel variatie er mogelijk is.
Mocht u de oefening op deze manier uitbreiden, besteed dan aandacht aan het verschil tussen de twee voorbeelddialogen. Dialoog a kunnen de cursisten gebruiken als ze ergens naartoe willen gaan, dialoog b kunnen ze gebruiken als ze iets willen doen:
- Ga je mee naar + *artikel* + *substantief*?
- Zullen we samen + *infinitief*?

 Uitdrukking
Doel
De cursisten begrijpen globaal de betekenis van de uitdrukking.

Uitvoering
Zie 5.9 Uitdrukking – Algemene aanwijzingen voor het bespreken van de uitdrukking (p. 16).

B Tot hoe laat is het museum open?

Doel
Tijden, klokkijken
Vragen naar openingstijden
Een agenda invullen

Grammatica
Woordvolgorde / inversie in hoofdzinnen met tijds- of plaatsaanduiding
Modale verba auxiliari: moeten, mogen, willen, kunnen, zullen en gaan
Negatie: niet / geen

 Luisteren – Twee vriendinnen **cd 1 -11**
maken een afspraak
Doel
- De cursisten kunnen verstaan wat voor soort afspraak Karin en Esther maken.
- De cursisten kunnen verstaan voor welke dag en tijd Karin en Esther een afspraak maken.
- De cursisten kunnen vragen beantwoorden over de luistertekst.

Uitvoering
Zie 5.2 Luisteren – Algemene aanwijzingen voor luistervaardigheidsoefeningen (p. 9).

Thema tekst: een telefoongesprek tussen twee vriendinnen, vragen hoe het gaat, een afspraak maken
Sleutelwoorden: *het museum, open / gesloten, de pizzeria, werken*
Kennis van de wereld: het museum: soorten musea (verschillende collecties), ruimtes in een museum (tentoonstellingszalen, kassa en museumwinkel, museumcafé, vergader- en presentatiezalen)

Hoofdstuk 2B

Transcriptie
Zie tekstboek, p. 316.

Oplossing
1. niet waar, 2. niet waar, 3. waar, 4. niet waar, 5. niet waar

 Lezen – Hollandse meesters
a) + b)
Doel
- De cursisten kunnen de hoofdlijnen van de tekst begrijpen.
- De cursisten kunnen vragen beantwoorden over de tekst.

Sleutelwoorden: *bekend, beroemd, de meester, de schilder, het schilderij*
Kennis van de wereld: de Nederlandse schilderkunst

Uitvoering
Zie 5.5 Lezen – Algemene aanwijzingen voor leesvaardigheidsoefeningen (p. 14).

Oplossing:
1**A**, 2**C**, 3**B**, 4**D**

c)
Doel
- De cursisten kunnen samen praten over hun kennis van Nederlandse schilders / schilderkunst.
- De cursisten breiden hun kennis van Nederland uit.

Uitvoering
Introductiefase
De voorgaande oefeningen a) en b) vormen in wezen de introductiefase van oefening c).
Neem eventueel zelf afbeeldingen (bijvoorbeeld ansichtkaarten) mee van bekende Nederlandse schilderijen, of zoek ze op internet op en laat ze digitaal zien in de klas. U kunt ook de cursisten afbeeldingen laten opzoeken op internet.

Uitvoerfase
Laat de cursisten samen praten over het thema.

Evaluatiefase
1. Bespreek welke schilders de cursisten kennen.
2. Schrijf de namen op het bord.
3. Vul aan als de cursisten zelf weinig of geen schilders kennen. Bijvoorbeeld: Jan van Eyck (±1390-1441), Jeroen Bosch († 1516), Pieter Brueghel (±1525-1569), Peter Paul Rubens (1577-1640), Frans Hals (±1580-1666), Piet Mondriaan (1872-1944), Karel Appel (1921-2006).
4. Vraag wie van de cursisten schilderijen kent van die schilders. Vraag wat ze van de schilderijen vinden.

Vervolgsuggestie
1. Vertel iets over de uitdrukking 'Een huishouden van Jan Steen': een zeer rommelig of vies huishouden, vergelijkbaar met de huishoudens op de schilderijen van Jan Steen.
2. Laat de cursisten op internet zoeken naar afbeeldingen van de schilderijen die tijdens de les ter sprake zijn gekomen. De afbeeldingen kunt u later nog eens gebruiken in de les, bijvoorbeeld na oefening H2C8 over de adjectieven. Laat de cursisten passende adjectieven zoeken bij 'hun' schilderij.

> **Oefeningen werkboek**
> Op deze oefeningen in het tekstboek volgt
>

3 **Invuloefening – Hoe laat is het?**
a)
Doel
De cursisten kunnen de tijd in woorden formuleren en noteren.

Uitvoering
Introductiefase
1. Bekijk en bespreek samen de titel van de oefening en de foto bij de oefening.
2. Vraag of iemand misschien al in het Nederlands de tijd kan noemen.
3. Bespreek de woorden *uur, over, voor, kwart* en *half*.
4. Instrueer de cursisten om alleen of in tweetallen het schema aan te vullen.

Uitvoerfase
1. Laat de cursisten de oefening uitvoeren, eventueel in tweetallen.
2. Loop rond en help waar nodig.

Evaluatiefase
1. Bespreek de antwoorden. Besteed ook aandacht aan de betekenis en schrijfwijze van *'s ochtends, 's middags*, et cetera.
2. Bespreek eventuele vragen van cursisten over de oefening.
3. Vat alles eventueel samen in een tekening. Teken vier lege klokken op het bord.
   Arceer in de eerste klok het gebied van het hele uur tot kwart over. Schrijf erbij: '… over …'.
   Arceer in de tweede klok het gebied van kwart over tot half. Schrijf erbij: '… voor half … '.
   Arceer in de derde klok het gebied van half tot kwart voor. Schrijf erbij: '… over half …'
   Arceer in de vierde klok het gebied van kwart voor tot het hele uur. Schrijf erbij: '… voor … '.

Oplossing
09.00 uur	**negen uur**
12.00 uur	precies / exact **twaalf uur**
14.30 uur	**half drie**
16.40 uur	tien **over** half vijf
21.53 uur	zeven **voor** tien **'s** avonds.

b)
Doel
De cursisten kunnen de delen van een uur benoemen.

Introductiefase
1. Bekijk samen de oefening.
2. Teken, indien nodig, een aantal lege klokken op het bord. Arceer achtereenvolgens een uur, een halfuur, een kwartier, drie kwartier en een minuut. Laat de cursisten de juiste antwoorden bij de lege klokken geven.
3. Instrueer de cursisten om alleen of in tweetallen het schema aan te vullen.

Hoofdstuk 2B

Uitvoerfase
1. Laat de cursisten de oefening uitvoeren, eventueel in tweetallen.
2. Loop rond, en help waar nodig.

Evaluatiefase
1. Bespreek de antwoorden klassikaal.
2. Schrijf de antwoorden op het bord.
3. Bespreek eventuele vragen.

Oplossing
Een dag duurt **24** uur.
Een **uur** duurt 60 minuten.
Een halfuur duurt **30** minuten.
Een kwartier duurt **15** minuten.
Drie kwartier duurt **45** minuten.
Een minuut duurt **60** seconden.

> **Oefeningen werkboek**
> Op deze oefeningen in het tekstboek volgt
>
> WB 2B - 2

 Spreken – Klokkijken

Let op: bij deze opdracht hoort een kopieerblad.

Doel
- De cursisten kunnen zeggen hoe laat het is.
- De cursisten kunnen verstaan hoe laat het is.
- De cursisten kunnen de tijd weergeven in een klok.

Uitvoering
Zie 5.3.1 Spreekoefeningen in twee-, drie- en viertallen (p. 10)
Besteed in de introductiefase aandacht aan de formulering van de vraag: 'Hoe laat is het?' en het antwoord 'Het is …'
Maak duidelijk dat de cursisten niet bij elkaar op het kopieerblad mogen kijken.

Notitie
Zie 5.8 Notitie – Algemene aanwijzingen voor het bespreken van informatie in de kaders getiteld 'Notitie' (p. 15).

 Grammatica – Woordvolgorde met tijd / plaats
a)
Doel
- De cursisten kunnen de hoofdlijnen van de tekst begrijpen.
- De cursisten kunnen vragen beantwoorden over de tekst.

Uitvoering
De uitvoering van de oefening kunt u laten afhangen van het niveau van uw groep.
U kunt eerst oefening a) introduceren, laten maken en evalueren, en daarna pas de instructie bij oefening b) en c) geven. U kunt er ook voor kiezen één instructie voor heel oefening 5 (a, b en c samen) te geven, en de cursisten daarna aan het werk te zetten.

Introductiefase
1. Kondig aan dat u samen een grammaticaal onderwerp gaat bekijken.
2. Vertel de cursisten dat ze ter voorbereiding op de grammatica eerst de tekst van de dialoog gaan lezen. Deze dialoog is een fragment van het gesprek van oefening 2B1.
3. Bespreek de sleutelwoorden: *behalve, van … tot, dan, daarna*.
4. Instrueer de cursisten om in tweetallen de dialoog hardop te lezen.
5. Instrueer de cursisten om in tweetallen de vragen bij de dialoog te beantwoorden.

Uitvoerfase
1. Laat de cursisten de dialoog in tweetallen hardop lezen.
2. Laat de cursisten de vragen bij de dialoog beantwoorden.
3. Loop rond en beantwoord eventuele vragen, over de uitspraak of de inhoud van de tekst.

Evaluatiefase
1. Bespreek de antwoorden op de vragen.
2. Schrijf de antwoorden op het bord.
3. Bespreek eventueel ook wat uitspraakaspecten.
4. Beantwoord eventuele vragen.

Oplossing
1. dinsdag, woensdag, donderdag, vrijdag, zaterdag en zondag
2. 10.00 uur
3. 17.00 uur
4. 12.00 uur

b)
Doel
De cursisten kunnen in normale hoofdzinnen de woorden in de goede woordvolgorde zetten.

Uitvoering
Introductiefase
1. Kondig aan dat u samen het grammaticale onderwerp 'woordvolgorde' gaat bekijken.
2. Vertel dat deze oefening een herhaling is van de grammatica uit hoofdstuk 1.
3. Bekijk samen het voorbeeld, de instructie en het invulschema en zorg ervoor dat alle cursisten de instructie begrijpen.

Uitvoerfase
1. Laat de cursisten het invulschema invullen, eventueel in tweetallen.
2. Loop rond en assisteer waar nodig.

Evaluatiefase
1. Bespreek de antwoorden.
2. Laat cursisten de regel voor de woordvolgorde in hoofdzinnen nog een keer formuleren.

Oplossing
1. Ik	werk		op zaterdag.
2. Zij	werkt	niet meer	in de pizzeria.
3. Het museum	staat		in Nijmegen.
4. Het museum	sluit		om vijf uur.

Hoofdstuk 2B

c)
Doel
De cursisten kunnen herkennen dat de woordvolgorde in hoofdzinnen met tijd / plaats anders is dan in normale hoofdzinnen.

Uitvoering
Introductiefase
1. Kondig aan dat in bepaalde zinnen de woordvolgorde anders is dan in het schema bij b).
2. Bespreek de woorden tijd en plaats.
3. Instrueer de cursisten om de dialoog van a) nog een keer goed te bekijken.
4. Instrueer de cursisten om de regel af te leiden uit de zinnen van de dialoog.
5. Instrueer de cursisten om het schema in te vullen. De zinnen van deze oefening komen niet letterlijk uit de dialoog bij a). Het is de bedoeling dat de cursisten in de dialoog bij a) de regel ontdekken, en die dan vervolgens zelf kunnen toepassen bij c).

Uitvoerfase
1. Laat de cursisten de oefening uitvoeren, eventueel in tweetallen.
2. Laat de cursisten de grammaticale regel afleiden.
3. Loop rond en assisteer waar nodig.

Evaluatiefase
1. Laat cursisten de regel formuleren.
2. Laat cursisten nog meer voorbeelden geven van toepassingen van deze regel. Laat ze bijvoorbeeld zinnen uit de dialoog bij a) noemen, waar de regel ook van toepassing is.
3. Controleer of alle cursisten de regel begrijpen.
4. Bespreek het verschil in intonatie en in betekenis tussen enerzijds normale hoofdzinnen en anderzijds hoofdzinnen met de tijds- of plaatsbepaling aan het begin van de zin. Maak duidelijk dat de tijds- of plaatsbepaling (veel) meer nadruk krijgt door hem aan het begin van de zin te zetten.

Oplossing

1. Op zaterdag	werk	ik.	
2. **In de pizzeria**	werkt	zij	niet meer.
3. **In Nijmegen**	staat	het museum.	
4. **Om vijf uur**	sluit	het museum.	
tijd / plaats	*verbum*	*subject*	*rest*

6 Invuloefening – Hoe laat? Wanneer? Op welke dagen?

Doel
- De cursisten kunnen de tijd zowel in cijfers als in woorden noteren.
- De cursisten kunnen de juiste preposities van tijd toepassen (om / op / van…tot).

Uitvoering
Introductiefase
1. Bespreek het verschil tussen *om / op / van … tot / tot en met*.
2. Herhaal eventueel de klok en de woorden *'s morgens, 's middags, 's avonds en 's nachts*.

3. Instrueer de cursisten om alleen of in tweetallen het schema in te vullen.
4. Verwijs de cursisten, indien nodig, naar oefening 3a).

Uitvoerfase
1. Laat de cursisten het schema invullen, eventueel in tweetallen.
2. Loop rond en assisteer waar nodig.

Evaluatiefase
1. Bespreek de antwoorden klassikaal.
2. Schrijf de antwoorden op het bord.
3. Bespreek eventuele vragen.
4. Vertel dat op een 'wanneer-vraag' zowel met een dag(deel) als met een tijdstip geantwoord kan worden.

Oplossing

antwoord	
Om negen uur 's morgens.	09.00 uur
Om zes uur 's middags.	**18.00 uur**
Om half acht 's ochtends.	**07.30 uur**
Om kwart voor vier 's middags.	**15.45 uur**
Om tien uur 's avonds.	**22.00 uur**
Om twee uur 's nachts.	02.00 uur
Van negen **tot** vijf.	09.00 –17.00 uur
Van woensdag tot en met zondag.	
Op maandag en dinsdag.	
Vrijdag. **Op** vrijdag. **In** het weekend. **Om** half vijf.	

Oefeningen werkboek
Op deze oefeningen in het tekstboek volgen

 WB 2B - 3, 4

Notitie
Zie 5.8 Notitie – Algemene aanwijzingen voor het bespreken van informatie in de kaders getiteld 'Notitie' (p. 15).

7 Spreken – Naar het museum

Let op: bij deze opdracht hoort een kopieerblad.

a) + b)
Doel
- De cursisten kunnen telefonisch informatie vragen over openingstijden.
- De cursisten kunnen informatie begrijpen en geven over openingstijden.

Uitvoering
Zie 5.3.1 Spreekoefeningen in twee-, drie- en viertallen (p. 10).

Hoofdstuk 2B

Besteed in de introductiefase aandacht aan:
- Is het een formeel of informeel gesprek?
- Standaardzinnen om een telefoongesprek te beginnen en af te sluiten:

Dag, u spreekt met …. / Ik wil graag iets vragen. / Ik heb een vraag over de openingstijden. / Bedankt voor de informatie. / Tot ziens.

Eventueel kunt u ter voorbereiding op de oefening cursisten met dezelfde rol samen laten nadenken over hun vragen. De cursisten A bedenken dan samen welke vragen zij bij situatie 1 kunnen stellen en welke antwoorden ze bij situatie 2 moeten geven. De cursisten B oefenen ook hun rol samen. Pas daarna gaan cursisten A in gesprek met cursisten B.

Instrueer de cursisten dat ze voor situatie 2 een andere spreekpartner moeten zoeken dan bij situatie 1.

In de evaluatiefase kunt u eventueel twee cursisten het gesprek nog een keer klassikaal laten voeren. Zorg er dan voor dat het twee cursisten zijn die nog niet samen geoefend hebben.

 Grammatica – Modale verba auxiliari
a) + b)
Doel
De cursisten kunnen de modale verba auxiliari herkennen en noteren.

Uitvoering
Zie 5.7 Grammatica – Algemene aanwijzingen voor grammaticaoefeningen (p. 15).

Introductiefase
1. Kondig aan dat u samen een grammaticaal thema gaat bekijken.
2. Bekijk oefening a) en b) en lees samen de instructie.
3. Ga na of alle cursisten weten wat verba zijn en of alle cursisten de instructie begrijpen.

Uitvoerfase
1. Laat de cursisten oefening a) en b) uitvoeren, eventueel in tweetallen.
2. Laat cursisten uit oefening a) de goede vormen van de verba zoeken die ze in het schema bij oefening b) moeten invullen.
3. Loop rond en assisteer waar nodig.

Evaluatiefase
1. Bespreek de antwoorden van oefening a) en b).
2. Schrijf de antwoorden op het bord.
3. Besteed aandacht aan de verschillende vormen in de tweede persoon singularis (je wilt / wil, kunt / kan, zult / zal). De vormen wilt / kunt / zult zijn officiëler dan de vormen wil / kan / mag. In de spreektaal zijn beide vormen goed. In formele teksten kunnen de cursisten het beste de officiëlere vorm gebruiken.

Oplossing a)
- Zeg, je vader is toch barkeeper? Hij <u>heeft</u> toch een café?
- Inderdaad. Café 'De Struisvogel'.
- Dat <u>wil</u> ik wel eens <u>zien</u>.
- Nou, dat <u>kan</u>. Zullen we <u>afspreken</u> in 'De Struisvogel'?
- Ja, leuk. <u>Wacht</u> even, dan <u>pak</u> ik mijn agenda.
- <u>Kun</u> je morgenavond?
- Even <u>kijken</u>, welke dag is dat? O woensdag. Nee, woensdag <u>heb</u> ik geen tijd. Ik <u>moet</u> <u>studeren</u>. Donderdagochtend <u>heb</u> ik examen en vrijdag ook.
- En in het weekend?
- Nee, sorry, dan <u>kan</u> ik ook niet. Dan <u>ga</u> ik mijn familie bezoeken.
- Gezellig! Hoe is het met je vader?
- Uitstekend.
- <u>Doe</u> je vader de groeten.
- <u>Zal</u> ik <u>doen</u>.
(…)
- <u>Zullen</u> we dan voor volgende week <u>afspreken</u>?
- Dat is goed … Donderdagavond?
- Donderdagavond? Ja, dan <u>kan</u> ik.
- Oké, hartstikke leuk. Dan <u>kunnen</u> we weer eens <u>bijpraten</u>. Goed, we <u>zien</u> elkaar volgende week donderdag. <u>Zullen</u> we om acht uur <u>afspreken</u>?
- <u>Mag</u> het een uurtje later zijn?
- Ja hoor. Negen uur <u>is</u> ook goed.
- Oké, super. Tot volgende week.
- Tot volgende week.

Oplossing b)

modale verba auxiliari + gaan			
presens			
	moeten	mogen	willen
singularis			
ik	**moet**	mag	**wil**
jij / je	moet	mag	wilt / wil
	! moet je	! mag je	! wil je
u	moet	mag	wilt
hij	moet	mag	wil
zij / ze	moet	mag	wil
het	moet	**mag**	wil
pluralis			
wij / we	moeten	**mogen**	**willen**
jullie	moeten	**mogen**	**willen**
zij / ze	moeten	**mogen**	**willen**

	kunnen	zullen	gaan
singularis			
ik	**kan**	**zal**	**ga**
jij / je	kunt / kan	zult / zal	**gaat**
	! **kun** / kan je	! zul / zal je	! **ga je**
u	kunt	zult	**gaat**
hij	kan	zal	**gaat**
zij / ze	kan	zal	**gaat**
het	kan	zal	**gaat**
pluralis			
wij / we	**kunnen**	**zullen**	**gaan**
jullie	**kunnen**	zullen	**gaan**
zij / ze	**kunnen**	zullen	**gaan**

Hoofdstuk 2B

c)
Doel
- De cursisten kunnen begrijpen dat in sommige zinnen één verbum en in andere zinnen twee verba voor kunnen komen.
- De cursisten kunnen begrijpen dat na de modale verba auxiliari en het verbum gaan een infinitief kan volgen.

Uitvoering
Introductiefase
1. Bekijk samen oefening c).
2. Instrueer de cursisten in tweetallen te praten over de voorbeeldzinnen van oefening c) en de aanvulzin aan te vullen.

Uitvoerfase
1. Laat de cursisten in tweetallen praten over de voorbeeldzinnen.
2. Laat de cursisten zelf de grammaticale regel afleiden dat sommige zinnen één verbum en andere zinnen twee verba hebben, en dat in de zinnen met twee verba, slechts één van de twee verba vervoegd wordt.
3. Laat de cursisten de aanvulzin aanvullen.

Evaluatiefase
1. Laat cursisten zelf de grammaticale regel formuleren.
2. Laat cursisten hun regel onderbouwen door voorbeelden uit oefening a) en c).
3. Laat cursisten zelf nog extra zinnen verzinnen met een modaal verbum auxiliare.
4. Besteed aandacht aan het verschil in betekenis en in gebruik tussen gaan als hulpverbum *(Ik ga eten)* en gaan als hoofdverbum *(Ik ga naar de kantine)*.

Oplossing
Na de **modale verba auxiliari** en na **'gaan'** kan een **infinitief** volgen.

> **Oefeningen werkboek**
> Op deze oefeningen in het tekstboek volgt
>   WB 2B - 5

9 Spreken – Welke afspraken heb je?
a) + b)
Doel
De cursisten kunnen informeren naar de afspraken die de gesprekspartner heeft.

Uitvoering
Zie 5.3.1 Spreekoefeningen in twee-, drie- en viertallen (p. 10).

Als cursisten weinig of geen echte afspraken hebben die week, laat ze dan een enkele fictieve afspraak in de agenda zetten.
Instrueer de cursisten om de oefening met veel verschillende gesprekspartners te doen. Deze oefening is erg geschikt om de cursisten rond te laten lopen en met iedereen te laten praten.

10 Grammatica – Negatie
a)
Doel
- De cursisten kunnen de woorden voor negatie *(nee, niet, geen)* herkennen.
- De cursisten begrijpen dat voor een substantief de negatie *geen* komt.

Uitvoering
Introductiefase
1. Kondig aan dat u samen het grammaticale onderwerp *negatie* gaat bekijken.
2. Vraag cursisten of ze weten wat een negatie is.
3. Vraag of iemand misschien al weet welke woorden je gebruikt om een negatie te maken.
4. Instrueer de cursisten om het schema in te vullen.
5. Verwijs de cursisten, indien nodig, naar de dialoog bij oefening 8a).

Uitvoerfase
1. Laat de cursisten het schema invullen, eventueel in tweetallen.
2. Laat de cursisten de grammaticale regel afleiden dat voor een substantief de negatie *geen* komt.
3. Loop rond en assisteer waar nodig.

Evaluatiefase
1. Laat de cursisten de grammaticale regel formuleren.
2. Laat de cursisten enkele voorbeelden noemen, en schrijf die op het bord. Maak door onderstrepen / verschillend kleurgebruik duidelijk dat voor een substantief de negatie *geen* staat.
3. Ga na of iedereen de regel begrijpt.

Oplossing
Op woensdag heb ik **geen** tijd.

Nee, ik kan nu niet. Sorry.
Nee, morgen kan ik ook **niet**.
Ik kan **niet** weg. Ik moet studeren.

Nee sorry, dan kan ik **niet.** Ik heb morgen **geen** tijd. Ik kan de hele week, behalve morgen.
Ik kan helaas **geen** afspraak voor morgen maken. Ik moet de hele dag werken.
Nee, ik heb nu **geen** zin. Misschien een andere keer.

De regel is: negatie voor substantief = **geen**

b)
Doel
De cursisten kunnen vragen om iets af te spreken en kunnen reageren op die vraag.

Uitvoering
Zie 5.3.3 Routines- Wat kun je zeggen? (p. 11).

Let op: Besteed aandacht aan het gebruik van zullen ter inleiding van een voorstel.

Hoofdstuk 2C

> **Oefeningen werkboek**
> Op deze oefeningen in het tekstboek volgen
>
> WB 2B - 6, 7

11 Spreken – Wat gaat u doen?
Doel
De cursisten kunnen mondeling een afspraak maken om samen iets te gaan doen.

Uitvoering
Zie 5.3.1 Spreekoefeningen in twee-, drie- en viertallen (p. 10).

Extra tips:
Bekijk in de introductiefase samen de voorbeelddialoog. Instrueer de cursisten dat ze in het begin gebruik mogen maken van de voorbeelddialoog, maar dat ze uiteindelijk de dialoog uit het hoofd moeten voeren.

Uitdrukking
Doel
De cursisten begrijpen globaal de betekenis van de uitdrukking.

Uitvoering
Zie 5.9 Uitdrukking – Algemene aanwijzingen voor het bespreken van de uitdrukking (p. 16).

C Waar gaan we eten?

> **Doel**
> Een menukaart in het restaurant lezen
> Bestellen in een restaurant
> Zeggen dat je iets niet begrijpt / verstaat
> De maanden, de seizoenen
>
> **Grammatica**
> Het adjectief

1 Luisteren – Franca en Els cd 1 - 12, 13, 14
gaan uit eten

a)
Doel
- De cursisten kunnen begrijpen dat en waarom Els Franca uitnodigt voor een etentje.
- De cursisten kunnen begrijpen waar en wanneer Els en Franca afspreken.

Uitvoering
Zie 5.2 Luisteren – Algemene aanwijzingen voor luistervaardigheidsoefeningen (p. 9).

Thema tekst: Een telefoongesprek tussen twee vriendinnen, vragen hoe het gaat, afzeggen voor een feestje, uit eten gaan, een afspraak maken
Sleutelwoorden: *het feestje, uit eten, de verjaardag, het voorstel*
Kennis van de wereld: je verjaardag vieren in Nederland (met familie en / of vrienden), verschillen en overeenkomsten tussen eetcafés en restaurants

Transcriptie
Zie tekstboek, p. 316.

Oplossing
1. niet waar, 2. niet waar, 3. waar, 4. waar

b)
Doel
- De cursisten kunnen begrijpen dat Els en Franca in een restaurant zijn en bestellen.
- De cursisten kunnen begrijpen waarom sommige gerechten er nu niet zijn.
- De cursisten kunnen begrijpen welke gerechten bij welk seizoen horen.

Uitvoering
Zie 5.2 Luisteren – Algemene aanwijzingen voor luistervaardigheidsoefeningen (p. 9).

Thema tekst: bestellen in een restaurant / eetcafé, seizoensgebonden maaltijden
Sleutelwoorden: *de menukaart, de producten, het seizoen, de winter / de lente / de zomer / de herfst*
Kennis van de wereld: elk seizoen levert andere producten / gerechten

Transcriptie
Zie tekstboek, 316.

Oplossing
1. niet waar, 2. niet waar, 3. niet waar, 4. waar

c)
Doel
De cursisten kunnen begrijpen welke gerechten Els en Franca bestellen.

Uitvoering
Zie 5.2 Luisteren – Algemene aanwijzingen voor luistervaardigheidsoefeningen (p. 9).

Thema tekst: bestellen in een restaurant / eetcafé, seizoensgebonden maaltijden
Sleutelwoorden: *het dessert, het hoofdgerecht, het nagerecht, het voorgerecht*
Kennis van de wereld: De traditionele Nederlandse menukaart bestaat uit drie gangen. Mensen nemen niet altijd alle drie de gangen; vaak nemen mensen òf een voorgerecht òf een nagerecht. Het dessert bestel je doorgaans pas na het hoofdgerecht.

Transcriptie
Zie tekstboek, p. 316.

Oplossing
Het is niet van belang wie van de twee sprekers wat bestelt. Dat is moeilijk te horen voor de cursisten. Het gaat om de totale bestelling.

Hollandse garnalencocktail
Biefstuk met gebakken aardappeltjes en spruitjes
Zalmfilet met een Hollandse saus, frietjes en worteltjes
Griesmeelpudding met bessensap

Hoofdstuk 2C

Notitie
Zie 5.8 Notitie – Algemene aanwijzingen voor het bespreken van informatie in de kaders getiteld 'Notitie' (p. 15).

2 Invuloefening – Gerechten

Doel
De cursisten kunnen gerechten en producten onderverdelen in voorgerecht, hoofdgerecht, dessert en dranken.

Uitvoering

Introductiefase
1. Bespreek de titel van de oefening en de afbeeldingen. Kennen de cursisten alle afgebeelde producten en gerechten? Weten ze misschien ook de namen? Dat laatste is niet noodzakelijk voor de oefening, maar wellicht leuk om te bespreken.
2. Bekijk samen de instructie. Begrijpen de cursisten wat ze moeten doen?
3. Instrueer de cursisten om het schema in te vullen, eventueel in tweetallen.
4. Instrueer de cursisten dat het gaat om de Nederlandse menukaart. Mogelijk vallen bepaalde gerechten in andere landen in een andere categorie / gang dan in Nederland.

Uitvoerfase
1. Laat de cursisten het schema invullen.
2. Loop rond en assisteer waar nodig.

Evaluatiefase
1. Bespreek de antwoorden.
2. Schrijf de antwoorden op het bord.
3. Beantwoord eventuele vragen.

Oplossing

voorgerecht	hoofdgerecht	dessert	dranken
2	1	6	3
7	5	8	4

3 Invuloefening – Het juiste verbum en de juiste vorm

Doel
- De cursisten kunnen een juiste keuze maken tussen de verba *nemen, kunnen, mogen, hebben, moeten, willen* en *zullen* en kunnen deze verba op de correcte manier vervoegen.
- De cursisten kunnen zeggen dat ze iets niet begrijpen en kunnen vragen om herhaling.

Uitvoering schema 1

Introductiefase
1. Bekijk samen de oefening en lees de instructie. Begrijpen de cursisten wat ze moeten doen?
2. Instrueer de cursisten het eerste schema in te vullen.
3. Verwijs de cursisten zo nodig naar de transcripties van de dialogen 2C 1a), 1b) en 1c).

Uitvoerfase
1. Laat de cursisten het eerste schema invullen, eventueel in tweetallen.
2. Loop rond en assisteer waar nodig.

Evaluatiefase
1. Bespreek de antwoorden.
2. Schrijf de antwoorden op het bord.
3. Beantwoord eventuele vragen.

Oplossing
Neem jij ook een voorgerecht?
Zullen we wijn bij het eten drinken?
Hebt u een keuze kunnen maken?
Ja, ik **wil** graag het trio van gestoofde vis.
Wilt u ook een voorgerecht?
Wilt u er nog iets bij drinken?
Mogen we nog even de wijnkaart zien?

Uitvoering schema 2
Zie 5.3.3 Routines – Wat kun je zeggen? (p. 11).

Let op: Besteed aandacht aan het verschil tussen formeel en informeel taalgebruik.

> **Oefeningen werkboek**
> Op deze oefeningen in het tekstboek volgen
>
> 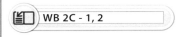 WB 2C - 1, 2

Notitie
Zie 5.8 Notitie – Algemene aanwijzingen voor het bespreken van informatie in de kaders getiteld 'Notitie' (p. 15).

Besteed aandacht aan het verschil tussen *verstaan* en *begrijpen*.
- Ik versta het niet = Ik kan het niet horen / Ik spreek de taal niet. *Verstaan* is altijd auditief.
  Bijvoorbeeld: *Ik versta geen Nederlands*.
- Ik begrijp het niet = Ik snap het niet.
  Bijvoorbeeld: *Ik begrijp de tekst niet*. Of: *Ik begrijp u niet*.

4 Spreken – Naar het eetcafé

Doel
- De cursisten kunnen een menukaart in het restaurant lezen.
- De cursisten kunnen bestellen in een restaurant.

Uitvoering
Zie 5.3.1 Spreekoefeningen in twee-, drie- en viertallen (p. 10).

Bij de introductie van het thema kunt u de volgende zaken bespreken:
1. Hoe gaat bestellen in een Nederlands restaurant? Komt de ober / serveerster aan tafel of moet je aan de bar bestellen? Bestel je meteen alle gangen, of bestel je per gang, of bestel je alleen voor- en nagerecht?
2. Spreek je in de formele of informele vorm met de ober / serveerster?
3. Welke standaardzinnen kun je gebruiken om te bestellen? Laat de cursisten uit de voorbeelddialoog van deze oefening de standaardzinnen halen. Verwijs eventueel ook naar de transcriptie van oefening 2C1b. Standaardzinnen: *Ik wil graag … / Als voorgerecht wil ik graag …. / Voor mij …., alstublieft*.

Hoofdstuk 2C

Uitvoerfase
1. Laat de cursisten eerst de voorbeelddialoog in drietallen hardop lezen.
2. Instrueer de cursisten daarna de menukaart van oefening 1c) te bekijken en een keuze te maken.
3. Laat de cursisten vervolgens de spreekoefening uitvoeren.

Evaluatiefase
Zie 5.3.1 Spreekoefeningen in twee-, drie- en viertallen (p. 10).

 Vocabulaire – Seizoenen
Doel
De cursisten kunnen de Nederlandse seizoenen benoemen.

Uitvoering
Introductiefase
1. Bespreek samen de seizoenen. Bespreek ook de verschillen tussen Nederland en de landen van herkomst van de cursisten. Kennen hun landen ook vier seizoenen?
2. Instrueer de cursisten de gevraagde woorden in te vullen.
3. Verwijs de cursisten eventueel naar oefening 2C1b.

Uitvoerfase
1. Laat de cursisten de oefening maken.
2. Loop rond en assisteer waar nodig.

Evaluatiefase
1. Bespreek de antwoorden.
2. Schrijf de antwoorden op het bord.
3. Beantwoord eventuele vragen.

Oplossing
de zomer = juni, juli, augustus.
de herfst / het najaar = september, oktober, november.
de lente / het voorjaar = maart, april, mei.
de winter = december, januari, februari.

Notitie
Zie 5.8 Notitie – Algemene aanwijzingen voor het bespreken van informatie in de kaders getiteld 'Notitie' (p. 15).

 Lezen – Zomertijd
a) + b)
Zie 5.5 Lezen – Algemene aanwijzingen voor leesvaardigheidsoefeningen (p. 14).

Doel
- De cursisten kunnen de hoofdlijnen van een korte tekst begrijpen.
- De cursisten kunnen enkele vragen beantwoorden over de tekst.
- De cursisten begrijpen wat zomertijd en wintertijd is.

Thema: zomer- en wintertijd
Sleutelwoorden: *beginnen / eindigen, vooruit / achteruit, de zomertijd*
Kennis van de wereld: Niet overal bestaat het verschil tussen zomer- en wintertijd. Voor sommige cursisten zal dit iets nieuws zijn. Bespreek met de cursisten of in hun land ook de klok verzet wordt.

Laat de cursisten eventueel in hun eigen agenda kijken. Staat in hun agenda wanneer de zomer- en wintertijd ingaan?

Oplossing
De wintertijd is de gewone tijd en duurt **vijf** maanden. In het laatste **weekeinde / weekend** van oktober gaat de klok om drie uur 's nachts een uur achteruit. Steeds in de nacht van **zaterdag** op **zondag**.
In de wintertijd is het **'s ochtends** eerder licht en 's avonds eerder donker.

7 **Spreken – Verjaardagskalender**
Doel
- De cursisten kunnen vragen naar de dag waarop iemand jarig is.
- De cursisten kunnen hun eigen verjaardag noemen.
- De cursisten leren het fenomeen 'verjaardagskalender' kennen.

Uitvoering
Zie 5.3.2 Kettingoefeningen en klassikale spreekoefeningen (p. 11).

Sleutelwoorden: *verjaardag* en *jarig* en het verschil tussen *verjaardag* en *geboortedatum*
Kennis van de wereld: de verjaardagskalender (vertel eventueel ook dat hij in Nederland vaak op de wc hangt)

Uitvoerfase
Loop zelf ook rond en doe mee aan de oefening.

Evaluatiefase
Bespreek klassikaal de antwoorden. Vraag aan cursist A wanneer cursist B jarig is. Laat cursist A antwoorden en vraag aan cursist B of het antwoord klopt. Doe dit bij een paar cursisten.

8 **Lezen – Een nieuw eetcafé**
a) + b) + c) + d)
Doel
De cursisten kunnen adjectieven herkennen in een tekst.

Uitvoering
Zie 5.7 Grammatica – Algemene aanwijzingen voor grammaticaoefeningen (p. 15).

Oplossing

Persbericht
In de Javastraat is sinds kort een nieuw eetcafé: 'Het Seizoen'. Het is een gezellig café met lekkere gerechten. De vriendelijke obers serveren alleen biologische producten. De gerechten zijn seizoensgebonden. 'Het Seizoen' heeft per jaargetijde een andere menukaart. In de zomer staan bijvoorbeeld verse aardbeien en ander vers fruit of gegrilde vis op het menu. In de herfst kun je groene sla met verse vijgen en rode ui eten of wilde paddenstoelen. In de winter hebben ze natuurlijk de Hollandse stamppot of erwtensoep. In de lente staan witte of groene asperges en biologisch lamsvlees op de kaart. 'Het Seizoen' heeft een grote wijnkaart en een breed assortiment drank.
Het café is geopend van dinsdag tot en met zondag van 17.30 tot 24.00 uur. De keuken sluit om 22.00 uur.

Hoofdstuk 2C

Oplossing
b)

gezellig	een **gezellig** café
lekker	**lekkere** gerechten
vriendelijk	de **vriendelijke** obers
biologisch	**biologische** producten
	biologisch lamsvlees
ander	een **andere** menukaart
	ander vers fruit
vers	**verse** aardbeien
	vers fruit
	verse vijgen
gegrild	**gegrilde** vis
rood	**rode** ui
wild	**wilde** paddenstoelen
Hollands	de **Hollandse** stamppot
wit	**witte** asperges
groen	**groene** asperges
	groene sla
groot	een **grote** wijnkaart
breed	een **breed** assortiment

Oplossing
c)
de Hollands**e** stamppot
een **gezellig** café / gezellig café
de vriendelijk**e** obers
lekker**e** gerechten

Oplossing
d)

	de-woord	het-woord
definiet artikel	adjectief + e	adjectief + **e**
indefiniet artikel geen artikel	adjectief + e	adjectief + _

	pluralis
definiet artikel	adjectief + e
geen artikel	adjectief + **e**

Oefeningen werkboek
Op deze oefeningen in het tekstboek volgen

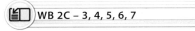
WB 2C – 3, 4, 5, 6, 7

9 Spreken – Uit eten
Doel
- De cursisten kunnen een informeel telefoongesprek beginnen en afsluiten.
- De cursisten kunnen iemand uitnodigen voor een etentje.
- De cursisten kunnen reageren op een uitnodiging.
- De cursisten kunnen een afspraak maken.

Uitvoering
Zie 5.3.1 Spreekoefeningen in twee-, drie- en viertallen (p. 10).

Deze oefening is bedoeld als vrije oefening. Omdat het pas hoofdstuk 2 is, staat er toch een uitgebreide voorbeelddialoog in het boek. Laat de cursisten eerst samen de dialoog lezen en vervolgens het boek dichtdoen om zelf een gesprek te voeren. Herhaal eventueel de benodigde standaardzinnen.

Uitdrukking
Doel
De cursisten begrijpen globaal de betekenis van de uitdrukking.

Uitvoering
Zie 5.9 Uitdrukking – Algemene aanwijzingen voor het bespreken van de uitdrukking (p. 16).

Uitspraak  cd 1 - 15
Doel
- De cursisten maken kennis met de lange en korte vocalen / **ee** / en / **e** / en / **ie** / en / **i** /.
- De cursisten leren luisteren naar het verschil tussen / **ee** / en / **e** / en / **ie** / en / **i** /.
- De cursisten kunnen het verschil tussen / **ee** / en / **e** / en / **ie** / en / **i** / maken.

Uitvoering
Zie 5.10 Uitspraak – Algemene aanwijzingen voor het bespreken van de uitspraak (p. 16).

Oefeningen werkboek
Op deze oefeningen in het tekstboek volgen

WB uitspraak – 1, 2, 3, 4, 5

Sommige woorden komen meer dan eens voor in de uitspraakoefeningen. Dat is met opzet gedaan als controlemiddel voor de docent. De cursisten moeten laten zien dat ze bewust voor een antwoord kiezen en niet elke keer gokken.

Hoofdstuk 3A
Doe jij vandaag de boodschappen?

Titelpagina
Zie 5.1 Begin van een hoofdstuk: titelpagina (p. 9).

Ik lust geen spruitjes!

> **Doel**
> Zeggen wat je wel en niet lekker vindt
> Smaken
>
> **Grammatica**
> Comparatieven en superlatieven, demonstratief pronomen

1 Luisteren – Avondeten **cd 1 - 16**

Doel
- De cursisten kunnen de hoofdlijnen van een korte, informele tekst begrijpen.
- De cursisten kunnen verstaan / begrijpen wat mensen lekker / niet lekker vinden.
- De cursisten kunnen verstaan / begrijpen of een voedingsmiddel nog goed is of niet.

Thema tekst: praten over het avondeten, vertellen wat je wel of niet lekker vindt
Sleutelwoorden: *heerlijk, honger hebben, lekker, (niet) lusten, proeven, de smaak, het toetje, vies*
Kennis van de wereld: typisch Nederlands avondeten (warm en bestaat vaak uit groente, vlees en aardappelen), toetje (zuivelproduct als yoghurt of vla, of iets zoets als pudding)

Uitvoering
Zie 5.2 Luisteren – Algemene aanwijzingen voor luistervaardigheidsoefeningen (p. 9).

Transcriptie
Zie tekstboek, p. 317.

Oplossing
1. niet waar, 2. niet waar, 3. waar,
4. niet waar, 5. niet waar, 6. waar

2 Invuloefening – Dat lust ik niet
Doel
De cursisten kunnen met behulp van de luistertekst formuleringen invullen om aan te geven dat ze iets lekker / niet lekker vinden.

Uitvoering
Zie ook 5.6 Invuloefeningen – Algemene aanwijzingen voor invuloefeningen (p. 15).

Evaluatiefase
Controleer of de cursisten het hebben begrepen door ze te vragen wat ze van bijvoorbeeld drop of stroopwafels vinden, of noem andere voedingsmiddelen die ze zeker kennen.

Oplossing
informeel, lekker
Ik vind speculaas lekker / heel lekker / **heerlijk**. Ik ben **dol** op chocoladepudding.
informeel, niet lekker
Ik vind melk niet (zo) lekker. Ik vind andijvie echt **vies**! Ik vind spruitjes echt smerig! Ik **lust** ze echt niet.
formeel, lekker
Ik vind gele vla lekker / **heel** lekker / **heerlijk**. Ik houd van rauwkost. Ik lust **graag** sperziebonen.
formeel, niet lekker
Ik **vind** rauwe haring niet (zo) lekker. Ik **houd** niet (zo) van karbonades. Ik **lust** geen spruitjes.

> **Oefeningen werkboek**
> Op deze oefeningen in het tekstboek volgen
> 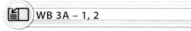 WB 3A – 1, 2

3 Spreken – Wat vindt u lekker?
Doel
- De cursisten kunnen vertellen of zij iets lekker / niet lekker vinden
- De cursisten kunnen vragen wat iemand lekker / niet lekker vindt

Uitvoering
Zie 5.3.1 Spreekoefeningen in twee-, drie- en viertallen (p. 10).

Besteed in de introductiefase aandacht aan de formulering van de vragen: Houdt u van … / houd je van … , lust je …, vind je … lekker? (zie voorbeeld). Bespreek ook de woorden *ontbijt* en *lunch*.

NOTITIE
Zie 5.8 Notitie – Algemene aanwijzingen voor het bespreken van informatie in de kaders getiteld 'Notitie' (p. 15).

4 Lezen – Ontbijt in een hotel
Doel
De cursisten kunnen een adjectief in de tekst herkennen en omcirkelen.

Uitvoering
Introductiefase
1. Geef aan dat u samen een grammaticaal onderwerp gaat bekijken.
2. Vraag de cursisten voorbeelden te noemen van adjectieven.
3. Als dit niet lukt, vraag de cursisten dan om iets te beschrijven, bijvoorbeeld een tas, het klaslokaal, het lesboek.
4. Als dit niet lukt, beschrijf dan zelf iets, bijvoorbeeld een tas, het klaslokaal, het lesboek.
5. Instrueer de cursisten om in tweetallen de adjectieven in de tekst te omcirkelen.

Uitvoerfase
1. Cursisten voeren individueel of in tweetallen de oefening uit.
2. Loop rond en help / corrigeer waar nodig.

Hoofdstuk 3A

Evaluatiefase
1. Bespreek de antwoorden klassikaal.
2. Schrijf de woorden op het bord.
3. Bespreek eventuele vragen.

Oplossing

Man: Dit ei is niet warm!
Ober: Ik breng u een nieuw ei.
Man: Het moet een zacht ei zijn.
Man: Ik wil verse jus, geen vies sinaasappelsap uit een pak. O, en het ei is koud, de melk is zuur, de kaas is oud en de thee is bitter. Dit is geen lekker ontbijt!
Ober: Het spijt me meneer. Het is vandaag een drukke dag.
Man: Dat is geen excuus. Dit is gewoon geen goed hotel.

5 Grammatica – Adjectief: comparatief en superlatief

Doel
De cursisten kunnen comparatief- en superlatiefvormen herkennen in een tekst.

Uitvoering
Zie 5.7 Grammatica – Algemene aanwijzingen voor grammaticaoefeningen (p. 15).

Introductiefase
1. Geef aan dat u samen een grammaticaal onderwerp gaat bekijken.
2. Schrijf enkele voorbeelden van bij elkaar passende comparatieven en superlatieven op het bord en vraag de cursisten ze bij elkaar te zoeken. Vraag ook of ze het bijbehorende adjectief kunnen noemen.
3. Instrueer de cursisten om in tweetallen de comparatieven en superlatieven in de tekst te omcirkelen.

Uitvoerfase
1. Cursisten vullen individueel of in tweetallen het schema in.
2. Loop rond en help / corrigeer waar nodig.

Evaluatiefase
1. Bespreek de antwoorden klassikaal.
2. Schrijf de woorden op het bord.
3. Bespreek eventuele vragen.

Oplossing
Gaat u toch naar het Hilton meneer. Het ontbijt is daar het best. De eieren zijn warmer en zachter, de jus is verser en de thee is lekkerder. Het Hilton is een heel goed hotel, maar ook veel duurder!

b)
Doel
De cursisten kunnen adjectief-, comparatief- en superlatiefvormen noteren en afleiden.

Uitvoering
Introductiefase
1. Geef aan dat u samen een grammaticaal onderwerp gaat bekijken.
2. Instrueer de cursisten nogmaals naar de teksten van oefening 4 en 5a) te kijken.

3. Instrueer de cursisten om in tweetallen de adjectieven, comparatieven en superlatieven in te vullen.

Uitvoerfase
1. Cursisten vullen individueel of in tweetallen het schema in.
2. Loop rond en help / corrigeer waar nodig.

Evaluatiefase
1. Bespreek de antwoorden klassikaal.
2. Schrijf de woorden op het bord.
3. Bespreek eventuele vragen.

Oplossing

warm	warmer	het warmst(e)
nieuw	nieuwer	het nieuwst(e)
zacht	zachter	het zachtst(e)
vers	verser	het verst(e)
vies	viezer	het viest(e)
koud	kouder	het koudst(e)
zuur	zuurder	het zuurst(e)
oud	ouder	het oudst(e)
bitter	bitterder	het bitterst(e)
lekker	lekkerder	het lekkerst(e)
groot	groter	het grootst(e)
goed	beter	**het best(e)**
duur	**duurder**	het duurst(e)

c)
Doel
De cursisten kunnen de regel voor de vorming van de comparatief en superlatief begrijpen.

Uitvoering
Uitvoerfase
Laat de cursisten de regel invullen.

Evaluatiefase
Controleer of de cursisten de regel juist hebben ingevuld.

Oplossing
Comparatief = adjectief + **-er**
adjectief dat eindigt op -r + **-der**
Superlatief = **het** + adjectief + **-st(e)**

Oefeningen werkboek
Op deze oefeningen in het tekstboek volgen
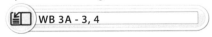 WB 3A - 3, 4

---

6 Spreken – Lekker, lekkerder …
Doel
De cursisten kunnen voedingsmiddelen met elkaar vergelijken door de comparatief en de superlatief te gebruiken.

Uitvoering
Zie 5.3.1 Spreekoefeningen in twee-, drie- en viertallen (p. 10).

NOTITIE
Zie 5.8 Notitie – Algemene aanwijzingen voor het bespreken van informatie in de kaders getiteld 'Notitie' (p. 15).

43

Hoofdstuk 3A

7 Spreken – Smaken

Doel
- De cursisten kunnen de smaak (zout, bitter, zoet, zuur) van een voedingsmiddel beschrijven.
- De cursisten kunnen vertellen of ze iets lekker / niet lekker vinden.

Uitvoering
Vraag welke voedingsproducten de klas inmiddels kent. Schrijf de woorden in vier categorieën op het bord en laat cursisten aan het einde zeggen bij welke categorie zout, zoet, *bitter* of *zuur* geschreven moet worden.

Zie ook 5.3.1 Spreekoefeningen in twee-, drie- en viertallen (p. 10).

8 Lezen – Wat zal ik kopen?
a) + b)
Doel
- De cursisten kunnen het juiste demonstratief pronomen in de tekst zoeken en aankruisen.
- De cursisten kunnen afleiden welk demonstratief pronomen bij welk artikel wordt gebruikt.
- De cursisten weten dat *deze* en *dit* gebruikt worden voor dichtbij en *die* en *dat* voor verder weg.

Uitvoering
Zie 5.7 Grammatica – Algemene aanwijzingen voor grammaticaoefeningen (p. 15).

Introductiefase
1. Kondig aan dat u samen een grammaticaal thema gaat bekijken.
2. Bekijk oefening a) en b) en lees samen de instructie.
3. Ga na of alle cursisten de instructie begrijpen.

Uitvoerfase
1. Laat de cursisten oefening a) en b) uitvoeren, eventueel in tweetallen.
2. Laat de cursisten uit oefening a) de goede vormen van het demonstratief pronomen zoeken die ze in het schema moeten invullen.
3. Laat de cursisten samen het juiste artikel invullen bij b) door ze dit af te laten leiden uit de tekst.
4. Loop rond en assisteer waar nodig.

Evaluatiefase
1. Bespreek de antwoorden van oefening a) en b).
2. Schrijf de antwoorden op het bord.
3. Bespreek samen oefening c) en laat de cursisten de juiste woorden invullen.
4. Bespreek eventuele vragen en controleer of het onderscheid voor alle cursisten duidelijk is.

Oplossing
a)
het boodschappenlijstje: **dit**
de boontjes: **die**
de groente: **die**
de spruitjes: **die**
de sla: **deze**
de tomaten: **die**
het bosje radijs: **dat**

b)
het-woorden	**dit**	**dat**
de-woorden	**deze**	**die**

c)
Ik neem deze sla **hier** en dat bosje radijs **daar**.
hier = dichtbij
daar = verder weg

> **Oefeningen werkboek**
> Op deze oefeningen in het tekstboek volgen
>
>  WB 3A - 5, 6

9 Lezen en spreken – Ik heb geen zin!
a) + b)
Doel
- De cursisten maken kennis met de constructies 'ik heb geen zin om te' en 'ik heb zin in'.
- De cursisten weten het onderscheid tussen en het gebruik van deze twee constructies.

Uitvoering
Introductiefase
1. Kondig aan dat er in de tekst twee manieren staan om aan te geven dat je iets niet wilt doen of niet wilt.
2. Geef aan dat deze twee constructies in de tekst staan en dat de cursisten ze gaan zoeken.
3. Ga na of alle cursisten de instructie begrijpen.

Uitvoerfase
1. Laat de cursisten de twee constructies in de tekst zoeken, eventueel in tweetallen, en onderstrepen.
2. Instrueer de cursisten oefening b) samen uit te voeren.
3. Loop rond en assisteer waar nodig.

Evaluatiefase
1. Bespreek de antwoorden van b).
2. Schrijf de antwoorden op het bord.
3. Bedenk samen met de cursisten meer voorbeelden van de twee constructies.
4. Bespreek eventuele vragen en controleer of het onderscheid voor alle cursisten duidelijk is.

Oplossing
Na 'zin hebben om te' volgt een **infinitief**.
Na 'zin hebben in' volgt een **(artikel +) substantief**.

c)
Doel
De cursisten kunnen de constructies 'ik heb zin om te' en 'ik heb zin in' gebruiken.

Uitvoering
Zie 5.3.1 Spreekoefeningen in twee-, drie- en viertallen (p. 10).

> **Oefeningen werkboek**
> Op deze oefeningen in het tekstboek volgen
>
> 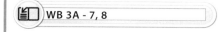 WB 3A - 7, 8

Hoofdstuk 3B

 Spreken – Een medecursist komt eten
Doel
De cursisten kunnen een kort, informeel gesprekje voeren over hun voorkeuren voor eten.

Uitvoering
Laat de cursisten eerst samen de voorbeelddialoog lezen en daarna het boek dichtdoen.
Zie ook 5.3.1 Spreekoefeningen in twee-, drie- en viertallen (p. 10).

Uitdrukking
Doel
De cursisten begrijpen globaal de betekenis van de uitdrukking.

Uitvoering
Zie 5.9 Uitdrukking – Algemene aanwijzingen voor het bespreken van de uitdrukking (p. 16).

B Een kilo asperges, alstublieft!

Doel
Eten kopen: geld, gewichten, levensmiddelen, verpakkingen, winkels
Naar prijs en gewicht vragen

Grammatica
Singularis en pluralis bij substantieven

1 Luisteren – Op de markt **cd 1 - 17**
a)
Doel
De cursisten kunnen de hoofdlijnen van een gesprek tussen een klant en een verkoper volgen.

Thema tekst: een gesprek met een groenteverkoper op de markt, betalen
Sleutelwoorden: *het boodschappenlijstje, hoeveel, de kilo, nodig hebben, het pond*
Kennis van de wereld: biologisch vlees, onderscheid markt en supermarkt

Uitvoering
Zie 5.2 Luisteren – Algemene aanwijzingen voor luistervaardigheidsoefeningen (p. 9).

Let op: Bij deze tekst zijn geen vragen. De cursisten mogen de tekst meelezen in het boek, omdat de tekst alleen bedoeld is als introductie van het thema.

Transcriptie
Zie tekstboek, p. 54.

b)
Doel
De cursisten kunnen herkennen of substantieven in de singularis of pluralis staan, als voorbereiding op oefening c).

Uitvoering
Introductiefase
1. Bespreek de termen *substantief, singularis en pluralis*.
2. Instrueer de cursisten alle substantieven in de tekst (en de tekstballon bij de illustratie) te omcirkelen. Controleer vooraf of alle cursisten nu weten wat een substantief is, door voorbeelden te vragen.

Uitvoerfase
1. Cursisten omcirkelen de substantieven.
2. Loop rond en assisteer waar nodig.

Evaluatiefase
1. Bespreek de antwoorden klassikaal.
2. Schrijf de woorden op het bord.
3. Bespreek eventuele vragen.

Oplossing
bananen, radijsjes, asperges, kilo, krop, sla, komkommer, paprika's, radijs, aardappels, pond, sperziebonen, boodschappenlijstje, bosje, peterselie, ons, chamignons, vlees, brood, kaas, uur, slager, supermarkt, euro

c) + d)
Doel
- De cursisten kennen de regels voor de vorming van de pluralis.
- De cursisten weten dat sommige frequente woorden alleen in de singularis gebruikt worden.

Uitvoering
Zie 5.7 Grammatica – Algemene aanwijzingen voor grammaticaoefeningen (p. 15).

Introductiefase
Instrueer de cursisten de substantieven uit de tekst in te vullen in het schema, substantieven in de singularis in de eerste kolom, substantieven in de pluralis in de tweede.

Uitvoerfase
1. Cursisten vullen de substantieven in.
2. Loop rond en assisteer waar nodig.

Evaluatiefase
1. Bespreek de antwoorden klassikaal.
2. Schrijf de woorden op het bord.
3. Bespreek welke substantieven zowel in singularis als pluralis gebruikt kunnen worden.
4. Vul samen oefening d) aan.
5. Bespreek eventuele vragen.

Oplossing
c)
singularis: kilo (2x), krop, sla, komkommer, radijs, pond, boodschappenlijstje, bosje, peterselie, ons, vlees (3x), brood, kaas, uur, slager (2x), supermarkt, euro (3x)
pluralis: bananen, radijsjes, asperges, paprika's, aardappels, sperziebonen, champignons

d)
Pluralis van een substantief → -en of -s
Pluralis van een substantief op -a, -i, -o, -u, of -y → 's

NOTITIE
Zie 5.8 Notitie – Algemene aanwijzingen voor het bespreken van informatie in de kaders getiteld 'Notitie' (p. 15).

Hoofdstuk 3B

 Vocabulaire – Groente en fruit

Doel
- De cursisten kennen de namen voor veelvoorkomende groente- en fruitsoorten.
- De cursisten kennen de pluralisvormen (of het ontbreken daarvan) van deze groente- en fruitsoorten.

Uitvoering
De cursisten noteren de namen voor groente en fruit in het schema. U kunt dit het beste als huiswerkopdracht geven. De volgende les controleert u of de cursisten de regels voor de pluralisvorming goed hebben toegepast.

Oplossing
GROENTE: sla, courgette – courgettes, asperge – asperges, tomaat – tomaten, spinazie, witlof, komkommer – komkommers, paprika – paprika's, pompoen – pompoenen, wortel – wortels, sperzieboon – sperziebonen, spruitje – spruitjes, broccoli, erwt – erwten, bloemkool – bloemkolen, radijsje – radijsjes, ui – uien, sjalotje – sjalotjes, knoflook.
FRUIT: peer – peren, appel – appels, kiwi – kiwi's, sinaasappel – sinaasappels, citroen – citroenen, suikermeloen – suikermeloenen, kers – kersen, blauwe bes – blauwe bessen, banaan – bananen, watermeloen – watermeloenen, aardbei – aardbeien, ananas – ananassen, framboos – frambozen, pruim – pruimen, braam – bramen

> **Oefeningen werkboek**
> Op deze oefeningen in het tekstboek volgen
>
> WB 3B - 1, 2.

NOTITIE
Zie 5.8 Notitie – Algemene aanwijzingen voor het bespreken van informatie in de kaders getiteld 'Notitie' (p. 15).

 Luisteren – Bij de slager cd 1 - 18

a)
Doel
- De cursisten kunnen als klant iets bestellen in een winkel.
- De cursisten kunnen vragen naar de prijs.
- De cursisten kennen de benamingen voor geld.

Uitvoering
Zie 5.2 Luisteren – Algemene aanwijzingen voor luistervaardigheidsoefeningen (p. 9).

Oplossing
slager: Dat **was** het?
klant: Ik **ben** aan de beurt. Mag ik **van** u een kilo mager rundvlees? Ik **wil graag** anderhalf ons ham. En **doet** u ook maar een stukje smeerleverworst. Vier, **graag**. Doet u **maar** een ons of twee. Ja, ik wil nog wat van die pikante worstjes, **alstublieft**.
betalen: Hoeveel **moet** ik afrekenen?
informeren naar de prijs: **Hoeveel** kost het rundvlees?

NOTITIE
Zie 5.8 Notitie – Algemene aanwijzingen voor het bespreken van informatie in de kaders getiteld 'Notitie' (p. 15).

Het geld
Bespreek de informatie over geld op deze pagina.

b)
Doel
De cursisten kunnen vragen naar de prijs.

Uitvoering
Laat de cursisten in tweetallen het schema aanvullen.

Oplossing
- Hoeveel **is / kost** het?
- **Wat / Hoeveel** kost dat?
- Wat kost **het / dit / dat**?
- Hoe **duur** is dit?

NOTITIE
Zie 5.8 Notitie – Algemene aanwijzingen voor het bespreken van informatie in de kaders getiteld 'Notitie' (p. 15).

Bij het notitieblaadje over gewichten: Sinds de wijziging van de metrologiewet in 2006 mogen de woorden ons en pond officieel niet meer gebruikt worden, maar in de praktijk gebruiken veel mensen, ook de winkeliers zelf, deze termen nog.

Gewichten, inhoudsmaten en woorden van hoeveelheid
Bespreek het schema over gewichten, inhoudsmaten en woorden van hoeveelheid. Vraag of de cursisten weten wat deze woorden betekenen en leg ze eventueel uit. U kunt het schema ook als huiswerk opgeven.

Er
Uitvoering
Zie 5.7 Grammatica – Algemene aanwijzingen voor grammaticaoefeningen (p. 15).

c) + d)
Doel
De cursisten kunnen woorden uit de oefening in de juiste context invullen.

Uitvoering
Deze oefening kunt u als huiswerk opgeven.

Oplossing
c)
1. Ik wil graag **150 gram** salami.
2. Mag ik **een krop** sla van u?
3. Doe maar **anderhalve kilo** aardappels.
4. Ik drink elke dag **een liter** melk.
5. Ik wil graag **een stuk** oude kaas.
6. Wat een heerlijke meloenen, ik neem **er** twee.

d)
1. Wat kost **een kilo** kersen?
2. Doet u maar **een ons** ham.
3. En graag 200 **gram** rookspek.
4. Komkommers? Hoeveel wilt u **er**?
5. Ik wil nog **een tros** druiven kopen.
6. Je moet elke dag **een liter** water drinken.

Hoofdstuk 3B

> **Oefeningen werkboek**
> Op deze oefeningen in het tekstboek volgen
>  WB 3B - 3, 4, 5

 Spreken – Bij de slager

Doel
De cursisten kunnen als klant iets bestellen in een winkel (in dit specifieke geval bij de slager).

Uitvoering
Zie 5.3.1 Spreekoefeningen in twee-, drie- en viertallen (p. 10).

 Invuloefening – Wie verkoopt wat?

Doel
- De cursisten kennen de namen van veelvoorkomende winkels waar levensmiddelen en drank worden verkocht.
- De cursisten kunnen producten noemen die in de verschillende winkels verkocht worden.

Uitvoering
Deze oefening kunt u klassikaal uitvoeren. De producten die de cursisten noemen, schrijft u op het bord.

Oplossing
de slager – **vlees en vleeswaren** – de slagerij
de bakker – **brood** – de bakkerij
de banketbakker – gebak en koek – banketbakkerij
de groenteboer – **groente en fruit** – groentewinkel
de kaasboer – **kaas** – de kaaswinkel
de visboer – **vis** – de viswinkel
de slijter – drank – de slijterij
de marktkoopman / -vrouw – kaas, brood, vis, groente, fruit, etc. – **de markt**

 Spreken – Waar koop je wat?

Doel
De cursisten kunnen vertellen waar je bepaalde producten kunt kopen.

Uitvoering
Zie 5.3.2 Kettingoefeningen en klassikale spreekoefeningen (p. 11).

 Vocabulaire – Verpakkingen

Doel
De cursisten kennen de termen voor verschillende soorten verpakkingen.

Uitvoering
Introductiefase
1. Bekijk samen het schema op p. 58.
2. Laat de cursisten de foto's opzoeken (p. 59) van de producten uit het schema op p. 58. Leg uit dat niet alle voedingsmiddelen en dranken te vinden zijn
3. Bespreek van de gevonden producten bij 2 *(melk, boter, bier, aardappels, margarine en mayonaise)* het verpakkingsmiddel.
4. Instrueer de cursisten om alleen of in tweetallen het schema in te vullen.

Uitvoerfase
1. Laat de cursisten de oefening uitvoeren, eventueel in tweetallen.
2. Loop rond, en help waar nodig.

Evaluatiefase
1. Bespreek de antwoorden klassikaal.
2. Schrijf de woorden op het bord.
3. Bespreek eventuele vragen.
4. Vraag of de cursisten meer voorbeelden kunnen geven bij de genoemde verpakkingen.

Oplossing
een pak(je) **2 – 4 – 5 – 6 – 7 – 8 – 9 – 10 – 12**
een fles(je) **1 – 10 – 11**
een krat **11 – 1**
een zak(je) **7 – 13 – 18**
een tube **14**
een blik(je) **1 – 7 – 11 – 16 – 18**
een doos(je) **2 – 4 – 9 – 12 – 16 – 17**
een pot **3 – 14 – 18**
een kuipje 5 – 6
een rol **15**

> **Oefeningen werkboek**
> Op deze oefeningen in het tekstboek volgen
> 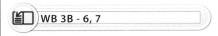 WB 3B - 6, 7

 Spreken – Mag ik van u …

Let op: bij deze opdracht hoort een kopieerblad.

Doel
De cursisten kunnen vragen stellen en beantwoorden over het kopen van producten.

Uitvoering
Introductiefase
1. Introduceer het thema van de oefening.
2. Besteed aandacht aan de formulering van de vragen: 'Mag ik … van u?' en 'Hoeveel kost het?'. Besteed ook aandacht aan de antwoorden: herhalen wat de klant bestelde en 'alstublieft' bij het geven van het product; 'Dat is dan …' bij het noemen van de prijs.
Maak duidelijk dat de cursisten niet bij elkaar op het kopieerblad mogen kijken.

Zie verder 5.3.1 Spreekoefeningen in twee-, drie- en viertallen (p. 10).

Uitdrukking

Doel
De cursisten begrijpen globaal de betekenis van de uitdrukking.

Uitvoering
Zie 5.9 Uitdrukking – Algemene aanwijzingen voor het bespreken van de uitdrukking (p. 16).

Hoofdstuk 3C

Mag het ietsje meer zijn?

Doel
Boodschappen doen
Vragen waar iets staat in een winkel

Grammatica
Comparatief en superlatief (onregelmatig)
Woordvolgorde met conjuncties *en, of, maar, want* en *dus*

1 Luisteren en invuloefening – cd 1 - 19
In de supermarkt

a) + b)
Doel
De cursisten kunnen met behulp van de luistertekst formuleringen invullen om te vragen waar iets staat in de supermarkt.

Uitvoering
Zie ook 5.2 Luisteren – Algemene aanwijzingen voor luistervaardigheidsoefeningen (p. 9).

Introductiefase
1. Bekijk en bespreek samen de titel van de oefening.
2. Vraag of uw cursisten naar de supermarkt gaan en daar soms Nederlands praten.
3. Bespreek de sleutelwoorden *broodafdeling, zuivelafdeling, gangpad, huishoudelijke artikelen* en *wasknijpers*.
4. Instrueer de cursisten om alleen of in tweetallen het schema bij b) aan te vullen.

Uitvoerfase
1. Laat de cursisten de oefening uitvoeren, eventueel in tweetallen.
2. Loop rond en help waar nodig.

Evaluatiefase
1. Bespreek de antwoorden.
2. Bespreek eventuele vragen van cursisten over de oefening.
3. Controleer of de cursisten het hebben begrepen.

Oplossing
b)
Ik **zoek** de broodafdeling.
Pardon, kunt u mij vertellen **waar** ik de zuivelafdeling kan vinden?
Ik zoek de huishoudelijke artikelen. Waar **vind** ik de wasknijpers? / **Waar** liggen de wasknijpers?
Waar **kan** / **moet** ik afrekenen?

NOTITIE
Zie 5.8 Notitie – Algemene aanwijzingen voor het bespreken van informatie in de kaders getiteld 'Notitie' (p. 15).

2 Spreken – Naar de supermarkt

Let op: bij deze opdracht hoort een kopieerblad.
Doel
- De cursisten kunnen de weg vragen in de supermarkt.
- De cursisten kunnen iets bestellen in de supermarkt, bijvoorbeeld bij de broodafdeling.

Uitvoering
Introductiefase
1. Introduceer het thema van de oefening.
2. Besteed aandacht aan de formulering van de vragen.
3. Maak duidelijk dat de cursisten niet bij elkaar op het kopieerblad mogen kijken.
Zie verder 5.3.1 Spreekoefeningen in twee-, drie- en viertallen (p. 10).

3 Spreken en schrijven – Boodschappenlijstje

Doel
- De cursisten kunnen overleggen over een boodschappenlijstje.
- De cursisten kunnen aangeven waar zij bepaalde producten kunnen / willen kopen.

Uitvoering
Zie 5.3.1 Spreekoefeningen in twee-, drie- en viertallen (p. 10).

Besteed in de introductiefase aandacht aan:
- het begrip boodschappenlijstje
- plaatsen om boodschappen te doen, benadruk dat ze voor deze opdracht niet naar de supermarkt mogen.
- Standaardzinnen om een voorstel te doen:
  Zullen we … kopen? / Zullen we … maken?
  Verwijs uw cursisten voor de producten naar oefening 3B2 en naar de woorden van hoeveelheid na oefening 3B3b.
  Zeggen dat je iets lekker / niet lekker vindt:
  Verwijs uw cursisten terug naar het schema bij oefening 3A2.

In de evaluatiefase kunt u eventueel twee cursisten het gesprek nog een keer klassikaal laten voeren.

4 Lezen en spreken – Hoe eet ik gezond?
a) + b)
Doel
- De cursisten kunnen de hoofdlijnen van een korte tekst begrijpen.
- De cursisten kunnen de belangrijkste informatie uit de tekst halen.
- De cursisten weten dat zij niet alle woorden uit een tekst hoeven te begrijpen op dit niveau.

Zie 5.5 Lezen – Algemene aanwijzingen voor leesvaardigheidsoefeningen (p. 14).

Thema: de schijf van vijf.
Sleutelwoorden: *gevarieerd, gezond eten / gezonde voeding, vlees, vocht, voedingsstoffen*
Kennis van de wereld: Deze term ('de schijf van vijf') zal waarschijnlijk niet bekend zijn bij de cursisten. Ook het feit dat de overheid adverteert voor gezonde voeding zal niet bij iedereen bekend zijn. Ook de producten die aangeraden worden, zijn cultuurbepaald. Het kan zijn dat de cursisten schrikken van de lengte en moeilijkheidsgraad van deze tekst. Leg uit dat de cursisten niet alle woorden hoeven te begrijpen, maar in staat moeten zijn de belangrijkste informatie eruit te halen.
Stel eventueel simpele vragen, zoals:
Hoeveel moet je per dag drinken?
Hoe vaak moet je vis eten?

Hoofdstuk 3C

Welke producten moet je vaak eten?
Welke producten moet je niet vaak eten?, etc.

Uitvoering
Introductiefase
1. Bekijk en bespreek samen de titel van de oefening en de afbeelding.
2. Vraag waarover uw cursisten denken dat de tekst zal gaan.
3. Bespreek de sleutelwoorden.
4. Instrueer de cursisten om in tweetallen oefening b) en c) uit te voeren.

Uitvoerfase
1. Laat de cursisten de oefening uitvoeren, eventueel in tweetallen.
2. Loop rond, en help waar nodig.

Evaluatiefase
1. Bespreek de antwoorden.
2. Bespreek eventuele vragen van cursisten over de oefening.
3. Controleer of de cursisten het hebben begrepen.

Oplossing
b)
broccoli / tomaat / boontjes / wortels / sinaasappel / paprika / banaan / appel / pasta / bonen / brood / aardappels / water / thee / margarine / zonnebloemolie / vis / melk / vlees / tofoe

Oefeningen werkboek
Op deze oefeningen in het tekstboek volgen

WB 3C - 1, 2

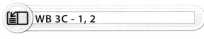 **Grammatica – Goed, beter, best!**
a)
Doel
De cursisten kennen de onregelmatige comparatief- en superlatiefvormen van goed, veel, weinig en graag.

Uitvoering
Zie 5.7 Grammatica – Algemene aanwijzingen voor grammaticaoefeningen (p. 15).

Introductiefase
1. Kondig aan dat u samen een grammaticaal thema gaat bekijken.
2. Bekijk samen het voorbeeld en lees samen de instructie.
3. Ga na of alle cursisten de instructie begrijpen.

Uitvoerfase
1. Laat de cursisten oefening a) uitvoeren, eventueel in tweetallen.
2. Laat de cursisten uit oefening a) de vormen van de comparatief en superlatief zoeken die ze in het schema moeten invullen.
3. Loop rond en assisteer waar nodig.

Evaluatiefase
1. Bespreek de antwoorden van oefening a) en b).
2. Schrijf de antwoorden op het bord.

3. Bespreek eventuele vragen.

Oplossing
a)
– gebruik liever niet te veel vet,
– Wat heb je nodig? Meer dan genoeg brood, aardappels, rijst, pasta, peulvruchten, groente en fruit en twee keer per week vis.
– Mensen denken dat ze vlees *moeten* eten of ze eten gewoon graag vlees, maar weinig of minder vlees eten is niet slecht.
– Dat is beter voor je spijsvertering.
– Anderhalve liter water of vocht per dag is wel het minste, dus je moet niet vergeten om te drinken.
– Zo blijf je het beste op gewicht. Ook is het risico op ziektes als diabetes en kanker kleiner.

b)

goed	**beter**	het **best**(e)
veel	**meer**	het **meest**(e)
weinig	**minder**	het **minst**(e)
graag	**liever**	het **liefst**(e)

Oefeningen werkboek
Op deze oefeningen in het tekstboek volgt

WB 3C - 1, 2

 **Schrijven en spreken – Wat eet en drinkt u het liefst?**
Doel
De cursisten kunnen elkaar naar hun favoriete ontbijt, lunch en avondeten vragen en hierover vertellen.

Uitvoering
a)
1. Lees samen de instructie.
2. Bespreek de sleutelwoorden *het liefst, ontbijt, lunch* en *avondeten*.
3. Instrueer de cursisten het schema voor zichzelf in te vullen.

b)
Zie 5.3.1 Spreekoefeningen in twee-, drie- en viertallen (p. 10).

Besteed in de introductiefase aandacht aan:
– Standaardzinnen om te vragen naar voorkeur:
  Wat eet u het liefst bij het ontbijt?, Wat eet / drinkt u het liefst bij de lunch?, Wat eet / drinkt u het liefst bij het avondeten?
– Wijs de cursisten er nogmaals op dat als zij niet beginnen met het subject, zij inversie moeten toepassen. Geef hier voorbeelden van.

In de evaluatiefase kunt u eventueel twee cursisten het gesprek nog een keer klassikaal laten voeren.

Hoofdstuk 3C

7 Grammatica – Woordvolgorde met conjuncties

Doel
- De cursisten kennen de conjuncties *en, of, maar, want* en *dus*.
- De cursisten weten dat na deze conjuncties een hoofdzinvolgorde volgt.

Uitvoering
Zie 5.7 Grammatica – Algemene aanwijzingen voor grammaticaoefeningen (p. 15).

Introductiefase
1. Kondig aan dat u samen een grammaticaal thema gaat bekijken.
2. Bekijk oefening a) en lees samen de instructie.
3. Ga na of alle cursisten de instructie begrijpen.

Uitvoerfase
1. Laat de cursisten oefening a) uitvoeren, eventueel in tweetallen.
2. Schrijf de gevonden conjuncties op het bord.
   Let op: wij adviseren u hier een tussenstap met korte, simpele zinnen met deze conjuncties om ervoor te zorgen dat de zinsconstructie duidelijk is. De zinnen in de tekst, die ingevuld moeten worden bij b), zijn wat ingewikkelder.
3. Maak korte, simpele zinnen met deze conjuncties. Schrijf bijvoorbeeld op het bord:
   Ik ga naar huis en _____
   Lyan gaat deze zomer op vakantie of _____
   Ik ga naar mijn werk maar _____
   Mijn moeder gaat naar de dokter want _____
   Ik heb honger dus _____
   Vraag of uw cursisten deze zinnen kunnen aanvullen.
4. Vul elke zin aan met een suggestie van een cursist, maar zorg ervoor dat elke zin na de conjunctie een subject en persoonsvorm bevat.
5. Wijs de cursisten erop dat na dus ook inversie mag volgen, deze regel kunnen zij niet afleiden uit de tekst die volgt.
6. Laat de cursisten oefening b) in tweetallen uitvoeren.
7. Loop rond en assisteer waar nodig.
8. Laat de cursisten de vraag van oefening c) beantwoorden.

Evaluatiefase
1. Bespreek de antwoorden van oefening b) en c).
2. Schrijf de antwoorden op het bord.
3. Bespreek eventuele vragen en controleer of de woordvolgorde voor alle cursisten duidelijk is.

Oplossing

a)
- Gebruik de 'schijf van vijf' en kies elke dag voor gezond, lekker en veilig eten.
- eet niet te veel <u>en</u> beweeg,
- Dat is belangrijk, <u>want</u> je lichaam krijgt zo genoeg voedingsstoffen.
- Mensen denken dat ze vlees *moeten* eten <u>of</u> ze eten gewoon graag vlees, <u>maar</u> weinig of minder vlees eten is niet slecht.
- Anderhalve liter water of vocht per dag is wel het minste, <u>dus</u> je moet niet vergeten om te drinken.
- Gezond eten is belangrijk om gezond te leven, <u>maar</u> vooral om gezond te blijven.

b)

conjunctie	subject	verbum	rest
want	je lichaam	krijgt	zo genoeg voedingsstoffen.
en		kies	elke dag voor gezond, lekker en veilig eten.
en		beweeg.	
of	ze	eten	gewoon graag vlees.
maar	weinig of minder vlees eten	is	ook niet slecht.
maar	je	moet	genoeg drinken.
dus	je	moet	niet vergeten om te drinken.

c)
De woordvolgorde is hetzelfde als de woordvolgorde in de zin voor de conjunctie (woordvolgorde hoofdzin).

8 Spreken – Zinnen afmaken
Zie ook 5.3.2 Kettingoefeningen en klassikale spreekoefeningen (p. 11).

Doel
De cursisten kunnen een korte zin maken met de conjuncties *en, of, maar, want* en *dus*.

Uitvoering
Introductiefase
1. Laat twee cursisten de voorbeelddialoog uit de oefening hardop voorlezen.
2. Besteed aandacht aan de prosodie van de zinnen.

Uitvoerfase
1. Schrijf de genoemde conjuncties op het bord.
2. Een cursist begint met een halve zin.
3. De cursist naast hem (of een andere cursist die u aanwijst), maakt de zin af met een conjunctie.
4. Deze laatste cursist maakt een nieuwe halve zin.
5. Weer een andere cursist maakt deze zin af, met een andere conjunctie dan bij de vorige zin. Etc.

Evaluatiefase
1. Bespreek, indien nodig, nog een keer de woordvolgorde bij deze conjuncties.
2. Bespreek nogmaals de twee mogelijkheden bij de conjunctie *dus*.

> **Oefeningen werkboek**
> Op deze oefeningen in het tekstboek volgen
> 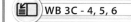 WB 3C - 4, 5, 6

9 Spreken – Boodschappen doen
Doel
De cursisten kunnen vragen stellen en antwoorden geven die gebruikelijk zijn bij boodschappen doen.

Hoofdstuk 4A

Wat doe je zoal op een dag?

Titelpagina
Zie 5.1 Begin van een hoofdstuk: titelpagina (p. 9).

A 's Morgens als ik opsta ...

Doel
Je dag omschrijven
Tijdstippen en dagdelen aangeven
Een verhaal structureren

Grammatica
'Ik wil wel maar...' + herhaling hulpverba
Bezigheden uitdrukken: zijn aan het + infinitief; bezig zijn met + infinitief / substantief; gaan + infinitief
Woordvolgorde in hoofdzinnen met inversie

1 Luisteren – Ben je met iets bezig? cd 1 - 21, 22, 23, 24

Doel
De cursisten kunnen begrijpen wat de sprekers respectievelijk aan het doen zijn, willen doen, moeten doen of gaan doen.

Thema dialogen: dagelijkse bezigheden, huishoudelijke werkzaamheden, sport
Sleutelwoorden: *bezig zijn, fitnessen, lunchen, ochtendgymnastiek, ochtendhumeur, schoonmaken, sporten, squashen*
Kennis van de wereld: Nederlandse studenten wonen vaak in een studentenhuis, schoonmaakbeurten in een studentenhuis, sporten als vrijetijdsbesteding

Uitvoering
Zie 5.2 Luisteren – Algemene aanwijzingen voor luistervaardigheidsoefeningen (p. 9).

Transcriptie
Zie tekstboek p. 317 - 318.

Oplossing

dialoog 1	**de wc en de badkamer schoonmaken.**
dialoog 2	**doet ochtendgymnastiek.**
dialoog 3	**squashen.**
dialoog 4	**drie keer per week aan fitness.**

2 Invuloefening – Welke vorm is niet goed?

Doel
De cursisten kunnen een goede keuze maken tussen de verba *willen, zullen, moeten, mogen* en *gaan*.

Uitvoering
Introductiefase
1. Laat de cursisten de vormen en betekenissen herhalen van de modale verba *moeten, mogen, willen, kunnen, zullen* en *gaan*. Blader eventueel terug naar hoofdstuk 2, bijvoorbeeld oefening C3, en naar het overzicht van hoofdstuk 2.
2. Bespreek samen de conjuncties *want* en *maar*.

Uitvoering
Introductiefase
Er zijn vier cursisten nodig om respectievelijk de broodkraam, de kaaskraam, de groente- en fruitkraam en de viskraam te bemannen en twee cursisten die de rol van slager en slijter op zich nemen. De rest van de groep gaat boodschappen doen.

Zie ook 5.3.2 Kettingoefeningen en klassikale spreekoefeningen (p. 11).

Oefeningen werkboek
Op deze oefeningen in het tekstboek volgt

 WB 3C - 7

Uitdrukking
Doel
De cursisten begrijpen globaal de betekenis van de uitdrukking.

Uitvoering
Zie 5.9 Uitdrukking – Algemene aanwijzingen voor het bespreken van de uitdrukking (p. 16).

Uitspraak cd 1 - 20
Doel
- De cursisten maken kennis met de lange en korte vocalen / **uu** / en / **u** /.
- De cursisten leren luisteren naar het verschil tussen / **uu** / en / **u** /.
- De cursisten kunnen het verschil tussen / **uu** / en / **u** /.

Uitvoering
Zie 5.10 Uitspraak – Algemene aanwijzingen voor het bespreken van de uitspraak (p. 16).

Oefeningen werkboek
Op deze oefeningen in het tekstboek volgen

 WB 3 uitspraak – 1, 2, 3, 4, 5

Aangezien de / u / en de / uu / klanken erg moeilijk zijn voor NT2-leerders, is er aan deze klanken meer aandacht besteed dan aan bijvoorbeeld de / aa / en de / a /. Er zijn dus vijf oefeningen voor gereserveerd.

Hoofdstuk 4A

Uitvoerfase
1. Laat de cursisten de oefening uitvoeren, eventueel in tweetallen.
2. Loop rond en assisteer waar nodig.

Evaluatiefase
1. Bespreek de antwoorden klassikaal.
2. Schrijf de woorden op het bord.
3. Bespreek eventuele vragen.

Oplossing
1. kan, 2. wil, 3. Zullen, 4. wil, 5. Wilt, 6. wil

NOTITIE
Zie 5.8 Notitie – Algemene aanwijzingen voor het bespreken van informatie in de kaders getiteld 'Notitie' (p. 15).

Dit notitieblaadje dient als een korte uitbreiding van de modale verba. Het behandelt een vorm die vaak in de spreektaal voorkomt: 'Ik wil wel, maar …'.

1. Besteed aandacht aan de tegenstelling tussen de wens (Ik wil wel …) en de realiteit (maar ik kan niet).
2. Maak de betekenis van 'wel' duidelijk door het zinsdeel 'Ik wil wel' op een andere manier te zeggen, bijvoorbeeld: 'Het is niet dat ik niet wil'. 'Wel' kondigt de aanstaande tegenstelling aan (ik wil <u>wel</u>, maar ik kan <u>niet</u>).
3. Besteed aandacht aan de prosodie: de klemtoon ligt op 'wil': 'Ik **wil** wel …, maar ik kan niet.'
4. Geef zelf eventueel nog meer voorbeelden. Haak bij voorkeur in op een situatie die zich net of onlangs in de klas heeft voorgedaan.
5. Vraag de cursisten ook om zelf voorbeelden (uit hun eigen leven) te geven.

3 Grammatica – Wat ben je aan het doen? Wat ga je straks doen?
Doel
- De cursisten kunnen de vormen *zijn aan het + infinitief*, *bezig zijn met + infinitief* en *gaan + infinitief* herkennen.
- De cursisten begrijpen dat het presens gebruikt wordt voor het heden en voor de toekomst.
- De cursisten kunnen begrijpen dat *zijn aan het + infinitief* en *bezig zijn met + infinitief* gebruikt worden voor het heden.
- De cursisten kunnen begrijpen dat *gaan + infinitief* gebruikt wordt voor de toekomst.

Uitvoering
Zie 5.7 Grammatica – Algemene aanwijzingen voor grammaticaoefeningen (p. 15).

Introductiefase
1. Bespreek de woorden nu, straks, zo en zo meteen.
2. Instrueer de cursisten de zinnen te lezen en de aanvulzinnen aan te vullen.

Uitvoerfase
1. Laat de cursisten in tweetallen de oefening uitvoeren.
2. Loop rond en assisteer waar nodig.

Evaluatiefase
1. Bespreek de antwoorden van de aanvulzinnen klassikaal.
2. Schrijf de antwoorden op het bord.

3. Bespreek eventuele vragen.
4. Laat de cursisten zelf formuleren welke manieren er zijn om een bezigheid in het nu en een bezigheid in de nabije toekomst uit te drukken. Laat ze er zelf achter komen dat het presens voor allebei gebruikt wordt.

Oplossing
Na het verbum *zijn + aan het* komt **een infinitief**.
Na *bezig zijn met* komt **een infinitief** of **een substantief**.
Na *gaan* komt **een infinitief**.

NOTITIE
Zie 5.8 Notitie – Algemene aanwijzingen voor het bespreken van informatie in de kaders getiteld 'Notitie' (p. 15).

> **Oefeningen werkboek**
> Op deze oefeningen in het tekstboek volgen
>  WB 4A - 1, 2

4 Spreken – Wat wilt u liever doen?
Doel
De cursisten kunnen vertellen wat ze aan het doen zijn en wat ze liever willen doen.

Uitvoering
Zie 5.3.2 Kettingoefeningen en klassikale spreekoefeningen (p. 11).

Vervolgsuggestie
U kunt deze oefening iets moeilijker maken, als uw groep dat aan kan. Cursist A vertelt aan cursist B wat hij aan het doen is en wat hij liever wil doen. Cursist B vertelt dat vervolgens verder aan cursist C. Op deze manier oefenen de cursisten nogmaals het presens van de verba in de 1e en 3e persoon singularis.

Voorbeeld:
Cursist A tegen cursist B:	Ik ben aan het studeren, maar ik wil liever hardlopen.
Cursist B tegen cursist C:	A is aan het studeren, maar hij / zij wil liever hardlopen.

U kunt dit concept nog verder uitbreiden, door er een gesprekje van te laten maken.

Voorbeeld:
Cursist B tegen A:	Wat ben je aan het doen?
Cursist A tegen B:	Ik ben aan het studeren, maar ik wil liever hardlopen.
Cursist C tegen B:	Wat is cursist A aan het doen?
Cursist B tegen C:	Cursist A is aan het studeren, maar hij / zij wil liever hardlopen.

5 Invuloefening – Weekend
a)
Doel
De cursisten maken kennis met de woorden voor een aantal dagelijkse bezigheden.

Hoofdstuk 4A

Uitvoering
Introductiefase
1. Bekijk samen de oefening en de instructie.
2. Bespreek samen de afbeeldingen. Kennen de cursisten alle bezigheden?
3. Instrueer de cursisten om alleen of in tweetallen de oefening aan te vullen.

Uitvoerfase
1. Laat de cursisten de oefening uitvoeren, eventueel in tweetallen.
2. Loop rond en assisteer waar nodig.

Evaluatiefase
1. Bespreek de antwoorden klassikaal.
2. Schrijf de woorden op het bord.
3. Bespreek eventuele vragen.

Let op:
4. Bespreek de woorden *eerst, dan, hierna / daarna* en *ten slotte* alleen als daar expliciet naar gevraagd wordt. Deze woorden vormen namelijk ook het onderwerp van oefening 6.

Oplossing
Eerst ga ik douchen **12** en daarna poets ik mijn tanden **5**. Dan maak ik mijn ontbijt **7** en lees de krant **14**. Ik werk de hele week, dus in het weekend doe ik het huishouden. Zaterdagochtend lap ik de ramen **15** en dan ga ik stofzuigen **1** en dweilen **11**. Hierna drink ik een kop koffie **3**. Tussen de middag haal ik een lekker broodje bij de bakker **17**. 's Middags ga ik eerst joggen **16**. Daarna ga ik iets drinken met een vriend of vriendin **8**. Om 18.00 uur kook ik het avondeten **13**. 's Avonds ga ik chatten **6** of televisiekijken **10**. Ten slotte ga ik naar bed en lees **4** nog een paar bladzijden. Tegen middernacht ga ik slapen **9**.

b)
Doel
De cursisten herkennen de woorden die tijdstippen en dagdelen weergeven.

Uitvoering
Introductiefase
1. Bekijk samen de oefening en de instructie.
2. Bespreek samen de woorden *tijdstip / tijdstippen* en *dagdeel / dagdelen*.
4. Instrueer de cursisten om alleen of in tweetallen het schema aan te vullen.

Uitvoerfase
1. Laat de cursisten de oefening uitvoeren, eventueel in tweetallen.
2. Loop rond en assisteer waar nodig.

Evaluatiefase
1. Bespreek de antwoorden klassikaal.
2. Schrijf de woorden op het bord.
3. Bespreek eventuele vragen.

Oplossing
's Morgens, om ongeveer 10.00 uur, in het weekend, Zaterdagochtend, Tussen de middag, 's Middags, Om 18.00 uur, 's Avonds, Tegen middernacht

---

Oefeningen werkboek
Op deze oefeningen in het tekstboek volgt

 WB 4A - 3

---

6 Spreken – Hoe is uw dag?
Doel
- De cursisten kunnen over hun dagelijkse bezigheden vertellen.
- De cursisten kunnen tijdsbepalingen en structuurwoorden die een volgorde aanduiden op een juiste manier toepassen.

Uitvoering
Zie 5.3.1 Spreekoefeningen in twee-, drie- en viertallen (p. 10).

Introductiefase
1. Bespreek samen het schema met de structuurwoorden.
2. Laat de cursisten zelf de betekenis van de structuurwoorden omschrijven.
3. Laat de cursisten bedenken welke bezigheden ze op een dag hebben.
4. Herhaal eventueel de woorden van oefening 5. Laat de cursisten een woordweb voor hun eigen situatie maken.

Uitvoerfase
Laat de cursisten met verschillende spreekpartners spreken.

Evaluatiefase
1. Vraag aan enkele cursisten om klassikaal over hun dag te vertellen.
2. Als het niveau van uw groep dit toelaat, kunt u vertellen dat er in de praktijk wat soepeler wordt omgegaan met de structuurwoorden. Zo is het gebruikelijker te zeggen: 'Eerst ga ik werken. Dan kom ik thuis en om 18.00 uur ga ik eten.' in plaats van 'Ten slotte ga ik eten.' Vertel dit alleen als het uw cursisten niet in verwarring zal brengen.

7 Grammatica – Inversie
a) + b)
Doel
De cursisten kunnen in hoofdzinnen die beginnen met een tijdsbepaling (adverbium van tijd) de woordvolgorde herkennen.

Uitvoering
Introductiefase
1. Bekijk samen oefening a) en b).
2. Bespreek de woorden *adverbium* en *woordvolgorde*.
3. Instrueer de cursisten het schema in te vullen, eventueel in tweetallen.
4. Instrueer de cursisten de grammaticale regel af te leiden uit het schema en zelf in te vullen bij oefening b).

Uitvoerfase
1. De cursisten vullen het schema in en leiden de regel af.
2. Loop rond en assisteer waar nodig.

Evaluatiefase
1. Bespreek de antwoorden bij a) klassikaal.
2. Schrijf de antwoorden van a) op het bord.
3. Laat de cursisten zelf de grammaticale regel formuleren.

Hoofdstuk 4B

4. Bespreek de grammaticale regel.
5. Bespreek eventuele vragen.

Oplossing
a)

Eerst	wordt		hij
Dan	**komt / gaat**		hij
Vervolgens	gaat		hij
Ten slotte	gaat		hij

adverbium (tijd)	verbum / persoonsvorm	subject

b)
Na een adverbium komt eerst **het verbum / de persoonsvorm** en dan **het subject**. Dit noemen we inversie.

c) + d)
Doel
- De cursisten kennen de betekenis van structuurwoorden die volgorde aanduiden.
- De cursisten kunnen korte zinnen maken die beginnen met structuurwoorden die volgorde aanduiden.

Uitvoering
Introductiefase
1. Bekijk samen oefening c) en d).
2. Lees samen de instructie. Begrijpt iedereen de betekenis van 'Er zijn meerdere mogelijkheden.'?
3. Adviseer de cursisten bij oefening d) zinnen te maken met het hulpverbum *gaan*. Sommige van de gegeven verba bij oefening d) zijn namelijk separabele verba, en dat is nog niet aan bod geweest.
4. Instrueer de cursisten oefening c) en d) eerst in tweetallen mondeling te doen.
5. Instrueer de cursisten om daarna oefening c) en d) schriftelijk te doen, eventueel ook in tweetallen.

Uitvoerfase
1. De cursisten voeren oefening c) en d) uit, eerst mondeling en daarna schriftelijk.
2. Loop rond en assisteer waar nodig.

Evaluatiefase
1. Bespreek de antwoorden van c) en d) klassikaal.
2. Schrijf de antwoorden op het bord.
3. Bespreek eventuele vragen.

Oplossing
c)
Eerst gaat hij lunchen. Dan gaat hij huiswerk maken. Vervolgens gaat hij boodschappen doen. Ten slotte gaat hij koken.
Of:
Eerst gaat hij lunchen. Vervolgens gaat hij boodschappen doen. Dan gaat hij huiswerk maken. Ten slotte gaat hij koken.

d)
Eerst gaat hij avondeten. Dan (daarna / vervolgens) gaat hij afwassen. Daarna (dan / vervolgens) gaat hij televisiekijken. Vervolgens (dan / daarna) gaat hij tandenpoetsen. Ten slotte gaat hij slapen.

Of:
Eerst gaat hij televisiekijken. Dan (daarna / vervolgens) gaat hij avondeten. Daarna (dan / vervolgens) gaat hij afwassen. Vervolgens (dan / daarna) gaat hij tandenpoetsen. Ten slotte gaat hij slapen.

Oefeningen werkboek
Op deze oefeningen in het tekstboek volgen
WB 4A - 4, 5, 6

 Spreken – Wat doe je dit weekend?

Doel
De cursisten kunnen vertellen over hun eigen bezigheden in het weekend.

Let op: bij deze opdracht hoort een kopieerblad.

Uitvoering
Zie 5.3.1 Spreekoefeningen in twee-, drie- en viertallen (p. 10).

Oefeningen werkboek
Op deze oefeningen in het tekstboek volgt
WB 4A - 7

Oefening 7 van het werkboek moeten de cursisten inleveren.

Uitdrukking
Doel
De cursisten begrijpen globaal de betekenis van deze uitdrukking.

Uitvoering
Zie 5.9 Uitdrukking – Algemene aanwijzingen voor het bespreken van de uitdrukking (p. 16).

B Smakelijk eten!

Doel
Huishoudelijke taken
(Eet)gewoontes, maaltijden
Frequentie aangeven

Grammatica
Woordvolgorde in de bijzin
Conjunctie *omdat*
Imperatief

 Luisteren – Wie doet wat **cd 1 - 25 in huis?**

Doel
- De cursisten kunnen een korte dialoog over taakverdeling in het huishouden begrijpen.
- De cursisten kunnen verstaan wie wat doet.

Uitvoering
Zie ook 5.2 Luisteren – Algemene aanwijzingen voor luistervaardigheidsoefeningen (p. 9).

Hoofdstuk 4B

Introductiefase
Thema: praten over het huishouden
Bespreek: Wie zijn de sprekers? Wie is Anne? Wat zijn synoniemen voor *vader* en *moeder*?
Sleutelwoorden: *het huishouden (doen), leuk, vervelend*
Kennis van de wereld: Taakverdeling in het huishouden. Heeft ieder gezinslid een taak in het huishouden, of niet?

Let op: Kondig eventueel aan dat er soms meerdere antwoorden mogelijk zijn. Laat het afhangen van het niveau van uw groep of het nodig is om dit vooraf te zeggen.

Laat de tekst een aantal keer horen. De items in het tekstboek staan in dezelfde volgorde als ze aan bod komen in de luistertekst, maar toch zullen de cursisten waarschijnlijk een paar keer nodig hebben om alles te verwerken.

Transcriptie
Zie tekstboek, p. 318.

Oplossing

	vader	moeder	Anne
eten koken	X	X	
wassen / de was doen	X		
strijken	X		
badkamer schoonmaken		X	
de wc schoonmaken		X	
de keuken schoonmaken		X	
de vuilnis buitenzetten	X		
in de tuin werken	X		
stofzuigen	X	X	
de ramen lappen		X	
boodschappen doen		X	X
de afwasmachine inruimen			X
de kamer opruimen			X

2 Grammatica – Conjuncties
a)
Doel
- De cursisten kunnen hoofdzinnen van bijzinnen onderscheiden.
- De cursisten kunnen herkennen dat de conjunctie *omdat* een bijzin inluidt.
- De cursisten kunnen de syntaxis van een bijzin begrijpen.

Uitvoering
Introductiefase
1. Laat de cursisten de woordvolgorde in een normale hoofdzin herhalen.
2. Schrijf enkele hoofdzinnen op het bord, bij voorkeur voorbeeldzinnen die de cursisten zelf aandragen.
3. Als cursisten zelf ook hoofdzinnen met inversie noemen, kunt u die ook kort herhalen.
4. Bekijk samen oefening a).
5. Herhaal de term *conjunctie*.
6. Laat de cursisten voorbeelden geven van hoofdzinnen met de conjuncties *en, maar, want, dus* en *of*. Blader eventueel terug naar H3C7.
7. Instrueer de cursisten oefening a), b) en c) te maken, eventueel in tweetallen.

Uitvoerfase
1. De cursisten maken oefening a), b) en c).
2. Loop rond en assisteer waar nodig.

Evaluatiefase
1. Bespreek de antwoorden klassikaal.
2. Schrijf de antwoorden op het bord.
3. Laat de cursisten zelf de grammaticale regel bij c) formuleren. Wees er alert op dat het kan zijn dat cursisten het woord 'einde' niet meer weten (het is aan bod geweest in H1), maar wel de grammaticale regel begrijpen.
4. Laat de cursisten zelf het verschil tussen een hoofdzin en een bijzin formuleren.
5. Bespreek eventuele vragen.

Oplossing
a)
1. Vind je het vervelend om iedere dag te koken of vind je het leuk?
2. Jij stofzuigt en jij lapt ook altijd de ramen, dus je doet meer in het huishouden.
3. Hij kan alleen in het weekend koken want hij is doordeweeks laat thuis.
4. Zij doet iets meer in het huishouden omdat ze minder uren werkt.

b)
hoofdzin
hij **is** doordeweeks laat thuis.
ze **werkt** minder uren.
bijzin
hij doordeweeks laat thuis **is**.
ze minder uren **werkt**.

c)
einde

NOTITIE
Zie 5.8 Notitie – Algemene aanwijzingen voor het bespreken van informatie in de kaders getiteld 'Notitie' (p. 15).
Geef zelf nog meer voorbeelden zodat duidelijk wordt dat we de komma vooral bij lange zinnen gebruiken.

3 Invuloefening – Conjuncties
Afhankelijk van het niveau van uw groep, kunt u oefening a) en b) ook samen nemen in één instructie.

a)
Doel
- De cursisten kunnen een bijzin van een hoofdzin onderscheiden.
- De cursisten kunnen de conjuncties *want* en *omdat* op de juiste wijze toepassen.

Uitvoering
Introductiefase
1. Bespreek de woorden *want* en *omdat* eventueel nog een keer. Maak duidelijk dat de betekenis hetzelfde is, maar de syntaxis niet.
2. Instrueer de cursisten oefening a) te maken, eventueel in tweetallen.

Hoofdstuk 4B

Uitvoerfase
1. De cursisten maken oefening a), eventueel in tweetallen.
2. Loop rond en assisteer waar nodig.

Evaluatiefase
1. Bespreek de antwoorden klassikaal.
2. Schrijf de antwoorden op het bord.
3. Laat de cursisten de zinnen hardop uitspreken. Door de zinnen ook te horen, beklijft de woordvolgorde beter.
4. Beantwoord eventuele vragen.

Oplossing
1. omdat, 2. want, 3. want, 4. omdat, 5. want

b)
Doel
De cursisten kunnen de tot nu toe behandelde conjuncties op de juiste wijze gebruiken.

Uitvoering
Introductiefase
1. Bespreek samen de betekenis en de syntaxis van de conjuncties.
2. Instrueer de cursisten oefening b) te maken, eventueel in tweetallen.

Uitvoerfase
1. De cursisten maken oefening b), eventueel in tweetallen.
2. Loop rond en assisteer waar nodig.

Evaluatiefase
1. Bespreek de antwoorden klassikaal.
2. Schrijf de antwoorden op het bord.
3. Laat de cursisten de zinnen hardop uitspreken. Door de zinnen ook te horen, beklijft de woordvolgorde beter.
4. Beantwoord eventuele vragen.

Oplossing
1. en / of, 2. omdat, 3. en / of, 4. want, 5. dus, 6. maar

> **Oefeningen werkboek**
> Op deze oefeningen in het tekstboek volgen
> WB 4B - 1, 2, 3, 4

 Spreken – Wie doet wat bij u thuis?
Doel
De cursisten kunnen vertellen over de taakverdeling in hun eigen huishouden.

Uitvoering
Zie 5.3.1 Spreekoefeningen in twee-, drie- en viertallen (p. 10).

 **Lezen – Wat eten we vanavond?**
a)
Doel
- De cursisten kunnen de hoofdlijnen van een korte, informele tekst begrijpen.
- De cursisten leren de Nederlandse keuken kennen.
- De cursisten maken kennis met de imperatief.

Thema tekst: de Nederlandse keuken, recepten
Sleutelwoorden: *de bereiding, de ingrediënten, koken, de pan, snijden, (terug)doen*
Kennis van de wereld: typisch Nederlandse gerechten

Uitvoering
Zie 5.5 Lezen – Algemene aanwijzingen voor leesvaardigheidsoefeningen (p. 14).

Oplossing
erwtensoep / snert

b) + c)
Doel
- De cursisten kunnen verba in de imperatiefvorm herkennen.
- De cursisten begrijpen dat de imperatief dezelfde vorm is als de 1e persoon singularis (de ik-vorm).

Uitvoering
Zie 5.7 Grammatica – Algemene aanwijzingen voor grammaticaoefeningen (p. 15).

Oplossing
b)
<u>Doe</u> de spliterwten in een pan met 3 liter water. <u>Doe</u> de ribbetjes en het spek bij de spliterwten en <u>kook</u> alles ongeveer twee uur zachtjes. <u>Snijd</u> de prei in ringen. <u>Snijd</u> de knolselderie en de aardappels in blokjes. <u>Doe</u> ook de prei, de knolselderie, de aardappels en de rookworst in de pan en <u>kook</u> alles nog dertig minuten. <u>Blijf</u> constant roeren want het mag niet aanbranden. <u>Neem</u> de worst, de ribbetjes en het spek uit de pan. <u>Snijd</u> het vlees van de ribbetjes en <u>verdeel</u> het in stukjes. <u>Snijd</u> de worst in plakjes en <u>doe</u> alles terug in de pan. <u>Breng</u> het gerecht op smaak met zout en peper. <u>Serveer</u> met roggebrood met spek. <u>Eet</u> smakelijk!

Oplossing
c)
de ik-vorm

NOTITIE
Zie 5.8 Notitie – Algemene aanwijzingen voor het bespreken van informatie in de kaders getiteld 'Notitie' (p. 15).

 Invuloefening – Doe dit, doe dat!
Doel
- De cursisten kunnen de imperatief van een verbum maken.
- De cursisten kunnen korte instructies geven met een imperatief.

Uitvoering
Zie 5.7 Grammatica – Algemene aanwijzingen voor grammaticaoefeningen (p. 15).

Let op: Besteed ook aandacht aan de syntaxis:
– De imperatief komt aan het begin van de zin.
– Structuurwoorden (zoals *eerst, dan en daarna*) komen ná de imperatief.
Bespreek ook het belang van de toon waarop de imperatief wordt uitgesproken. Zie daarvoor ook het notitieblaadje.

Hoofdstuk 4B

Oplossing
Maak je huiswerk!, **Ga** naar de winkel!, **Doe de boodschappen!**, **Kook het eten!**, **Drink een beker melk!**, **Bak het vlees!**, **Loop een beetje harder!**

NOTITIE
Zie 5.8 Notitie – Algemene aanwijzingen voor het bespreken van informatie in de kaders getiteld 'Notitie' (p. 15).

Let op: Als u het notitieblaadje bespreekt, ga dan ook in op de toon waarop de verschillende vormen (kunnen) worden uitgesproken. Maak met uw gezichtsuitdrukking, mimiek en toon duidelijk wanneer iets vriendelijk is en wanneer onvriendelijk.

> **Oefeningen werkboek**
> Op deze oefeningen in het tekstboek volgen
> WB 4B - 5, 6

7 Spreken – Mijn favoriete gerecht
Doel
- De cursisten kunnen praten over eten.
- De cursisten kunnen vertellen wat hun favoriete gerecht is en kunnen de bereidingswijze ervan in eigen woorden navertellen.

Uitvoering
Introductiefase
1. Bekijk samen de oefening en lees samen de voorbeeldtekst.
2. Bespreek de benodigde woorden aan de hand van de foto's.
3. Instrueer de cursisten hun favoriete gerecht op te schrijven. Laat de cursisten het recept opschrijven. Adviseer de cursisten om een gemakkelijk gerecht te nemen.
   Let op: Verwijs de cursisten naar hoofdstuk 3 voor woordenschat die betrekking heeft op voeding.
4. Instrueer de cursisten om tweetallen te maken en de spreekoefening uit te voeren.

Uitvoerfase
1. De cursisten praten in tweetallen.
2. Laat de cursisten zoveel mogelijk uit hun hoofd vertellen.
3. Loop rond en assisteer waar nodig.

Evaluatiefase
1. Laat een cursist klassikaal zijn of haar gerecht nog eens vertellen.
2. Bespreek eventuele vragen.
3. Bespreek eventuele veel gehoorde fouten.

Vervolgsuggestie
Na de oefening kunt u alle recepten kopiëren en er een receptenboekje van maken voor alle cursisten.

8 Lezen en invuloefening – Wat en wanneer eten Nederlanders?
a)
Doel
- De cursisten kunnen belangrijke woorden rondom het thema eten en drinken op een correcte manier gebruiken in een tekst.
- De cursisten kunnen woordsoorten herkennen.

Uitvoering
Introductiefase
1. Bekijk samen de oefening.
2. Bespreek de in te vullen woorden.
3. Laat de cursisten de woordsoorten (verbum, structuurwoord, getal, et cetera) van de in te vullen woorden benoemen, eventueel in tweetallen.
4. Instrueer de cursisten de oefening te maken, eventueel in tweetallen.

Uitvoerfase
1. De cursisten vullen de woorden in.
2. Loop rond en assisteer waar nodig.

Evaluatiefase
1. Bespreek samen de antwoorden.
2. Schrijf de antwoorden op het bord.
3. Lees samen de hele tekst.
4. Bespreek eventuele vragen.
5. Bespreek eventueel wat de cursisten vinden van de Nederlandse eetgewoontes.

Oplossing
a)
drie, ontbijt, lunch, ontbijt, kop(je), ontbijten, Daarna, uur, warme, niet, brood, beker, fruit, avondeten, groente, pasta, toetje

b)
Doel
De cursisten kunnen begrijpen wat frequentiewoorden zijn en ze herkennen in een tekst.

Uitvoering
Zie 5.7 Grammatica – Algemene aanwijzingen voor grammaticaoefeningen (p. 15).

Oplossing
meestal drie keer, soms, nooit, helemaal niet, bijna altijd, soms, heel af en toe, meestal, vaak, zo nu en dan, Vaak

c)
Doel
- De cursisten kennen de betekenis van een aantal frequentiewoorden.
- De cursisten kunnen correcte zinnen maken met de frequentiewoorden.

Uitvoering
Introductiefase
1. Bekijk samen de oefening.
2. Kennen de cursisten de betekenis van de frequentiewoorden?
3. Laat de cursisten de frequentiewoorden in de goede volgorde zetten, van 0% (nooit), naar 100% (altijd).
4. Laat de cursisten de zinsvolgorde benoemen van zinnen met een frequentiewoord.
5. Instrueer de cursisten de oefening te doen.

Uitvoerfase
1. De cursisten voeren de oefening uit, eventueel kunt u ze in tweetallen laten overleggen.
2. Loop rond en assisteer waar nodig.

Hoofdstuk 4C

Evaluatiefase
1. Laat een cursist zijn of haar tekst klassikaal vertellen.
2. Bespreek eventuele vragen.
3. Bespreek eventuele veel voorkomende fouten.

 Spreken – Hoe vaak …?
Doel
- De cursisten kunnen vragen hoe frequent een ander iets doet.
- De cursisten kunnen vertellen hoe frequent ze iets doen.

Uitvoering
Zie 5.3.1 Spreekoefeningen in twee-, drie- en viertallen (p. 10).

> **Oefeningen werkboek**
> Op deze oefeningen in het tekstboek volgt
>
> WB 4B - 7
>
> Oefening 7 van het werkboek moeten de cursisten inleveren.

 Spreken – Eetgewoontes
Doel
- De cursisten kunnen vertellen over de eetgewoontes uit hun eigen cultuur.
- De cursisten kunnen vragen stellen over de eetgewoontes van een ander.

Uitvoering
Introductiefase
1. Bekijk samen de oefening.
2. Stimuleer de cursisten om ook zelf vragen te bedenken.
3. Instrueer de cursisten eventueel om aantekeningen te maken tijdens het spreken. U kunt de oefening eventueel ook de vorm van een interview of enquête geven, waarbij iedereen minimaal drie andere cursisten moet interviewen / ondervragen. De opgeschreven antwoorden kunt u in de evaluatiefase laten gebruiken.

Uitvoerfase
1. Laat de cursisten samen spreken over hun eetgewoontes.
2. Laat de cursisten eventueel aantekeningen maken tijdens het spreken.
3. Loop rond en assisteer waar nodig.

Evaluatiefase
1. Bespreek de oefening klassikaal.
2. Vraag aan de cursisten wat ze de meest opmerkelijke, leuke, vreemde, onverwachte eetgewoonte vonden.

Vervolgsuggestie
Gebruik de opgeschreven antwoorden om een ministatistiek te maken: hoeveel procent van de cursisten eet drie keer per dag? In hoeveel landen zijn alle maaltijden warm? Et cetera. Bespreek de resultaten.

 Uitdrukking
Doel
De cursisten begrijpen globaal de betekenis van deze uitdrukking.

Uitvoering
Zie 5.9 Uitdrukking – Algemene aanwijzingen voor het bespreken van de uitdrukking (p. 16).

 Wat zijn je hobby's?

> **Doel:**
> Praten over bezigheden, hobby's en sporten
>
> **Grammatica:**
> Geen nieuwe grammatica

1 **Luisteren – Een sportprogramma** **cd 1 - 26**
Doel
- De cursisten kunnen begrijpen dat ze luisteren naar een sportprogramma op de radio.
- De cursisten kunnen de hoofdlijn van het bericht begrijpen: het gaat om een marathonwedstrijd.
- De cursisten kunnen getallen verstaan.

Thema tekst: sport en sportverslaggeving
Sleutelwoorden: *het commentaar, het gaat om, de deelnemer, onder, de organisatie, de sport, het sportprogramma, de tijd*
Kennis van de wereld: sportprogramma's op de radio

Uitvoering
Zie 5.2 Luisteren – Algemene aanwijzingen voor luistervaardigheidsoefeningen (p. 9).

Transcriptie
Zie tekstboek, p. 318.

Oplossing
1. Marathon lopen. 2. Elf atleten.

2 **Beeldoefening – Sporten**
Doel
- De cursisten leren vocabulaire voor veel voorkomende hobby's en sporten.
- De cursisten kunnen vertellen welke sport ze zelf beoefenen.

Uitvoering
Introductiefase
1. Bekijk samen de oefening.
2. Herkennen de cursisten alle afgebeelde activiteiten?
3. Bespreek de woorden *sport, hobby* en *activiteit*.
4. Instrueer de cursisten de woorden op te zoeken in hun woordenboek. Als de les in een talenpracticum plaatsvindt, kunnen de cursisten de woorden eventueel ook opzoeken op internet. U kunt de oefening eventueel ook thuis laten voorbereiden.

Uitvoerfase
1. De cursisten zoeken de woorden op, eventueel in tweetallen.
2. Loop rond en assisteer waar nodig. Zeg geen woorden voor, maar help wel duidelijk te maken om welke sport het gaat, als cursisten de afbeelding niet herkennen.
3. Schrijf eventueel alvast de nummers van de afbeeldingen op het bord.

Hoofdstuk 4C

Evaluatiefase
1. Vraag de cursisten om de beurt één van de sporten op het bord te komen schrijven.
2. Bespreek de antwoorden.
3. Bekijk samen het schema 'Wat kun je zeggen?'
4. Vraag aan de cursisten of zij een sport beoefenen.
5. Vraag welke sport ze beoefenen.

Zie ook 5.3.3 Routines: Wat kun je zeggen? (p. 11).

Oplossing
1. hockey(en), 2. honkbal(len), 3. schermen,
4. voetbal(len), 5. volleybal(len), 6. zeilen, 7. duiken,
8. golf(en), 9. skaten / skeeleren, 10. boksen, 11. skiën, 12. zwemmen, 13. atletiek / hardlopen, 14. wielrennen,
15. fitness(en), 16. tennis(sen), 17. schaatsen,
18. squash(en), 19. paardrijden, 20. ballet / dansen

Oefeningen werkboek
Op deze oefeningen in het tekstboek volgen

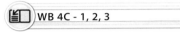 WB 4C - 1, 2, 3

Bij oefening 2 dienen cursisten informatie over sport-clubs op te zoeken op internet.
Deze oefening leent zich er prima voor om achteraf in de les te bespreken.
1. Maak eerst tweetallen van cursisten die uit dezelfde woonplaats komen.
2. Laat de cursisten de gevonden informatie met elkaar vergelijken.
3. Maak vervolgens tweetallen van cursisten die niet uit dezelfde woonplaats komen.
4. Laat de cursisten elkaar vragen stellen over de sport-clubs. Ze mogen elkaars gegevens niet zien. Ze kunnen vragen stellen als: Kun je in jouw woonplaats wielrennen? Hoe heet de voetbalclub in jouw woonplaats? Wat is het telefoonnummer van de hockeyclub?

Eventueel kunt u nog een klassikale nabespreking houden.

---

3 Spreken – Ik zit op …
Doel
- De cursisten kunnen vragen welke sport iemand doet.
- De cursisten kunnen vertellen over hun eigen sport.

Uitvoering
Zie 5.3.2 Kettingoefeningen en klassikale spreekoefeningen (p. 11).

Let op: Mogelijk sport niet iedereen. Laat de cursisten die niet sporten eventueel een zin zeggen als: 'Ik sport niet. Ik wil wel sporten, maar ik heb geen tijd.' Of laat ze een sport verzinnen, zodat ze wel de standaardzin kunnen oefenen.

4 Spreken – Sport
Doel
- De cursisten kunnen praten over sport.
- De cursisten kunnen praten over gewoontes in hun land van herkomst.

Uitvoering
Zie 5.3.1 Spreekoefeningen in twee-, drie- en viertallen (p. 10).

NOTITIE
Zie 5.8 Notitie – Algemene aanwijzingen voor het bespreken van informatie in de kaders getiteld 'Notitie' (p. 15).

Oefeningen werkboek
Op deze oefeningen in het tekstboek volgt

 WB 4C - 4

Oefening 4 van het werkboek moeten de cursisten inleveren.

---

5 Lezen en spreken – Wat doen Nederlanders in hun vrije tijd?
a)
Doel
- De cursisten kunnen een eenvoudig diagram begrijpen.
- De cursisten kunnen informatie uit een statistische figuur omzetten naar tekst.
- De cursisten leren over de vrijetijdsbesteding van Nederlanders.
- De cursisten leren woorden over vrijetijdsbesteding.

Thema: vrijetijdsbesteding
Sleutelwoorden: *besteden aan, het diagram, de vrije tijd, de vrijetijdsbesteding*
Kennis van de wereld: vrijwilligerswerk, hobby's

Let op:
1. Besteed aandacht aan statistische figuren / cirkeldiagrammen. Misschien zijn niet alle cursisten hier vertrouwd mee.
2. In het diagram lijkt het alsof 'vrienden' (bij het kopje 'vrijwilligerswerk') apart worden genoemd van 'sociale contacten'. Dat is niet zo. Het is: 'Zorg voor familie / vrienden'.
3. Bespreek niet alle nieuwe woorden uit de tekst en het diagram in de introductiefase. Laat de cursisten juist proberen zelf achter synoniemen te komen. Bespreek de woorden wel in de evaluatiefase.
4. Bespreek achteraf eventueel het tot verbum maken van woorden, zoals: *de computer – computeren*. Geef nog meer voorbeelden, zoals *googlen, internetten, gamen*.

Oplossing
a)
19, sociale contacten, 6, sport, uitgaan, 1,5

NOTITIE
Zie 5.8 Notitie – Algemene aanwijzingen voor het bespreken van informatie in de kaders getiteld 'Notitie' (p. 15).

59

Hoofdstuk 4C

b) + c)
Doel
- De cursisten kunnen woorden van vrijetijdsbesteding begrijpen.
- De cursisten kunnen aangeven wat ze zelf in hun vrije tijd het liefste doen.

Uitvoering
Introductiefase
1. Bekijk samen de oefening. Kennen de cursisten alle genoemde bezigheden?
2. Instrueer de cursisten de oefening uit te voeren.

Uitvoerfase
1. De cursisten voeren de oefening uit.
2. Loop rond en assisteer waar nodig.

Evaluatiefase
1. Bekijk samen oefening c).
2. Bespreek de antwoorden van b) klassikaal. Laat bijvoorbeeld twee cursisten van wie u weet dat ze tegenovergestelde hobby's hebben, aan het woord. Laat de cursisten ook beargumenteren waarom ze iets heel graag of juist nooit doen. Laat ze *omdat* en *want* gebruiken.

> **Oefeningen werkboek**
> Op deze oefeningen in het tekstboek volgt
>  WB 4C - 5

 Spreken – Wat zijn uw hobby's?
Doel
- De cursisten kunnen vertellen wat ze in hun vrije tijd doen.
- De cursisten kunnen iemand vragen naar zijn of haar vrijetijdsbesteding.

Uitvoering
Zie 5.3.2 Kettingoefeningen en klassikale spreekoefeningen (p. 11).

> **Oefeningen werkboek**
> Op deze oefeningen in het tekstboek volgen
>  WB 4C - 6, 7

Oefening 7 is een puzzel. Bekijk de oefening eventueel eerst samen in de les en ga na of iedereen begrijpt wat de bedoeling is.

 Vocabulaire – Muziekinstrumenten
a) + b)
Doel
De cursisten leren woorden voor muziekinstrumenten.

Uitvoering
Introductiefase
1. Bekijk samen de oefening.
2. Herkennen de cursisten alle afgebeelde instrumenten?
3. Bespreek de woorden *de muziek, het instrument, spelen*.

4. Instrueer de cursisten de woorden op te zoeken in hun woordenboek. Als de les in een talenpracticum plaatsvindt, kunnen de cursisten de woorden eventueel ook opzoeken op internet. Eventueel kunt u de oefening ook thuis laten voorbereiden.

Uitvoerfase
1. De cursisten zoeken de woorden op, eventueel in tweetallen.
2. Loop rond en assisteer waar nodig. Zeg geen woorden voor, maar help wel duidelijk te maken om welk instrument het gaat, als cursisten de afbeelding niet herkennen.

Evaluatiefase
1. Vraag de cursisten om de beurt één van de instrumenten op het bord te komen schrijven.
2. Bespreek de antwoorden en eventuele vragen.
3. Vraag aan de cursisten of zij zelf een instrument spelen.
4. Maak duidelijk dat het bij instrumenten, in tegenstelling tot sporten, niet mogelijk is een verbum te maken van het substantief. Dus wel: *de voetbal – voetballen*, maar niet: *de gitaar – gitaren*.

Oplossing
a)
de piano, het orgel, **de gitaar**, de **viool**, de **cello**, de blokfluit, de dwars**fluit**, de **trompet**, het drumstel / de drums, de **saxofoon**

b)
1. saxofoon., 2. piano., 3. Hij speelt gitaar., 4. Zij speelt viool., 5. Hij speelt cello., 6. Zij speelt dwarsfluit.

NOTITIE
Zie 5.8 Notitie – Algemene aanwijzingen voor het bespreken van informatie in de kaders getiteld 'Notitie' (p. 15).
Attendeer de cursisten op de vocaalwisseling i-a: *zingen*, maar: *de zang / de zanger / de zangeres*.

NOTITIE
Zie 5.8 Notitie – Algemene aanwijzingen voor het bespreken van informatie in de kaders getiteld 'Notitie' (p. 15).
Introduceer de 'zou willen'-constructie hier op een luchtige manier. Presenteer het meer als een vaste uitdrukking dan als iets grammaticaals. Geef ook geen grondige grammaticale uitleg. Later komt dit thema uitgebreider terug.
1. Geef zelf een aantal voorbeelden van wat u zou willen doen. Bijvoorbeeld: *Ik heb geen auto, (maar) ik zou een auto willen hebben.*
2. Doe een klassikaal rondje: laat iedereen zelf een voorbeeld bedenken.
3. Besteed wel aandacht aan de vorm (singularis: *zou*, pluralis: *zouden*)
4. Doe oefening 8.

Spreken – Ik speel …
Doel
- De cursisten kunnen vertellen welk instrument ze spelen.
- De cursisten kunnen iemand vragen welk instrument hij / zij speelt.
- De cursisten kunnen een wens uitdrukken met 'zou willen'.

Hoofdstuk 4C

Uitvoering
Zie 5.3.2 Kettingoefeningen en klassikale spreekoefeningen (p. 11).

9 Luisteren – Ik speel in een band cd 1 - 27
Doel
De cursisten kunnen de hoofdlijnen van de tekst begrijpen en reproduceren.

Uitvoering
Introductiefase
1. Bekijk samen de oefening. Het is een dictoglosoefening. Het is de eerste keer in dit boek dat cursisten een dictoglosoefening doen. Besteed daarom ruimschoots aandacht aan de introductie ervan. Zie 5.4.1 Aanpak dictoglosoefeningen (p. 12).
2. Bespreek de bij de oefening gegeven woorden.
3. Laat de cursisten vertellen waar ze denken dat de tekst over zal gaan.
4. Kondig aan dat u de tekst gaat laten horen. De cursisten mogen de eerste keer nog geen aantekeningen maken.

Uitvoer en Evaluatiefase
Zie 5.4.1 Aanpak dictoglosoefeningen (p. 12).
Als u de teksten teruggeeft aan de groepjes, kunt u er de transcriptie van de luistertekst bijgeven. (zie kopieerblad Hoofdstuk 4C, oefening 9)

Transcriptie
Mijn naam is Eelco de Vries, ik ben 25. Ik ben muzikant. Ik speel in een band: Nedertop. Wij maken Nederlandstalige muziek. Veel liedjes die we spelen zijn covers. Covers zijn oude, bekende liedjes van andere artiesten. Soms schrijven we zelf nieuwe liedjes en we spelen die liedjes met de band. Dat vind ik altijd erg leuk. Dat doe ik eigenlijk het liefste. Nedertop heeft twee zangers en één zangeres. Ik ben een van de zangers, maar ik speel ook gitaar. Ik speel al gitaar sinds mijn achtste. Ik vind dat ik een goede gitarist ben. Ik ben beter als gitarist dan als zanger. Maar ik vind zingen ontzettend leuk om te doen. Ik heb zangles omdat ik graag een betere zanger wil worden. Ik heb ook al twee jaar keyboardles, maar ik speel niet goed genoeg om in de band keyboard te spelen. Muziek is meer dan mijn hobby, het is mijn passie, mijn leven.

Oefeningen werkboek
Op deze oefeningen in het tekstboek volgen

 WB 4C - 5

Oefening 8 en 9 van het werkboek kunt u het beste nabespreken in de les.
Oefening 10 van het werkboek dienen de cursisten in te leveren.

Oefening 8
Bij oefening 8 luisteren de cursisten naar een liedje van Jan Smit. In dit stadium is een liedje heel leuk, maar wel nog best moeilijk voor cursisten. Daarom kunt u het beste niet op details van het lied ingaan, tenzij uw groep een erg hoog niveau heeft. Ook de a-vragen over het lied zijn om die reden niet te gedetailleerd. Als de cursisten weten dat Jan Smit in dit lied zijn liefde voor muziek bezingt is het genoeg. Het antwoord op de b-vragen dienen de cursisten op internet op te zoeken. De internetzoekopdracht kan actuele zaken aan bod brengen. Bekijk de site eventueel zelf ook even.

Vervolgsuggestie na oefening 8
Laat goede cursisten op internet kijken naar de tv-uitzendingen van Jan Smit en zijn vriendengroep.

Oefening 9
Oefening 9 leent zich goed voor een korte herhaling van enkele zaken:
– thema's uit vorige hoofdstukken: personalia, hobby's
– bijzinnen maken
– verschil definiet en indefiniet artikel (een sportclub / de sportclub)

Oefening 10
Oefening 10 gaat over een weblog. Ga na of alle cursisten weten wat dat is.

---

10 Spreken – Leuke hobby!
Doel
- De cursisten kunnen vragen stellen over hobby's.
- De cursisten kunnen vertellen over hun eigen hobby's.

Uitvoering
Zie 5.3.1 Spreekoefeningen in twee-, drie- en viertallen (p. 10).

 Uitdrukking
Doel
- De cursisten begrijpen globaal de betekenis van deze uitdrukking.

Uitvoering
Zie 5.9 Uitdrukking – Algemene aanwijzingen voor het bespreken van de uitdrukking (p. 16).

Hoofdstuk 5A

 Uitspraak 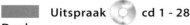 cd 1 - 28

Doel
- De cursisten maken kennis met het zinsaccent.
- De cursisten leren luisteren naar het zinsaccent.
- De cursisten kunnen zelf een zinsaccent leggen.

Uitvoering
Zie 5.10 Uitspraak – Algemene aanwijzingen voor het bespreken van de uitspraak (p. 16).

1. Bespreek met de cursisten wat zinsaccent is.
2. Bespreek hoe je een klemtoon / accent maakt: dat kan door een verschil te maken in toon, lengte of volume van een woord of woorddeel. Dit zorgt voor een bepaald ritme in de taal.

> **Oefeningen werkboek**
> Op deze oefeningen in het tekstboek volgen
>
> WB 4 uitspraak - 1, 2, 3, 4

Zullen we naar de stad gaan?
Titelpagina
Zie 5.1 Begin van een hoofdstuk: titelpagina (p. 9).

Is hier een bioscoop in de buurt?

> **Doel**
> De weg vragen en de weg wijzen: een route beschrijven, afstand en lengtematen
> Iemand bedanken en reageren
> Vervoermiddelen
>
> **Grammatica**
> Zelfstandig gebruik van adjectief na *iets / wat / niets / niks*
> Rangtelwoorden

1 Luisteren – Mag ik u iets vragen? cd 1 - 29, 30, 31

a)
Doel
De cursisten kunnen de hoofdlijnen van een gesprek begrijpen: *ze kunnen begrijpen waar de mensen in de dialogen naartoe willen en ze kunnen begrijpen of het doel dichtbij of ver weg is.*

Thema dialogen: de weg vragen en wijzen
Sleutelwoorden: *de buurt, dichtbij / vlakbij / ver weg, makkelijk / moeilijk, de straat, de weg, weten*

Uitvoering
Zie 5.2 Luisteren – Algemene aanwijzingen voor luistervaardigheidsoefeningen (p. 9).

Ga bij a) niet teveel in op de details. De cursisten hoeven hier alleen nog maar de hoofdlijnen van de dialogen te verstaan en begrijpen.

Transcriptie
Zie tekstboek, p. 318.

Oplossing
1. het theater, dichtbij
2. een supermarkt, dichtbij
3. de bioscoop, dichtbij

b)
Doel
De cursisten kunnen een eenvoudige routebeschrijving begrijpen.

Thema dialogen: de weg vragen en wijzen
Sleutelwoorden: *eerste / tweede, links / rechts, oversteken, het stoplicht, het zebrapad*

Uitvoering
Zie 5.2 Luisteren – Algemene aanwijzingen voor luistervaardigheidsoefeningen (p. 9).
1. Laat de cursisten in twee- of drietallen een woordweb maken van 'de weg wijzen'.
2. Bespreek klassikaal de sleutelwoorden.
3. Bekijk samen de oefening. Begrijpt iedereen wat de bedoeling is?

Hoofdstuk 5A

4. Laat de dialogen horen.
5. Instrueer de cursisten de route in de kaartjes in te tekenen.
6. Laat de cursisten in tweetallen hun kaartjes vergelijken.
7. Laat de dialogen nog een keer horen.
8. Bespreek klassikaal de antwoorden.

Transcriptie
Zie tekstboek, p. 318.

Oplossing

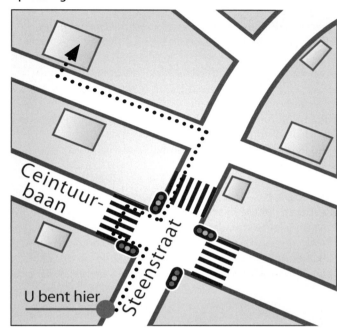

dialoog 1

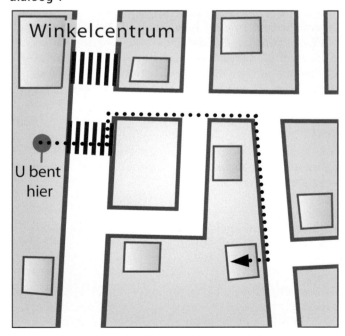

dialoog 2

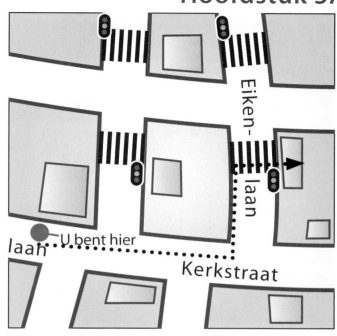

dialoog 3

 Invuloefening – Weet u de weg naar …?
a) + b)
Doel
- De cursisten leren de woorden die nodig zijn om de weg te vragen.
- De cursisten leren de woorden die nodig zijn om iemand te bedanken.

Uitvoering
Introductiefase
1. Bekijk samen de oefening.
2. Laat de dialogen van oefening 1 nog een keer horen.
3. Instrueer de cursisten het schema in te vullen.

Uitvoerfase
1. De cursisten luisteren naar de dialogen van oefening 1.
2. De cursisten vullen het schema in, eventueel in tweetallen.

Evaluatiefase
1. Laat de cursisten in tweetallen de antwoorden bespreken.
2. Verwijs eventueel naar de transcripties van de dialogen.
3. Bespreek de antwoorden klassikaal.
4. Besteed aandacht aan de formele en de informele vorm. Bespreek wie je met welke vorm aanspreekt.
5. Beantwoord eventuele vragen.
6. Laat de zinnen eventueel nog hardop oefenen. Zie 5.3.3 Routines – Wat kun je zeggen? (p. 11).

Oplossing
a)
1. Dag, weg, 2. Hallo / dag, Kunnen, 3. mag, vragen, waar, 4. zoek, 5. bij, 6. u, 7. is, 8. jullie

Notitie
Zie 5.8 Algemene aanwijzingen voor het bespreken van informatie in de kaders getiteld 'Notitie' (p.15).

Uitvoering
Bespreek dat niet elke plaats een VVV heeft.
Vraag of cursisten weten of hun eigen plaats een VVV heeft. Zijn ze er al eens geweest?

Hoofdstuk 5A

Bespreek wat de VVV biedt: informatie over de regio, vaak ook souvenirs en tickets voor evenementen.

Vervolgsuggestie
Laat cursisten op internet opzoeken of hun eigen woonplaats ook een VVV heeft. Laat ze het adres en de openingstijden opschrijven. Bespreek het in de les. Laat cursisten eventueel naar een VVV toe gaan. Laat ze informatie over een bezienswaardigheid in de buurt vragen.

Oplossing
b)

Dank u wel, meneer.	Geen dank.
Dank jullie wel / Dank je wel, jongens.	Graag gedaan hoor.
Bedankt, meneer.	Geen dank, het is geen moeite.
Dank u, mevrouw.	Niets te danken.

3 Spreken – Is de Schoolstraat dichtbij?

Doel
De cursisten kunnen vragen of een locatie dichtbij of ver weg is.

Uitvoering
Zie 5.3.2 Kettingoefeningen en klassikale spreekoefeningen (p. 11).

Let op:
1. Bespreek vooraf de symbolen op de kaart: VVV, theater, parkeerplaats (één overdekt / binnen en één niet overdekt / buiten), tankstation.
2. Zorg ervoor dat de cursisten geen routebeschrijvingen geven. De bedoeling is dat ze alleen vragen of het dichtbij of ver weg is, nog niet hoe ze er moeten komen. Dat komt later in het hoofdstuk aan bod.

> **Oefeningen werkboek**
> Op deze oefeningen in het tekstboek volgen
> 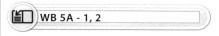 WB 5A - 1, 2

4 Grammatica – Iets leuks
a) + b)
Doel
De cursisten kunnen begrijpen dat een adjectief zelfstandig gebruikt kan worden, door er *iets / wat / niets / niks* voor te zetten en -s erachter.

Uitvoering
Zie 5.7 Grammatica – Algemene aanwijzingen voor grammaticaoefeningen (p. 15).

Oplossing
a)
moeilijk, ander

Oplossing
b)
adjectief + s

> **Oefeningen werkboek**
> Op deze oefeningen in het tekstboek volgt
>  WB 5A - 3

5 Luisteren en invuloefeningen – De eerste links

a) cd 1 - 32
Doel
- De cursisten leren enkele belangrijke woorden om de weg te wijzen.
- De cursisten kunnen een korte routebeschrijving begrijpen die ze zowel horen als lezen.

Kennis van de wereld: In Nederland wordt rechts gereden.

Uitvoering
Zie 5.2 Luisteren – Algemene aanwijzingen voor luistervaardigheidsoefeningen (p. 9).
Zie 5.6 Invuloefeningen – Algemene aanwijzingen voor invuloefeningen (p. 15).

Introductiefase
1. Bespreek dat u een tekst gaat beluisteren.
2. Vertel de cursisten dat ze de tekst ook mee kunnen lezen.
3. Vestig de aandacht op de afbeeldingen. Zeg dat in de tekst het nummer van de juiste afbeelding op de juiste plaats moet worden ingevuld. Vestig de aandacht op het voorbeeld.
4. Laat de oefening uitvoeren.

Oplossing
U kunt hier het beste omkeren (**4**) en dan gaat u de brug (**9**) over. Daarna neemt u de eerste zijstraat rechts (**2**). Dan komt u na ongeveer 100 meter bij een rotonde (**5**) en daar gaat u rechtdoor (**3**), de tweede afslag dus. Dat is in de richting van het centrum. Bij het tweede stoplicht (**8**) gaat u rechtsaf. U rijdt door tot aan het vijfde kruispunt (**7**) en daar slaat u linksaf (**1**). Na het zebrapad (**6**) gaat u naar rechts en dat is de Steenbokstraat.

b)
Doel
De cursisten leren de woorden die nodig zijn om de weg te vragen en te wijzen.

Uitvoering
Zie 5.6 Invuloefeningen – Algemene aanwijzingen voor invuloefeningen (p. 15).

Let op:
1. Laat eventueel de dialoog van oefening 5a) nog een keer horen.
2. Laat de zinnen achteraf hardop oefenen. Zie 5.3.3 Routines – Wat kun je zeggen? (p. 11).

Oplossing
Mag ik wat **vragen**?
Weet u **waar** de Plantsoenenlaan is?
Weet u de weg **naar** de Plantsoenenlaan?
Kunt u me de weg **wijzen** naar de Plantsoenenlaan?
Sorry, dat weet ik **niet** / die straat ken ik niet.
Jazeker. U gaat hier alsmaar recht**door**.

Hoofdstuk 5A

U **neemt** de eerste straat links / rechts.
De Plantsoenenlaan ligt aan uw rechterhand / **linker**hand.
Voor de Plantsoenenlaan **rijdt** / gaat u de verkeerde kant op.
U kunt het beste hier **omkeren**.
U gaat hier de brug **over**.
Bij de rotonde neemt u de derde **afslag**.
Het is aan de **rechterkant** / linkerkant.
Daar slaat u **rechtsaf** / linksaf.

c) + d)
Doel
- De cursisten leren de rangtelwoorden.
- De cursisten leren de woorden voor afstanden.

Uitvoering
Zie 5.6 Invuloefeningen – Algemene aanwijzingen voor invuloefeningen (p. 15).

Let op:
1. Ga na of alle cursisten bekend zijn met de afstanden.
2. Instrueer de cursisten het patroon in de reeksen te zoeken.

Vervolgsuggestie
Laat de cursisten de telwoorden en afstanden die relevant zijn voor hun eigen situatie benoemen.
Bijvoorbeeld: *Ik zit op de derde rij. / Ik ben het tweede kind in ons gezin. / Ik woon 1 kilometer van mijn werk*, et cetera.

Oplossing
c)

1e	= eerste	11e	= elfde
2e	= tweede	12e	= twaalfde
3e	= derde	13e	= dertiende
4e	= vierde	14e	= veertiende
5e	= vijfde	18e	= achttiende
6e	= zesde	20e	= twintig**ste**
7e	= zevende	21e	= eenentwintigste
8e	= achtste	22e	= tweeëntwintigste
9e	= negende	30e	= dertigste
10e	= tiende	40e	= veertigste

50e	= vijftigste
60e	= zestigste
70e	= zeventigste
80e	= tachtigste
90e	= negentigste
100e	= honderdste
101e	= honderd**eerste**
1000e	= duizendste
2000e	= tweeduizendste
1.000.000e	= miljoenste

Oplossing
d)
1 hectometer = 100 **meter**
1 decameter = 10 **meter**
1 **meter** = 10 decimeter
1 decimeter = **10** centimeter
1 **centimeter** = 10 millimeter

Oefeningen werkboek
Op deze oefeningen in het tekstboek volgen

 WB 5A - 4, 5

6   Spreken – Weet u waar …?
Doel
- De cursisten kunnen de weg vragen.
- De cursisten kunnen in korte zinnen de weg wijzen.

Uitvoering
Zie 5.3.2 Kettingoefeningen en klassikale spreekoefeningen (p. 11).

Let op:
1. Behandel de mogelijke vraagformuleringen: *Weet u een … in de buurt? / Weet u de weg naar … ? / Weet u waar de … is?* Besteed aandacht aan het verschil in vraagformulering bij bekende en onbekende locaties *(de / een)*.
2. Instrueer de cursisten een kort antwoord te geven, geen lange routebeschrijving. Gebruik ook geen plattegrond bij deze oefening. Het gaat erom dat de vraagstelling inslijt.

7   Spreken – Weet u waar de Hamburgerstraat is?

Let op: bij deze opdracht hoort een kopieerblad.

Doel
- De cursisten kunnen de weg vragen.
- De cursisten kunnen de weg wijzen.
- De cursisten kunnen een routebeschrijving begrijpen.

Uitvoering
Zie 5.3.1 Spreekoefeningen in twee-, drie- en viertallen (p. 10).

Let op: Op de kaart in het tekstboek ontbreken enkele straatnamen.
Cursist A mag alleen die kaart zien. Cursist B krijgt een kaart waarop wel alle straatnamen staan.
Cursist A vraagt de weg aan cursist B. Cursist B mag zelf de route uitstippelen. Cursist B vertelt de route aan cursist A. Cursist A mag uitdrukkelijk niet op het kaartje van cursist B kijken.

Let op: Het tweede gesprek heeft niet hetzelfde eindpunt als het eerste gesprek.

8   Luisteren – Welk vervoermiddel gebruikt u?

a)  cd 1 - 33
Doel
De cursisten kunnen de woorden voor vervoermiddelen verstaan in korte luisterfragmenten.

Uitvoering
Zie 5.2 Luisteren – Algemene aanwijzingen voor luistervaardigheidsoefeningen (p. 9).

Hoofdstuk 5A

Thema: vervoermiddelen
Sleutelwoorden: *de file, de uitspraak, het vervoermiddel, het water* en de afgebeelde vervoermiddelen (zie introductiefase)
Kennis van de wereld: Wellicht kennen de cursisten niet alle vervoermiddelen, zoals de tram en de scooter.

Introductiefase
1. Bespreek de afbeeldingen. Kennen de cursisten alle vervoermiddelen?
2. Laat de cursisten de afbeeldingen benoemen. Laat ze eventueel een woordenboek gebruiken.
3. Bespreek de woorden bij de afbeeldingen: *a boot, b tram, c trein, d lopend / te voet, e taxi, f bus, g auto, h fiets, i scooter, j brommer.*
   Let op: in de fragmenten komen soms synoniemen voor, zoals *veerpont, intercity*. Bepaal zelf of het bij uw groep nodig is ook die synoniemen vooraf te bespreken.
4. Kondig aan dat de cursisten naar tien korte tekstfragmenten gaan luisteren. Ze moeten luisteren over welk vervoermiddel elk fragment gaat.

Transcriptie
Zie tekstboek, p. 319.

Oplossing
a – 6, b – 1, c – 5, d – 3, e – 8, f – 4, g – 2, h – 7, i – 10, j – 9

NOTITIE
Zie 5.8 Algemene aanwijzingen voor het bespreken van informatie in de kaders getiteld 'Notitie' (p. 15).

Let op: Besteed hier eventueel ook aandacht aan de wijze van betalen in het openbaar vervoer: met een strippenkaart / treinkaartje of met een OV-chipkaart. Zie ook: www.ov-chipkaart.nl. Met het invoeren van de OV-chipkaart, zal het retourtje op den duur komen te vervallen.

b) cd 1 - 34
Doel
De cursisten kunnen de woorden voor vervoermiddelen verstaan in korte luisterfragmenten.

Uitvoering
Zie 5.2 Luisteren – Algemene aanwijzingen voor luistervaardigheidsoefeningen (p. 9).

Thema: interview over woon-werkverkeer
Sleutelwoorden: *de journalist, het openbaar vervoer, reizen, het vliegtuig*
Kennis van de wereld: interviews op straat, ruime keuze vervoermiddelen

Transcriptie
Zie tekstboek, p. 319.

Oplossing
1. te voet / lopend; 2. fiets, bus, trein; 3. bus, trein;
4. taxi, vliegtuig; 5. jongen: bus, meisje: brommer

c)
Doel
De cursisten kunnen de verba noemen die uitdrukken met welk vervoermiddel iemand reist.

Uitvoering
5.6 Invuloefeningen – Algemene aanwijzingen voor invuloefeningen (p. 15).

Let op: Laat eventueel de luisterfragmenten van a) nog een keer horen, of verwijs de cursisten naar de transcripties van die fragmenten.

Oplossing
neem, ga

Oefeningen werkboek
Op deze oefeningen in het tekstboek volgen

WB 5A - 6

9 Spreken – Hoe komt u naar de cursus?
Doel
- De cursisten kunnen vragen met welk vervoermiddel iemand reist.
- De cursisten kunnen vertellen hoe ze zelf reizen.

Uitvoering
Zie 5.3.2 Kettingoefeningen en klassikale spreekoefeningen (p. 11).

10 Spreken – Toerist in Maastricht

Let op: bij deze opdracht hoort een kopieerblad.

Doel
- De cursisten kunnen de weg vragen.
- De cursisten kunnen de weg vinden op een plattegrond.
- De cursisten kunnen de weg wijzen.
- De cursisten kunnen een routebeschrijving verstaan en begrijpen.

Uitvoering
Zie 5.3.1 Spreekoefeningen in twee-, drie- en viertallen (p. 10).

Let op:
1. Instrueer de cursisten niet bij elkaar op de plattegrond te kijken. De plattegronden zijn verschillend. De cursisten moeten hun informatie vergaren door te praten, niet door te kijken.
2. Ga na of alle cursisten weten hoe ze een plattegrond moeten lezen.
3. Bespreek de belangrijkste symbolen op de plattegrond.
4. Bespreek de sleutelwoorden in de instructie: *de toerist, een dagje uit, u komt aan, u staat, de plattegrond.*
5. Ga na of alle cursisten de beginsituatie en de oefening begrijpen.

Hoofdstuk 5B

Oefeningen werkboek
Op deze oefeningen in het tekstboek volgt

 WB 5A - 7

U kunt oefening 7b) van het werkboek in laten leveren.

11 Spreken – Hoe moet ik lopen?

Let op: bij deze opdracht hoort een kopieerblad.

Doel
- De cursisten kunnen om hulp vragen.
- De cursisten kunnen een verzoek om hulp begrijpen en erop reageren.
- De cursisten kunnen telefonisch de weg vragen en wijzen.
- De cursisten kunnen op straat de weg vragen en wijzen.
- De cursisten kunnen een routebeschrijving verstaan en begrijpen.

Uitvoering
Zie 5.3.1 Spreekoefeningen in twee-, drie- en viertallen (p. 10).

Let op:
1. Instrueer de cursisten om niet op de plattegrond van de ander te kijken.
2. Bespreek hoe je een informeel telefoongesprek kunt beginnen en afsluiten.
3. Let op dat u in de voorbespreking niet al de situatie 'verklapt' die de cursisten aan elkaar moeten uitleggen. U kunt ervoor kiezen om een voorbespreking in subgroepjes te doen, waarbij cursisten met dezelfde rol bij elkaar zitten en samen de opdracht bekijken. Zo kunnen cursisten elkaar helpen de opdracht voor te bereiden, zodat de voor deze oefening essentiële informatiekloof tussen cursist A en B blijft bestaan.

Uitdrukking

Doel
De cursisten begrijpen globaal de betekenis van deze uitdrukking.

Uitvoering
Zie 5.9 Uitdrukking – Algemene aanwijzingen voor het bespreken van de uitdrukking (p. 16).

B Een dagje uit!

Doel
Een voorstel doen en reageren
Afspraken maken
Plaatsen reserveren

Grammatica
Pronomen personale: subjects- en objectsvorm
Hoofdzin en bijzin en de conjuncties *als, terwijl, omdat*

1 Lezen en luisteren – Musical, echt iets voor ons!

a)
Doel
De cursisten kunnen de hoofdlijnen van de tekst begrijpen.

Thema: uitgaan, uitgaansadvertenties
Sleutelwoorden: *de advertentie, het boek, het gaat over, de musical, het verhaal, zowel ... als ...*
Kennis van de wereld: musical, uitgaansadvertenties
Hoofdlijnen van de tekst: *Brandende liefde* is zowel een boek als een musical; deze advertentie geeft informatie over de musical (hoe kun je reserveren en kaarten bestellen) en vertelt in het kort waar het verhaal over gaat.

Uitvoering
Zie 5.5 Lezen – Algemene aanwijzingen voor leesvaardigheidsoefeningen (p. 14).

Oplossing
1 c, 2 b

b) + c) + d) cd 1 - 35
Doel
De cursisten kunnen pronomina in subjects- en objectsvorm herkennen.

Thema tekst: een dagje uit
Sleutelwoorden: *meevragen, overdag, de plaatsen, reserveren, de strips, de voorstelling*
Kennis van de wereld: toerist in eigen land, dagjes uit met vrienden

Uitvoering
Zie 5.2 Luisteren – Algemene aanwijzingen voor luistervaardigheidsoefeningen (p. 9).
Zie 5.7 Grammatica – Algemene aanwijzingen voor grammaticaoefeningen (p. 15).
Zie 5.6 Invuloefeningen – Algemene aanwijzingen voor invuloefeningen (p. 15).

1. Laat de tekst eerst een keer horen.
2. Bespreek de tekst. Begrijpen de cursisten de dialoog?
3. Bekijk samen de oefeningen.
4. Bespreek de woorden *pronomina* en *subject*.
5. Instrueer de cursisten de oefeningen te maken, eventueel in tweetallen. U kunt ervoor kiezen de oefeningen b), c) en d) ieder afzonderlijk te introduceren, uit te laten voeren en te evalueren. U kunt ze ook als één blok introduceren en vervolgens achter elkaar laten uitvoeren en tot slot in één keer nabespreken. Laat dat afhangen van het niveau van uw groep.

Oplossing
b) + c)
Transcriptie
– de onderstreepte woorden zijn pronomina (oefening b)
– de vetgedrukte woorden zijn geen subject (oefening c)

Frans: Hé, zie <u>je</u> dat?
Willem: Wat?
Frans: Ik lees hier dat <u>we</u> naar de musical *Brandende Liefde* kunnen. Er is een voorstelling in Groningen. Ik vind het echt iets voor **ons**.
Willem: Goed idee!

Hoofdstuk 5B

Frans: Weet je wat? We gaan echt een dagje uit. Dan gaan we overdag naar het Stripmuseum, want ik wil dat wel eens zien.
Willem: Geweldig. Hé, zullen we Hans en Nelleke meevragen naar Groningen? We hebben **hen** al een tijdje niet meer gezien.
Frans: Goed idee. Ik bel **hen** meteen.
Willem: Ik weet dat Hans dol is op strips. We doen **hem** echt een plezier met een bezoek aan het Stripmuseum.
(…)
Frans: Ze willen mee hoor, Willem! Nelleke vertelde **me** dat zij vaak naar musicals gaan. We moeten wel reserveren als we zeker van plaatsen willen zijn.
Willem: Doe dat dan maar meteen. Dan schenk ik een glaasje wijn in terwijl jij belt.

Oplossing
d)

ik	**mij** / me
jij / **je**	**jou** / je
u	u
hij	**hem**
zij / ze	**haar**
het	het
wij / **we**	**ons**
jullie	jullie
zij / ze	**hen** / hun / ze

NOTITIE
Zie 5.8 Algemene aanwijzingen voor het bespreken van informatie in de kaders getiteld 'Notitie' (p. 15).

Let op: Besteed – zeker bij beginners – geen expliciete aandacht aan het onderscheid *hen / hun*. Het is een onderscheid dat door veel Nederlanders niet meer in de praktijk wordt gebracht. Volgens de ANS (Algemene Nederlandse Spraakkunst) mag bij *hen / hun*-kwesties zelfs niet van fouten gesproken worden.
Het belangrijkste is dat bij dingen alleen ze gebruikt kan worden, en bij personen zowel ze, als *hen* of *hun*.

Mochten cursisten echter met vragen komen en u schat in dat ze het onderscheid wel aankunnen, dan kunt u onderstaande voorbeelden en informatie gebruiken om een en ander duidelijk te maken.

> **Hun, hen of ze?**
> **Kijk naar de voorbeelden.**
>
> 1.
> a. Wie belt de kinderen? Mijn vader belt **hen** / ze.
> b. Wie geeft de kinderen een cadeau? Mijn vader geeft **hun** / ze een cadeau.
>
> Bij **personen** gebruik je *hen, hun* of *ze*. Mensen gebruiken steeds vaker ze als object. Officieel is ze informeler dan *hun / hen*.
>
> **Hen** gebruik je bij een direct object (zie zin 1a).
> ~~Hun~~ gebruik je bij een indirect object (zie zin 1b).
> Heel veel Nederlanders kennen dit verschil niet en ze gebruiken **hun, hen** en **ze** dan ook vaak door elkaar. Wat ook veel Nederlanders doen, maar wat wel echt fout is, is **hun** als subject gebruiken, bijvoorbeeld:
> * Hun komen om 19.00 uur. Deze zin is fout. **Hun** kan gebruikt worden als object en als possessief, maar niet als subject.
> **Let op:** Als uw cursisten deze fout niet maken, is het beter om hen er niet attent op te maken.
>
> 2.
> a. De kinderen eten een ijsje. Opa heeft het ijsje aan **hen / ze** gegeven.
> b. De voorbijgangers vragen de weg. Ik zeg tegen **hen / ze** dat ik hier niet bekend ben.
>
> Na een prepositie gebruik je *hen* of *ze*.
>
> 3.
> a. Waar zijn de boeken? Jan legt **ze** op de tafel.
> b. Wie heeft de autosleutels? Saskia heeft **ze**.
>
> Bij dingen gebruik je altijd *ze*.

e)
Doel
De cursisten kunnen de juiste pronomina in objectsvorm invullen.

Uitvoering
Zie 5.7 Grammatica – Algemene aanwijzingen voor grammaticaoefeningen (p. 15).
Zie 5.6 Algemene aanwijzingen voor invuloefeningen (p. 15).

Let op: Misschien kennen de cursisten niet alle eigennamen. Ga na of de cursisten weten dat Vladimir en Carlo jongensnamen zijn, en Saskia en Nora meisjesnamen.

Oplossing
e)

- Willem, weet jij waar Saskia is? Ik zoek **haar** al de hele middag.
- Nee, geen idee. Waarom zoek je **haar**?
- **Ik** moet het telefoonnummer van Vladimir hebben. Ik wil **hem** ook uitnodigen voor het etentje bij **ons**.
- Waarom vraag je het niet aan Nora. **Zij / ze** kent **hem** beter dan Saskia.
- Dat is een goed idee van **jou** / je. Ik bel **haar** meteen.
- Dan kun jij / **je** meteen vragen of zij en Carlo ook willen komen.

Hoofdstuk 5B

> **Oefeningen werkboek**
> Op deze oefeningen in het tekstboek volgen
>
>  WB 5A - 1, 2

2 Spreken – Een uitje

Let op: Deze oefening kunt u door de cursisten voor de les laten voorbereiden.
De cursisten moeten in de spreekoefening een voorstel voor een uitje doen. Laat de cursisten thuis alvast informatie vergaren over leuke uitjes. Dat kan op internet, of u kunt ze een uitgaanskrantje / bioscoopfolder / concertagenda of iets vergelijkbaars laten zoeken en laten meenemen.

Doel
- De cursisten kunnen een voorstel doen.
- De cursisten kunnen op een voorstel reageren.

Uitvoering
Zie 5.3.3 Routines – Wat kun je zeggen? (p. 11).
Zie 5.3.1 Spreekoefeningen in twee-, drie- en viertallen (p. 10).

1. Bespreek de verschillende manieren om een voorstel te doen: *Ga je mee …? / Heb je zin om …? / Zullen we …?*
2. Bespreek het verschil tussen *Ga je … ?* en *Ga je mee …?*
3. Bespreek de antwoordmogelijkheden. Laat de cursisten eventueel de antwoordmogelijkheden rangschikken van meest positief naar meest negatief. Oefen ook de gezichtsuitdrukking / mimiek erbij.
4. Instrueer de cursisten de spreekoefening in drietallen uit te voeren.

> **Oefeningen werkboek**
> Op deze oefeningen in het tekstboek volgen
>
>  WB 5A - 3, 4, 5
>
> Oefening 5 (het liedje en de internetopdracht) leent zich prima voor nabespreking in de les.

3 Grammatica – Conjuncties

Doel
- De cursisten kunnen de functie (betekenis) van de conjuncties *als, maar, omdat, terwijl* en *want* benoemen.
- De cursisten kunnen de conjuncties *als, maar, omdat, terwijl* en *want* op de juiste manier toepassen in eenvoudige zinnen.

Uitvoering
Zie 5.7 Grammatica – Algemene aanwijzingen voor grammaticaoefeningen (p. 15).

Let op: Bespreek in de introductiefase de woorden *conjunctie, reden, voorwaarde / conditie* en *gelijktijdigheid*. Besteed in de evaluatiefase aandacht aan de constructie *Als …., dan…*

Oplossing
Bij een reden gebruik je als conjunctie: **omdat**.
Bij een voorwaarde / conditie gebruik je als conjunctie: **als**.
Bij gelijktijdigheid gebruik je als conjunctie: **terwijl**.

1. want, 2. Als, 3. omdat, 4. terwijl, 5. maar

4 Grammatica – Woordvolgorde bijzin
a) + b)

Doel
De cursisten kunnen de syntaxis van bijzinnen herkennen en benoemen.

Uitvoering
Zie 5.7 Grammatica – Algemene aanwijzingen voor grammaticaoefeningen (p. 15).

Oplossing
a)

	conjunctie	subject	rest	verbum / verba
1.	omdat	we	lekker	willen eten.
2.	omdat	hij	strips leuk	vindt.
3.	als	we	zeker van plaatsen	willen zijn.
4.	als	je	een stad niet	kent.
5.	terwijl	jij	Janneke	belt.
6.	terwijl	hij		gaat voetballen.

Oplossing
b)
In een bijzin staat het verbum / staan de verba altijd aan het **eind** van de zin.

> **Oefeningen werkboek**
> Op deze oefeningen in het tekstboek volgen
>
>  WB 5B - 6, 7
>
> Oefening 6 uit het werkboek kunt u eventueel laten inleveren / aan u laten mailen.

5 Luisteren – Naar het theater! cd 1 - 36

Doel
- De cursisten kunnen begrijpen wat Frans Jansen wil reserveren: kaartjes voor de musical Brandende Liefde op woensdag de 13e.
- De cursisten kunnen begrijpen dat de wens van Frans Jansen niet mogelijk is.
- De cursisten kunnen begrijpen wat Frans Jansen uiteindelijk reserveert: vier op te sturen kaartjes voor de musical Brandende Liefde op woensdag de 20e, plaatsen in de zaal.

Hoofdstuk 5B

Thema tekst: kaartjes voor een voorstelling reserveren
Sleutelwoorden: *afhalen, het balkon, de kaartjes, kosten, de opera, opsturen, de plaatsen, per stuk, reserveren, de voorstelling*
Kennis van de wereld: telefonisch kaartjes reserveren, zaalindeling theater (zaal en balkon)

Uitvoering
Zie 5.2 Luisteren – Algemene aanwijzingen voor luistervaardigheidsoefeningen (p. 9).

Transcriptie
Zie tekstboek, p. 319.

Oplossing
1. niet waar, 2. waar, 3. waar, 4. niet waar, 5. niet waar, 6. niet waar

 Spreken – Wanneer wilt u komen?
a)
Doel
De cursisten kunnen de sleutelwoorden voor het doen van (theater)reserveringen op een correcte manier toepassen.

Uitvoering
Zie 5.6 Algemene aanwijzingen voor invuloefeningen (p. 15).

Bespreek eventueel ook (de poster van) de musical Ciske de Rat.

Oplossing
Goedemorgen / goedemiddag / goedenavond,
ik wil graag drie **plaatsen** / **kaartjes** reserveren
voor *Ciske de Rat*.
Fijn, **dank u wel.**
Wilt u naar de middag- of de avond**voorstelling**?
U kunt de kaartjes een halfuur van tevoren **afhalen**.
Tot uw dienst / geen **dank** en veel plezier tijdens de **voorstelling**.

b) + c)
Let op: b) kunt u door de cursisten voor de les laten voorbereiden of tijdens de les (in een computerlokaal of talenpracticum) laten uitvoeren.

Doel
De cursisten kunnen telefonisch kaarten reserveren voor een voorstelling.

Uitvoering
Zie 5.3.1 Spreekoefeningen in twee-, drie- en viertallen (p. 10).

1. Als u oefening b) in de les laat doen, geef dan een tijdslimiet voor het zoeken naar voorstellingen. De nadruk van de oefening moet immers liggen op het samen spreken.
2. Bij oefening c) kunt u dezelfde tweetallen aanhouden als bij oefening b), maar u kunt ook nieuwe tweetallen laten maken.
3. Laat de cursisten voordat ze het telefoongesprek van c) gaan uitvoeren, eerst een aantal steekwoorden op papier zetten. Cursist A bedenkt: welke voorstelling, welke datum, welke tijd, hoeveel kaartjes, welke plaatsen in de zaal, kaartjes afhalen of opsturen? Cursist B bedenkt welke vragen hij wil stellen.
4. Laat in de evaluatiefase twee (goede) cursisten nog een keer klassikaal een gesprek voeren.

 Lezen – Het Nederlands Stripmuseum in Groningen
a) + b)
Doel
De cursisten kunnen de voor hen relevante gegevens in een informatieve tekst vinden. In dit geval zijn dat de antwoorden op de vragen van oefening b).

Uitvoering
Zie 5.5 Lezen – Algemene aanwijzingen voor leesvaardigheidsoefeningen (p. 14).

Let op: Dit is een tekst om extensief te lezen.

Thema: informatiefolders, museuminformatie
Sleutelwoorden: *het (entree)geld, de groep, individueel, het kind, parkeren, de (entree)prijs, de (school)vakantie, de volwassene*
Kennis van de wereld: verschillende tarieven voor verschillende doelgroepen

Oplossing
b)
1. Ja, in de schoolvakanties is het museum op maandag open van 13.00 – 17.00 uur.
2. U moet €7,95 betalen.
3. U moet €6,75 betalen voor uw dochter. U mag zelf gratis naar binnen omdat u een museumjaarkaart hebt.
4. U kunt de auto parkeren in parkeergarage Westerhaven.
5. U moet lijn 15 richting Zernike nemen. En in het weekend lijn 3 richting Vinkhuizen.

Hoofdstuk 5C

Oefeningen werkboek
Op deze oefeningen in het tekstboek volgt

 WB 5B - 8

Oefening 8c) van het werkboek moeten de cursisten in te leveren.

Vervolgsuggestie
De cursisten moeten bij oefening 8c) en d) informatie vergaren en verwerken over een aantal musea. U kunt ervoor kiezen om, na de nabespreking van deze oefeningen, de groep kleine presentaties te laten houden over de musea. Op dit punt in het leerproces mogen dat nog zeer summiere presentaties zijn, die veel feitelijke informatie bevatten. Het is tenslotte pas hoofdstuk 5.

Geef uw cursisten een kleine lijst met aanwijzingen voor de presentatie:
– minimum en maximum spreektijd
– aanwijzingen voor de inhoud (bijvoorbeeld: noem de openingstijden, tarieven en bereikbaarheid van het museum en geef tenminste één goede reden waarom de andere cursisten naar dit museum moeten gaan)
– eventueel wat algemene presentatietips: lees niet alles van papier, probeer je publiek te overtuigen, e.d.

De presentaties kunnen ook helemaal toegespitst worden op de cursusgroep: laat de cursisten dan geen algemene informatie geven, maar alleen voor de groep relevante informatie (bijvoorbeeld: hoe kunnen de cursisten vanuit hun woonplaats bij het museum komen). Nog een stap verder: de cursisten moeten met hun presentatie de groep overhalen naar het betreffende museum te komen. De groep kiest na afloop van alle presentaties wie ze het meest overtuigend vonden.

8   Spreken – Wat gaan we doen in Groningen?
Doel
- De cursisten kunnen de plannen voor een dagje uit bespreken.
- De cursisten kunnen mondeling afspraken maken voor een dagje uit.

Uitvoering
Zie 5.3.1 Spreekoefeningen in twee-, drie- en viertallen (p. 10).

9   Lezen en schrijven – Maak uw eigen stripverhaal!
a)
Doel
De cursisten kunnen de hoofdlijnen van een eenvoudige strip begrijpen:
Strip 1: de jongens denken op schoolreisje te gaan, maar blijken een video te gaan bekijken.
Strip 2: Dirkjan ziet in het museum de strip waar hij zelf op dat moment in staat (het Droste-effect).

Thema tekst: schoolreisjes
Sleutelwoorden strip 1: *getsie, jippie, het schoolreisje, de stripheld, de video*

Sleutelwoorden strip 2: *hangen, lachen, origineel, de strook*
Kennis van de wereld: strips, humor in korte strips: de clou of onverwachte wending in het laatste plaatje

Uitvoering
Zie 5.5 Lezen – Algemene aanwijzingen voor leesvaardigheidsoefeningen (p. 14).

Let op: Bespreek het fenomeen korte strips. Kennen de cursisten dat in hun eigen cultuur ook?

b)
Doel
- De cursisten kunnen plaatjes van tekst voorzien.
- De cursisten zijn creatief met taal bezig.

Uitvoering
Zie 5.3 Schrijven – Algemene aanwijzingen voor schrijfvaardigheidsoefeningen (p. 10).
De cursisten werken in groepjes. Per groepje maken ze één stripverhaaltje.

Vervolgsuggestie
De eindresultaten kunt u ophangen in de klas. De groepen kunnen hun eigen werk toelichten. Eventueel kunnen de cursisten elkaars werk beoordelen.

Uitdrukking
Doel
De cursisten begrijpen globaal de betekenis van deze uitdrukking.

Uitvoering
Zie 5.9 Uitdrukking – Algemene aanwijzingen voor het bespreken van de uitdrukking (p. 16).

C Uitverkoop!

Doel
Winkelen: kleding, kledingwinkels, mode, kleuren en maten

Grammatica
Geen nieuwe grammatica in dit deel

1   Lezen – Aanbiedingen
a)
Doel
- De cursisten kunnen de belangrijkste informatie uit een productadvertentie begrijpen. In dit geval kunnen ze begrijpen dat het een advertentie voor een kledingwinkel is, en dat verschillende artikelen in de aanbieding zijn.
- De cursisten kunnen begrijpen wat de aanbiedingen inhouden.

Thema tekst: uitverkoop in kledingwinkel
Sleutelwoorden: *de aanbieding, betalen, halen, de helft, de kleuren, te koop, kopen, de korting, normaal, de uitverkoop*
Kennis van de wereld: uitverkoop

Hoofdstuk 5C

Uitvoering
Zie 5.5 Lezen – Algemene aanwijzingen voor leesvaardigheidsoefeningen (p. 14).

Oplossing
1. waar, 2. niet waar, 3. waar, 4. niet waar

b)
Doel
- De cursisten leren de benamingen voor de kleuren.
- De cursisten leren de woorden *licht* en *donker* in combinatie met de kleuren.
- De cursisten leren de benamingen voor kledingstukken.
- De cursisten leren de benamingen voor kledingcategorieën.
- De cursisten leren de verba die horen bij kleding.

Uitvoering kleurenschema
1. Bespreek de kleuren. Bespreek ook de uitspraak, met name van *turkoois* en *bordeaux*.
2. Oefen met de kleuren. Speel bijvoorbeeld 'Ik zie ik zie wat jij niet ziet, en het is … '
3. Laat de cursisten de kleuren leren.
4. Later in dit hoofdstuk volgen oefeningen met de kleuren.

Uitvoering kleding
1. Bekijk samen de afbeeldingen. Herkennen de cursisten alle kledingstukken?
2. Bespreek de woorden en zinnen.
3. Besteed aandacht aan het verschil tussen formele en informele kleding.
4. Besteed aandacht aan het verschil tussen mannen-, vrouwen- en kinderkleding.
5. Besteed aandacht aan de verba, en aan het verschil tussen *aantrekken* en *aanhebben*, en tussen *aanhebben* en *ophebben*. Bespreek eventueel ook *aandoen*, *uitdoen* en *uittrekken*.
6. Besteed aandacht aan: *goed staan, lekker zitten, goed passen,* met het pronomen object.
7. Besteed ook aandacht aan de benamingen van de lichaamsdelen *hoofd, benen, voeten, handen.*
8. Laat de seizoenen noemen waarin je bepaalde kledingstukken aanhebt.

2 Spreken – Wat draag je?
Doel
- De cursisten kunnen vragen welke kleding iemand draagt.
- De cursisten kunnen vertellen welke kleding ze dragen.

Uitvoering
Zie 5.3.2 Kettingoefeningen en klassikale spreekoefeningen (p. 11).

3 Spreken – Welke kleur?
a) + b)
Doel
- De cursisten kunnen kleuren benoemen.
- De cursisten kunnen telwoorden en rangtelwoorden benoemen.
- De cursisten kunnen vertellen welke kledingstukken ze dragen.

Uitvoering
Zie 5.3.2 Kettingoefeningen en klassikale spreekoefeningen (p. 11).

Let op:
1. Herhaal eventueel vooraf de telwoorden en rangtelwoorden
2. Besteed aandacht aan de constructie 'Het eerste … van links / rechts'
3. Besteed aandacht aan de spelling van de adjectieven *(rood-rode)*. Verwijs de cursisten eventueel naar hoofdstuk 3.

> **Oefeningen werkboek**
> Op deze oefeningen in het tekstboek volgen
>
> WB 5C - 1, 2
>
> Bij oefening 2 moeten de cursisten de juiste vorm van het adjectief invullen.
> Verwijs eventueel terug naar het tekstboek, hoofdstuk 3. Besteed ook aandacht aan de spelling van de lange en korte vocalen. U kunt eventueel uw cursisten verwijzen naar pagina 308 van het grammaticaoverzicht in het tekstboek.

4 Luisteren en spreken – Modeshow cd 1 - 37

a)
Doel
De cursisten kunnen mensen herkennen als ze een beschrijving van de kleding horen.

Thema tekst: kleding beschrijven
Sleutelwoorden: *beschrijven, het model, de modeshow, de presentator, terugkomen in, u ziet terug (terugzien in)*
Kennis van de wereld: modeshows

Uitvoering
Zie 5.2 Luisteren – Algemene aanwijzingen voor luistervaardigheidsoefeningen (p. 9).

Let op: Er zijn zes modellen getekend. Slechts van vier modellen geeft de presentator een beschrijving.

Transcriptie
Zie tekstboek, p. 319.

Oplossing
A 1e model	D wordt niet genoemd
B 3e model	E wordt niet genoemd
C 4e model	F 2e model

b)
Doel
- De cursisten kunnen kledingstukken en kleuren benoemen.
- De cursisten maken kennis met de benamingen voor kledingmotieven en kunnen het patroon in de benamingen herkennen.

Hoofdstuk 5C

Uitvoering
Zie 5.6 Invuloefeningen – Algemene aanwijzingen voor invuloefeningen (p. 15).

Let op: Bespreek de woorden *motief, gestreept, geruit, gestippeld, gebloemd*.

Oplossing

kledingstuk	kleur(en)	motief
1. jurk	wit, lichtgroen, lichtblauw	
2. korte broek	lichtgrijs / donkergrijs	
3. rok	lila, paars	
4. blouse	wit, groen, oranje(rood)	met bloemen

c)
Doel
De cursisten kunnen kledingstukken, kleuren en kledingmotieven benoemen.

Uitvoering
Zie 5.3.1 Spreekoefeningen in twee-, drie- en viertallen (p. 10).

Let op: Besteed aandacht aan *hebben / zijn*: *Welke kleur heeft de broek? De broek is grijs / is geruit*.

> **Oefeningen werkboek**
> Op deze oefeningen in het tekstboek volgen
> WB 5C - 3, 4

5  **Spreken – Dat is Tanja!**
Doel
- De cursisten kunnen de kleding van een ander beschrijven.
- De cursisten kunnen mensen herkennen als ze een beschrijving van de kleding horen.

Uitvoering
Zie 5.3.1 Spreekoefeningen in twee-, drie- en viertallen (p. 10).

Let op: Herhaal eventueel het sleutelwoord *raadt (raden)*.

Vervolgsuggestie
Als het bij de groep past, kunt u in de klas ook een modeshow laten doen.

> **Oefeningen werkboek**
> Op deze oefeningen in het tekstboek volgt
> WB 5C - 5

6 **Luisteren – Voor de helft van de prijs** cd 1 - 38

Doel
- De cursisten kunnen begrijpen wat Dick wil: niet rondkijken, overhemden kopen, niet passen.
- De cursisten kunnen begrijpen wat Dick doet en koopt: wel passen, twee overhemden, in groen en / of blauw, maat XL.
- De cursisten kunnen in hoofdlijnen begrijpen wat de verkoper zegt: de kleur (groen / blauw) past bij Dick, en de overhemden zijn in de aanbieding.

Thema tekst: winkelen, kleding kopen
Sleutelwoorden: *doe deze maar, in gedachten hebben, (goed) passen bij, passen, de paskamer, rondkijken, de verkoper*
Kennis van de wereld: de in Nederland gehanteerde maten (zie ook oefening 8)

Uitvoering
Zie 5.2 Luisteren – Algemene aanwijzingen voor luistervaardigheidsoefeningen (p. 9).

Transcriptie
Zie tekstboek, p. 319 - 320.

Oplossing
1. niet waar, 2. niet waar, 3. niet waar, 4. niet waar, 5. waar, 6. waar

7  **Invuloefening – Lange of korte mouwen?**
Doel
- De cursisten leren de woorden die nodig zijn om met een verkoper in een winkel te spreken.
- De cursisten leren de woorden die nodig zijn om kleding te kopen.

Uitvoering
Zie 5.6 Invuloefeningen – Algemene aanwijzingen voor invuloefeningen (p. 15).
Zie 5.3.3 Routines – Wat kun je zeggen? (p. 11).

Let op:
1. Besteed aandacht aan het verschil tussen *de verkoper* en *de verkoopster*.
2. Besteed aandacht aan het uitspreken van de maten XXS t / m XXL
3. Laat de cursisten eventueel nog een keer de dialoog van oefening 6 horen.

Oplossing
verkoper / verkoopster:
Kan ik u helpen of wilt u liever even **rondkijken**?
Welke **maat** hebt u?
Wat denkt u van een **felle** kleur?
Lange of korte **mouwen**?
Wilt u ze even passen? Daar zijn de **paskamers**.
U hebt geluk, het tweede overhemd krijgt u voor de **helft** van de prijs.
klant:
Nou, ik **zoek** eigenlijk een paar overhemden.
Nee, niet echt. Welke **kleuren** hebt u?
Nee, **graag / liever** een andere kleur.
Lange / korte mouwen graag.
Ja, ik wil ze graag even **passen**.
Bof ik even!

Hoofdstuk 5C

8 Spreken – Kleren en maten

Doel
- De cursisten kunnen vragen welke kleding- of schoenmaat iemand heeft.
- De cursisten kunnen vertellen welke kleding- en schoenmaat ze hebben.

Uitvoering
Zie 5.3.2 Kettingoefeningen en klassikale spreekoefeningen (p. 11).

Let op: Misschien vinden sommige cursisten het vervelend om over hun kledingmaat te praten. Als u dat vermoeden hebt, doe de oefening dan niet klassikaal, maar in kleine groepjes. Of beperk het tot de schoenmaat. Of laat ze praten over hun kinderen, bijvoorbeeld (*Welke kledingmaat heeft jouw dochter? Mijn dochter heeft maat 184*).

> **Oefeningen werkboek**
> Op deze oefeningen in het tekstboek volgen
>
> WB 5C - 6, 7
>
> Oefening 6 van het werkboek moeten de cursisten inleveren. U kunt de opdracht ook laten mailen.

9 Spreken – Kleren passen, kleren kopen

Doel
De cursisten kunnen een gesprek met een verkoper in een kledingwinkel voeren.

Uitvoering
Zie 5.3.1 Spreekoefeningen in twee-, drie- en viertallen (p. 11)

Let op: Laat de cursisten de oefening eerst helemaal lezen. Begrijpen ze alle woorden en zinnen?
Begrijpen ze de bedoeling van de oefening? Weten ze welke vragen en zinnen ze kunnen gebruiken in het gesprek? Laat de cursisten pas daarna het gesprek voeren.
Stimuleer de cursisten zo min mogelijk van het papier af te lezen.
Laat in de evaluatiefase twee (goede) cursisten het gesprek uit hun hoofd proberen te voeren.

> **Oefeningen werkboek**
> Op deze oefeningen in het tekstboek volgen
>
> 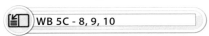 WB 5C - 8, 9, 10
>
> Oefening 10 b) van het werkboek moeten de cursisten inleveren.
> Er is geen voorbeelduitwerking van het antwoord opgenomen in de sleutel, juist om de cursisten aan te moedigen een creatieve vraag te bedenken. De vrees is dat zij anders teveel naar de voorbeelduitwerking kijken en dat de vragen daardoor teveel hetzelfde zullen zijn.
>
> **Vervolgsuggestie**
> Als de vragen die de cursisten hebben bedacht creatief zijn, kunt u voor de volgende les (of één van de volgende lessen) een quiz samenstellen met vragen die door cursisten bedacht zijn. Dit dient dan als herhaling.

10 Spreken – Naar de kledingwinkel

Let op: bij deze opdracht hoort een kopieerblad.

Doel
- De cursisten kunnen een gesprek in een kledingwinkel voeren om kleding voor zichzelf te kopen.
- De cursisten kunnen een gesprek in een kledingwinkel voeren om kleding voor een ander (een kind) te kopen.
- De cursisten kunnen de vragen van verkoper in een kledingwinkel begrijpen.

Uitvoering
Zie 5.3.1 Spreekoefeningen in twee-, drie- en viertallen (p. 10).

Let op: In situatie 1 is cursist A verkoper in een winkel voor herenkleding. Cursist B is de klant.
In situatie 2 is cursist A de klant. Cursist B is verkoper in een winkel voor kinderkleding.

Laat de cursisten eerst situatie 1 voorbereiden.
Ga na of de opdracht duidelijk is.
Maak in het klaslokaal 'winkels', bijvoorbeeld door tafels op een aparte plaats in het lokaal te zetten.
Bij elke winkel staat één verkoper (cursist A)
De klant, cursist B, komt naar de winkel toe.
Laat de cursisten het volledige gesprek voeren, vanaf het moment dat ze de winkel 'binnenstappen'.
Instrueer de cursisten alleen situatie 1 uit te voeren.

Bij situatie 2 gaan de cursisten B 'in de winkels' staan.
De cursisten A zijn nu de klant.

Let in beide situaties op dat de cursisten niet op elkaars kopieerblad kijken.

 Uitdrukking

Doel
De cursisten begrijpen globaal de betekenis van deze uitdrukking.

Hoofdstuk 6A

Uitvoering
Zie 5.9 Uitdrukking – Algemene aanwijzingen voor het bespreken van de uitdrukking (p. 16).

 Uitspraak cd 1 - 39

Doel
- De cursisten maken kennis met de klemtoon in woorden (het woordaccent).
- De cursisten leren luisteren naar de klemtoon in woorden (het woordaccent).
- De cursisten kunnen de klemtoon in woorden (het woordaccent) maken.

Uitvoering
Zie 5.10 Uitspraak – Algemene aanwijzingen voor het bespreken van de uitspraak (p. 16).

> **Oefeningen werkboek**
> Op deze oefeningen in het tekstboek volgen
>
> WB 5 uitspraak – 1, 2, 3, 4, 5

Hoe zie je eruit?

Titelpagina
Zie 5.1 Begin van een hoofdstuk: titelpagina (p. 9).

Mijn vader is een beetje dik ...

> **Doel**
> Familiesamenstelling
> Uiterlijk beschrijven
> Een compliment geven en reageren
>
> **Grammatica**
> Possessief pronomen
> Pronomina met en zonder nadruk
> Drie functies van 'je': subjectsvorm, objectsvorm, possessiefvorm
> Er / daar

1 Luisteren – Dit is mijn familie cd 1 - 40
a)

Doel
- De cursisten kunnen mensen herkennen als ze een beschrijving van de kleding horen.
- De cursisten maken kennis met de benamingen voor familierelaties.

Thema tekst: je familie beschrijven
Sleutelwoorden: *de arm, de familie, het haar, de jongen, lang, leren kennen, de man, het meisje, naast, op schoot, staan, de vrouw, zitten*
Kennis van de wereld: de schoonfamilie leren kennen (na twee maanden relatie)

Uitvoering
Zie 5.2 Luisteren – Algemene aanwijzingen voor luistervaardigheidsoefeningen (p. 9).

Let op:
1. Bespreek de eigennamen. Weet iedereen wat jongensnamen zijn en wat meisjesnamen?
2. Het is voor oefening a) niet nodig om de woorden voor familierelaties al te bespreken. De cursisten moeten de personen kunnen herkennen op grond van de beschrijving (kleding, zitten / staan, leeftijd).

Transcriptie
Zie tekstboek, p. 113.

Oplossing
Zittend op de bank van links naar rechts:
Johan, Hanna, Anna
Staand van links naar rechts:
Onno, Inge, Michael, Max (baby op arm), Paul
Zittend op de grond van links naar rechts:
Willem, Sarina
Zittend op stoel:
Jeanne

Hoofdstuk 6A

b) + c) + d)

Doel
- De cursisten leren de benamingen voor familierelaties kennen.
- De cursisten kunnen directe familierelaties benoemen.

Uitvoering
Zie 5.6 Invuloefeningen – Algemene aanwijzingen voor invuloefeningen (p. 15).

Let op: Bespreek behalve de familierelaties ook de sleutelwoorden: *blij, de familierelatie, het feest, getrouwd zijn met, is overleden (overlijden), op de foto staan, de stamboom, verliefd, de weduwe*.

Oplossing
b)

Anna – **moeder**   Hanna – **nicht(je)**
Johan – **vader**   Max – **neef(je)**
Paul – **broer**   Sarina – **schoonzus**

Inge – **zus**   Jeanne – **nicht**
Michael – **zwager**   Onno – **broer**
Willem – **neef(je)**

Oplossing
c)
1. vader
2. ouders
3. vrouw, broer, schoonzus
4. kinderen, nichtje
5. kleinkinderen
6. opa, oma.
7. broer
8. zus, zwager, neefje
9. oom, tante, nicht

Oplossing
d)

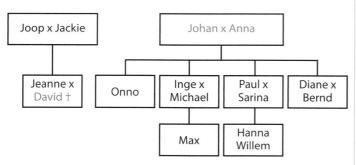

Notitie
Zie 5.8 Notitie – Algemene aanwijzingen voor het bespreken van informatie in de kaders getiteld 'Notitie' (p. 15).

2 Grammatica – Possessief pronomen

a) + b) + c)

Doel
- De cursisten maken kennis met de possessieve pronomina.
- De cursisten kunnen possessieve pronomina herkennen.
- De cursisten kennen de vormen van de possessieve pronomina.

Uitvoering
Zie 5.7 Grammatica – Algemene aanwijzingen voor grammaticaoefeningen (p. 15).

Let op:
1. Bekijk samen oefening a). Begrijpt iedereen wat een possessief pronomen is?
2. Laat de cursisten daarna pas oefening b) en c) maken.
3. Besteed in de evaluatiefase ook aandacht aan de twee betekenissen van *zijn*: het verbum en het possessief pronomen. Geef een voorbeeld: *Waar zijn zijn boeken?* Laat de cursisten zelf bedenken dat de eerste *zijn* het verbum is, en de tweede *zijn* het possessief pronomen.

Oplossing
b)

Diane: Hee Bernd, we hebben binnenkort een feest in <u>onze</u> familie!
Bernd: O ja? Leuk! Ik weet toch nog bijna niets van <u>jouw</u> familie, we kennen elkaar net!
Diane: Nou ja, al twee maanden toch?
Bernd: Hmmm.
Diane: Ik vind het leuk als je <u>mijn</u> familie leert kennen. Dat kan mooi op 14 juni. <u>Mijn</u> ouders zijn dan vijfendertig jaar getrouwd.
Bernd: Ja, leuk. Heb je daar een foto? Vertel eens wie het allemaal zijn? Die man helemaal links op de foto, met die roze trui en die blauwe broek, is dat je vader?
Diane: Jazeker. Hij heet Johan. Naast hem zit <u>mijn</u> moeder Anna, die vrouw met dat lange, blonde haar. Ze draagt een prachtige rode jurk.
Bernd: O, ja! En wie zijn die kleine kinderen?
Diane: <u>Mijn</u> jongste broer Paul heeft twee kinderen. Het meisje heet Hanna, ze is vijf jaar oud. <u>Mijn</u> nichtje Hanna zit bij <u>mijn</u> vader op schoot, in dat bloemenjurkje. Ze wil altijd bij <u>haar</u> opa zitten. <u>Haar</u> broertje, <u>mijn</u> neefje dus, heet Willem. Hij is net drie.
Bernd: En wie is <u>je</u> broer Paul dan?
Diane: Hij staat helemaal rechts op de foto, hij draagt een grijs pak met een stropdas. Hij heeft zwart haar. Zie je hem?
Bernd: Ja, ik zie hem. Met dat witte overhemd bedoel je?
Diane: Ja, dat is <u>mijn</u> jongste broer Paul.
Bernd: En wie is <u>zijn</u> vrouw?
Diane: Dat is Sarina, ze zit naast <u>haar</u> zoontje Willem. Daar, met dat groene T-shirt en die oranje rok. Ze is <u>mijn</u> favoriete schoonzus, we gaan vaak samen winkelen. Ze kan ook heerlijk Indonesisch koken, ze komt uit Indonesië.
Bernd: En hoe zit het verder met <u>jullie</u> familie op deze foto? Wie is die lange man met die lange, bruine haren? Die man in dat rode T-shirt en die spijkerbroek?
Diane: Dat is <u>mijn</u> oudste broer Onno. Hij is nog vrijgezel.
Bernd: O ja. En wie is die lange vrouw in die blauwe spijkerbroek?
Diane: Je bedoelt die met dat rode haar? Dat is <u>mijn</u> zus, Inge. Ze is getrouwd met Michael. <u>Mijn</u> zwager Michael staat naast haar, met <u>hun</u> baby Max op de arm. Max is een schatje, hè? Hij is nu tien

Hoofdstuk 6A

	maanden, en wat een prachtige krullen heeft hij, hè?
Bernd:	Komt je zwager uit Nederland?
Diane:	Nee, hij komt uit Kenia. Mijn zus heeft mijn zwager in Kenia ontmoet en ze waren direct smoorverliefd. Ze zijn nu vijf jaar getrouwd.
Bernd:	Wat een internationale familie.
Diane:	Jazeker, en het wordt nog mooier, want naast Michael zit mijn nichtje Jeanne. Jeanne draagt een paarse blouse en een paarse rok. Ze is veertig jaar en woont al haar hele leven in Canada. Ze is weduwe, haar man David is twee maanden geleden overleden.
Bernd:	O, wat erg voor haar.
Diane:	Ja, inderdaad. Jeanne is de dochter van de broer van mijn vader, oom Joop. Hij woont ook in Canada, met mijn tante Jackie.
Bernd:	Nou, ik ben nu erg nieuwsgierig naar je familie! Leuk dat ik ze binnenkort zie!

Oplossing
c)

pronomen personale (subjectvorm)	possessief pronomen
singularis	
ik	mijn
jij / je	jouw / je
u	uw
hij	zijn
zij / ze	haar
het	zijn
pluralis	
wij / we	onze, ons
jullie	jullie
zij / ze	hun

Notitie
Zie 5.8 Notitie – Algemene aanwijzingen voor het bespreken van informatie in de kaders getiteld 'Notitie' (p. 15).

Let op: Leg uit dat de keuze van het possessief pronomen in het Nederlands niet afhankelijk is van het artikel *de / het*, behalve bij *ons / onze*.

d)
Doel
De cursisten kunnen possessieve pronomina op een juiste manier toepassen.

Uitvoering
Zie 5.7 Grammatica – Algemene aanwijzingen voor grammaticaoefeningen (p. 15).

Sleutelwoorden: *de vriend, de vrienden, de vriendin, de vriendinnen*

Let op: In Romaanse talen wordt de keuze voor het mannelijk of vrouwelijk possessief pronomen bepaald door het geslacht van het woord dat volgt. Bijvoorbeeld: het woord 'boek' is in het Frans *livre*. Het is een mannelijk woord dus 'het boek' is *le livre*, maar zowel 'zijn boek', als 'haar boek' is *son livre*, ook al gaat het bij 'haar boek' om het boek van een vrouw.

In het Nederlands is dat niet zo. In het Nederlands wordt de keuze tussen *zijn* of *haar* bepaald door de 'eigenaar'. Bij een man: 'zijn boek', bij een vrouw: 'haar boek'.
Dit kan bij cursisten met een Romaanse taalachtergrond problemen opleveren. Bekijk eerst of dit problemen oplevert bij uw cursisten. Mochten uw cursisten hier namelijk geen problemen mee hebben, dan hoeft u er verder geen aandacht aan te besteden om verwarring te voorkomen.

Oplossing
1. substantief, 2. substantief, voor
Dit is Diane. **Haar** broer heet Paul.
Paul is de broer van Diane. Diane is een **vrouw** / man. U kiest dus voor het possessief pronomen '**haar** / zijn'.
Dit is Paul. **Zijn** zus heet Diana.
Diane is de zus van Paul. Paul is een vrouw / **man**. U kiest dus voor het possessief pronomen 'haar / **zijn**'.
Dit is Bernd. **Zijn** vriendin heet Diane.
Dit is Diane. **Haar** vriend heet Bernd.

Notitie
Zie 5.8 Notitie – Algemene aanwijzingen voor het bespreken van informatie in de kaders getiteld 'Notitie' (p. 15).

Geef eventueel een paar voorbeeldzinnen, waarbij de cursisten moeten benoemen welke 'je' het is.
Waar heb je je vriend leren kennen? / Ik geef je je boeken morgen terug.

3   Spreken – Hoeveel broers heb jij?
Doel
- De cursisten kunnen eenvoudige vragen stellen over iemands familie.
- De cursisten kunnen vertellen over hun eigen familie.

Uitvoering
Zie 5.3.2 Kettingoefeningen en klassikale spreekoefeningen (p. 11).

Sleutelwoorden: het aantal, het familielid

Oefeningen werkboek
Op deze oefeningen in het tekstboek volgen

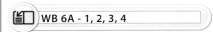 WB 6A - 1, 2, 3, 4

Bij oefening 2a) in het werkboek moeten de cursisten familierelaties invullen. De oefening is geschreven vanuit een ik-figuur. Ga voor de zekerheid na of de cursisten begrijpen dat ze, ook als ze zelf bijvoorbeeld geen broer hebben, wel moeten invullen 'mijn broer'.

De oefeningen 2b) en 4 uit het werkboek dienen de cursisten in te leveren. Oefening 4 kunt u eventueel laten mailen.

Hoofdstuk 6A

4 Grammatica – Er / daar
a)
Doel
De cursisten maken kennis met *er* en *daar* als verwijzing naar een plaats.

Uitvoering
Zie 5.7 Grammatica – Algemene aanwijzingen voor grammaticaoefeningen (p. 15).

Let op: Dit zijn de verschillen tussen *er* en *daar*:
1. *Er* is neutraal. *Daar* heeft meer nadruk dan *er*.
2. *Er* (als verwijzing naar een plaats) kan niet aan het begin van de hoofdzin staan, *daar* wel.

Het is mogelijk om zinnen met *daar* te maken waarbij daar niet aan het begin van een zin staat.
Bijvoorbeeld: Ik kom uit Amsterdam. Ik ga daar graag winkelen.
We kiezen ervoor om in deze beginfase van het leerproces de cursisten het verschil tussen *daar* en *er* te laten zien op basis van de plaats in de zin. In de zinnen bij oefening a) staat *daar* daarom steeds aan het begin van de zin. In een latere fase kan dit genuanceerd worden. Mochten er cursisten zijn die dit zelf al ontdekken en / of er vragen over stellen, dan kunt u ze deze informatie natuurlijk wel geven, eventueel individueel, dus alleen voor die cursisten die er aan toe zijn om verwarring te voorkomen bij cursisten die er nog niet aan toe zijn.

Sleutelwoorden: *het strand, verwijzen naar*

Oplossing
'Er' = In **Canada**.
'Er' = In **Kenia**.
'Daar' en 'er' = **op het strand**.

'Er' en 'daar' verwijzen naar een plaats.
Als 'daar' verwijst naar een plaats, staat het aan het begin van een zin.

b)
Doel
- De cursisten kunnen plaatsbepalingen vervangen door *er* of *daar*.
- De cursisten kunnen de juiste keuze maken tussen *er* of *daar*.

Uitvoering
Zie 5.7 Grammatica – Algemene aanwijzingen voor grammaticaoefeningen (p. 15).

Sleutelwoorden: *de herinnering, het huwelijksfeest, het kookboek, namelijk, de stapel, de uitnodiging, vieren*
Kennis van de wereld: het huwelijksfeest, organisatie door familie / vrienden, iedereen wordt gevraagd iets voor het feestpaar te maken (hier: een recept voor een kookboek)

Let op: Met deze tekst kunt u heel goed het nut van de woorden *er* en *daar* illustreren.
Het ziet er immers heel onnatuurlijk uit als de hele plaatsbepaling steeds volledig wordt herhaald.

Oplossing
Daar, er, Daar, er / daar, Daar, er / daar

5 Spreken – Ik werk er al vijf jaar
Doel
- De cursisten kunnen korte zinnen maken met *er* en *daar* als verwijzing naar een plaats.
- De cursisten kunnen reageren op eenvoudige vragen.

Uitvoering
Zie 5.3.1 Spreekoefeningen in twee-, drie- en viertallen (p. 10).

Let op: Moedig snellere cursisten aan ook zelf vragen te bedenken.

Sleutelwoorden: *de muzieklessen, Zweden, het festival, het park, het cultureel centrum*

Voorbeeldoplossing
1. Ja, ik volg er muzieklessen. / Nee, ik volg er geen muzieklessen.
   Ja, daar volg ik muzieklessen. / Nee, daar volg ik geen muzieklessen.
2. Ja, ik leer er Zweeds praten. / Nee, ik leer er geen Zweeds praten.
   Ja, daar leer ik Zweeds praten. / Nee, daar leer ik geen Zweeds praten.
3. Ja, ik ben er. / Nee, ik ben er niet.
   Ja, daar ben ik. / Nee, daar ben ik niet.
4. Ja, ik woon er al tien jaar. / Nee, ik woon er nog niet zo lang.
   Ja, daar woon ik al tien jaar. / Nee, daar woon ik nog niet zo lang.
5. Ja, ik wandel er graag. / Nee, ik wandel er niet graag.
   Ja, daar wandel ik graag. / Nee, daar wandel ik niet graag.
6. Ja, ik fiets er graag. / Nee, ik fiets er niet graag.
   Ja, daar fiets ik graag. / Nee, daar fiets ik niet graag.
7. Ja, ik volg er een cursus. / Nee, ik volg er geen cursus.
   Ja, daar volg ik een cursus. / Nee, daar volg ik geen cursus.

> **Oefeningen werkboek**
> Op deze oefeningen in het tekstboek volgt
> WB 6A - 5

6 Luisteren en spreken – Uiterlijk   cd 1 - 41
a)
Doel
- De cursisten kunnen verstaan welke woorden de spreekster gebruikt.
- De cursisten maken kennis met woorden om het uiterlijk te beschrijven.

Uitvoering
Zie 5.2 Luisteren – Algemene aanwijzingen voor luistervaardigheidsoefeningen (p. 9).

Hoofdstuk 6A

Het is <u>uitdrukkelijk niet de bedoeling</u> in de introductiefase alle woorden uit de tekst één voor één te bespreken. Laat de cursisten eventueel wel een woordweb maken met de woorden die ze zelf al kennen, om het thema te introduceren.
Na oefening a) en b) kunnen de cursisten zelf de betekenis van de woorden in de teksten bij a) afleiden.

Thema tekst: uiterlijkheden
Sleutelwoorden: *de beschrijvingen, de familieleden, net als, het uiterlijk, ze ziet er … uit (eruit zien)*
Kennis van de wereld: (vrijuit) spreken over en je mening geven over het uiterlijk van andere personen

Oplossing

1. *Tante Anke*
   Ze is **slank**. Ze heeft **lang** haar. Haar haar is **bruin**. Ze heeft **steil** haar. Ze heeft **blauwe** ogen. Ze is **van gemiddelde lengte**. Ze draagt **een bril**. Ik vind tante Anke **knap**. Ze is **van middelbare leeftijd**, maar ze ziet er jong uit.

2. *Oom Theo*
   Hij is erg **dik**, hij weegt 150 kilo. Hij heeft **groene** ogen. Hij heeft een **snor**. Hij is **klein**. Hij heeft **veel** rimpels. Hij is **van middelbare leeftijd**, maar hij ziet er ouder uit vind ik. Hij is best **lelijk**.

3. *Neef Thomas*
   Ik vind hem **heel knap**. Hij heeft **bruine** ogen. Zijn haar is **golvend** en het is **halflang**. Hij heeft **blond** haar. Hij is **lang**. Hij heeft een **baard**. Hij draagt **geen bril**. Hij is wel een beetje **dun**. Hij is **jong**.

4. *Neefje Max*
   Hij heeft grote **bruine** ogen en **krullend** haar. Hij is **klein**. Hij heeft **zwart** haar. Hij is lekker **mollig**. Hij heeft een **donkere** huid, net als zijn vader. Hij is nog **jong**, pas tien maanden!

5. *Vader Johan*
   Zie je, hij is een beetje **dik** zal ik maar zeggen. Hij heeft **grijs** haar. Hij heeft een **baard**. Hij is **lang**. Hij heeft **blauwe** ogen en **steil** haar. Hij is al **oud**, maar mensen zeggen dat hij er jong uitziet. Wat vind jij?

b)
Doel
De cursisten leren de woorden die nodig zijn om iemands uiterlijk te beschrijven.

Uitvoering
Zie 5.6 Invuloefeningen – Algemene aanwijzingen voor invuloefeningen (p. 15).

Sleutelwoorden: *het gezicht, iemands uiterlijk, je mening geven, het postuur,* alle woorden om het uiterlijk te beschrijven

Oplossing
Max is **klein**, tante Anke is van gemiddelde lengte en neef Thomas is lang.
Neef Thomas is **dun**, tante Anke is **slank**, Max is mollig, oom Theo is dik.

Tante Anke heeft steil haar, neef Thomas heeft **golvend** haar en neef Max heeft **krullen / krullend** haar.
Oom Theo heeft geen haar: hij is **kaal**, tante Anke heeft **lang** haar, neef Thomas heeft **halflang** haar, neef Max heeft kort haar.
Neef Thomas heeft blond haar, tante Anke heeft **bruin** haar, neef Max heeft **zwart** haar en vader Johan heeft grijs haar.
Tante Anke heeft blauwe ogen, neef Max heeft **bruine** ogen, oom Theo heeft **groene** ogen.
Neef Thomas heeft een baard, oom Theo heeft een **snor**.
Neef Max heeft geen **rimpels**, maar oom Theo heeft wel **rimpels**.
Neef Thomas is knap, oom Theo is **niet zo knap**.
Ik vind tante Anke **mooi**, maar oom Theo is **lelijk**.
Tante Anke ziet er **jong** uit, oom Theo ziet er ouder uit.

c)
Let op: bij deze opdracht hoort een kopieerblad.

Doel
- De cursisten kunnen mondeling iemands uiterlijk beschrijven.
- De cursisten kunnen een mondelinge beschrijving van iemands uiterlijk begrijpen.

Uitvoering
Zie 5.3.1 Spreekoefeningen in twee-, drie- en viertallen (p. 10).

Sleutelwoorden: *bekend bij, de dief, de politie, de politieagent, stelen, de tas*

Let op: De cursisten moeten zogenaamd een telefoongesprek voeren. Doe deze oefening daarom bij voorkeur in een talenpracticum waarbij ze via de koptelefoon met elkaar praten, of laat de cursisten met de rug naar elkaar zitten. Ze moeten in ieder geval niet naar elkaar en niet bij elkaar op het werkblad kunnen kijken.

Cursist A is degene die bestolen is. Cursist A heeft een werkblad met drie personen erop. Cursist A kiest één van die personen als zijn dief en beschrijft die persoon aan politieagent, cursist B.
Cursist B heeft een werkblad met twaalf personen erop, met daarbij hun namen. Cursist B moet achterhalen wie van de twaalf de dief is.
Op het werkblad van cursist A staan met opzet slechts drie personen, om ervoor te zorgen dat cursist A snel tot een keuze komt.

Bespreek eventueel de zinnen waarmee je een telefoongesprek opent en afsluit. Het hoofddoel is echter niet telefoneren maar uiterlijk beschrijven. Voor de betere cursisten kunt u de oefening uitdagender maken door ook het telefoonelement meer naar voren te laten komen.

d)
Let op: De cursisten dienen deze oefening naar u op te sturen of bij u in te leveren.

Doel
De cursisten kunnen schriftelijk iemands uiterlijk beschrijven.

Hoofdstuk 6A

Uitvoering

Zie 5.4.2 Aanpak individuele schrijfoefeningen (p. 13).

Sleutelwoorden: *de compositietekening, sturen naar, de website*

 Vocabulaire en spreken – Je hebt donker haar en blauwe ogen

Doel
De cursisten kunnen mondeling iemands uiterlijk beschrijven.

Uitvoering
Zie 5.11 Woordenschatverwerving – Algemene aanwijzingen voor het omgaan met de woordenlijsten (p. 16).
Zie 5.3.1 Spreekoefeningen in twee-, drie- en viertallen (p. 10).

 Invuloefening – Complimenteren
a)
Doel
- De cursisten maken kennis met de woorden en zinnen om een compliment te geven.
- De cursisten maken kennis met de woorden en zinnen om te reageren op een compliment.
- De cursisten herhalen de grammatica van het adjectief met of zonder -e.

Uitvoering
Zie 5.6 Invuloefeningen – Algemene aanwijzingen voor invuloefeningen (p. 15).

Sleutelwoorden: *het compliment, complimenteren, een compliment geven / krijgen*

Let op: De keuze tussen *leuke / mooi / prachtige* moet grammaticaal correct zijn. De cursisten moeten dus opletten of het substantief een de-woord of het-woord is.

Besteed in de evaluatie aandacht aan de manier waarop Nederlanders vaak reageren op een compliment: "O, deze jurk heb ik al zo lang!" Of: "Nou, hij was heel goedkoop, hoor."

Oplossing
Wat een **prachtige / leuke** trui hebt u vandaag aan!
Wat een **leuke / prachtige** broek!
Wat een **mooi** rokje!
Wat een leuke tas **heb** je!
Die kleur **staat** je fantastisch!

b)
Doel
- De cursisten kunnen gericht informatie zoeken op Nederlandstalige websites.
- De cursisten kunnen de hoofdlijnen begrijpen van informatie op Nederlandstalige websites.
- De cursisten kunnen gevonden informatie herformuleren in eigen woorden.
- De cursisten kunnen in eenvoudige bewoordingen hun mening geven.
- De cursisten leren over de Nederlandse cultuur van complimenteren.

Uitvoering
Zie 5.5 Lezen – Algemene aanwijzingen voor leesvaardigheidsoefeningen (p. 14).
Zie 5.4.2 Aanpak individuele schrijfoefeningen (p. 13).

Sleutelwoorden: *de complimentendag, nationale, de tips, u hebt gekregen*
Kennis van de wereld: Voor bijna alles en iedereen bestaat er wel een speciale of zelfs nationale dag, de ene iets ludieker bedoeld dan de andere: *secretaressedag, Vaderdag, dag van de catering, dag van het platteland, dag van het respect, dag van het schaap*, et cetera.

Oplossing
1. Elk jaar op 1 maart.
2. 06-559 478 58.
3.
   1. Spreek in de ik-vorm.
   2. Richt je tot één specifieke persoon of enkele personen voor wie het compliment écht bedoeld is.
   3. Benoem het waarneembare gedrag dat je op prijs stelt of de eigenschap die je waardeert.
   4. Noem voorbeelden en specifieke details.
   5. Geef aan waarom jij dit zo waardeert, bijvoorbeeld wat het goede gedrag voor gevolg heeft of wat het jou specifiek doet.
   6. Neem de tijd voor het geven van zo'n compliment.
   7. Ondersteun je compliment met enthousiasme en trotse lichaamstaal.
   8. Maak het compliment persoonlijk door het te geven op een manier die bij jou en de ander past.
   9. Overdrijf niet.

9 Spreken – Wat heb je mooie ogen!
Doel
- De cursisten kunnen iemand een compliment geven.
- De cursisten kunnen reageren op een compliment.

Uitvoering
Zie 5.3.2 Kettingoefeningen en klassikale spreekoefeningen (p. 11).

Let op: Voor sommige cursisten is het geven en krijgen van complimenten van relatief vreemden (medecursisten) wellicht ongewoon of zelfs ongemakkelijk. Schat voor uw groep in of deze oefening bij de cursisten past.
Als de oefening naar uw inschatting niet past binnen de groep, kunt u de oefening meer sturen. Eventueel kunt u uit een tijdschrift foto's knippen van kleding of artikelen (zoals tassen, telefoons, auto's). U kunt iedere cursist één van deze foto's geven. U kunt vertellen dat de cursisten iets nieuws hebben gekocht, namelijk het object op de foto. U kunt de andere cursisten instrueren elkaar een compliment te geven over het object op de foto. Hierdoor is de oefening minder persoonlijk.
Dit is overigens ook een goede differentiatie- of herhalingsoefening voor de volgende les.

10 Spreken – Uw familie
Doel
- De cursisten kunnen vragen stellen over iemands familie.
- De cursisten kunnen vertellen over hun eigen familie.

Hoofdstuk 6B

Uitvoering
Zie 5.3.1 Spreekoefeningen in twee-, drie- en viertallen (p. 10).

Sleutelwoorden: *bestaan uit, de manier, minimaal*

Let op: de cursisten moeten elkaar minimaal tien vragen stellen. Er staan zeven vragen in het tekstboek. Ook de zwakkere cursisten kunnen dus zeker vooruit. Moedig de betere cursisten aan om zoveel mogelijk extra vragen te bedenken.
Inventariseer deze vragen eventueel en gebruik ze in de volgende les als herhaling.

11 Schrijven – Over wie heb je het?
Doel
- De cursisten kunnen iemand schriftelijk beschrijven, in eenvoudige, correcte zinnen.
- De cursisten kunnen een compliment geven.

Uitvoering
Zie 5.4.2 Aanpak individuele schrijfoefeningen (p. 13).

Neem alle papieren in en lees ze één voor één de beschrijving voor, dus ook het compliment. U kunt ook beginnen met het compliment. De klas moet raden wie de beschreven persoon is. Als dit geraden is, leest u de volgende beschrijving voor.
Aan het einde kunt u eventueel nog veel gemaakte fouten in de beschrijvingen behandelen.

Sleutelwoorden: *Over wie heb je het? (het hebben over), neutrale, onderaan, het vel papier*

> **Oefeningen werkboek**
> Op deze oefeningen in het tekstboek volgen
>
>  WB 6A - 6, 7, 8
>
> **Sleutelwoord** oefening 6 van het werkboek: *het tegenovergestelde*.
> Oefening 8 van het werkboek dienen de cursisten in te leveren of aan u te mailen.

Uitdrukking
Doel
De cursisten begrijpen globaal de betekenis van deze uitdrukking.

Uitvoering
Zie 5.9 Uitdrukking – Algemene aanwijzingen voor het bespreken van de uitdrukking (p. 16).

B Gefeliciteerd!

> **Doel**
> Feliciteren, condoleren en wensen
> Emoties benoemen
> Feestdagen in Nederland
>
> **Grammatica**
> Futurum: *gaan + infinitief / presens + tijdsaanduiding / zullen + infinitief*
> Separabele verba
> Woordvolgorde bij separabele verba

1 Luisteren – 35 jaar getrouwd! cd 1 - 42
Doel
- De cursisten kunnen begrijpen dat Diane en Bernd de ouders van Diane feliciteren met hun 35-jarig huwelijk.
- De cursisten kunnen de woorden *gefeliciteerd, van harte* en *proficiat* verstaan en correct schrijven.

Thema tekst: iemand feliciteren
Sleutelwoorden: *arriveren, (van harte) gefeliciteerd met, het huwelijk, proficiat*
Kennis van de wereld: Wanneer feliciteer je iemand? Wie feliciteer je?

Uitvoering
Zie 5.2 Luisteren – Algemene aanwijzingen voor luistervaardigheidsoefeningen (p. 9).
Zie 5.6 Invuloefeningen – Algemene aanwijzingen voor invuloefeningen (p. 15).

Transcriptie
Zie tekstboek, p. 320.

Oplossing
Gefeliciteerd met jullie 35-jarig huwelijk.
Van **harte** gefeliciteerd!

2 Luisteren en spreken – Verlegen cd 1 - 43
a) + b)
Doel
- De cursisten kunnen begrijpen dat Diane en Bernd spreken over de emoties en karakters van de aanwezigen op het feest van de ouders van Diane.
- De cursisten kunnen de woorden *bang, boos, moe, nerveus, triest, verbaasd, verdrietig, verlegen* en *verveeld* verstaan en herkennen.

Thema tekst: emoties benoemen
Sleutelwoorden: *aanwijzen, alleen laten, de emotie, herkennen, niemand, noemen, overleden, verlegen*

Uitvoering
Zie 5.2 Luisteren – Algemene aanwijzingen voor luistervaardigheidsoefeningen (p. 9).

Let op: Besteed bij de evaluatie aandacht aan: *hij is verveeld* (spelling met d; niet frequent gebruikt woord) versus *hij verveelt zich* (spelling met t; wel frequent gebruikt).
Bespreek in de evaluatie alle bij b) genoemde emoties.

Hoofdstuk 6B

Ga na of de cursisten begrijpen welke emoties worden bedoeld.

Transcriptie
Zie tekstboek, p. 320.

Oplossing
bang, boos / kwaad, verbaasd, moe, verdrietig / triest, nerveus / zenuwachtig, verlegen, verveeld

c)
Doel
De cursisten kunnen emoties benoemen.

Uitvoering
Zie 5.11 Woordenschatverwerving – Algemene aanwijzingen voor het omgaan met de woordenlijsten (p. 16).
Zie 5.3.1 Spreekoefeningen in twee-, drie- en viertallen (p. 10).

Suggestie uitvoering
Laat de cursisten eerst de zinnen lezen. Ze moeten zelf de situaties proberen te begrijpen. Laat ze in tweetallen overleggen en / of een woordenboek gebruiken. Bespreek eventuele vragen.
Laat de cursisten vervolgens individueel hun emoties bij de situaties schrijven.
Doe ten slotte een spreekoefening: cursist A leest één van de situaties voor, en vraagt: *Hoe voelt u zich?* (Geef de informele vorm *Hoe voel je je?* alleen als de cursisten er zelf om vragen. Het reflexief verbum komt in hoofdstuk 7 aan bod). Cursist B geeft antwoord. Cursist B probeert dat uit het hoofd te doen.
Doe de twaalf situaties in willekeurige volgorde.
Wissel van rol of laat de cursisten rondlopen en steeds van spreekpartner wisselen.

Sleutelwoorden: *de boa constrictor, de fout, huilen, kwijt zijn, de loterij, de olifant, parachutespringen, presentatie, romantisch, u voelt zich (zich voelen), weg zijn, winnen, in de zon*

Vervolgsuggestie
Laat de cursisten zelf nog meer situaties verzinnen (en opschrijven), waarbij ze duidelijk emoties kunnen benoemen.

d)
Doel

- De cursisten kunnen emoties benoemen.
- De cursisten kunnen korte zinnen maken met *want* en *omdat*, met een correcte syntaxis.

Uitvoering
Zie 5.3.1 Spreekoefeningen in twee-, drie- en viertallen (p. 10).

Voorbeeldoplossing
1. De vrouw is verdrietig en teleurgesteld, want ze wil een mooie jurk kopen, maar de jurk is erg duur.
2. De man is gestrest want hij moet nog veel werk doen.
3. De man is bang want hij ziet een gevaarlijke leeuw.
4. De vrouw is verbaasd omdat ze een koe met een zonnebril ziet.
5. De man is verlegen omdat hij een bos bloemen krijgt van een mooie vrouw.

e)
Doel
- De cursisten kunnen emoties benoemen.
- De cursisten kunnen communiceren zonder woorden, ze gebruiken hun gezichtsuitdrukking / mimiek.

Uitvoering
Zie 5.3.2 Kettingoefeningen en klassikale spreekoefeningen (p. 11).

Sleutelwoorden: *beeldt uit (uitbeelden), bedenken, benoemen, de reden*

3 Luisteren – Een gesprek met cd 1 - 44 nicht Jeanne

a)
Doel
De cursisten kunnen de hoofdlijnen van de dialoog begrijpen: Diane en Bernd condoleren Jeanne, omdat haar man onlangs is overleden; Jeanne vertelt hoe ze zich voelt, Diane en Bernd leven mee en wensen haar sterkte.

Thema tekst: iemand condoleren
Sleutelwoorden: *lief, overleden, de ruzie, sterkte wensen, ziek, Wat is er gebeurd met …?*
Kennis van de wereld: een condoleancekaartje sturen

Uitvoering
Zie 5.2 Luisteren – Algemene aanwijzingen voor luistervaardigheidsoefeningen (p. 9).

Transcriptie
Zie tekstboek, p.320.

Oplossing
b. Hij is overleden.

b)
Doel
- De cursisten leren de woorden die nodig zijn om iemand te condoleren, zowel formeel als informeel.
- De cursisten kunnen reageren op een blijk van medeleven.

Uitvoering
Zie 5.6 Invuloefeningen – Algemene aanwijzingen voor invuloefeningen (p. 15).

Oplossing
Gecondoleerd met het **overlijden** van je man.
Gecondoleerd met het overlijden van uw vrouw.
Ik vind het heel **erg** voor je.
Ik vind het heel erg voor **u**.
Het is vast **moeilijk** voor je.
Veel **sterkte**! Dank je.

c)
Doel
- De cursisten kunnen verstaan dat Diane blij is Jeanne te zien.
- De cursisten kunnen verstaan hoe Jeanne zich voelt.

Hoofdstuk 6B

Uitvoering
Zie 5.2 Luisteren – Algemene aanwijzingen voor luistervaardigheidsoefeningen (p. 9).

Oplossing
blij, verdrietig, boos

d)
Doel
- De cursisten kunnen felicitaties, condoleances en wensen op de juiste manier toepassen.
- De cursisten maken kennis met manieren om over de toekomst te praten (presens / gaan + infinitief)
- De cursisten maken kennis met een manier om over het verleden te praten (perfectum).

Let op: In situatie 2, 4 en 9 is sprake van zinnen met perfectum. Besteed hieraan in principe geen expliciete aandacht. Mochten cursisten ernaar vragen, dan kunt u zich het beste beperken tot de volgende uitleg.
Schrijf op het bord:
– Voor nu   – Nu   – Na nu
(verleden)   (heden) (toekomst)
Vraag welke situaties gaan over verleden (situatie 2, 4 ,9), welke over het heden (situatie 3, 4, 5, 7, 8, 11, 12, 14) en welke over de toekomst (situatie 1, 6, 10, 13).
Leg de vorm van het perfectum niet uit, maar vertel dat de werkwoordsvormen laten zien dat de situatie in het verleden speelde. Vertel dat er in hoofdstuk 7 meer informatie over de verleden tijd staat.

Uitvoering
Zie 5.11 Woordenschatverwerving – Algemene aanwijzingen voor het omgaan met de woordenlijsten (p. 16).
Zie 5.3.1 Spreekoefeningen in twee-, drie- en viertallen (p. 10).

Suggestie voor de uitvoering
Laat de cursisten eerst de zinnen lezen. Ze moeten zelf de situaties proberen te begrijpen. Laat ze in tweetallen overleggen en / of een woordenboek gebruiken. Bespreek eventuele vragen.
Bespreek de felicitaties, condoleances en wensen. Begrijpen de cursisten alle woorden?
Laat de cursisten vervolgens individueel een felicitatie / condoleance / wens bij de situaties schrijven.
Bespreek de zinnen en reacties klassikaal.
Doe ten slotte een spreekoefening: Cursist A leest één van de situaties voor, en vraagt: *Wat zeg je?* Cursist B geeft antwoord. Cursist B probeert dat uit het hoofd te doen.
Doe de veertien situaties in willekeurige volgorde.
Wissel van rol of laat de cursisten rondlopen en steeds van spreekpartner wisselen.

Sleutelwoorden: *de baan, de baas, de chef, dood zijn, ontslagen zijn, de onvoldoende, het rijexamen, uit zijn, de vrije dag* en alle felicitaties, condoleances en wensen

Vervolgsuggestie
Laat de cursisten zelf nog meer situaties verzinnen (en opschrijven), waarbij ze een reactie moeten geven.

Oplossing
1. Goede reis! / Veel plezier!
2. Gecondoleerd. / Sterkte!
3. Wat erg voor je / jullie! / Sterkte!
4. Gefeliciteerd! / Van harte!
5. Gefeliciteerd! / Van harte! / Veel succes!
6. Gefeliciteerd! / Van harte!
7. Beterschap!
8. Wat erg voor je! / Sterkte!
9. Wat erg voor je! / Wat vervelend!
10. Veel succes!
11. Gefeliciteerd! / Van harte! / Veel plezier!
12. Volgende keer beter! / Wat vervelend! / Wat erg voor je! Wat jammer!
13. Veel plezier!
14. Sorry, hoor.

4 Grammatica – Praten over de toekomst
a) + b)
Doel
De cursisten kunnen begrijpen dat je *gaan + infinitief* of *het presens met een tijdsaanduiding* kunt gebruiken om over de toekomst te praten.

Uitvoering
Zie 5.7 Grammatica – Algemene aanwijzingen voor grammaticaoefeningen (p. 15).

Sleutelwoorden: *de gebeurtenis, het heden, de toekomst, het verleden, vinden plaats (plaatsvinden)*

Oplossing
a) In de toekomst, gaan
b) In de toekomst, presens

Notitie
Zie 5.8 Notities – Algemene aanwijzingen voor het bespreken van informatie in de kaders getiteld 'Notitie' (p. 15).

Maak duidelijk dat de cursisten in hun dagelijks taalgebruik de toekomst het beste kunnen aanduiden met *het presens + een tijdsaanduiding*, of met *gaan + infinitief*.

5 Spreken – Wensen

Let op: bij deze opdracht hoort een kopieerblad.

Doel
- De cursisten kunnen (alledaagse en / of persoonlijke) situaties benoemen of beschrijven.
- De cursisten kunnen (redelijk) snel reageren op een situatie door een adequate felicitatie / condoleance / wens over te brengen.

Uitvoering
Zie 5.3.1 Spreekoefeningen in twee-, drie- en viertallen (p. 10).

Sleutelwoorden: *(naar) beneden, om de beurt, trouwen*

Vervolgsuggestie
Als deze oefening goed gaat, kunt u ervoor kiezen om de oefening nogmaals te laten doen in onderstaande variant.

Hoofdstuk 6B

U kunt deze oefening ook als herhaling in de volgende les nogmaals laten doen in de onderstaande variant.

De cursisten moeten proberen om er wat langere conversaties van te maken, zodat het geheel natuurlijk klinkt. U kunt dat aan de hand van het voorbeeld zelf voordoen. U laat een cursist weer zeggen: *Ik ga volgend jaar trouwen*. Ditmaal zegt u zelf: *Gefeliciteerd! Wanneer ga je trouwen?* De cursist moet hierop reageren. Maak duidelijk dat de cursisten hier hun fantasie mogen gebruiken. U kunt de 'vragenlijst' uitbreiden zoveel u wilt, bijvoorbeeld *'Waar ga je trouwen?, Ga je op huwelijksreis?, Hoe lang ken je je partner?'*. U kunt zelf het beste inschatten wat uw groep qua niveau aankan.

> Oefeningen werkboek
> Op deze oefeningen in het tekstboek volgen
>
> WB 6B - 1, 2, 3, 4
>
> Oefening 4 van het werkboek dienen de cursisten in te leveren of aan u te mailen.

6   Grammatica – Separabele verba   cd 1 - 45

a) + b)
Doel
- De cursisten kunnen begrijpen naar wat voor soort tekst ze luisteren (een door de kinderen opgevoerd stukje voor de ouders, op hun huwelijksfeest).
- De cursisten kunnen enkele sleutelwoorden uit de tekst verstaan en op een correcte manier schrijven.
- De cursisten maken kennis met separabele verba.

Uitvoering
Zie 5.2 Luisteren – Algemene aanwijzingen voor luistervaardigheidsoefeningen (p. 9).
Zie 5.7 Grammatica – Algemene aanwijzingen voor grammaticaoefeningen (p. 15).

Let op: Besteed vooraf aandacht aan het fenomeen 'stukjes doen' (zie: Kennis van de wereld). Kondig aan dat de cursisten naar een dergelijk alfabet gaan luisteren.
Thema: de viering van een huwelijksfeest
Sleutelwoord: *een stukje doen*
Kennis van de wereld
1. Op bruiloften en huwelijksfeesten worden vaak 'stukjes' gedaan: grappige liedjes of toneelstukjes. Een populaire vorm is 'het alfabet': elke letter van het alfabet staat voor iets typisch van het bruidspaar / getrouwde paar.
2. Marco Borsato is een zanger, Queen is een band.

Transcriptie
Zie tekstboek, p. 124.

Oplossing
A afwassen; C vaak; E denken, na; F tot en met L slaan, op; M meenemen; R maken; S goed; T op, bellen; U uitnodigen; W gaan, weg; Y staat, op; Z in

c) + d) + e)
Doel
- De cursisten kunnen begrijpen dat een separabel verbum tweeledig is en uit een *prefix + (oorspronkelijk) verbum* bestaat.
- De cursisten kunnen begrijpen dat een separabel verbum in het woordenboek alleen als infinitief voorkomt.
- De cursisten kunnen de syntaxis van een zin met een separabel verbum begrijpen.
- De cursisten kunnen separabele verba in zinnen herkennen.

Uitvoering
Zie 5.7 Grammatica – Algemene aanwijzingen voor grammaticaoefeningen (p. 15).

Oplossing
c)
uitnodigen
subject, eind

Oplossing
d)
Onno: De A is van afwassen, want jullie wassen altijd gezellig samen af.
Paul: De E is van emigreren naar Spanje, daar denken jullie soms over na.
Diane: De F tot en met de L slaan we over, anders schieten we helemaal niet op.
Onno: De M is van meenemen, want op vakantie nemen jullie altijd 10 kilo kaas mee.
Inge: De R is van relatie, die maken jullie gelukkig niet uit.
Paul: De T is van telefoon, want mama vergeet nooit om papa elke dag op te bellen.
Diane: De U is van uitnodigen, jullie nodigen regelmatig mensen uit.
Paul: De W is van weggaan, want jullie gaan morgen weg op tweede huwelijksreis naar Griekenland!
Onno: De Y is van yoga, daar staat mama meestal vroeg voor op.
Inge: De Z is van zwembad, daar stappen jullie altijd graag in!

Oplossing
e)
2. aan elkaar, aan elkaar

> Oefeningen werkboek
> Op deze oefeningen in het tekstboek volgt
>
> WB 6B - 5

7   Schrijven – Een wenskaart schrijven

a)
Doel
- De cursisten maken kennis met het begrip 'wenskaarten'.
- De cursisten kunnen begrijpen welke tekst bij welke situatie past.

Hoofdstuk 6B

Uitvoering
Zie 5.5 Lezen – Algemene aanwijzingen voor leesvaardigheidsoefeningen (p. 14).

Sleutelwoorden: *de (wens)kaart, het rijbewijs*

Oplossing
1. Als iemand een nieuw huis koopt. Of als iemand verhuist.
2. **Als iemand zijn rijbewijs haalt.**

Notitie
Zie 5.8 Notitie – Algemene aanwijzingen voor het bespreken van informatie in de kaders getiteld 'Notitie' (p. 15).

Bespreek in welke situatie en bij welke geadresseerde de verschillende formuleringen passend zijn.

b) + c)
Let op: oefening c) dienen de cursisten in te leveren.

Doel
- De cursisten kunnen een passende wenskaart uitkiezen.
- De cursisten kunnen een eenvoudige wenskaart schrijven.

Uitvoering
Zie 5.5 Lezen – Algemene aanwijzingen voor leesvaardigheidsoefeningen (p. 14).
Zie 5.4 Schrijven – Algemene aanwijzingen voor schrijfvaardigheidsoefeningen (p. 12).

Sleutelwoorden: *de buren, werk samen met (samenwerken met)*

Suggestie voor de uitvoering
U kunt ook echte kaarten meenemen en deze kaarten bespreken met uw cursisten. Welke zijn geschikt voor de gegeven situaties? Vervolgens laat u de cursisten in groepjes de kaart schrijven en inleveren.

Oplossing
b)
a. kaart 4, b. kaart 2, c. kaart 1, d. kaart 3, e. kaart 5

Voorbeeldoplossing
c)

A. Beste Marco en Annemieke,

Van harte gefeliciteerd! We wensen jullie een hele fijne bruiloft en een lang en gelukkig leven samen!

Groetjes, …

B. Beste Liesbeth,

Proficiat met je zoon! Wat een mooie baby! Ik hoop dat alles goed gaat met jou en de baby. Ik kom snel een keer kijken.

Veel groetjes, …

C. Lieve Nynke,

Gecondoleerd met het overlijden van je moeder. Ik wens je heel veel sterkte in deze moeilijke tijd.

Veel liefs, …

D. Hallo Anneke,

Wat erg dat je al zo lang ziek bent. Ik hoop dat je snel beter bent. Als je het leuk vindt, kom ik een keer op bezoek. Heel veel beterschap en veel groetjes,

E. Beste Hans,

Gefeliciteerd met je nieuwe baan! Ik vind het heel leuk voor je. Ik hoop dat je veel plezier hebt op je nieuwe werk. Succes op je eerste werkdag!

Hartelijke groet, …

8   Lezen, spreken en luisteren – Feestdagen in Nederland

a) + b)
Doel
- De cursisten kunnen de hoofdlijnen van de memo begrijpen.
- De cursisten kunnen begrijpen wat feestdagen en verplichte vrije dagen zijn.
- De cursisten maken kennis met de belangrijkste Nederlandse feestdagen.
- De cursisten kunnen praten over feestdagen in Nederland.

Uitvoering
Zie 5.5 Lezen – Algemene aanwijzingen voor leesvaardigheidsoefeningen (p. 14).
Zie 5.3.1 Spreekoefeningen in twee-, drie- en viertallen (p. 10).

Thema: bedrijfsmemo's, feestdagen, verplichte vrije dagen
Sleutelwoorden: *het bedrijf, de feestdag, de gewoonte, de memo, het postvak, religieus, verplicht*
Kennis van de wereld: de christelijke feestdagen (vaak ook een tweede feestdag); verplichte vrije dagen; Nederlandse feestdagen: Koninginnedag en Bevrijdingsdag; de Tweede Wereldoorlog

c) cd 1 - 46
Doel
- De cursisten kunnen begrijpen over welke feestdagen gesproken wordt.
- De cursisten maken kennis met de Nederlandse invulling van enkele feestdagen.

Uitvoering
Zie 5.2 Luisteren – Algemene aanwijzingen voor luistervaardigheidsoefeningen (p. 9).

Hoofdstuk 6C

Thema: Nederlandse feestdagen
Sleutelwoorden: *de eieren, de kerstboom, Kerstmis, Koninginnedag, Oud en Nieuw, Nieuwjaarsdag, Pasen, Sinterklaas en Zwarte Piet, de vlag, de vrijheid, het vuurwerk*
Kennis van de wereld:
1. De typisch Nederlandse feestdagen (Koninginnedag, Sinterklaas)
2. De Nederlandse invulling van feestdagen (cadeautjes geven met Kerst, eieren eten met Pasen, vuurwerk afsteken en oliebollen eten met Oud en Nieuw, de schoen zetten / surprises maken met Sinterklaas, vrijmarkten en rommelmarkten op Koninginnedag, de vlag uithangen op Bevrijdingsdag).

Transcriptie
Zie tekstboek, 320.

Oplossing
A. **6**, B. **2**, C. **1**, D. **5**, E. **3**, F. **4**

d)
Doel
De cursisten kunnen praten over feestdagen in hun eigen land.

Uitvoering
Zie 5.3.1 Spreekoefeningen in twee-, drie- en viertallen (p. 10).

Vervolgsuggestie
Maak samen een 'internationale feestkalender': een jaarkalender met daarop de feestdagen in de landen van herkomst van de cursisten.

9 Schrijven – Een feestdag

Let op: deze oefening dienen de cursisten in te leveren.

Doel
- De cursisten kunnen een tekstje schrijven over een feestdag in hun eigen land.
- De cursisten kunnen een korte, samenhangende tekst schrijven over een vertrouwd onderwerp.

Uitvoering
Zie 5.4.2 Aanpak individuele schrijfoefeningen (p. 13).

Oefeningen werkboek
Op deze oefeningen in het tekstboek volgen

WB 6B - 6, 7

Bij oefening 6 moeten de cursisten een tekst op de internetpagina http://nl.wikipedia.org/wiki/Koninginnedag lezen. Dit is een tamelijk moeilijke, authentieke tekst. Kondig de cursisten dat van tevoren aan.

Bij oefening 7 moeten de cursisten op de website www.kaartenhuis.nl een webkaart uitzoeken. Attendeer de cursisten erop dat er onder verschillende categorieën op de site weer andere categorieën zitten, wat de keus aan kaarten nog ruimer maakt.

Oefening 7a van het werkboek dienen de cursisten aan u te mailen.
Oefening 7b, c en d van het werkboek dienen de cursisten aan elkaar te mailen.

Uitdrukking
Doel
De cursisten begrijpen globaal de betekenis van deze uitdrukking.

Uitvoering
Zie 5.9 Uitdrukking – Algemene aanwijzingen voor het bespreken van de uitdrukking (p. 16).

De uitdrukking betekent: 'nooit'.

C Ik zoek een lieve man!

Doel
Karakter omschrijven
Ideale partner beschrijven
Relatievormen

Grammatica
Diminutief

1 Spreken – Karaktereigenschappen
a)
Doel
- De cursisten leren woorden om een karakter te beschrijven.
- De cursisten leren van elkaars kennis gebruik te maken.

Uitvoering
Zie 5.3.1 Spreekoefeningen in twee-, drie- en viertallen (p. 10).

Sleutelwoord: *de karaktereigenschap*

b)
Let op: bij deze opdracht hoort een kopieerblad.

Doel
- De cursisten leren en memoriseren woorden voor karaktereigenschappen.
- De cursisten leren om woorden exact te spellen.

Hoofdstuk 6C

Uitvoering
Knip de briefjes uit en plak de briefjes buiten het lokaal op. Maak tweetallen. Elk tweetal krijgt tien blanco memobriefjes. Cursist A loopt naar buiten, onthoudt één eigenschap, loopt weer naar binnen en dicteert de eigenschap aan cursist B. Cursist B noteert het woord. Cursist A mag het woord zelf niet opschrijven!
Daarna loopt cursist B naar buiten en doet hetzelfde.
Maak er een soort wedstrijd van: het tweetal dat het eerste klaar is én alle eigenschappen heeft genoteerd (en goed gespeld heeft!), wint.

c)
Doel
- De cursisten kunnen praten over karaktereigenschappen.
- De cursisten kunnen in eenvoudige bewoordingen hun mening geven.

Uitvoering
Zie 5.3.1 Spreekoefeningen in twee-, drie- en viertallen (p. 10).

Sleutelwoord: *de eigenschap, negatief, positief*

 Lezen en spreken – Internet
a)
Doel
De cursisten kunnen karakteromschrijvingen begrijpen.

Thema: internetforum, karaktereigenschappen beschrijven
Sleutelwoorden: het forum, goed, de reactie, de schrijver, slecht, surfen, het vraagje
Kennis van de wereld: internetfora

Uitvoering
Zie 5.5 Lezen – Algemene aanwijzingen voor leesvaardigheidsoefeningen (p. 14).
Zie 5.11 Woordenschatverwerving – Algemene aanwijzingen voor het omgaan met de woordenlijsten (p. 16).

Let op: Bespreek of de cursisten alle betekenissen kennen. Laat de woorden onderling bespreken of opzoeken in een woordenboek. Leg de betekenis eventueel uit.
Bespreek welke eigenschappen vaak terugkomen (eerlijk, behulpzaam, vriendelijk, eigenwijs).
Bespreek of dat ook voor de cursisten herkenbare, veel voorkomende eigenschappen zijn.

Oplossing

positieve eigenschappen	*negatieve eigenschappen*
eerlijk (4x)	eigenwijs (3x)
spontaan	agressief
sociaal	gevoelig (2x)
aardig (3x)	nieuwsgierig
behulpzaam (2x)	hard (2x)
optimistisch	ongeduldig
humoristisch (2x)	te eerlijk
vriendelijk (2x)	te veel geld uitgeven
sympathiek	lui
betrouwbaar (2x)	arrogant
lief	mensen te snel vertrouwen
perfectionistisch	koppig
	pessimistisch (2x)
	een gat in zijn hand hebben
	egoïstisch
	overgevoelig

b) + c)
Doel
- De cursisten kunnen hun eigen karakter in enkele steekwoorden omschrijven.
- De cursisten kunnen vragen wat voor karakter iemand heeft.

Uitvoering
Zie 5.4.2 Aanpak individuele schrijfoefeningen (p. 13).
Zie 5.3.1 Spreekoefeningen in twee-, drie- en viertallen (p. 10).

 Internetopdracht – Big 5 persoonlijkheidstest
a) + b) + c)
Doel
- De cursisten maken kennis met tests en vragenlijsten.
- De cursisten kunnen de betekenis van tegengestelde karaktereigenschappen begrijpen.
- De cursisten kunnen benoemen waar zij zich bevinden op een schaal met twee uitersten.

Uitvoering
Zie 5.11 Woordenschatverwerving – Algemene aanwijzingen voor het omgaan met de woordenlijsten (p. 16).

Doe oefening a) gedeeltelijk of helemaal in de les. Er staan een paar moeilijke woorden en begrippen in de test. Bespreek deze woorden samen in de les. Als u inschat dat deze oefening te moeilijk zal zijn voor uw cursisten, kunt u de oefening ook overslaan. Doorgaans vinden cursisten het echter erg leuk om een karaktertest te maken en blijken ze met enige uitleg goed in staat te zijn de vragen te beantwoorden.

Bekijk samen de oefening. Begrijpen de cursisten wat een persoonlijkheidstest is? En begrijpen ze het principe van de test? Ga na of iedereen begrijpt dat op elke regel twee uitersten van een bepaalde eigenschap staan. De cursisten moeten het bolletje aankruisen dat het meest op hen van toepassing is. Doe dat eventueel voor op het bord. Neem als voorbeeld 'onrustig'-'kalm'. Leg uit dat als je jezelf erg kalm vindt en helemaal niet onrustig, dat je dan een bolletje (dicht)bij 'kalm' moet aankruisen.

Laat de cursisten vervolgens zelf (individueel of in twee- of drietallen) proberen de betekenis van alle woorden in de test te achterhalen. Loop rond en assisteer waar nodig. Geef voorbeelden waaruit de betekenis van de woorden blijkt, of beeld de woorden uit. Laat ook de cursisten op die manier aan elkaar de betekenis van de woorden duidelijk maken. Laat de test bij a) alvast op papier invullen.

Oefening b) en c) kunnen de cursisten thuis of in een talenpracticum doen.

Sleutelwoorden: *zich herkennen in, de persoonlijkheidstest, printen, het resultaat, veelgebruikt, de vragenlijst*

4 **Luisteren en spreken –** **cd 1 - 47**
  Een telefoongesprek
  tussen twee vriendinnen
a) + b)
Doel
- De cursisten kunnen begrijpen dat Nathalie en Leen

Hoofdstuk 6C

twee vriendinnen zijn die aan de telefoon praten over de verbroken relatie van Nathalie.
- De cursisten kunnen verstaan welke negatieve eigenschappen Nathalie van Maarten noemt.
- De cursisten kunnen verstaan welke eigenschappen Nathalie zoekt in een man.
- De cursisten kunnen begrijpen waar en wanneer Nathalie en Leen afspreken.

Thema tekst: *relaties*
Sleutelwoorden: *afspreken, de aan-uitrelatie, de droomman, iemand anders, internetdaten, langskomen, opnieuw, rijk, slim, uitmaken, uit zijn. de vent, zoeken*
Kennis van de wereld: internetdaten

Uitvoering
Zie 5.2 Luisteren – Algemene aanwijzingen voor luistervaardigheidsoefeningen (p. 9).

Transcriptie
Zie tekstboek, p. 320.

Oplossing
b)
1. egoïstisch, eigenwijs, lui, 2. b. De relatie is uit, 3. eerlijk, lief, romantisch, 4. b. Bij Nathalie thuis.

c) + d)
Doel
- De cursisten kunnen vragen stellen over de gewenste eigenschappen (van de ideale partner van een gespreksgenoot), zoals uiterlijk, karakter, leeftijd, hobby's.
- De cursisten kunnen vragen beantwoorden over hun ideale partner.
- De cursisten kunnen informatie samenvatten.

Uitvoering
Zie 5.3.1 Spreekoefeningen in twee-, drie- en viertallen (p. 10).

Bespreek de standaardvragen die de cursisten bij deze oefening kunnen gebruiken, zoals:
- Hoe ziet je ideale partner eruit?
- Hoe moet je ideale partner eruit zien?
- Hoe … wil je dat hij / zij is?
- Wat voor karaktereigenschappen / hobby's moet hij hebben?
- Hoe mag hij / zij absloout niet zijn?

En de formulering van de antwoorden, zoals:
- Hij / zij moet …. zijn.
- Ik wil dat hij / zij … is.
- Ik zou willen dat hij / zij … is.
- Het liefste wil ik een …. man / vrouw.

5 Luisteren – Internetdaten cd 1 - 48
a) + b)
Doel
- De cursisten kunnen de hoofdlijnen van de dialoog begrijpen.
- De cursisten kunnen begrijpen hoe het met Nathalie gaat.
- De cursisten kunnen begrijpen dat Leen komt helpen om een contactadvertentie te maken.
- De cursisten kunnen begrijpen welk adviezen Leen geeft wat betreft de keuze van de site en de keuze van de foto.

Thema tekst: een contactadvertentie maken
Sleutelwoorden: *de advertentie, betaald, binnenkomen, de datingsite, gratis, open hebben*
Kennis van de wereld: datingsites

Uitvoering
Zie 5.2 Luisteren – Algemene aanwijzingen voor luistervaardigheidsoefeningen (p. 9).

Attendeer de cursisten erop dat ze twee vrouwenstemmen gaan horen en dus goed moeten opletten wie wat zegt.

Transcriptie
Zie tekstboek, 320 - 321.

Oplossing
b)
1. **b**, 2. **b**, 3. **a**, 4. **c**

6 Lezen, luisteren en spreken – Contactadvertenties
a)
Doel

- De cursisten begrijpen wat contactadvertenties zijn.
- De cursisten kunnen de belangrijkste eigenschappen van de vier mannen begrijpen.
- De cursisten kunnen de belangrijkste overeenkomsten en verschillen tussen de vier mannen begrijpen en benoemen.
- De cursisten kunnen begrijpen wat voor soort vrouw deze vier mannen zoeken.

Thema tekst: tekst
Sleutelwoorden: d*e burgerlijke staat, de contactadvertentie, drinken, gescheiden, de kinderwens, de meid, het opleidingsniveau, roken, single*
Kennis van de wereld: mbo / hbo / wo, 'drinken' betekent alcohol drinken

Uitvoering
Zie 5.5 Lezen – Algemene aanwijzingen voor leesvaardigheidsoefeningen (p. 14).

1. Bespreek het begrip contactadvertenties. Kennen de cursisten dat in hun eigen land ook?
2. Besteed eventueel aandacht aan het feit dat het hier om heteroseksuele relaties gaat, maar dat er zeker ook contactadvertenties voor homoseksuele relaties zijn.
3. Besteed (kort) aandacht aan het onderwijssysteem in Nederland: het verschil tussen mbo, hbo en wo (zie ook het notitieblaadje).
4. Laat de cursisten eventueel de vier mannen vergelijken. Daarbij moeten ze gebruik maken van de comparatief, bijvoorbeeld: 'Leon is jonger dan Markus.' Verwijs de cursisten eventueel naar hoofdstuk 3, de comparatief en de superlatief.

Notitie
Zie 5.8 Notitie – Algemene aanwijzingen voor het bespreken van informatie in de kaders getiteld 'Notitie' (p. 15).

Bespreek kort hoe het onderwijssysteem in Nederland in elkaar zit.
Misschien kunnen cursisten ook zelf iets vertellen, als ze

Hoofdstuk 6C

kinderen hebben op school.
Maak op het bord een schema met de verschillende schooltypes, waaruit ook duidelijk wordt welke doorstroming mogelijk is. Vermeld er ook bij hoe lang elk schooltype duurt / op welke leeftijd kinderen en jongvolwassenen de school bezoeken.
Let op: in hoofdstuk 12 wordt uitgebreid ingegaan op het onderwijssysteem in Nederland.

b) + c)   cd 1 - 49
Doel
- De cursisten kunnen de hoofdlijnen van de dialoog begrijpen: ze begrijpen dat Nathalie haar ideale man beschrijft en ze kunnen verstaan welke kenmerken Nathalie belangrijk vindt in een man.
- De cursisten kunnen beluisterde informatie koppelen aan gelezen informatie: ze kunnen begrijpen welke kenmerken van de vier mannen Nathalie positief en welke ze negatief vindt.

Thema tekst: de ideale man omschrijven
Sleutelwoorden: af en toe, dol zijn op, de droomman, gevaarlijk, een hekel hebben aan, hetzelfde als, houden van, het liefst, het maakt niet uit, net zo … als, de universiteit, het verschil

Uitvoering
Zie 5.2 Luisteren – Algemene aanwijzingen voor luistervaardigheidsoefeningen (p. 9).
Zie 5.5 Lezen – Algemene aanwijzingen voor leesvaardigheidsoefeningen (p. 14).

Let op: Een aantal van de hierboven genoemde sleutelwoorden is al in eerdere hoofdstukken aan bod geweest, maar het kan geen kwaad ze nog eens te herhalen.

Transcriptie
Zie tekstboek, p. 321.

c)
Oplossing
1.
Naam:	Leon
Leeftijd:	32 jaar +
Lengte:	1,75 m +
Werk:	communicatietrainer
Opleidingsniveau:	wo +
Kleur ogen:	blauw +
Kleur haar:	blond -
Hobby's:	parachutespringen - , reizen + en zwemmen
Burgerlijke staat:	single
Kinderen:	nog niet, wel kinderwens +
Roken / Drinken:	roken: ja, sigaren - drinken: af en toe +

2.
Naam:	Markus
Leeftijd:	43 jaar -
Lengte:	1,96 m +
Werk:	automonteur
Opleidingsniveau:	mbo -
Kleur ogen:	groen +
Kleur haar:	bruin +
Hobby's:	lezen + en computeren
Burgerlijke staat:	gescheiden
Kinderen:	een zoon (8) en een dochter (6) +
Roken / Drinken:	allebei niet +

3.
Naam:	Michel
Leeftijd:	27 jaar +
Lengte:	1,87 m +
Werk:	docent op een middelbare school
Opleidingsniveau:	hbo +
Kleur ogen:	bruin +
Kleur haar:	bruin +
Hobby's:	films kijken +, uitgaan -, salsadansen +
Burgerlijke staat:	single
Kinderen:	misschien over een jaar of tien? -
Roken / Drinken:	roken: ja; - drinken: ja, gezellig! -

4.
Naam:	Mark
Leeftijd:	34 jaar +
Lengte:	1,71 m -
Werk:	kunstenaar
Opleidingsniveau:	hbo +
Kleur ogen:	bruin +
Kleur haar:	blond -
Hobby's:	schilderen, musea bezoeken +, uitgaan +
Burgerlijke staat:	single
Kinderen:	geen kinderwens -
Roken / Drinken:	alleen bij het uitgaan roken -, drinken +

d)
Doel
De cursisten kunnen hun mening onder woorden brengen en onderbouwen: ze kunnen vertellen welke man zij denken dat het beste bij Nathalie past en waarom zij dat denken.

Uitvoering
Zie 5.3.1 Spreekoefeningen in twee-, drie- en viertallen (p. 10).

Oplossing
Nathalie stelt de volgende eisen aan haar droomman. Hij
- is 1,75m of groter.
- heeft donker haar.
- is tussen de 27 en 37 jaar oud.
- heeft een hbo- of wo-opleiding.
- houdt van musea bezoeken, lezen, reizen en dansen. Hij heeft geen gevaarlijke hobby's!
- gaat niet te vaak uit.
- rookt niet.
- is gezellig, grappig en eerlijk.
- heeft een kinderwens.

Leon, Markus, Michel en Mark voldoen alle vier niet helemaal aan haar eisen.

Leon past niet helemaal bij Nathalie, want hij heeft blond haar en Nathalie houdt niet van blond haar. Ook heeft hij een gevaarlijke hobby (parachutespringen) en rookt hij. Markus is een beetje te oud voor Nathalie. Hij is 43 en zijn opleidingsniveau is eigenlijk te laag (mbo in plaats van hbo). Michel past niet helemaal bij Nathalie omdat hij misschien geen kinderen wil (of pas over tien jaar). Ook rookt hij en gaat hij elk weekend uit.

Hoofdstuk 6C

Mark is te klein (1,71m), heeft blond haar, rookt bij het uitgaan en heeft geen kinderwens.

Waarschijnlijk past Markus het beste bij Nathalie. Hij voldoet aan de meeste eisen.

 Schrijven – Contactadvertentie

Let op: deze oefening moeten de cursisten inleveren.

Doel

- De cursisten kunnen zichzelf in steekwoorden beschrijven.
- De cursisten kunnen hun wensen beschrijven, in dit geval: hun wensen voor wat betreft de ideale partner.

Uitvoering
Zie 5.4.2 Aanpak individuele schrijfoefeningen (p. 13).

> **Oefeningen werkboek**
> Op deze oefeningen in het tekstboek volgen
>
>

Oefening 3 en 4 van het werkboek dienen de cursisten in te leveren.

 Grammatica – Diminutief

a) + b) + c)
Doel
- De cursisten kunnen het diminutief herkennen.
- De cursisten kunnen de functie van het diminutief begrijpen.
- De cursisten leren het artikel bij het diminutief.

Uitvoering
Zie 5.7 Grammatica – Algemene aanwijzingen voor grammaticaoefeningen (p. 15).

Uitvoerfase
Als de cursisten moeite hebben het definiet artikel van de singularis te achterhalen (bij oefening c), wijs ze dan op de vorm van het adjectief. Adjectief zonder e -->
lidwoord moet 'het' zijn!

Evaluatiefase
1. Rokje kan zowel leuk betekenen als klein. Ook *baby'tje* en *kindjes* geven zowel aan dat het om jonge en kleine kinderen gaat als dat ze lief, leuk en schattig zijn.
2. Besteed ook aandacht aan de apostrof bij *baby'tje:* woorden die eindigen op –y krijgen een apostrof. Ter info: bij woorden die eindigen op vocalen, verdubbelt de vocaal in het diminutief *(parapluutje)*.
3. Mogelijk komen er vragen over de tussen-t (bij: *biertje, tweetjes, tafeltjes, baby'tje, cadeautje, schoentjes*). Beperk de uitleg daarover tot: soms komt er een tussenletter bij om de uitspraak makkelijker te maken. In dit stadium hoeven de cursisten dat nog niet zelf te kunnen produceren.

Oplossing
b)
De substantieven eindigen allemaal op **-je** of **-jes**. Het zijn diminutieven.

1. Misschien kunnen we een keertje een hapje eten of een biertje drinken!
2. Ik heb een klein hartje.
3. Met z'n tweetjes is gezelliger dan alleen!
4. Ik zoek twee tafeltjes.
5. Wat een leuk rokje heb je aan!
6. Het baby'tje van Roger is echt heel schattig!
7. De kindjes van Tanja spelen heel lief met onze kindjes.
9. Ik vind het cadeautje erg leuk.
10. De schoentjes van Astrid zijn te klein. Ze moet grotere schoentjes hebben.

De substantieven eindigen allemaal op –je of –jes. Het zijn diminutieven.

Oplossing
c)
-je, -jes, het, de

> **Oefeningen werkboek**
> Op deze oefeningen in het tekstboek volgen
>
>

 Vocabulaire – Relatievormen
Doel
- De cursisten leren de woorden die nodig zijn om relatievormen te benoemen.
- De cursisten maken kennis met in Nederland gangbare relatievormen.
- De cursisten kunnen vertellen over gewoonten in hun land van herkomst.

Uitvoering
Zie 5.11 Woordenschatverwerving – Algemene aanwijzingen voor het omgaan met de woordenlijsten (p. 16).
Zie 5.6 Invuloefeningen – Algemene aanwijzingen voor invuloefeningen (p. 15).

Bespreek samen verschillende relatievormen. Bespreek ook de verschillen tussen Nederland en de landen van herkomst van de cursisten.

Oplossing
gescheiden, co-ouderschap, verloofd, stiefmoeder, halfbroer, single / vrijgezel, partner, latrelatie

Notitie
Zie 5.8 Notitie – Algemene aanwijzingen voor het bespreken van informatie in de kaders getiteld 'Notitie' (p. 15).

Hoofdstuk 7A

Voel je je niet goed?

Titelpagina
Zie 5.1 Begin van een hoofdstuk: titelpagina (p. 9).

A Ik voel me niet lekker!

Doel
Lichaamsdelen benoemen
Klachten beschrijven en ziektes benoemen

Grammatica
Reflexieve verba en reflexief pronomen
Perfectum (regelmatige vormen)

Oefeningen werkboek
Op deze oefeningen in het tekstboek volgen
 WB 6C - 7, 8

Oefening 8 van het werkboek moeten de cursisten inleveren.

10 Vocabulaire – Raadsel
Doel
- De cursisten kunnen de informatie begrijpen.
- De cursisten maken kennis met het imperfectum.
- De cursisten herhalen de comparatief en het possessief pronomen.

Uitvoering
Zie 5.11 Woordenschatverwerving – Algemene aanwijzingen voor het omgaan met de woordenlijsten (p. 16).
Zie 5.5 Lezen – Algemene aanwijzingen voor leesvaardigheidsoefeningen (p. 14).

Let op: Bespreek het type raadsel. Kennen de cursisten dit soort raadsels? Begrijpen ze wat ze moeten doen?

Sleutelwoorden: *het bedrag, erachter komen, de erfenis, kreeg (krijgen), liet na aan (nalaten aan), met behulp van, oplossen, het raadsel*

Oplossing

naam	erfenis	getrouwd met	erfenis
Henk	10.000	Kim	10.000
Steven	11.000	Angela	15.000
Jory	8.000	Emma	14.000

Oefeningen werkboek
Op deze oefeningen in het tekstboek volgt
 WB 6C - 9

Uitdrukking
Doel
De cursisten begrijpen globaal de betekenis van deze uitdrukking.

Uitvoering
Zie 5.9 Uitdrukking – Algemene aanwijzingen voor het bespreken van de uitdrukking (p. 16).

Uitspraak cd 1 - 50
Doel
- De cursisten maken kennis met zinsritme.
- De cursisten leren luisteren naar het zinsritme.
- De cursisten kunnen zinsritme maken.

Uitvoering
Zie 5.10 Uitspraak – Algemene aanwijzingen voor het bespreken van de uitspraak (p. 16).

1 Luisteren – Ik voel me cd 2 - 1, 2, 3
helemaal niet lekker!
a) + b) + c)
Doel
- De cursisten kunnen de hoofdlijnen van de gezondheidsklachten van Paul (a), Sofie (b) en Tim (c) begrijpen.
- De cursisten kunnen begrijpen wat de patiënten (Paul, Sofie en Tim) zelf denken dat er aan de hand is.
- De cursisten kunnen het advies van de gespreksgenoten (moeder, Theo, Mieke) in hoofdlijnen begrijpen.

Thema tekst: ziek zijn
Sleutelwoorden a: *de buik, de diarree, de dokter, de griep, het hoofd, de huisarts, de koorts, last hebben van, pijn hebben, de rug, de thermometer, volgens mij, zich aanstellen, zich voelen, ziek zijn.*
Sleutelwoorden b: *duizelig, de eerste hulp, gebroken, gekneusd, gevallen, de trap, de vinger, voor de zekerheid, het ziekenhuis*
Sleutelwoorden c: *beroerd, gegeten, misselijk, overgeven, het voorhoofd*
Kennis van de wereld: systeem huisartsen, eerste hulp en ziekenhuis, schoolziek zijn, graden Celsius

Uitvoering
Zie 5.2 Luisteren – Algemene aanwijzingen voor luistervaardigheidsoefeningen (p. 9).

Transcriptie
Zie tekstboek, p. 321.

Oplossing
a)
1. waar, 2. niet waar, 3. niet waar

Oplossing
b)
1. waar, 2. waar, 3. waar

Oplossing
c)
1. waar, 2. niet waar, 3. waar

Hoofdstuk 7A

2 Invuloefening – Ik heb zo'n pijn …
a) + b)
Doel
- De cursisten leren de woorden die nodig zijn om gezondheidsklachten en ziekte te beschrijven.
- De cursisten leren de woorden voor verschillende lichaamsdelen.

Uitvoering
Zie 5.6 Invuloefeningen – Algemene aanwijzingen voor invuloefeningen (p. 15).

Oplossing
a)
Ik voel me niet **lekker**.
Ik heb **koorts**. Ik heb 40 graden **koorts**. Ik heb buikpijn. / pijn aan mijn **buik**. / pijn in mijn **buik**. Ik heb diarree. Ik heb een **gebroken** vinger / een gekneusde vinger.
Ik heb **last** van mijn buik / hoofd / rug / vinger.
Ik denk dat ik moet **overgeven**.

Oplossing
b)
het hoofd, de schouder, het oor, **het oog**, de neus, **de mond**, de buik, de hand, de arm, de rug, de billen, de knie, **de vinger**, het been, de teen, **de voet**

> **Oefeningen werkboek**
> Op deze oefeningen in het tekstboek volgen
> 📖 WB 7A - 1, 2

3 Luisteren en invuloefening – cd 2 - 4
Naar wie kun je gaan?
a) + b)
Doel
- De cursisten kunnen begrijpen welk beroep de sprekers uitoefenen.
- De cursisten leren de woorden voor medische beroepen.

Thema tekst: medische beroepen
Sleutelwoorden: *acupunctuur, bang zijn voor, de (oog)-arts, doorverwijzen, de klacht, masseren, opereren, de patiënt, de praktijk, het probleem, de specialist, de sportblessure, verdoven, zwanger*
Kennis van de wereld: bang zijn voor de tandarts, medische specialismen

Uitvoering
Zie 5.2 Luisteren – Algemene aanwijzingen voor luistervaardigheidsoefeningen (p. 9).
Zie 5.6 Invuloefeningen – Algemene aanwijzingen voor invuloefeningen (p. 15).

Transcriptie
Zie tekstboek, p. 321 - 322.

Oplossing
a)
1. e, 2. g, 3. b, 4. c, 5. h, 6. a, 7. f, 8. d

Oplossing
b)
1. de tandarts, 2. de verloskundige, 3. de chirurg, 4. de fysiotherapeut, 5. de psycholoog, 6. de huisarts, 7. de acupuncturist, 8. de oogarts

> **Oefeningen werkboek**
> Op deze oefeningen in het tekstboek volgt
> 📖 WB 7A - 3

4 Grammatica – Reflexief pronomen
a) + b) + c)
Doel
- De cursisten maken kennis met het reflexief pronomen.
- De cursisten kunnen de betekenis van het reflexief pronomen begrijpen.
- De cursisten kunnen het reflexief pronomen herkennen.
- De cursisten kunnen de vormen van het reflexief pronomen koppelen aan de subjectsvorm.

Let op: Op dit niveau moeten de cursisten vooral de goede vormen van de reflexieve pronomina kennen en deze ook kunnen koppelen aan de subjectvormen. Als de cursisten een tekst lezen of horen waarin een reflexief verbum staat, moet dit geen verwarring meer opleveren. Men moet ook in een woordenboek kunnen zien / zoeken of een verbum reflexief is. Besteed daar even wat aandacht aan.
Zelf produceren op schrift of mondeling is op dit niveau wat veel gevraagd. Dit moet groeien.

Uitvoering
Zie 5.7 Grammatica – Algemene aanwijzingen voor grammaticaoefeningen (p. 15).
Zie 5.6 Invuloefeningen – Algemene aanwijzingen voor invuloefeningen (p. 15).

Oplossing
a)
1 b. **Ze** wast **zich** (= de **verpleegkundige** / **vrouw** wast zichzelf).
2 a. Ze (= de moeder) kleedt de **baby** aan.
   b. **Ze** kleedt **zich** aan (= de **moeder** / **vrouw** kleedt zichzelf aan).
3 b. **Hij** scheert **zich** (= de **kapper** / **man** scheert **zichzelf**).
   wassen, scheren

Oplossing
b)
- ■ Hoi Ellen. Zijn jouw kinderen vandaag niet hier?
- ● Nee, ze voelen <u>zich</u> niet lekker. En mijn man voelt <u>zich</u> ook ziek.
- ■ Volgens mij voel jij <u>je</u> ook niet zo goed. Voel je <u>je</u> wel lekker?
- ● Nou, ik voel <u>me</u> inderdaad ook niet zo goed. En dan moet ik <u>me</u> ook nog de hele dag haasten!
- ■ Kan ik iets voor je doen? Ik verveel <u>me</u> toch.
- ● Nou graag!

Hoofdstuk 7A

Oplossing
c)
reflexief pronomen:
singularis: **me, je,** zich / u, **zich, zich,** zich
pluralis: ons, je, **zich**

NOTITIE
Zie 5.8 Notitie – Algemene aanwijzingen voor het bespreken van de informatie in de kaders getiteld 'Notitie' (p. 15).

Oplossing
d)
1. me, 2. zich, 3. zich, 4. zich, 5. zich, 6. je, 7. je, 8. me, 9. zich, 10. ons

Let op: In de laatste drie zinnen van oefening d) staan de reflexieve verba in de infinitiefvorm, omdat er modale hulpverba bij staan. De reflexieve pronomina veranderen echter niet. Mogelijk levert dit verwarring op. Ga hier alleen op in als er vragen over komen of onduidelijkheden door ontstaan. Deze zinnen zijn in de oefening verwerkt omdat cursisten in lees- en luisterteksten op deze wijze met reflexieve verba geconfronteerd kunnen worden. Dat moet dan geen probleem opleveren.

> **Oefeningen werkboek**
> Op deze oefeningen in het tekstboek volgen
>  WB 7A - 4, 5

5 Spreken – Ik heb last van ...
Doel
- De cursisten kunnen lichaamsdelen benoemen.
- De cursisten kunnen lichamelijke klachten benoemen.
- De cursisten kunnen benoemen naar welke medisch specialist je moet gaan met een bepaalde klacht.

Uitvoering
Zie 5.3.1 Spreekoefeningen in twee-, drie- en viertallen (p. 10).

Introductiefase
Besteed aandacht aan het idioom: *last hebben van, pijn hebben aan.*
Bespreek eventueel ook de samengestelde woorden: oor + pijn = oorpijn; zo ook buikpijn, hoofdpijn, oorarts, oogarts, et cetera. Let wel op dat niet alle combinaties bestaande woorden opleveren.

Uitvoerfase
Tijdens de oefening moet cursist B kunnen controleren of cursist A wel het goede lichaamsdeel benoemt. Daarom moet cursist A de plek aanwijzen op het plaatje. Hierdoor is de oefening weliswaar iets minder vrijblijvend, maar wel zinvoller.
U kunt er overigens ook voor kiezen om de lichaamsdelen op het eigen lichaam aan te laten wijzen, in plaats van op het plaatje. Schat zelf in of dat bij uw groep kan. Niet elke groep of elke cursist zal dat waarderen of zich daar gemakkelijk bij voelen.

6 Lezen en grammatica – Perfectum (regelmatig)
a) + b) + c) + d) + e)
Doel
- De cursisten kunnen onderdelen van een verhaal in een logische, chronologische volgorde zetten.
- De cursisten maken kennis met het perfectum.
- De cursisten kunnen het regelmatig perfectum herkennen in een tekst.
- De cursisten begrijpen dat het perfectum wordt gevormd door het verbum auxiliare *zijn* of *hebben* met een participium.
- De cursisten kunnen de infinitief van een verbum afleiden van het regelmatige participium.
- De cursisten kunnen begrijpen wanneer het participium op een -t eindigt en wanneer op een -d.

Uitvoering
Zie 5.7 Grammatica – Algemene aanwijzingen voor grammaticaoefeningen (p. 15).

Let op: Bespreek samen de betekenis van de zinnen bij oefening a).
Begrijpen de cursisten alle woorden en zinnen?
Laat de cursisten daarna vertellen waar het verhaal in hoofdlijnen over gaat.
Instrueer de cursisten vervolgens om, individueel of in tweetallen, de zinnen in de goede volgorde te zetten.

Oplossing
a)
1. (J) Tijdens de training heeft zij haar knie gekneusd.
2. (B) De trainer heeft tegen Marieke gezegd: "Het is misschien goed om naar de dokter te gaan!".
3. (D) Helaas heeft Marieke niet goed geluisterd en is zij gewoon naar huis gefietst.
4. (E) Dat heeft de kneuzing aan haar knie nog erger gemaakt.
5. (G) Ik heb meteen de huisarts gebeld om een afspraak te maken.
6. (F) Ik heb Marieke in de auto gezet om haar naar de dokter te brengen.
7. (I) De dokter heeft een drukverband om haar knie gewikkeld.
8. (K) Daarna heb ik thuis ernstig met Marieke gepraat.
9. (A) Ik heb haar gevraagd om in de toekomst beter na te denken.
10. (H) Marieke heeft toen erg gehuild, door de pijn en door mijn boosheid.
11. (C) Ik heb haar natuurlijk eerst getroost. Daarna heb ik haar op een ijsje getrakteerd.

Oplossing
b)
1. Tijdens de training <u>heeft</u> zij haar knie <u>gekneusd</u>.
2. De trainer <u>heeft</u> tegen Marieke <u>gezegd</u>: "Het is misschien goed om naar de dokter te gaan!".
3. Helaas <u>heeft</u> Marieke niet goed <u>geluisterd</u> en <u>is</u> zij gewoon naar huis <u>gefietst</u>.
4. Dat <u>heeft</u> de kneuzing aan haar knie nog erger <u>gemaakt</u>.
5. Ik <u>heb</u> meteen de huisarts <u>gebeld</u> om een afspraak te maken.
6. Ik <u>heb</u> Marieke in de auto <u>gezet</u> om haar naar de dokter te brengen.

93

Hoofdstuk 7A

7. De dokter heeft een drukverband om haar knie gewikkeld.
8. Daarna heb ik thuis ernstig met Marieke gepraat.
9. Ik heb haar gevraagd om in de toekomst beter na te denken.
10. Marieke heeft toen erg gehuild, door de pijn en door mijn boosheid.
11. Ik heb haar natuurlijk eerst getroost. Daarna heb ik haar op een ijsje getrakteerd.

Oplossing
c)
1. heeft – gekneusd – kneuzen – kneus
2. heeft – gezegd – zeggen – zeg
3. heeft – geluisterd – luisteren – luister
4. is – gefietst – fietsen – fiets
5. heeft – gemaakt – maken – maak
6. heb – gebeld – bellen – bel
7. heb – gezet – zetten – zet
8. heeft – gewikkeld – wikkelen – wikkel
9. heb – gepraat – praten – praat
10. heb – gevraagd – vragen – vraag
11. heeft – gehuild – huilen – huil
12. heb – getroost – troosten – troost
13. heb – getrakteerd – trakteren – trakteer

Oplossing
d)
hebben of **zijn**.
ge + **stam** + **-d** of **-t**.
-t, -d

NOTITIE Ezelsbruggetje
Zie 5.8 Notitie – Algemene aanwijzingen voor het bespreken van de informatie in de kaders getiteld 'Notitie' (p. 15).

Uitvoering notitieblaadje
1. Besteed eventueel aandacht aan het woord ezelsbruggetje. Het is een woord dat vaker van pas kan komen in de les.
2. Maak de cursisten erop attent dat verba met de klank 'ks' in de stam ook een 't' krijgen in het participium. Geef als voorbeeld het verbum 'faxen'. Deze vallen buiten het ezelsbruggetje.
3. U kunt de regel voor -d of -t ook op een andere manier benaderen. De consonanten die zorgen voor een participium op -t (f, k, p, s, t), zijn zogenaamde explosieven. Dergelijke klanken laten zich makkelijker combineren met een -t dan met een -d. Laat de cursisten de explosieven op een overdreven manier uitspreken, dan horen ze het wellicht zelf ook.

NOTITIE Verba op -ven en -zen
Zie 5.8 Notitie – Algemene aanwijzingen voor het bespreken van de informatie in de kaders getiteld 'Notitie' (p. 15).

Uitvoering notitieblaadje
Geef een aantal voorbeelden.
1. Schrijf het hele 'stappenplan' op het bord:
– infinitief: leven
– daaronder de infinitief minus -en: leev (eventueel kunt u een extra stap toevoegen: de extra -e-)
– daaronder de stam: leef
– daaronder het participium: geleefd

2. Vraag de cursisten welke letter bepalend is voor de -d of de -t in het participium: de laatste letter van de infinitief minus -en, of de laatste letter van de stam.
3. Let op dat u alleen voorbeelden gebruikt van regelmatige, zwakke verba (dus niet: lezen – gelezen).

Oplossing
e)

maken	ge	maak	t
wonen	ge	woon	d
klagen	ge	klaag	d
werken	ge	werk	t
dansen	ge	dans	t
reizen	ge	reis	d
antwoorden	ge	antwoord	-
beven	ge	beef	d
faxen	ge	fax	t

NOTITIE
Zie 5.8 Notitie – Algemene aanwijzingen voor het bespreken van de informatie in de kaders getiteld 'Notitie' (p. 15).

Let op: In dit hoofdstuk worden de onregelmatige verba gebruikt die op het notitieblaadje staan. Bespreek met de cursisten hoe zij het aanleren van nieuwe onregelmatige verba willen gaan aanpakken in de toekomst. Denk aan een woordenschrift of -lijst. Laat ze de onregelmatige verba 'twee kanten op' leren: van infinitief naar participium, maar ook van participium naar infinitief. Laat ze zelf enige patronen ontdekken in de onregelmatige verba, bijvoorbeeld vaak terugkerende klankwijzigingen (ij in infinitief wordt vaak e in participium).

> **Oefeningen werkboek**
> Op deze oefeningen in het tekstboek volgt
>
> 📖 WB 7A - 6
>
> Laat de cursisten deze oefening maken vóórdat u in de les spreekoefening 7 en 8 uit het tekstboek doet.

 **Spreken – Wat heb jij gisteren gedaan?**

Let op: bij deze opdracht hoort een kopieerblad.

Doel
- De cursisten kunnen het perfectum gebruiken in korte, eenvoudige zinnen.
- De cursisten kunnen de juiste vorm van het regelmatige perfectum maken.

Uitvoering
Zie 5.3.1 Spreekoefeningen in twee-, drie- en viertallen (p. 10).

Let op:
1. Laat de cursisten eerst WB 7A - 6 maken (thuis of in de les). Bespreek WB 7A - 6 klassikaal.
   Begin daarna pas aan deze spreekoefening.
2. Het perfectum presens wordt in de (mondelinge) communicatie veel gebruikt. Het moet dus goed worden geoefend. Aandacht voor de vorm is in deze beginfase zeer gewenst.

Hoofdstuk 7B

Deze spreekoefening is bedoeld om de verba die in de vorige oefeningen zijn gebruikt, in te slijpen en te herhalen in spreekvorm. Er hoeven dus nog niet veel details aan de antwoorden toegevoegd te worden (dat mag natuurlijk wel, maar moedig het alleen aan bij die cursisten die de simpele versies van de antwoorden zonder problemen oplepelen. Anders hebben de cursisten een belangrijke stap overgeslagen, namelijk de inslijp-consolideringsfase.)

Oefeningen werkboek
Op deze oefeningen in het tekstboek volgt

WB 7A - 7

8 Spreken – Maandag heb ik gestudeerd

Doel
- De cursisten kunnen het perfectum gebruiken in korte, eenvoudige zinnen.
- De cursisten kunnen de juiste vorm van het regelmatig perfectum maken.
- De cursisten leren dat ze het perfectum (o.a.) gebruiken bij activiteiten die ze onlangs hebben gedaan.

Uitvoering
Zie 5.3.1 Spreekoefeningen in twee-, drie- en viertallen (p. 10).

Let op: Het doel van deze oefening is dat men ook vrijer leert spreken terwijl men het perfectum (presens) gebruikt. Om toch een steuntje in de rug te geven, mogen de cursisten eerst hun agenda invullen. Hierdoor kunnen ze zich al even concentreren op het Nederlandse vocabulaire dat ze nodig zullen hebben. De oefening gaat dus wel om vrije productie maar de voorbereiding geeft in dit stadium nog wat broodnodige houvast.

Oefeningen werkboek
Op deze oefeningen in het tekstboek volgt

WB 7A - 8

Oefening 8 van het werkboek moeten de cursisten inleveren.

 Uitdrukking

Doel
De cursisten begrijpen globaal de betekenis van de uitdrukking.

Uitvoering
Zie 5.9 Uitdrukking – Algemene aanwijzingen voor het bespreken van de uitdrukking (p. 16).

B Bij de dokter

Doel
Naar de huisarts, apotheek
Advies vragen en geven bij ziekte en pijn
Beterschap wensen
Bijsluiters lezen

Grammatica
Perfectum (onregelmatige vormen)
Zou / zouden bij een advies

1 Luisteren – Naar de dokter cd 2 - 5, 6, 7

a)
Doel
- De cursisten kunnen begrijpen dat mevrouw De Boer de huisarts belt, en de assistente aan de lijn krijgt.
- De cursisten kunnen begrijpen dat niet mevrouw De Boer zelf, maar haar zoon ziek is.
- De cursisten kunnen de hoofdlijnen van de klachten en het ziektebeeld van de zoon begrijpen.
- De cursisten kunnen begrijpen dat de assistente een afspraak op woensdag voorstelt, maar dat mevrouw De Boer vandaag (maandag) al wil komen.
- De cursisten kunnen begrijpen dat de afspraak voor vandaag wordt gemaakt.

Thema tekst: ziek zijn, de huisarts bellen, lichamelijk klachten benoemen, een afspraak met de huisarts maken
Sleutelwoorden: *de assistente, dat heerst (heersen), niets helpt, ik heb de temperatuur opgenomen (de temperatuur opnemen)*
Kennis van de wereld: de huisarts (komt de huisarts naar uw huis, of gaat u naar de huisarts toe?), de assistente van de huisarts

Uitvoering
Zie 5.2 Luisteren – Algemene aanwijzingen voor luistervaardigheidsoefeningen (p. 9).

Transcriptie
Zie tekstboek, p. 322.

Oplossing
1. niet waar, 2. waar, 3. niet waar, 4. niet waar
Vandaag om half twee.

b)
Doel
- De cursisten kunnen begrijpen wat de diagnose van de dokter is: Paul heeft buikgriep en keelontsteking.
- De cursisten kunnen begrijpen dat de dokter vindt dat Paul de buikgriep moet uitzieken (hij mag eventueel paracetamol nemen), maar dat Paul tegen de keelontsteking wel een antibioticum krijgt.
- De cursisten kunnen de instructie van de dokter bij het antibioticum begrijpen: Paul moet de kuur van zeven dagen afmaken.

Thema tekst: bij de dokter je klachten vertellen, de diagnose door de dokter begrijpen, voorschriften bij medicijnen begrijpen

Hoofdstuk 7B

Sleutelwoorden: *het antibioticum, de apotheek, de keelontsteking, de kuur afmaken, (geen) kwaad kunnen, de medicijnen, het recept, de rust, uitzieken, vertroetelen, wat is er aan de hand? (aan de hand zijn)*
Kennis van de wereld: systeem recepten voorschrijven: vaak mailt de huisarts het recept naar de apotheek, de patiënt kan de medicijnen dan bij de apotheek ophalen. Soms schrijft de huisarts het recept nog op papier uit. Dan neemt de patiënt zelf het papieren recept mee naar de apotheek, en krijgt daar zijn medicijnen.

Uitvoering
Zie 5.2 Luisteren – Algemene aanwijzingen voor luistervaardigheidsoefeningen (p. 9).

Let op: Vermeld dat het woord *medicijnen* meestal in de pluralis staat.

Vervolgsuggestie
Dit is wellicht een mooi moment om even te praten over de Nederlandse kijk op antibiotica. Nederland gaat daar streng mee om. Wat vinden de cursisten? Hoe snel mag of moet een arts antibiotica voorschrijven?

Transcriptie
Zie tekstboek, p. 322.

Oplossing
1. c, 2. b, 3. b

c)
Doel
- De cursisten leren enkele belangrijke woorden op het gebied van medicijngebruik en ziektekosten.
- De cursisten kunnen de essentiële informatie uit een gesprek verstaan en begrijpen. In dit geval de sleutelinformatie: zeven dagen, drie pillen per dag, de kuur afmaken, de bijsluiter lezen, de verzekeringsmaatschappij betaalt.

Thema tekst: medicijngebruik en rekeningen voor medicijnen
Sleutelwoorden: *het advies, de bijsluiter, innemen, de pil, de rekening, het tablet, de verzekeringsmaatschappij*
Kennis van de wereld: voorschriften medicijngebruik (bijsluiter, doktersadvies), verzekeringsmaatschappijen

Uitvoering
Zie 5.2 Luisteren – Algemene aanwijzingen voor luistervaardigheidsoefeningen (p. 9).
Zie 5.6 Invuloefeningen – Algemene aanwijzingen voor invuloefeningen (p. 15).

Transcriptie
Zie tekstboek, p. 322.

Oplossing
1. zeven, drie
2. a. afmaken, b. doorlezen
3. ver**zeke**ringsmaatschappij

Oefeningen werkboek
Op deze oefeningen in het tekstboek volgen

 WB 7B - 1, 2, 3, 4

NOTITIE
Zie 5.8 Notitie – Algemene aanwijzingen voor het bespreken van de informatie in de kaders getiteld 'Notitie' (p. 15).
1. Herhaal de vormen van het verbum: singularis *zou*, pluralis *zouden* (zie ook het notitieblaadje bij H4C8).
2. Maak duidelijk dat *zou/zouden* niet één betekenis heeft, maar verschillende functies.
3. Besteed aandacht aan de adviesfunctie van *zou/zouden* + infinitief.
Maak duidelijk dat 'Ik zou naar een dokter gaan' ongeveer hetzelfde betekent als 'Ik vind dat je naar een dokter moet gaan.'
4. Ga na of de cursisten begrijpen dat 'Ik zou' betekent dat de ik-persoon vindt dat de ander iets moet doen. Het betekent niet dat de ik-persoon zelf iets gaat doen!
5. Maak duidelijk dat ook bij stimuli in de wij-vorm (de linkerkolom op het notitieblaadje) een advies in de ik-vorm heel goed mogelijk is: We zijn moe, maar we moeten naar een feest. Wat moeten we doen? – Ik zou gewoon gaan.
6. Herhaal eventueel de andere functie van *zou/zouden*, die al aan bod is geweest: een wens uitdrukken (zou/zouden + willen + infinitief). Zie H4C8.
7. Mogelijk herinneren sommige cursisten zich ook 'Het zou leuk zijn' (in tekst H6A4b). Als cursisten daar niet zelf mee komen, kunt u er beter geen aandacht aan besteden.

2   Invuloefening – Wat moet ik doen?
Doel
- De cursisten leren de woorden die nodig zijn om advies te vragen als ze ziek zijn of pijn hebben.
- De cursisten leren de woorden die nodig zijn om advies te geven als iemand ziek is of pijn heeft.
- De cursisten kunnen iemand beterschap wensen.

Uitvoering
Zie 5.6 Invuloefeningen – Algemene aanwijzingen voor invuloefeningen (p. 15).
Zie 5.3.3 Routines – Wat kun je zeggen? (p. 11).

Let op:
1. Besteed in de evaluatiefase aandacht aan verschillende manieren waarop je een advies kunt geven.
2. Geef een voorbeeld: Iemand zegt: Ik ben zo moe, maar ik moet werken vandaag.
Geef de mogelijke adviezen:
– met 'zou':   Ik zou lekker in bed blijven liggen.
– met een tegenvraag: Waarom blijf je niet in bed liggen?
– met een imperatief: Blijf lekker in bed liggen!
– volgens mij …:   Volgens mij kun je beter in bed blijven liggen.
3. Controleer of de cursisten het begrepen hebben door vervolgens wat simpele vragen te stellen, bijvoorbeeld: Ik ben ziek. Wat moet ik doen?

Hoofdstuk 7B

4. Geef de cursisten tijd om het advies eerst zelfstandig te noteren.
5. Laat de antwoorden uitspreken en noteer ze op het bord.
6. Stel nog een of twee simpele vragen alvorens naar spreekoefening 3 te gaan. Bijvoorbeeld:
Ik heb hoofdpijn. Wat kan ik het beste doen?
Ik heb kiespijn. Wat zal ik doen?

Oplossing
Advies vragen:
- Ik heb **last** van mijn knie. Wat kan ik het beste **doen**?

Advies geven:
- Ik **zou** de dokter bellen. Ik zou even op bed gaan **liggen**. Waarom **ga** je niet naar de dokter?
- Misschien moet je een afspraak met de fysiotherapeut **maken**.
- Maar **lees** vooral ook de bijsluiter.

> **Oefeningen werkboek**
> Op deze oefeningen in het tekstboek volgt
> 📖 WB 7B - 5

3 Spreken – Wat is uw advies?

Let op: bij deze opdracht hoort een kopieerblad.

Doel
- De cursisten kunnen in korte, eenvoudige zinnen vertellen wat hun lichamelijke klachten zijn.
- De cursisten kunnen een advies geven aan iemand die lichamelijke klachten heeft.

Uitvoering
Zie 5.3.1 Spreekoefeningen in twee-, drie- en viertallen (p. 10).

Let op: Instrueer de cursisten te variëren in de manier waarop ze advies geven.
Het advies hoeft niet uitgebreid te zijn. Het doel van de oefening is dat de cursisten de routines inslijten om advies te geven.

> **Oefeningen werkboek**
> Op deze oefeningen in het tekstboek volgt
> 📖 WB 7B - 6

4 Spreken – Eerst naar de dokter en dan naar de apotheek

Let op: bij deze opdracht hoort een kopieerblad.

Doel
- De cursisten kunnen in korte, eenvoudige zinnen vertellen wat er aan de hand is, welk probleem ze hebben.
- De cursisten kunnen doorvragen om meer informatie over een situatie te krijgen.
- De cursisten kunnen een advies geven.

Uitvoering
Zie 5.3.1 Spreekoefeningen in twee-, drie- en viertallen (p. 10).

Let op:
1. Wijs de cursisten erop dat ze niet op elkaars kopieerblad mogen kijken. Er moet een informatiekloof zijn aan het begin van de oefening. De cursisten moeten zelf duidelijk kunnen vertellen wat er aan de hand is. Degene die advies geeft, moet adequaat reageren op het probleem.
2. Instrueer de cursisten ook echt vragen aan elkaar te stellen, om de situatie of het probleem duidelijk te krijgen.
3. Instrueer de cursisten om zich te houden aan de situatieomschrijving op het kopieerblad. Ze mogen er natuurlijk details bij verzinnen, graag zelfs, maar ze mogen niet afwijken van de basisgegevens.

5 Lezen – Bijsluiter

Doel
- De cursisten kunnen de hoofdlijnen van een bijsluiter begrijpen. In dit geval betekent dat het volgende:
- De cursisten kunnen begrijpen wat een bijsluiter is.
- De cursisten kunnen begrijpen dat dit een bijsluiter bij een ontstekingsremmer is.
- De cursisten kunnen begrijpen wat de belangrijkste symptomen van een ontsteking zijn.
- De cursisten kunnen in grote lijnen de werking van het medicijn begrijpen.
- De cursisten kunnen begrijpen hoe vaak en hoe lang je het medicijn moet innemen.
- De cursisten kunnen begrijpen wat je moet doen als je last van bijwerkingen (diarree) krijgt.

Thema tekst: het begrijpen van een bijsluiter
Sleutelwoorden: *de bacteriën, begrijpelijk, bevatten, de (kinder)bijsluiter, van boven naar beneden, dichtknijpen, eenvoudig, de fabrikant, het geneesmiddel, de lay-out, de oplossing, overgaan, uitleggen, vechten (tegen), verstandig, (niet) volledig, voorlezen, voorkomen, het warm krijgen van, wegjagen, wegspoelen, de ziekmakers*
Nieuwe onregelmatige participia: genomen, gelezen
Kennis van de wereld: (kinder)bijsluiters

Uitvoering
Zie 5.5 Lezen – Algemene aanwijzingen voor leesvaardigheidsoefeningen (p. 14).

Let op: Besteed aandacht aan het principe van extensief lezen (Zie 5.5).
Leg kort het verschil uit tussen intensief en extensief lezen. Kondig aan dat ook oefening WB 7B – 7 een tekst is om extensief te lezen.

Oplossing
1. a, 2. b, 3. a, 4. c

Hoofdstuk 7B

> **Oefeningen werkboek**
> Op deze oefeningen in het tekstboek volgt
>
> WB 7B - 7
>
> Besteed in de les aandacht aan het extensief lezen van teksten.

6 Schrijven en lezen – Hoe moet ik dit medicijn gebruiken?

Let op: bij deze oefening hoort een kopieerblad.

a) + b)
Doel
- De cursisten kunnen bepalen wat essentieel is om te weten als je een (nieuw) medicijn gaat gebruiken.
- De cursisten kunnen vragen stellen over de informatie in een bijsluiter.
- De cursisten kunnen gericht informatie vinden in een bijsluiter.
- De cursisten kunnen vragen beantwoorden over de informatie in een bijsluiter.

Uitvoering
Zie 5.5 Lezen – Algemene aanwijzingen voor leesvaardigheidsoefeningen (p. 14).
Zie 5.4 Schrijven – Algemene aanwijzingen voor schrijfvaardigheidsoefeningen (p. 12).

Let op:
1. Het doel van deze oefening is dat cursisten leren om ook uit complexe, authentieke bijsluiters informatie te halen. Het is natuurlijk fijn als zij alles zouden begrijpen, maar dat is voor een beginnende cursist niet haalbaar. Daarom moeten ze vragen die ze zelf kunnen hebben, ten minste kunnen opzoeken. Vraag als inleiding dan ook aan cursisten welke informatie zij willen weten van een medicijn voordat men het inneemt.
2. Bespreek niet alle nieuwe woorden uit de tekst. Behandel wel de sleutelwoorden uit de tussenkopjes in de bijsluiter. Laat de cursisten ook naar synoniemen zoeken (bijvoorbeeld: *het geneesmiddel = het medicijn*).
3. In de bijsluitertekst komt het passief voor. Dat kennen de cursisten nog niet. Leg het passief hier niet uit; dat hoeven cursisten op dit niveau nog niet te beheersen. Het volstaat als de cursisten weten: 'aspirine wordt gebruikt voor …' = 'je gebruikt aspirine voor…' en 'kan / mag worden gebruikt' = je kunt / mag het gebruiken voor…'
4. Alle cursisten krijgen dezelfde bijsluiter. Het is niet erg als ze (gedeeltelijk) dezelfde vragen hebben bedacht.

Thema tekst: bijsluiter bij een medicijn
Sleutelwoorden uit de tussenkopjes: *de aanwijzing, de aspirine, het bedienen, het bewaren, de bijsluitertekst, de bijwerking, de borstvoeding, buiten het bereik van, de dosering, het gebruik, gelijktijdig, het geneesmiddel, de invloed, letten op, de machine, de rijvaardigheid, de verpakking, de voorzorg, de waarschuwing, de werking, de zwangerschap*

7 Lezen – Paul chat met Carlijn
a) + b)
Doel
- De cursisten kunnen het verbum auxiliare en het participium herkennen.
- De cursisten maken kennis met enkele onregelmatige perfectumvormen.

Uitvoering
Zie 5.5 Lezen – Algemene aanwijzingen voor leesvaardigheidsoefeningen (p. 14).
Zie 5.7 Grammatica – Algemene aanwijzingen voor grammaticaoefeningen (p. 15).

Let op: Bespreek in de introductiefase het sleutelwoord *chatten*. Weten alle cursisten wat dat is?

Thema tekst: chatten met een zieke klasgenoot
Sleutelwoorden: *beloven (ik heb beloofd), een heel stuk beter, chat, saai, ziekenbezoek*
Kennis van de wereld: chatten, thuis op ziekenbezoek komen

Oplossing
a)
Carlijn zegt: Met mij wel, maar met jou niet <u>heb</u> ik <u>gehoord</u>.
Carlijn zegt: <u>Heeft</u> de dokter je dan geen medicijnen <u>gegeven</u>?
Carlijn zegt: Dat zou ik wel willen, maar ik moet naar pianoles en vorige week <u>ben</u> ik ook al niet <u>geweest</u>.
Paul zegt: <u>Is</u> er nog iets leuks <u>gebeurd</u> op school?
Carlijn zegt: Nee, niet veel bijzonders. Vanmiddag <u>hebben</u> we een toets van Engels <u>gehad</u>.
Paul zegt: <u>Heb</u> je de toets goed <u>gemaakt</u>?
Carlijn zegt: O ja, die <u>is</u> wel goed <u>gegaan</u>.
Carlijn zegt: Ik <u>heb</u> <u>gehoord</u> dat zij haar been <u>heeft</u> <u>gebroken</u>. Ik <u>heb</u> <u>beloofd</u> om haar op te bellen om het huiswerk door te geven, dus ik ga haar nu bellen.

Oplossing
b)

heeft	gegeven	onregelmatig	geven
ben	geweest	onregelmatig	zijn
is	gebeurd	regelmatig	gebeuren
hebben	gehad	onregelmatig	hebben
heb	gemaakt	regelmatig	maken
is	gegaan	onregelmatig	gaan
heb	gehoord	regelmatig	horen
heeft	gebroken	onregelmatig	breken
heb	beloofd	regelmatig	beloven

c)
Doel
- De cursisten kunnen hoofdzinnen in het perfectum omzetten naar hoofdzinnen in het perfectum met inversie.
- De cursisten werken met enkele onregelmatige perfectumvormen.

Uitvoering
Zie 5.4 Schrijven – Algemene aanwijzingen voor schrijfvaardigheidsoefeningen (p. 12).
Zie 5.7 Grammatica – Algemene aanwijzingen voor grammaticaoefeningen (p. 15).

Hoofdstuk 7C

Oplossing
c)
1. Vorige week ben ik niet naar pianoles geweest.
2. Vanmiddag hebben we een toets voor Engels gehad.
3. Vorige week is hij naar de fysiotherapeut geweest.
4. Vandaag is Paul niet naar school gegaan.
5. Gisteravond heeft hij geen huiswerk gemaakt.

> **Oefeningen werkboek**
> Op deze oefeningen in het tekstboek volgt
>
> 📖 WB 7B - 8

 **Spreken – Heb je het al gehoord?**

Doel
- De cursisten kunnen vertellen over een nieuwtje of gebeurtenis.
- De cursisten kunnen zinnen in het perfectum maken.
- De cursisten kunnen oorzaken en redenen noemen.
- De cursisten kunnen een stroom aan informatie onthouden en reproduceren.

Uitvoering
Zie 5.3.2 Kettingoefeningen en klassikale spreekoefeningen (p. 11).

Let op: Dit is een spelvorm die gebaseerd is op: *Ik ga op reis en ik neem mee*. Doordat de cursisten zelf het vocabulaire aandragen, kunt u een goed beeld krijgen van het actieve en passieve vocabulaire. U kunt ervoor kiezen om zelf (op de achterkant van het bord of op een papier) mee te schrijven en aan het eind van de oefening alle details van het nieuwtje de revue te laten passeren om te kijken of iedereen alles begrijpt. Waarschijnlijk regelt dit zichzelf wel.
Mochten de cursisten niet meer genoeg inspiratie hebben, dan kunt u een ander nieuwtje opstarten. Dit kan weer een hele andere richting in gaan en daardoor ander vocabulaire ontlokken.

> **Oefeningen werkboek**
> U kunt oefening **WB 7B - 9** eventueel nu al laten maken, voorafgaand aan oefening 9 uit het tekstboek.
>
> Oefening 9 uit het werkboek dienen de cursisten in te leveren of aan u te mailen.
> U kunt er bij de correctie van deze opdracht voor kiezen om alleen aan te duiden waar fouten zijn gemaakt. U verdeelt de mailtjes vervolgens over de klas, zodat de cursisten elkaar kunnen verbeteren.
>
> Zie ook 5.4.3 Correctiemodel schrijfoefeningen (p. 13).

 Spreken – Wat is er met je aan de hand?

Let op: bij deze opdracht hoort een kopieerblad.

Doel
- De cursisten kunnen een informeel telefoongesprek voeren.
- De cursisten kunnen vragen hoe het met iemand gaat.
- De cursisten kunnen vragen wat er aan de hand is met iemand.
- De cursisten kunnen vertellen hoe het met ze gaat.
- De cursisten kunnen huiswerk doorgeven aan andere cursisten.
- De cursisten kunnen vertellen over een nieuwtje of gebeurtenis.
- De cursisten kunnen zinnen in het perfectum maken.

Uitvoering
Zie 5.3.1 Spreekoefeningen in twee-, drie- en viertallen (p. 10).

Let op:
1. Herhaal eventueel de telefoonconventies: Hoe neem je op en hoe sluit je af?
2. Laat eventueel eerst de cursisten A apart van de cursisten B in groepjes voorbereiden. Ze kunnen samen woorden bedenken die ze kunnen gebruiken bij de oefening. Door A en B gescheiden te houden voor het 'echte' telefoongesprek, blijft wel de informatiekloof bestaan die nodig is om later een realistisch gesprek te kunnen voeren.

> **Oefeningen werkboek**
> Op deze oefeningen in het tekstboek volgen
>
> 📖 WB 7B - 9, 10
>
> Oefening 9 uit het werkboek dienen de cursisten in te leveren of aan u te mailen.
>
> Zie ook de opmerking hierboven (bij WB 7B - 9, voorafgaand aan TB 7B - 9).

 **Uitdrukking**

Doel
De cursisten begrijpen globaal de betekenis van de uitdrukking.

Uitvoering
Zie 5.9 Uitdrukking – Algemene aanwijzingen voor het bespreken van de uitdrukking (p. 16).

C Stress? Doe er wat aan!

> **Doel**
> Gezondheid en manier van leven
> Advies vragen en geven
>
> **Grammatica**
> Meer separabele verba

 Lezen – Stresstest

a)
Doel
- De cursisten kunnen de aard van de tekst begrijpen: ze begrijpen wat een zelftest is.
- De cursisten kunnen de hoofdlijnen van de introductietekst begrijpen: ze kunnen begrijpen dat de tekst gaat over stress, over het ontstaan van stress, en over het ontstaan van een burn-out.

Hoofdstuk 7C

- De cursisten kunnen het onpersoonlijke gebruik van 'je' in de introductietekst begrijpen.
- De cursisten kunnen de vragen van de test begrijpen en beantwoorden.
- De cursisten kunnen de frequentiewoorden begrijpen en gebruiken.

Uitvoering
Zie 5.5 Lezen – Algemene aanwijzingen voor leesvaardigheidsoefeningen (p. 14).

Suggestie voor de uitvoering
1. Laat de cursisten na de introductiefase eerst de introductietekst van de test lezen.
2. Geef de cursisten drie mogelijke kopjes bij de alinea's; de cursisten moeten de kopjes bij de juiste alinea zetten. Geef de kopjes in willekeurige volgorde. Bijvoorbeeld:
   - En hoe gaat het met u? (3)
   - Hoe ontstaat stress? (1)
   - Hoe ontstaat een burn-out? (2)
3. Stel nog enkele vragen bij de tekst, om te controleren of de cursisten de tekst begrepen hebben. Bijvoorbeeld:
   - De schrijver noemt twee manieren hoe stress kan ontstaan. Welke twee? (hoge werkdruk, vervelende collega's, problemen met je partner)
   - De schrijver beschrijft hoe stress een burn-out kan worden. Hij noemt twee situaties. Welke twee? (lange tijd stress, niet op tijd iets doen aan de redenen van stress).
4. Laat de cursisten voor ze de test maken eventueel eerst inschatten hoe ze zelf uit de test denken te komen: vinden ze zichzelf gestrest of niet?
5. Instrueer de cursisten de vragen van de test te lezen. Begrijpen de cursisten alle vragen? Bespreek de betekenis van de vragen.
6. Ga na of de cursisten begrijpen hoe ze de test moeten invullen.
7. Instrueer de cursisten de test te maken.
8. Bespreek de scores.

Let op:
1. Besteed aandacht aan het verschil tussen voorkomen en voorkomen.
2. Besteed aandacht aan het sleutelwoord *te*:
   - te veel / te weinig
   - te + infinitief

Thema tekst: stress, stressfactoren, zelftest
Sleutelwoorden introductietekst: *de burn-out, gestrest, meten, omgaan met, overspannen, de spanning, de stress, de stresstest, vervelend(e), voorkomen, de werkdruk, de werkgever*
Sleutelwoorden vragen: *chagrijnig, de enige, humeurig, de lichaamsbeweging, de maximumsnelheid, moeite hebben om, overhouden, overslaan, tegelijk*
Sleutelwoorden score: *aankunnen, de balans, de lijst, met zich meebrengen, ontspannen, de ontspanning, het punt, de score, tellen, toekomen aan, vasthouden, verminderen, zich vervelen*
Kennis van de wereld: werkdruk, stress

b) + c)
Doel
- De cursisten kunnen begrijpen dat een separabel verbum uit twee delen bestaat: een prefix en een verbum.
- De cursisten kunnen begrijpen dat de twee delen van een separabel verbum soms aan elkaar geschreven worden, en soms niet.
- De cursisten kunnen de twee delen van een separabel verbum herkennen.

Let op: Het belangrijkste doel van de oefening is dat de cursisten zich gaan realiseren dat dit type verba bestaat en dat ze er alert op worden. Ze moeten ook de consequenties ervan gaan inzien, bijvoorbeeld voor het opzoeken van het verbum in het woordenboek. Op dit niveau is passieve beheersing van belang; een actieve beheersing is mooi meegenomen, en moet tegen het eind van het boek wel goed te merken zijn, maar is op dit moment nog niet vereist.

Uitvoering
Zie 5.7 Grammatica – Algemene aanwijzingen voor grammaticaoefeningen (p. 15).

Suggestie voor de uitvoering
1. Bekijk samen het voorbeeld bij de oefening: *uitslapen*.
2. Weten de cursisten nog wat een separabel verbum is? Weten ze nog wat een *prefix* is? Zie ook hoofdstuk 6B oefening 6.
3. Laat de cursisten zelf meer voorbeelden noemen. Probeer zoveel mogelijk respons uit te lokken van de groep zelf, dan leven de voorbeelden beter.
4. Schrijf de voorbeelden op of laat ze door een cursist op het bord schrijven.
5. Als er geen respons komt, probeer dan meer te sturen: stel vragen of geef instructies:
   Doe de deur eens dicht. / Doe het licht aan / uit. / Ga jij wel eens uit in Amsterdam? / Wie bel je op als je het huiswerk niet weet? Et cetera.
6. Versterk de eventuele antwoorden. Zorg dat het separabel verbum een aantal maal in verschillende vormen passeert:
   Dus jij belt Anton op? / Kun je Anton altijd opbellen? / Of bel je Anton alleen na de les op? / Heb je Anton deze week ook opgebeld?
7. Verwijs de cursisten eventueel naar H6B, waar het separabel verbum ook al aan bod is gekomen.
8. Besteed ook aandacht aan het woordaccent bij separabele verba; het accent ligt altijd op het prefix.

Oplossing
b)
2. <u>Houdt</u> u weinig tijd <u>over</u> voor hobby's en plezier?
8. <u>Slaapt</u> u slecht <u>door</u> of <u>slaapt</u> u slecht <u>in</u>?
9. Hebt u moeite om op tijd op uw werk <u>aan</u> te <u>komen</u>?
13. Bent u de enige die de problemen kan <u>oplossen</u>?
14. <u>Slaat</u> u de pauze op uw werk of op school <u>over</u>?

Oplossing
c)
11-20 punten: U hebt een gezonde balans. U kunt met stress <u>omgaan</u>. Probeer dat <u>vast</u> te <u>houden</u>, dan <u>kunt</u> u veel stress <u>aan</u>!
21-30 punten: U leeft erg snel. Dit <u>brengt</u> erg veel stress met zich <u>mee</u>. Neem meer tijd voor uzelf en om te ontspannen!

Hoofdstuk 7C

30-42 punten: U <u>komt</u> te weinig <u>toe</u> aan ontspanning en de leuke dingen van het leven. Tijd om te veranderen! Ga zitten en maak een lijst van zaken die moeten veranderen. Advies: verminder de stress!

2   Grammaticaoefening – Ik probeer mijn stress kwijt te raken

Doel
De cursisten kunnen een separabel verbum herkennen.

Uitvoering
Zie 5.7 Grammatica – Algemene aanwijzingen voor grammaticaoefeningen (p. 15).

Let op: Het is goed mogelijk dat er hier verba worden gebruikt die de cursisten qua betekenis moeilijk vinden. Laat u niet verleiden de betekenis te snel te geven. Het is in deze fase van het leerproces belangrijk dat de cursisten leren om zelfstandig met het opzoeken van nieuwe woorden om te gaan. Met name bij separabele verba is het belangrijk dat de cursisten leren zelf op de goede plaats in het woordenboek te zoeken: niet bij het verbum, maar bij het prefix. Als cursisten het separabel verbum niet als zodanig herkennen, zullen ze bij het verbum kijken (bijvoorbeeld in zin 6: bij 'geven') en niet bij het prefix ('doorgeven') en daardoor niet de goede betekenis vinden.
Stimuleer de cursisten bij deze oefening dan ook zoveel mogelijk om zelf de betekenis in een woordenboek op te zoeken.

Oplossing
1. De trein <u>komt</u> over twee minuten al <u>aan</u> op het station!
2. Ik wil graag <u>meedoen</u> aan een yogales. Ik wil leren om me te ontspannen.
3. <u>Houd</u> alsjeblieft <u>op</u> met praten! Ik moet nu even goed <u>nadenken</u>, anders kan ik dit probleem niet <u>oplossen</u>.
4. Ik moet eerst mijn werk <u>afmaken</u>.
5. Ik <u>bel</u> meteen de dokter <u>op</u> om een afspraak te maken.
6. Ik mail je om <u>door</u> te <u>geven</u> dat Tina ziek is. Onze afspraak kan dus niet <u>doorgaan</u>.
7. We vinden het moeilijk om een ruzie <u>uit</u> te <u>praten</u>.
8. Nu kan ik twee dagen lang <u>uitrusten</u> en proberen mijn stress <u>kwijt</u> te <u>raken</u>.
9. Nu kan ik deze brief nooit op tijd naar de klant <u>opsturen</u>.
10. <u>Blijf</u> van mijn computer <u>af</u>! Ik ben een belangrijke brief aan het schrijven.

Oefeningen werkboek
Op deze oefeningen in het tekstboek volgt

3   Spreken – Ik heb zoveel aan mijn hoofd …
Doel
- De cursisten kunnen vragen naar iemands gemoedstoestand en manier van leven (gespannen of ontspannen).
- De cursisten kunnen vertellen over hun eigen gemoedstoestand en manier van leven.

- De cursisten kunnen de uitslag van een test in eigen woorden navertellen.
- De cursisten kunnen de frequentiewoorden correct toepassen.

Uitvoering
Zie 5.3.2 Kettingoefeningen en klassikale spreekoefeningen (p. 11).

Let op:
1. Herhaal eventueel het gebruik van *volgens*: *Volgens mij, volgens de test*, et cetera.
2. Herhaal eventueel de sleutelwoorden *last hebben van, te + adjectief, ontspannen – gestrest*.

4   Spreken – Even klagen

Let op: bij deze opdracht hoort een kopieerblad.

Doel
- De cursisten kunnen vragen hoe het met iemand gaat.
- De cursisten kunnen vertellen dat het niet zo goed met ze gaat.
- De cursisten kunnen begrijpen dat en waarom het met iemand niet zo goed gaat.
- De cursisten kunnen een advies uitbrengen aan een bekende met wie het niet goed gaat.

Uitvoering
Zie 5.3.1 Spreekoefeningen in twee-, drie- en viertallen (p. 10).

Let op:
1. Attendeer de cursisten erop dat ze niet op elkaars kopieerblad mogen kijken. Er moet een informatiekloof zijn.
2. Herhaal eventueel de informele telefoonconventies: hoe neem je op, hoe sluit je af?
3. Herhaal eventueel de manieren om een advies te geven.
4. Nieuw onregelmatig perfectum in deze oefening: *u hebt gesproken*.

NOTITIE
Zie 5.8 Notitie – Algemene aanwijzingen voor het bespreken van de informatie in de kaders getiteld 'Notitie' (p. 15).

Let op: Ga hier niet in op de vraag wat 'het' betekent of waarom het er staat. Volsta simpelweg met de opmerking dat het samen een combinatie vormt, de hele uitdrukking is 'het druk hebben'. Je moet 'het' gebruiken.

5   Luisteren – Druk, druk, druk! **cd 2 - 8**
Doel

- De cursisten kunnen begrijpen welke activiteiten Theo wil doen.
- De cursisten kunnen begrijpen wanneer Theo de activiteiten wil doen.
- De cursisten kunnen begrijpen dat Aagje vindt dat Theo te veel wil doen en niet ontspannen is.

Thema tekst: (te) veel te doen hebben
Sleutelwoorden: *afkomen van, het artikel, dat gaat niet, rennen, het toeval, tuinieren, vissen, volplannen, wegblijven*

Hoofdstuk 7C

Nieuw onregelmatig perfectum: ik heb afgesproken
Kennis van de wereld: (Nederlandse) volle agenda's, alles plannen

Uitvoering
Zie 5.2 Luisteren – Algemene aanwijzingen voor luistervaardigheidsoefeningen (p. 9).

Suggestie voor de uitvoering
1. Laat de cursisten vooraf een woordweb van bezigheden en hobby's maken.
2. Verwijs eventueel naar H4C.

Let op: Omdat dit geen oefening is waarbij de cursisten bezigheden moet aankruisen, maar waarbij ze zelf de bezigheden moeten horen, is het waarschijnlijk nodig om de tekst een paar keer te laten horen. Kondig van te voren aan dat de cursisten niet alles in één keer hoeven te verstaan.

Transcriptie
Zie tekstboek, p. 322.

Oplossing
vandaag: boek over tuinieren ophalen bij Ad, op bezoek gaan bij zijn moeder, tennissen met Joris
morgen: vissen met Tom
zondag: voetballen, het artikel over stress in de krant lezen

6 Lezen – Antistress-tips!
a) + b)
Doel
- De cursisten kunnen de aard van de tekst begrijpen: ze begrijpen dat dit een krantenartikel is met adviezen om te ontstressen.
- De cursisten kunnen de hoofdlijnen van de vier adviezen begrijpen.
- De cursisten kunnen het onpersoonlijke gebruik van 'je' in de introductietekst begrijpen.
- De cursisten kunnen de betekenis van idioom (zie de vragen bij oefening b) afleiden uit de context.

Thema tekst: ontstressen
Sleutelwoorden tekst: *alsof, de antistress-tips, bewust, leegmaken, meevallen, merken, nergens zin in hebben, ontstressen, plannen, tijd vrijmaken, verstoord, vol zitten, zorgen dat*
Sleutelwoorden vragen: *nergens aan denken*
Kennis van de wereld: plannen, dingen moeten
Nieuw onregelmatig perfectum: je hebt opgeschreven

Uitvoering
Zie 5.5 Lezen – Algemene aanwijzingen voor leesvaardigheidsoefeningen (p. 14).

Let op:
1. Besteed aandacht aan enkele antoniemen (tegenstellingen), zoals: *gezond – ongezond, stressen – ontstressen, gespannen – ontspannen*, et cetera.
In oefening WB 7C - 2 (die volgt op deze oefening TB 7C6) moeten cursisten ook antoniemen zoeken. Het is goed om in de les even stil te staan bij het woord antoniem, en de cursisten een paar antoniemen te laten noemen. Maar zorg ervoor dat u hier dus niet alle antoniemen van WB 7C - 2 al behandelt.

2. Laat de cursisten twee categorieën (kolommen) maken: 1 stressen, 2 ontstressen
3. Laat de cursisten woorden in de tekst zoeken die bij die categorieën passen, bijvoorbeeld:
1 *gestrest, je hoofd zit vol, ongezond, spanning* et cetera.
2 *balans, rust, je hoofd leegmaken*, et cetera.

Oplossing
1. c, 2. c, 3. c, 4. c, 5. c

NOTITIE
Zie 5.8 Notitie – Algemene aanwijzingen voor het bespreken van de informatie in de kaders getiteld 'Notitie' (p. 15).

Let op: Laat de cursisten eventueel ook het perfectum van *meevallen* en *tegenvallen* bedenken: *Het is meegevallen / Het is tegengevallen*.

> **Oefeningen werkboek**
> Op deze oefeningen in het tekstboek volgt
>  WB 7C - 2

7 Invuloefening – Hoe geef ik advies?
Doel
- De cursisten kunnen de (vormen van de) verba die je gebruikt om advies te geven (*zouden, moeten*, imperatief van verba en van separabele verba), correct toepassen.
- De cursisten kunnen enkele woorden die nodig zijn om een advies voor een gezonde levensstijl te geven (*belangrijk, genoeg, misschien, voldoende, lekker in je vel zitten*) op een correcte manier toepassen.
- De cursisten kunnen iemand bedanken voor een advies.

Uitvoering
Zie 5.6 Invuloefeningen – Algemene aanwijzingen voor invuloefeningen (p. 15).

Oplossing
– advies vragen: Ik zit niet lekker in mijn **vel**. Wat zou jij **doen**?
– advies geven: Je **zou** vroeger naar bed kunnen gaan., Je **moet** zeker 7 à 8 uur slapen per nacht. **Lees** eens een boek of **ga** eens een avondje uit. Je moet goed voor jezelf zorgen. Het is **belangrijk** dat je gezond eet / leeft en voldoende slaapt. **Misschien** eet je niet gezond? Het is ook belangrijk dat je **voldoende** / **genoeg** beweegt.
– bedanken: **Dank** je voor het advies! **Dank** je. Dat is een **goed** idee.

> **Oefeningen werkboek**
> Op deze oefeningen in het tekstboek volgt
> WB 7C - 3

Hoofdstuk 7C

8 Spreken – Wat voor advies zou u geven?

Doel
- De cursisten kunnen vertellen dat het niet goed met ze gaat.
- De cursisten kunnen hun gezondheidsklachten benoemen.
- De cursisten kunnen een advies geven aan een bekende met gezondheidsklachten.
- De cursisten kunnen reageren op een advies.

Uitvoering
Zie 5.3.1 Spreekoefeningen in twee-, drie- en viertallen (p. 10).

Oefeningen werkboek
Op deze oefeningen in het tekstboek volgen

 WB 7C - 4, 5

---

9 Spreken – Denk aan je gezondheid!

Let op: bij deze opdracht hoort een kopieerblad.

Doel
- De cursisten kunnen vragen hoe het met iemand gaat en vragen wat er met iemand aan de hand is.
- De cursisten kunnen vertellen dat het niet goed met ze gaat en vertellen wat er aan de hand is.
- De cursisten kunnen tips en adviezen geven aan een bekende met wie het niet goed gaat.
- De cursisten kunnen reageren op en bedanken voor een advies.

Uitvoering
Zie 5.3.1 Spreekoefeningen in twee-, drie- en viertallen (p. 10).

Let op:
1. Laat de cursisten ter voorbereiding (als huiswerk) de hoofdstukken 3 en 4 nogmaals bekijken.
2. Laat de cursisten woordwebs maken van 'gezond eten' en van 'hobby's en sporten'.
3. Laat de cursisten bedenken wat voor vocabulaire ze nog meer nodig denken te hebben, als ze de opdracht in het tekstboek hebben gelezen. Denk aan: eruit zien, uiterlijk beschrijven (zie ook H6A6).
4. Geef de kopieerbladen aan de cursisten.
5. Instrueer de cursisten niet op elkaars kopieerblad te kijken.
6. Geef een toelichting bij de kopieerbladen:
Wellicht weten de cursisten niet alle woorden meer. Wellicht hebben ze het idee dat sommige woorden nog niet voldoende in het boek aan de orde zijn gekomen. Leg uit dat ze zichzelf moeten dwingen om met de beperkte taal die ze ter beschikking hebben toch te spreken. Dit is erg belangrijk in de communicatie en moet gestimuleerd worden. In hun moedertaal kan men iets in alle details beschrijven. Die neiging en verwachting hebben cursisten vaak ook met betrekking tot het Nederlands. Toch is het belangrijk dat ze leren improviseren en roeien met de riemen die ze hebben. Die vaardigheid helpt ook als men te zijner tijd examens (zoals het Staatsexamen) moet maken.

Oefeningen werkboek
Op deze oefeningen in het tekstboek volgen

 WB 7C - 6, 7, 8, 9

Oefening 6b) en 8 van het werkboek dienen de cursisten in te leveren of aan u te mailen.

Bij oefening 8 moeten de cursisten de 'internetdokter' om advies vragen voor een probleem. De vragen die de cursisten bedenken, en bij u inleveren, kunt u in een volgende les gebruiken. De cursisten moeten bijvoorbeeld antwoorden op elkaars vragen geven. Of u deelt de teksten uit en maakt er een nieuwe huiswerkopdracht van: 'U bent de internetdokter. Lees het probleem (de opdracht van oefening 8). Schrijf een e-mail terug, met daarin een advies voor deze persoon.'

Uitdrukking

Doel
De cursisten begrijpen globaal de betekenis van de uitdrukking.

Uitvoering
Zie 5.9 Uitdrukking – Algemene aanwijzingen voor het bespreken van de uitdrukking (p. 16).

Uitspraak  cd 2 - 9

Doel
- De cursisten maken kennis met de sjwa.
- De cursisten leren luisteren naar de sjwa.
- De cursisten leren de verschillende schrijfwijzen van de sjwa.
- De cursisten kunnen de sjwa uitspreken.

Uitvoering
Zie 5.10 Uitspraak – Algemene aanwijzingen voor het bespreken van de uitspraak (p. 16).

Oefeningen werkboek
Op deze oefeningen in het tekstboek volgen

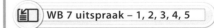 WB 7 uitspraak – 1, 2, 3, 4, 5

Hoofdstuk 8A
Heb je je al ingeschreven?

Titelpagina
Zie 5.1 Begin van een hoofdstuk: titelpagina (p. 9).

Suggestie

1. Informeer bij de cursisten of ze weten wat een gemeentehuis is.
2. Vraag wat je zoal kunt regelen / doen op het gemeentehuis.
3. Bespreek de andere foto's en de titel van het hoofdstuk.

A Op het gemeentehuis

> **Doel**
> Aangifte doen
> Een paspoort of rijbewijs aanvragen / vernieuwen
>
> **Grammatica**
> Verwijzen naar objecten
> De verba 'liggen, staan, zitten' bij objecten

1 Lezen – Burgerzaken
Doel
- De cursisten kunnen de aard van deze tekst begrijpen: ze begrijpen dat het een informatietekst van een gemeentehuis is.
- De cursisten kunnen in de tekst antwoorden vinden op vragen over praktische zaken (zoals openingstijden).

Thema tekst: gemeentelijke informatie
Sleutelwoorden: *de aangifte, aanvragen, de afdeling, op afspraak, de afsprakenlijn, burgerzaken, de geboorte, de gemeente, de (vrije) inloop, te maken hebben met, de naturalisatie, het paspoort, regelen, het rijbewijs, t / m, de verhuizing, vernieuwen, de werkdag*
Kennis van de wereld: functie gemeentehuis, verplicht aangifte doen van geboorte

Uitvoering
Zie 5.5 Lezen – Algemene aanwijzingen voor leesvaardigheidsoefeningen (p. 14).

Let op: Bespreek nogmaals het verschil tussen intensief en extensief lezen. Dit is een tekst om extensief te lezen.

Oplossing
1. Ja, want op vrijdag tussen 13.00 en 17.00 uur kunt u alleen iets regelen als u een afspraak maakt.
2. Nee, want op zaterdag is de afdeling burgerzaken gesloten.
3. Ja, want u kunt op werkdagen tussen 08.00 en 20.00 uur bellen.
4. Nee, want dit is het telefoonnummer van de afsprakenlijn. Als u informatie wilt, kunt u beter e-mailen.

NOTITIE
Zie 5.8 Notitie – Algemene aanwijzingen voor het bespreken van de informatie in de kaders getiteld 'Notitie' (p. 15).

2 Luisteren – Ik wil mijn paspoort vernieuwen cd 2 - 10

a)
Doel
- De cursisten kunnen begrijpen dat Arie Boersma het gemeentehuis belt.
- De cursisten kunnen begrijpen waarom Arie Boersma het gemeentehuis belt: hij wil weten hoe hij zijn paspoort kan vernieuwen.
- De cursisten kunnen de hoofdlijnen van de informatie van de ambtenaar begrijpen: ze kunnen begrijpen dat Arie Boersma zijn paspoort alleen op het gemeentehuis kan vernieuwen, en dat hij alleen zijn dochter kan bijschrijven in zijn paspoort.
- De cursisten kunnen begrijpen dat Arie Boersma de afspraak via internet gaat maken.

Thema tekst: telefonisch informatie vragen bij overheidsinstanties, een paspoort vernieuwen
Sleutelwoorden: *de ambtenaar, bijschrijven, hem, de identiteitskaart, meekomen, meenemen, de pasfoto, de pasfoto-eisen, recent(e), verlopen, voldoen aan*
Kennis van de wereld: paspoort- en pasfoto-eisen, kinderen bijschrijven in het paspoort

Uitvoering
Zie 5.2 Luisteren – Algemene aanwijzingen voor luistervaardigheidsoefeningen (p. 9).

Transcriptie
Zie tekstboek, p. 322 - 323.

Oplossing

a)
1. informatie te vragen.
2. moet hij zelf naar het gemeentehuis komen.
3. alleen zijn dochter.
4. Hij maakt via internet een afspraak.

b)
Doel
- De cursisten maken kennis met de vragen die een gemeenteambtenaar of baliemedewerker kan stellen.
- De cursisten leren de woorden die nodig zijn om burgerzaken te regelen op het gemeentehuis.

Uitvoering
Zie 5.6 Invuloefeningen – Algemene aanwijzingen voor invuloefeningen (p. 15).

Oplossing
- ambtenaar: Wat kan ik voor u **doen**? Kan ik u misschien **helpen**?
- burger: Mijn rijbewijs / **paspoort** / identiteitskaart is bijna verlopen. Ik wil een rijbewijs / paspoort / identiteitskaart **aanvragen**. Ik wil mijn rijbewijs / **paspoort** / identiteitskaart vernieuwen. Mijn paspoort is gestolen en ik wil een nieuw paspoort **aanvragen**. Moet ik een recente pasfoto **meenemen**? Ik wil graag aangifte **doen** van een geboorte / verhuizing. Ik wil mijn **kinderen** in het paspoort laten bijschrijven.

Hoofdstuk 8A

3 Schrijven – Aan de balie van het gemeentehuis

Doel
- De cursisten kunnen begrijpen welke vragen een ambtenaar bij de afdeling Burgerzaken kan stellen.
- De cursisten kunnen begrijpen welke antwoorden je kunt geven op vragen van een ambtenaar bij de afdeling Burgerzaken.
- De cursisten maken kennis met de procedure voor het bijschrijven van een kind in het paspoort, het doen van aangifte van een pasgeboren kind, het doen van aangifte van een verhuizing, het aanvragen van een rijbewijs.

Uitvoering
Zie 5.4.2 Aanpak individuele schrijfoefeningen (p. 13).

Vervolgsuggestie
Nadat de cursisten de dialogen op schrift hebben gezet, kunt u ze ook mondeling laten oefenen.
Zie 5.3.3 Routines – Wat kun je zeggen? (p. 11)
Bij oefening 4 wordt de vrije productie van dergelijke dialogen geoefend. Het kan geen kwaad hier alvast de standaardzinnen in te slijten.

Oplossing
kind bijschrijven
burger: Ik wil mijn zoon bijschrijven op mijn paspoort.
ambtenaar: Dat kan. Hoe oud is hij?
burger: Hij is 17.
ambtenaar: Dan kan het niet. U kunt alleen kinderen tot 16 jaar bijschrijven. Uw zoon moet nu zelf een paspoort of identiteitskaart aanvragen.
burger: Dank u wel voor de informatie.

geboorteaangifte
burger: Hallo! Ik wil aangifte doen van de geboorte van mijn dochtertje.
ambtenaar: Gefeliciteerd meneer. Hoe heet ze?
burger: Julia Vermeer.
ambtenaar: En wanneer is ze geboren?
burger: Op 2 februari.
ambtenaar Kunt u zich nog even legitimeren?
burger: Jazeker, hier is mijn paspoort.

verhuisaangifte
ambtenaar: Kan ik u misschien helpen?
burger: Ja, ik ben net verhuisd naar Almere, dus ik kom aangifte doen.
ambtenaar: Welkom in onze gemeente!
burger: Dank u wel.
ambtenaar: Wat is uw oude adres?
burger: Bachstraat 25, 6512 VH Nijmegen.
ambtenaar: En uw nieuwe adres?
burger: Juwelenhof 10, 1336 SK Almere.

rijbewijs aanvragen
ambtenaar: Goedemiddag. Wat kan ik voor u doen?
burger: Mijn rijbewijs is gestolen.
ambtenaar: Hebt u aangifte gedaan bij de politie?
burger: Nee, nog niet.
ambtenaar: U moet eerst aangifte doen en daarna kunt u een nieuw rijbewijs aanvragen.
burger: Dank u wel, dat zal ik doen.

Oefeningen werkboek
Op deze oefeningen in het tekstboek volgen

WB 8A - 1, 2, 3, 4

4 Spreken – Wat kan ik voor u doen?

Let op: bij deze oefening hoort een kopieerblad.

Doel
- De cursisten kunnen op de afdeling Burgerzaken van het gemeentehuis duidelijk maken waarvoor ze komen.
- De cursisten kunnen aangifte doen van een pasgeboren kind, aangifte doen van een verhuizing, een reisdocument of legitimatiebewijs aanvragen of vernieuwen.
- De cursisten kunnen informatie van een ambtenaar van de afdeling Burgerzaken begrijpen.

Uitvoering
Zie 5.3.1 Spreekoefeningen in twee-, drie- en viertallen (p. 10).

5 Luisteren en grammatica – Waar is mijn paspoort? cd 2 - 11
a) + b) + c)

Doel
- De cursisten maken kennis met de verwijswoorden *hem / het / hij / ze*.
- De cursisten kunnen de verwijswoorden *hem / het / hij / ze* verstaan in een luisterfragment.
- De cursisten begrijpen de betekenis en functie van de verwijswoorden *hem / het / hij / ze*.
- De cursisten begrijpen het verschil tussen de subjectsvorm en de objectsvorm van de verwijswoorden *hem / het / hij / ze*.
- De cursisten kunnen de verwijswoorden in subjects- en objectsvorm benoemen.

Uitvoering
Zie 5.7 Grammatica – Algemene aanwijzingen voor grammaticaoefeningen (p. 15).
Zie 5.6 Invuloefeningen – Algemene aanwijzingen voor invuloefeningen (p. 15).

Let op:
1. Bespreek de woorden *pronomen, subject* en *object*. Begrijpen de cursisten de betekenis?
2. Bespreek het woord *vetgedrukt*.
3. Het kan erg nuttig zijn om aan de cursisten te laten merken wat nu de zin is van dit soort woorden die referen naar andere woorden. Lees eens een gedeelte van de tekst voor zonder *het / hem / hij / ze* te gebruiken. De cursist hoort dan hoe raar het klinkt als men voor de zevende keer 'paspoort' hoort. Dit klinkt onnatuurlijk. Leg uit dat voor een de-woord in het enkelvoud altijd *hij / hem* wordt gebruikt (en niet *zij / haar*).

Sleutelwoorden: *de automaat, de gang, geschikt, de kast, het (paspoort) lag, langsgaan, lijken, nergens, trouwens*
Nieuwe onregelmatige perfecta: ik heb gevonden, ik heb gelaten

Hoofdstuk 8A

Transcriptie
Zie tekstboek, p. 171.

Oplossing
a)

Bianca: Ligt **het** niet in de kast?
Arie: Nee, daar heb ik net gekeken, maar ik heb **het** niet kunnen vinden.
Bianca: Hier, ik heb **het** al gevonden! **Het** lag toch in de kast!
Bianca: Ja, ik heb **hem** gisteren al geschreven. **Hij** ligt op tafel.
Arie: Waar heb ik **ze** nou weer gelaten.
Bianca: Zitten **ze** niet gewoon nog in je tas?
Bianca: **Hij** staat in de gang.
Arie: Ja, ik heb **ze**!
Bianca: Nou, ik vind **ze** wel mooi, maar alleen zijn deze pasfoto's niet geschikt.
Bianca: Nou, **ze** moeten volgens de nieuwe pasfoto-eisen zijn en deze lijken me niet goed. Waar heb je **ze** laten maken?

Oplossing
b)
1. Het, 2. het, 3. Hij, 4. hem, 5. Ze, 6. ze

Oplossing
c)

het-woord	het	het
de-woord	hij	hem
pluralis	ze	ze

Oefeningen werkboek
Op deze oefeningen in het tekstboek volgt

 WB 8A - 5

 **6** Invuloefening – Waar ligt het?
Doel
De cursisten kunnen de verwijswoorden in subjects- en objectsvorm op een juiste manier toepassen.

Uitvoering
Zie 5.6 Invuloefeningen – Algemene aanwijzingen voor invuloefeningen (p. 15).

Oplossing
1. het, 2. ze, 3. ze, 4. hem, Hij, 5. het, 6. het, 7. hem, 8. Hij

NOTITIE
Zie 5.8 Notitie – Algemene aanwijzingen voor het bespreken van de informatie in de kaders getiteld 'Notitie' (p. 15).

Leg kort uit dat verba die men normaal met personen associeert (zitten, liggen, staan) in het Nederlands ook bij objecten worden gebruikt. Die kunnen niet letterlijk 'zitten of staan'. Het geeft alleen weer in welke positie de objecten zich bevinden.
Dit leent zich bij uitstek voor een demonstratie. U heeft wellicht een glas / fles water in de klas, een boek is altijd voorhanden. Laat ook zien dat een boek zowel kan liggen als staan. Al naar gelang de situatie zijn er soms meerdere mogelijkheden.

Oefeningen werkboek

WB 8A - 6

Op deze oefeningen in het tekstboek volgt
Deze oefening moeten de cursisten inleveren.

7 Spreken – Ik kan mijn paspoort niet vinden …
Doel
- De cursisten kunnen vertellen dat ze iets kwijt zijn en wat ze kwijt zijn.
- De cursisten kunnen reageren op de mededeling dat iemand iets kwijt is.
- de cursisten kunnen de pronomina in subjects- en objectsvorm op een juiste manier toepassen.

Uitvoering
Zie 5.3.2 Kettingoefeningen en klassikale spreekoefeningen (p. 11).

Let op:
1. Laat de cursisten ter voorbereiding in de klas wat objecten opnoemen.
2. Breid deze oefening eventueel uit met objecten die in hun tas zitten of buiten de klas te zien zijn.
3. Zorg ervoor dat het artikel ook genoemd wordt. Corrigeer het artikel eventueel.
4. U zou de objecten ook op het bord kunnen schrijven, maar het initiatief om iets te noteren, kunt u ook bij de cursisten laten. Het gaat per slot van rekening om hun leerproces. Sommige groepen moet je echter nog begeleiden op het gebied van studievaardigheid.

8 Lezen en spreken – De pasfoto van Arie
a)
Doel
- De cursisten kunnen de aard van de tekst begrijpen: ze begrijpen dat dit de eisen zijn waaraan een pasfoto voor op het paspoort moet voldoen.
- De cursisten kunnen de strekking van de eisen begrijpen.

Thema tekst: pasfoto-eisen
Sleutelwoorden: *de achtergrond, behalve als, bewijzen, de blik, boos kijken, de eis, de glazen, de kleurenfoto, de lijn, in het midden van, neutraal, onbedekt, recht houden, volledig, (recht) vooruit, zichtbaar*
Kennis van de wereld: hoofdbedekking om religieuze redenen

Uitvoering
Zie 5.5 Lezen – Algemene aanwijzingen voor leesvaardigheidsoefeningen (p. 14).

Oplossing
Deze foto is niet geschikt, omdat het geen kleurenfoto is, omdat de achtergrond niet egaal is, omdat Arie niet recht de camera inkijkt, omdat Arie lacht en omdat Arie zijn mond niet dicht houdt.

b) + c)
Doel
- De cursisten kunnen algemeen geldende informatie toepassen op een specifieke situatie, in dit geval: ze kunnen de eisen voor pasfoto's toepassen op de getoonde pasfoto's.

Hoofdstuk 8B

- De cursisten kunnen beargumenteren waarom de foto's bij b) niet geschikt zijn.
- De cursisten kunnen bepalen en beargumenteren of de foto's bij c) geschikt zijn.

Uitvoering
Zie 5.5 Lezen – Algemene aanwijzingen voor leesvaardigheidsoefeningen (p. 14).
Zie 5.3.1 Spreekoefeningen in twee-, drie- en viertallen (p. 10).

Let op:
1. Het is belangrijk dat cursisten samen spreken over de foto's, zodat het vocabulaire van oefening 8a) goed inslijt. Let er daarom op dat cursisten niet individueel het schema gaan invullen, zonder te overleggen met andere cursisten.
2. Attendeer cursisten er ook op dat het doel van de oefening in eerste instantie het spreken is, niet het zo snel mogelijk invullen van het schema.

Oplossing
b)
b. het hoofd bedekt is.
c. zijn blik niet neutraal is.
d. de achtergrond niet egaal is.
e. het geen kleurenfoto is en ze haar mond open heeft / ze lacht.
f. het hoofd niet in het midden staat en de achtergrond lichtbruin is.

Oplossing
c)
Foto a is geschikt voor een pasfoto en b niet. De ogen van de man zijn niet volledig zichtbaar door zijn bril. Bovendien lacht hij een beetje en kijkt hij niet helemaal recht in de camera.
De hoofdbedekking op foto a is toegestaan, als ze het om religieuze redenen draagt.

> Oefeningen werkboek
> Op deze oefeningen in het tekstboek volgt
> WB 8A - 7

 Spreken – Uw paspoort is verlopen

Let op: bij deze oefening hoort een kopieerblad.

Doel
- De cursisten kunnen op de afdeling Burgerzaken van het gemeentehuis duidelijk maken waarvoor ze komen.
- De cursisten kunnen aangifte doen van een pasgeboren kind, aangifte doen van een verhuizing, een reisdocument of legitimatiebewijs aanvragen of vernieuwen, of een kind laten bijschrijven in het paspoort.
- De cursisten kunnen duidelijk maken dat iemand iets niet goed heeft gedaan of niet goed heeft voorbereid, en kunnen ook duidelijk maken wat er niet in orde is.
- De cursisten kunnen reageren op de mededeling dat ze iets niet goed hebben gedaan.
- De cursisten kunnen een afspraak maken met de afdeling Burgerzaken van het gemeentehuis.

Uitvoering
Zie 5.3.1 Spreekoefeningen in twee-, drie- en viertallen (p. 10).

Let op:
Een gedeelte van het vocabulaire op het kopieerblad, is eerder alleen bij luisteroefening H8A2 aan bod geweest. Het kan zijn dat u daar niet al het vocabulaire expliciet heeft behandeld, omdat het voor het beantwoorden van de vragen bij die oefening niet nodig was alle woorden te bespreken.
Mocht u dat daar nog niet hebben gedaan, bespreek de woorden dan nu.

Sleutelwoorden: *bij zich hebben, (de verhuizing) is doorgegeven, officieel, pasgeboren, de schriftelijke toestemming, (goed) voorbereid zijn*

Uitdrukking

Doel
De cursisten begrijpen globaal de betekenis van de uitdrukking.

Uitvoering
Zie 5.9 Uitdrukking – Algemene aanwijzingen voor het bespreken van de uitdrukking (p. 16).

B Heb je dit al eerder gedaan?

> **Doel**
> Een baan zoeken, solliciteren
> Werkervaring omschrijven
>
> **Grammatica**
> Perfectum van separabele verba
> Enkele verba met een vaste prepositie

1 Luisteren – Ik wil een baantje cd 2 - 12

Doel
- De cursisten kunnen begrijpen dat Fabian met een vriendin praat over het zoeken van een baantje.
- De cursisten kunnen de hoofdlijnen van het gesprek begrijpen.
- De cursisten kunnen begrijpen waarom Fabian een baantje zoekt.
- De cursisten kunnen begrijpen dat Helen advies geeft hoe Fabian een baantje kan vinden.
- De cursisten kunnen begrijpen wat Fabian als eerste gaat doen om een baantje te vinden.

Thema tekst: een baantje zoeken
Sleutelwoorden: *het baantje, de callcentermedewerker, de ervaring, de huur, het parttimewerk, de student, de studiebeurs, het uitzendbureau*
Kennis van de wereld: studiebeurs, werken naast studie, uitzendbureaus

Hoofdstuk 8B

Uitvoering
Zie 5.2 Luisteren – Algemene aanwijzingen voor luistervaardigheidsoefeningen (p. 9).

Let op:
1. Vraag de cursisten of ze het verschil kunnen bedenken tussen een baan en een baantje. Een baantje is meestal letterlijk kleiner dan een baan: het behelst minder uren per week. Een baantje is doorgaans een bijbaan, naast bijvoorbeeld een studie. Het diminutief heeft hier ook wel de functie om het minder gewicht te geven: als je zegt dat je een baantje hebt, vind je het zelf vaak niet zo'n belangrijk werk.
2. Besteed aandacht aan de rol van uitzendbureaus.
3. Laat het van uw groep afhangen hoeveel aandacht u besteedt aan studiebeurzen, baantjes, et cetera. Bij een groep (aankomend) studenten zal dit veel gespreksstof opleveren, bij een groep werkende cursisten waarschijnlijk minder.

Transcriptie
Zie tekstboek, p. 323.

Oplossing
1. Omdat zijn kamer erg duur is. Hij kan de huur bijna niet meer betalen.
2. Op internet kijken.

 Luisteren en invuloefening – 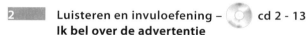 **cd 2 - 13**
Ik bel over de advertentie

a)
Doel
- De cursisten kunnen begrijpen dat Fabian een uitzendbureau belt.
- De cursisten kunnen de hoofdlijnen van het gesprek begrijpen.
- De cursisten kunnen begrijpen dat Fabian informatie vraagt over een baan (die hij in een advertentie op internet heeft gezien).
- De cursisten kunnen begrijpen dat Carla, de uitzendbureaumedewerkster, informatie geeft over de baan.
- De cursisten kunnen begrijpen dat Carla Fabian adviseert eerst een formulier op internet in te vullen.
- De cursisten kunnen begrijpen dat Fabian een afspraak maakt voor de volgende ochtend.

Thema tekst: een uitzendbureau bellen voor informatie
Sleutelwoorden: *de alarmcentrale, de bank, het bedrijf, onder andere, op gesprek gaan, het uitzendbureau, de vacature*
Kennis van de wereld: de rol en manier van werken van uitzendbureaus, werk op een callcenter

Uitvoering
Zie 5.2 Luisteren – Algemene aanwijzingen voor luistervaardigheidsoefeningen (p. 9).

Let op: U kunt de in het boek afgebeelde internetvacature gebruiken om de woordenschat van uw cursisten voorafgaand aan de luisteroefening te activeren. De afbeelding dient ook als ondersteuning van de luistertekst.

Transcriptie
Zie tekstboek, p. 323.

Oplossing
1. a. 2. b.

b) **cd 2 - 14**
Doel
- De cursisten kunnen begrijpen dat Fabian op het uitzendbureau is en met de medewerkster praat.
- De cursisten kunnen de hoofdlijnen van het gesprek begrijpen.
- De cursisten kunnen begrijpen dat Carla en Fabian praten over Fabians motivatie en werkervaring.
- De cursisten kunnen begrijpen dat Carla informatie geeft over verschillende banen.
- De cursisten kunnen begrijpen dat de werkervaring en werkwensen van Fabian niet passen bij de baan als callcentermedewerker.

Thema tekst: op gesprek bij een uitzendbureau
Sleutelwoorden: *het callcenterwerk, daar moet je wel tegen kunnen, eerder, dat hangt ervan af, inhouden, inroosteren, de nachtportier, onregelmatig, het opleidingsniveau, de receptionist, vakken vullen, (geld) verdienen, vroeger*
Kennis van de wereld: de rol en manier van werken van uitzendbureaus

Uitvoering
Zie 5.2 Luisteren – Algemene aanwijzingen voor luistervaardigheidsoefeningen (p. 9).

Let op:
1. Bespreek in de introductiefase verschillende soorten baantjes, die jongeren en studenten vaak als bijbaan hebben: vakken vullen, krantenwijk / folders rondbrengen, inpakwerk, callcenterwerk, nachtportier, data-invoer, catering, et cetera. Kennen de cursisten dat ook in hun eigen land? Hebben ze zelf wel eens één van die baantjes gehad? Kennen ze iemand die zo'n baantje heeft?
2. Bespreek of er opleidingseisen zijn voor deze baantjes en of er werkervaring vereist is.

Transcriptie
Zie tekstboek, p. 323.

Oplossing
1. niet waar, want hij heeft alleen een bijbaan als vakkenvuller in een supermarkt gehad.
2. niet waar, want hij wil ook kunnen studeren.

c)
Doel
- De cursisten leren de woorden die nodig zijn om werk te zoeken.
- De cursisten leren de woorden die nodig zijn om informatie over een baan te vragen.

Uitvoering
Zie 5.6 Invuloefeningen – Algemene aanwijzingen voor invuloefeningen (p. 15).
5.3.3 Routines – Wat kun je zeggen? (p. 11).

Oplossing
Ik zoek werk / een **baan(tje)**.
Ik ben op **zoek** naar een (bij)baantje. Kunt u me helpen?
Waar kan ik informatie **vinden / krijgen** over deze baan?

Hoofdstuk 8B

Ik bel over de advertentie op internet / in de krant. Kunt u me (meer) informatie **geven** over deze baan?
Ik ben geïnteresseerd in een **baan** als callcentermedewerker / nachtportier. Kunt u me daar iets meer over **vertellen**?
Kunt u me vertellen / **uitleggen** wat het werk precies inhoudt?
Heb je **ervaring** nodig voor dit werk?

> **Oefeningen werkboek**
> Op deze oefeningen in het tekstboek volgen
>
> 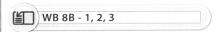 WB 8B - 1, 2, 3
>
> Let op: Bij oefening 1 komt het nieuwe woord 'uitzendkrachten' aan bod. Dat staat niet in elk woordenboek. Cursisten moeten de betekenis hiervan wel kunnen afleiden uit de context.
> Bij oefening 3b) moeten de cursisten een inschrijfformulier invullen. Bespreek dit klassikaal.

3 Schrijven en spreken – Kunt u me daar wat meer over vertellen?

a)

Doel
- De cursisten kunnen vragen formuleren die zij over een vacature willen stellen.
- De cursisten kunnen zich voorbereiden op een telefoongesprek met een medewerker van het uitzendbureau.

Uitvoering
Zie 5.4.2 Aanpak individuele schrijfoefeningen (p. 13).
Let op: Geef de cursisten de tijd om de vragen te bedenken. Sommige vragen kunnen zij uit het invulschema bij oefening 2 afleiden. Andere vragen moeten zij zelf bedenken. Inventariseer welke vragen men heeft bedacht. Zelfs als het merendeel van de groepjes weinig creativiteit aan de dag legt, dan komt er bij een klassikale ronde vaak toch veel nuttige, informatie naar boven.
Ga pas daarna door met onderdeel b).

Voorbeeldoplossing
Ik ben geïnteresseerd in deze baan. Kunt u me iets meer vertellen?
Wat houdt het werk in?
Heb ik ervaring nodig voor dit werk?
Wat zijn de werktijden?
Op welke dagen moet ik werken?
Is het fulltime- of parttimewerk?
Moet ik 's avonds / in het weekend werken?
Hoeveel verdien ik per uur?

b)
Let op: bij deze oefening hoort een kopieerblad.

Let op: deze oefening kunt u tijdens de les in een computerlokaal of talenpracticum laten uitvoeren. Het kan ook in een gewoon klaslokaal.

Doel
- De cursisten kunnen informatie vragen over een vacature die ze hebben gezien.
- De cursisten kunnen informatie geven over een vacature.

Uitvoering
Zie 5.3.1 Spreekoefeningen in twee-, drie- en viertallen (p. 10).

Let op:
1. Bespreek de opleidingsniveaus mbo, hbo, en universiteit.
2. Geef de cursisten voldoende tijd om de informatie op hun kopieerblad te bestuderen en te begrijpen. Laat onbekende woorden opzoeken in het woordenboek. Speel zelf niet te snel de rol van lopend woordenboek.
3. Laat eventueel cursisten met een zelfde kopieerblad eerst in tweetallen of groepjes voorbereiden, en laat ze daarna pas het gesprek voeren met een cursist die het andere kopieerblad heeft.
4. Doe de spreekoefening bij voorkeur in een talenpracticum, waarbij de cursisten via de koptelefoon met elkaar moeten spreken. Gebruik de functie *pairing* op de computers, zodat cursisten die ver uit elkaar zitten, aan elkaar gekoppeld (kunnen) worden.
   Als u niet in een talenpracticum zit, laat de cursisten dan met de ruggen naar elkaar zitten, zodat er geen oogcontact is, net als bij een echt telefoongesprek.
5. Eventueel kunt u de cursisten die om informatie vragen, ook laten bedenken of zij zelf geschikt zijn voor de baan. Hebben ze het juiste opleidingsniveau, past het bij hun werkwensen, hun dagritme, et cetera. In de nabespreking kunt u de cursisten dan laten vertellen waarom zij de baan wel of niet zouden willen en wel of niet zouden kunnen krijgen.

4 Grammatica – Verba met een vaste prepositie

Doel
- De cursisten kunnen begrijpen dat een aantal verba een vaste prepositie heeft.
- De cursisten kunnen de vaste prepositie van een aantal veel voorkomende verba benoemen.

Uitvoering
Zie 5.7 Grammatica – Algemene aanwijzingen voor grammaticaoefeningen (p. 15).

Let op:
1. Het onthouden van de goede prepositie bij een verbum is een probleem voor veel cursisten. Deze oefening is ervoor bedoeld om de cursisten bewust te maken van het feit dat er vaak combinaties van woorden in het Nederlands zijn die allemaal samen de betekenis dragen.
2. Veel cursisten gaan op enig moment de vaste prepositie verwarren met het prefix van een separabel verbum. Bijvoorbeeld:
   Ik spreek met de docent.
   <u>spreken met:</u>   Verbum met vaste prepositie.
   Ik spreek de / a / niet goed uit.
   <u>uitspreken:</u>   Separabel verbum
   Begin hier zeker niet uit uzelf over, maar leg het wel uit als er vragen over komen. En wees er alert op dat als

Hoofdstuk 8B

cursisten fouten maken met prefixen en preposities, deze verwarring daar dan aan ten grondslag kan liggen.

Oplossing
a)
1. over, 2. met, 3. naar, 4. van, 5. naar, 6. met, 7. op, 8. in

Oplossing
b)
1. vertellen over, 2. beginnen met, 3. solliciteren naar, 4. houden van, 5. luisteren naar, 6. trouwen met, 7. antwoord geven op, 8. geïnteresseerd zijn in

> **Oefeningen werkboek**
> Op deze oefeningen in het tekstboek volgt
> WB 8B - 4

5 Grammatica – Participium separabele verba
a) + b) + c)
Doel
- De cursisten kunnen het participium van separabele verba herkennen in een tekst.
- De cursisten kunnen de infinitief herleiden van het participium van een separabel verbum.
- De cursisten kunnen benoemen hoe het participium van een separabel verbum gevormd wordt.

Uitvoering
Zie 5.7 Grammatica – Algemene aanwijzingen voor grammaticaoefeningen (p. 15).

Oplossing
a)
Ik heb goed naar je advies geluisterd! Ik heb het uitzendbureau opgebeld en informatie ingewonnen over een baantje als callcentermedewerker. Ik heb met een heel aardige vrouw gesproken, ze heet Carla. Ik ben de volgende dag bij het uitzendbureau langsgegaan. Daar heeft Carla me uitgelegd wat het werk van een callcentermedewerker precies inhoudt. Ik weet nu zeker dat het geen baantje voor mij is. Ik kan dat werk niet goed combineren met studeren. Carla heeft me een goede tip gegeven. Ze heeft gezegd dat ik beter nachtportier kan worden. Dat is een rustig baantje en dan kan ik tijdens het werk ook nog studeren. Ik heb even nagedacht en ik heb me daarna ingeschreven via internet. Ik hoop dat ze snel iets voor me vindt.

Oplossing
b)

2. ingewonnen	inwinnen	ja
3. langsgegaan	langsgaan	ja
4. uitgelegd	uitleggen	nee
5. nagedacht	nadenken	ja
6. ingeschreven	inschrijven	ja

Oplossing
c)
prefix + **ge** + stam + -d / -t

6 Spreken – Heb je al opgebeld?
Doel
- De cursisten kunnen korte zinnen met separabele verba in het perfectum maken.
- De cursisten kunnen vragen of iemand iets gedaan heeft.
- De cursisten kunnen vertellen of ze iets wel of niet gedaan hebben.

Uitvoering
Zie 5.3.2 Kettingoefeningen en klassikale spreekoefeningen (p. 11).

Let op:
Het is belangrijk dat u deze oefening goed voorbereidt:
1. Schrijf de separabele verba uit oefening 4 op het bord.
2. Vraag de cursisten om in groepjes nog minimaal tien andere separabele verba te bedenken. Men mag woordenboeken gebruiken. Stel wel een tijdslimiet.
3. Inventariseer de verba op het bord.
4. Laat de cursisten die het verbum aandragen zelf de betekenis uitleggen aan andere cursisten (als die de betekenis niet kennen).

> **Oefeningen werkboek**
> Op deze oefeningen in het tekstboek volgt
> WB 8B - 5

7 Lezen – Hoeveel ervaring heb je?
a)
Doel
- De cursisten kunnen de aard van de teksten begrijpen: ze begrijpen dat dit advertenties (in de krant) zijn, waarin personeel wordt gevraagd en waarin mensen zich aanbieden om te werken.
- De cursisten kunnen de informatie uit de advertenties 'Personeel gevraagd' koppelen aan de informatie uit de advertenties 'Personeel aangeboden'.

Thema tekst: vacatures en werkzoekenden
Sleutelwoorden: *aangeboden (aanbieden), het buitenland, de chauffeur, het dak, het karweitje, het kindermeisje, de klus, de klusjesman, de oppas, het personeel, de peuterleidster, rijbewijs B, de stadsbus, de taxichauffeur, de timmerman, de vrachtwagenchauffeur, werkloos*
Kennis van de wereld: advertenties 'personeel gevraagd' en 'personeel aangeboden' in de krant

Uitvoering
Zie 5.5 Lezen – Algemene aanwijzingen voor leesvaardigheidsoefeningen (p. 14).

Oplossing
1. b, 2. a, 3. d, 4. e, 5. f, 6. c

b)
Doel
- De cursisten kunnen in korte zinnen hun werkwensen en werkervaring beschrijven.
- De cursisten kunnen begrijpen welke conventies gelden bij het schrijven van een 'personeel aangeboden'-advertentie, en kunnen die conventies ook toepassen bij het schrijven van zo'n advertentie.

110

Hoofdstuk 8B

Uitvoering
Zie: 5.4.2 Aanpak individuele schrijfoefeningen (p. 13).

Let op:
1. Besteed vooraf aandacht aan het type tekst. Het is niet de bedoeling dat de cursisten een lang epistel schrijven over hun werkwensen en werkervaring. Het doel is juist dat ze zo beknopt mogelijk de meest essentiële informatie geven.
2. U kunt eventueel een woordenlimiet afspreken. Dat kunt u ook in een ludiek jasje gieten, door te melden dat bij krantenadvertenties per woord of per regel betaald moet worden. Spreek een tarief per woord af, en een fictief budget dat de cursisten hebben voor de advertentie.
3. De cursisten dienen deze oefening in te leveren.

Oefeningen werkboek
Op deze oefeningen in het tekstboek volgt

WB 8B - 6

In deze oefening in het werkboek moeten de cursisten een kruiswoordraadsel invullen. Ga na of iedereen het principe van een kruiswoordraadsel kent en begrijpt.

8 Spreken – Hebt u een advertentie gezet?

Doel
- De cursisten kunnen in een telefoongesprek vertellen dat ze geïnteresseerd zijn in een baan.
- De cursisten kunnen vertellen welke relevante werkervaring ze hebben.
- De cursisten kunnen vragen om meer informatie over een baan.
- De cursisten kunnen een afspraak maken met een uitzendbureau of bedrijf om een informatief gesprek over een baan te voeren.

Uitvoering
Zie 5.3.1 Spreekoefeningen in twee-, drie- en viertallen (p. 10).

Let op:
Het is belangrijk dat u deze oefening goed voorbereidt:
1. Bekijk samen de oefening.
2. Bekijk samen het voorbeeldgesprek.
3. Laat de cursisten het voorbeeldgesprek eerst oefenen.
4. Laat de cursisten bepalen welke zinnen uit het voorbeeldgesprek ze ook kunnen gebruiken bij gesprekken over andere functies.
5. Laat de cursisten bedenken welke variaties ze op het voorbeeldgesprek kunnen aanbrengen.
6. Laat de cursisten in tweetallen een personeelsadvertentie uitkiezen (zie oefening 7). Geef hier een tijdslimiet voor.
7. Laat de cursisten bedenken voor welk uitzendbureau cursist B werkt. Geef ook hier een tijdslimiet voor, of zet een lijst suggesties op het bord, waar de cursisten uit kunnen kiezen. Het is niet de bedoeling dat de cursisten lange tijd bezig zijn met het kiezen van een goede of ludieke naam voor hun uitzendbureau. Geef eventueel een lijstje met namen van bestaande uitzendbureaus.
8. Instrueer de cursisten het gesprek te voeren. De cursisten moeten proberen het gesprek uit het hoofd te voeren.
9. Als de cursisten meer oefening nodig hebben, kunt u ze ook van spreekpartner laten wisselen en de gesprekken nog een keer laten voeren.

Oefeningen werkboek
Op deze oefeningen in het tekstboek volgen

WB 8B - 7, 8

Bij oefening 7 moeten de cursisten informatie zoeken op de website *www.uitzendbureau.nl*.

Bereid deze oefening eventueel in de les voor. Bekijk samen de website.
Laat bij de zoekterm 'waar' Maastricht (of een andere plaats) invullen.
Laat bij de zoekterm 'wat' het woord 'parttime' (of een andere wens) invullen.
Begrijpen de cursisten hoe de website werkt?
Laat ze dan de oefening doen, thuis of in de les.

Oefening 7a) en b) moeten de cursisten bij u inleveren.
Oefening 8 kunt u ook laten inleveren of naar u laten mailen.

9 Spreken – Wat houdt het werk in?

Let op: bij deze oefening hoort een kopieerblad.

Doel
- De cursisten kunnen een gesprek voeren met een medewerker van een uitzendbureau over (mogelijk) werk.
- De cursisten kunnen informatie vragen over een baan.
- De cursisten kunnen informatie over een baan begrijpen.
- De cursisten kunnen functie-eisen voor een baan begrijpen.
- De cursisten kunnen informatie over een baan koppelen aan informatie over een werkzoekende.

Uitvoering
Zie 5.3.1 Spreekoefeningen in twee-, drie- en viertallen (p. 10).

Let op:
1. Bij deze oefening komt ook de rol van de opdrachtgever van het uitzendbureau aan de orde: het bedrijf dat aan het uitzendbureau de opdracht geeft nieuwe werknemers te zoeken. Bespreek (nogmaals) de manier van werken en rol van het uitzendbureau, en benoem hier ook de positie van de opdrachtgever (het bedrijf) bij.
2. Geef de cursisten voldoende tijd om het kopieerblad te bestuderen en begrijpen.
3. Als de cursisten nog oefening nodig hebben, laat ze dan hetzelfde gesprek met verschillende spreekpartners voeren.

Hoofdstuk 8C

 Uitdrukking

Doel
De cursisten begrijpen globaal de betekenis van de uitdrukking.

Uitvoering
Zie 5.9 Uitdrukking – Algemene aanwijzingen voor het bespreken van de uitdrukking (p. 16).

C Ik heb er zo'n zin in!

> **Doel**
> Informatie over een reis zoeken en vragen
>
> **Grammatica**
> Zo / zo'n
> Indirecte rede: de conjunctie 'dat' en de woordvolgorde in de bijzin

 Lezen – De Erasmusbeurs

Doel
- De cursisten kunnen begrijpen dat dit een informatieve tekst is over het systeem van de Erasmusbeurs.
- De cursisten kunnen begrijpen wat de Erasmusbeurs is.
- De cursisten kunnen begrijpen aan welke voorwaarden je moet voldoen om in aanmerking te komen voor de Erasmusbeurs.
- De cursisten kunnen begrijpen wat je kunt doen ter voorbereiding op een Erasmusuitwisseling.

Thema tekst: Erasmusbeurs
Sleutelwoorden: *beslissen, het dagelijks leven, deelnemen aan, het doel, de (Erasmus)beurs, het Erasmusprogramma, erkennen, de Europese Unie, fulltime, het gastland, de gebruiken, de hogeschool, de kennis, de (onderwijs)instelling, de overheid, de (studie)periode, de taalcursus, uitwisselen, het verblijf, de voorbereiding, zich kunnen redden*
Kennis van de wereld: uitwisselingsstudenten, een beurs krijgen, (welke landen horen bij) de Europese Unie, wie is Erasmus (naar wie de beurs vernoemd is)

Uitvoering
Zie 5.5 Lezen – Algemene aanwijzingen voor leesvaardigheidsoefeningen (p. 14).

Let op:
1. Laat het van uw groep afhangen hoeveel aandacht u besteedt aan studiebeurzen en het Erasmusprogramma. Bij een groep (aankomende) studenten zal dit waarschijnlijk veel gespreksstof opleveren, maar mogelijk zitten er in een groep werkende cursisten ook mensen die zelf ooit een uitwisselingsprogramma hebben gevolgd, of mensen kennen die dat hebben gedaan.
2. Besteed eventueel ook aandacht aan Erasmus (naar wie de beurs vernoemd is): een Nederlands filosoof, theoloog en humanist uit de 15e / 16 eeuw (circa 1469 – 1536). Een afbeelding van Erasmus vindt u naast de leestekst en op de titelpagina van dit hoofdstuk.

Oplossing
1. niet waar, 2. niet waar, 3. waar, 4. niet waar, 5. niet waar

 Luisteren – Naar het **cd 2 - 15 buitenland!**

Doel
- De cursisten kunnen begrijpen dat Simone aan een vriendin vertelt dat ze een beurs toegewezen heeft gekregen.
- De cursisten kunnen de belangrijkste feiten uit het gesprek begrijpen:
- De cursisten kunnen begrijpen wanneer Simone zich heeft opgegeven voor de Erasmusbeurs.
- De cursisten kunnen begrijpen voor welke periode de beurs is.
- De cursisten kunnen begrijpen waarom Simone al in de zomer naar Polen gaat.
- De cursisten kunnen begrijpen dat Simone aan haar vriendin voorstelt haar bijbaan als caissière over te nemen.

Thema tekst: in het buitenland gaan studeren, en de voorbereiding daarop
Sleutelwoorden: *de caissière, het college, het kassawerk, het studiejaar, Polen, Pools, zich aanmelden voor, zich opgeven voor, zich verheugen op, zich voorstellen*
Kennis van de wereld: Krakau is een grote stad in Zuid-Polen. Polen ligt in Oost-Europa.

Uitvoering
Zie 5.2 Luisteren – Algemene aanwijzingen voor luistervaardigheidsoefeningen (p. 9).

Let op:
1. Laat de cursisten in de introductiefase synoniemen bedenken voor alle antwoordmogelijkheden bij de vragen. Zo leren de cursisten de vaardigheid om tijdens het luisteren niet alleen alert te zijn op de gegeven antwoordmogelijkheden, maar ook op andere formuleringen met dezelfde betekenis.
2. Zorg ervoor dat u het antwoord op vraag 4 nog niet 'verklapt' als u de nieuwe woorden *caissière* en *kassawerk* bespreekt. Ook hierom is het dus nuttig om voor alle antwoordmogelijkheden synoniemen te laten verzinnen.

Transcriptie
Zie tekstboek, p. 323.

Oplossing
1. zes maanden geleden, 2. twaalf maanden, 3. een taalcursus te volgen, 4. kassamedewerkster

NOTITIE
Zie 5.8 Notitie – Algemene aanwijzingen voor het bespreken van de informatie in de kaders getiteld 'Notitie' (p. 15).

Let op: Laat de cursisten zelf ontdekken wanneer je 'zo' en wanneer 'zo'n' gebruikt:
'Zo' staat voor een adjectief, 'zo'n' staat voor een substantief. Vertel eventueel dat 'zo'n' komt van 'zo een'.

Hoofdstuk 8C

> Oefeningen werkboek
> Op deze oefeningen in het tekstboek volgt
>
> WB 8C - 1

3 Invuloefening – Ik schrijf me in voor een talencursus

Doel
De cursisten kunnen het reflexief pronomen op de juiste manier gebruiken.

Uitvoering
Zie 5.6 Invuloefeningen – Algemene aanwijzingen voor invuloefeningen (p. 15).
Zie 5.7 Grammatica – Algemene aanwijzingen voor grammaticaoefeningen (p. 15).

Let op: De reflexieve verba zijn in hoofdstuk 7 aan de orde geweest. Deze oefening dient als herhaling. Het is een goede voorbereiding op de spreekoefeningen in het vervolg van dit hoofdstuk, waar veel reflexieve verba in voorkomen.

Oplossing
2. ons, 3. je, 4. zich, 5. zich, me, 6. zich, 7. zich, 8. me, 9. zich, 10. me

> Oefeningen werkboek
> Op deze oefeningen in het tekstboek volgen
>
> WB 8C - 2, 3

4 Spreken – Waar verheug jij je op?

Let op: bij deze oefening hoort een kopieerblad.

Doel
De cursisten kunnen in gestuurde spreektaal de juiste vorm van het reflexief pronomen kiezen en dat reflexief pronomen op de juiste plaats in de zin zetten.

Uitvoering
Zie 5.3.1 Spreekoefeningen in twee-, drie- en viertallen (p. 10).

Let op:
1. Bereid deze oefening goed voor. Dit is het tweede hoofdstuk waarin reflexieve verba staan. Het is waarschijnlijk nog moeilijk voor de cursisten. Daarom staan er ook twee voorbeelden.
2. U kunt de oefening voorbereiden door een aantal reflexieve verba uit oefening 3 op het bord te schrijven en de groep te vragen een simpele vraag te bedenken. Een vraag mag gewoon in de presensvorm. Eventueel kunt u de cursisten ook vragen met een modaal verbum auxiliare laten maken ('Moet jij je inschrijven voor de cursus?'). Let er wel op dat de cursisten niet alleen zinnen met een modaal verbum auxiliare maken, want dan oefenen ze niet om het reflexief verbum zelf te vervoegen.

Als de cursisten een vraag kunnen formuleren, kunt u doorgaan met oefening 4.
3. Veel van de reflexieve verba zijn ook separabele verba. Dat maakt het moeilijk. Deze oefening is er vooral voor bedoeld om te kijken of cursisten in spreektaal een reflexief pronomen kunnen gebruiken. Mochten de cursisten fouten maken in de plaats van het prefix van een separabel verbum, of in de negatiefvorm, dan hoeft u daar niet veel aandacht aan te besteden. Het doel van de oefening is immers het gebruiken van reflexieve pronomina.

5 Luisteren en grammatica – cd 2 - 16
Indirecte rede

a) + b) + c)

Doel
- De cursisten kunnen de conjunctie 'dat' herkennen in een lees- en luistertekst.
- De cursisten kunnen begrijpen dat de conjunctie 'dat' de indirecte rede inleidt.
- De cursisten kunnen begrijpen wat de indirecte rede is.
- De cursisten kunnen begrijpen dat de indirecte rede een bijzinsyntaxis heeft.
- De cursisten kunnen begrijpen dat in een bijzin de verba aan het eind van de zin staan.

Uitvoering
Zie 5.2 Luisteren – Algemene aanwijzingen voor luistervaardigheidsoefeningen (p. 9).
Zie 5.7 Grammatica – Algemene aanwijzingen voor grammaticaoefeningen (p. 15).

Transcriptie
Zie tekstboek, p. 179.

Oplossing
a)
Marcia: Ze zegt dat ze in de zomer al naar Polen gaat.
Marcia: Ze zegt dat ze dan een intensieve taalcursus Pools kan volgen.
Marcia: Ze vertelt dat de cursus acht weken zal duren.
Marcia: Simone zegt dat de cursus gratis is. Joost zegt dat jij een leuke locatie weet.

Oplossing
b)
Ze zegt dat ze **in de** zomer al **naar Polen** gaat.
Ze zegt dat ze **dan een intensieve taalcursus** Pools kan **volgen.**
Ze vertelt **dat** de cursus **acht weken** zal **duren.**
Ze zegt **dat de cursus** gratis **is.**

Oplossing
c)
– eind
– Simone, Wieke

> Oefeningen werkboek
> Op deze oefeningen in het tekstboek volgt
>
> WB 8C - 4

113

Hoofdstuk 8C

6 Spreken – Hij heeft gezegd dat …

Doel
De cursisten kunnen korte berichten navertellen in de indirecte rede.

Uitvoering
Zie 5.3.2 Kettingoefeningen en klassikale spreekoefeningen (p. 11).

Let op:
1. Laat de cursisten de zinnen in het presens maken.
2. Als uw groep het aankan, kunt u vervolgens ook zinnen in het perfectum laten maken.

7 Luisteren – Een reis voorbereiden cd 2 - 17

Doel
- De cursisten kunnen begrijpen dat Simone praat met een medewerker van een reisbureau.
- De cursisten kunnen begrijpen dat Simone informatie wil over de reismogelijkheden naar Krakau.
- De cursisten kunnen begrijpen dat de medewerker informatie geeft over trein- en vliegreizen naar Krakau.
- De cursisten begrijpen dat Simone met de trein wil reizen.
- De cursisten begrijpen welke documenten Simone nodig heeft.

Thema tekst: informatie vragen op het reisbureau
Sleutelwoorden: *de bagage, de bestemming, de EU, overstappen, de reistijd, het treinkaartje, de treinplanner, de treinreis, uitzoeken, vertrekken, het visum, vliegen, de vliegtickets, zo min mogelijk*
Kennis van de wereld: het reisbureau, de treinplanner, benodigde reisdocumenten binnen en buiten de EU

Uitvoering
Zie 5.2 Luisteren – Algemene aanwijzingen voor luistervaardigheidsoefeningen (p. 11).

Transcriptie
Zie tekstboek, p. 323 - 324.

Oplossing
treinkaartje **X**, vliegticket, paspoort **X**, visum

> **Oefeningen werkboek**
> Op deze oefeningen in het tekstboek volgt
> WB 8C - 5

8 Invuloefening – Hoelang duurt de reis?

Doel
- De cursisten leren de woorden die nodig zijn om informatie te vragen bij een reisbureau.
- De cursisten kunnen de indirecte rede herkennen in zinnen zonder de conjunctie 'dat'.
- De cursisten kunnen begrijpen wat een medewerker van een reisbureau zegt.

Uitvoering
Zie 5.6 Invuloefeningen – Algemene aanwijzingen voor invuloefeningen (p. 15).

Let op:
1. Laat de cursisten nog een (paar) keer luisteren naar het gesprek van oefening 7.
2. Laat de cursisten er zelf achter komen dat ook hier de indirecte rede gebruikt wordt.

Oplossing
– klant: **Kunt** u voor mij uitzoeken **hoe** ik moet reizen? / **hoe** duur de reis is? / **hoe** vaak ik moet overstappen? Heb ik bijzondere dingen nodig, zoals een **visum**?
– medewerker: Ik **kijk** even voor **u**. / Ik zoek het **even** voor u uit. Nee, u hebt alleen een geldig **paspoort** nodig.

> **Oefeningen werkboek**
> Op deze oefeningen in het tekstboek volgen
>  WB 8C - 6, 7, 8

9 Spreken – Een reis voorbereiden
a)
Doel
- De cursisten kunnen voor hen relevante informatie uit de tekst halen, begrijpen en vergelijken.
- De cursisten kunnen een keuze maken tussen de twee landen op grond van informatie uit de tekst.
- De cursisten kunnen hun keuze beargumenteren, bij voorkeur onderbouwd door informatie uit de tekst.

Uitvoering
Zie 5.5 Lezen – Algemene aanwijzingen voor leesvaardigheidsoefeningen (p. 14).
Zie 5.3.1 Spreekoefeningen in twee-, drie- en viertallen (p. 10).

Let op:
1. Maak aan de cursisten duidelijk dat ze niet elk woord van de teksten hoeven te begrijpen. Het gaat erom dat ze een algemeen idee krijgen van de plaats van onderwijs in Finland en Hongarije. Ze moeten kunnen concluderen of één van deze twee landen hen genoeg aantrekt om er te gaan studeren.
2. Laat de cursisten de teksten samen (in drie- of viertallen) bestuderen.
3. Laat de cursisten in drie- of viertallen over de teksten praten.

Suggestie voor de voorbereiding
1. U kunt de cursisten ook eerst vragen te vertellen of op te schrijven welk beeld ze bij Finland en Hongarije hebben. Wat weten ze van de landen? Welk land heeft hun voorkeur? Waarom?
2. Laat de cursisten eventueel ook vertellen of opschrijven wat ze belangrijk vinden bij de keuze voor een land waar ze een jaar gaan studeren.
3. Laat de cursisten daarna pas de teksten lezen. Komt de informatie in de teksten overeen met het beeld dat ze vooraf van de landen hadden? Biedt één van de landen iets wat ze vooraf hadden genoemd als belangrijk voor hun keuze?

Hoofdstuk 8C

b)
Let op: deze oefening kunt u door de cursisten voor de les als huiswerk laten voorbereiden, maar het heeft de voorkeur om het tijdens de les in een computerlokaal of talenpracticum te laten voorbereiden en uitvoeren.

Doel
- De cursisten kunnen voor hen relevante informatie op internet vinden.
- De cursisten kunnen de informatie op een website over studeren in het buitenland in grote lijnen begrijpen.
- De cursisten kunnen de op internet gevonden informatie navertellen.
- De cursisten kunnen een korte presentatie geven.

Uitvoering
Zie 5.3 Spreken – Algemene aanwijzingen voor spreekvaardigheidsoefeningen (p. 10).

Let op:
1. Het is belangrijk dat de cursisten de mogelijkheid krijgen om dit in de les voor te bereiden. De voorbereiding zou ook thuis kunnen, maar dat heeft niet de voorkeur, omdat de kans dan bestaat dat de cursisten zich vastbijten op de oefening, of zich er juist te makkelijk van afmaken en bijvoorbeeld informatie in hun moedertaal in plaats van het Nederlands gaan opzoeken.
2. Het heeft natuurlijk de voorkeur dat de cursisten de informatie in het Nederlands vinden. Ze moeten er ook in het Nederlands over kunnen vertellen. Dat is het belangrijkste. Het voordeel van informatie zoeken in het Nederlands is dat de cursisten meteen bruikbaar vocabulaire en idioom aangereikt krijgen om in hun presentatie te gebruiken.
3. De presentatie hoeft niet langer dan vijf minuten te duren. Stel dat u in de klas niet beschikt over internet, dan zou u zelf vooraf informatie kunnen uitprinten, bijvoorbeeld van de site van wikipedia of www.hongarije.nl of www.finlandsite.nl.
4. Beperk de tijd om informatie op te zoeken, bijvoorbeeld twintig minuten. Laat overleg in het Nederlands plaatsvinden, loop rond en ondersteun de cursisten. Stel vragen om ze op weg te helpen.

> **Oefeningen werkboek**
> Op deze oefeningen in het tekstboek volgen
>
> 📖 WB 8C - 9, 10

Oefening 9 en 10b) dienen de cursisten in te leveren of aan u te mailen.

Bij oefening 10 moeten de cursisten een aantal foto's beschrijven.
U kunt ervoor kiezen om deze oefening niet te corrigeren, maar te verzamelen en te kopiëren voor de cursisten. Zij moeten dan raden over welke foto's de verhaaltjes gaan. Hierdoor zal blijken welke verhaaltjes goed te begrijpen zijn.

Uitdrukking
Doel
De cursisten begrijpen globaal de betekenis van de uitdrukking.

Uitvoering
Zie 5.9 Uitdrukking – Algemene aanwijzingen voor het bespreken van de uitdrukking (p. 16).

Uitspraak cd 2 - 18
Doel
- De cursisten maken kennis met de tweeklanken **ei/ij**, **au/ou** en **ui**.
- De cursisten leren luisteren naar de tweeklanken **ei/ij**, **au/ou** en **ui**.
- De cursisten kunnen horen dat de tweeklanken eigenlijk twee aparte klanken zijn.
- De cursisten leren de tweeklanken uitspreken.

Uitvoering
Zie 5.10 Uitspraak – Algemene aanwijzingen voor het bespreken van de uitspraak (p. 16).

Let op:
1. In het tekstboek spreken we van 'glijklanken'. Eigenlijk moet je spreken van een 'hoofdklank' - de 1e klank - en een verglijding naar de 2e, minder sterk benadrukte, klank. Vandaar ook wel de 'glijklanken 'genoemd.
2. Merk ook op dat het niet mogelijk is de vorming van de klank helemaal precies te beschrijven: de /ui/ bijvoorbeeld vertrekt niet precies van de /u/, maar meer van een klank tussen de /a/ en de /u/ in.

> **Oefeningen werkboek**
> Op deze oefeningen in het tekstboek volgen
>
> 📖 WB 8 uitspraak – 1, 2, 3, 4, 5, 6
>
> Op deze oefeningen in het werkboek volgt (eveneens in het werkboek) nog de tekst met bijbehorende vragen 'Over Nederland'.

Hoofdstuk 9A

Hoe was jullie vakantie?

Titelpagina
Zie 5.1 Begin van een hoofdstuk: titelpagina (p. 9).

Lekker op vakantie!

> **Doel**
> Vertellen over reizen en bestemmingen
> Landen en steden beschrijven
> Windrichtingen
>
> **Grammatica**
> Ergens, nergens, overal, hier, daar
> Verbum auxiliare: hoeven

1 Luisteren – Waar ga jij naartoe cd 2 - 19 op vakantie?

Doel
- De cursisten kunnen begrijpen welke vakantieplannen de sprekers hebben.
- De cursisten kunnen de informatie uit de dialogen koppelen aan de informatie in de advertenties.

Uitvoering
Zie 5.2 Luisteren – Algemene aanwijzingen voor luistervaardigheidsoefeningen (p. 9).

Suggestie
Gebruik bij de voorbespreking een kaart van Europa. Laat de cursisten de landen aanwijzen die in de advertenties genoemd worden.

Thema tekst: op vakantie gaan
Sleutelwoorden: *de autovakantie, de berg, boeken, de camping, het dagje uit, het (familie)pretpark, de gezinsvakantie, kamperen, het meer, skiën, de stedentrip, de vlucht, het Waddeneiland, de wandeling, de wintersportvakantie*
Kennis van de wereld: topografie; de Nederlandse namen van landen, steden en gebieden; delen van de Alpenlanden zijn in de winter besneeuwd, in de zomer niet; veel Nederlanders gaan één of een aantal keer per jaar op vakantie

Transcriptie
Zie tekstboek, p. 324.

Oplossing
a. 6, b. 1, c. 2, d. 3, e. 5, f. 4

NOTITIE
Zie 5.8 Notitie – Algemene aanwijzingen voor het bespreken van informatie in de kaders getiteld 'Notitie' (p. 15).

2 Invuloefening – Op vakantie!

a)
Doel
- De cursisten leren de woorden die nodig zijn om te vragen naar iemands vakantieplannen.
- De cursisten leren de woorden die nodig zijn om te praten over de eigen vakantieplannen.

Uitvoering
Zie 5.6 Invuloefeningen – Algemene aanwijzingen voor invuloefeningen (p. 15).
Zie 5.3.3 Routines – Wat kun je zeggen? (p. 11).

Let op: Houd in de gaten of de cursisten *naar* en *naartoe* goed gebruiken. In de functie van richtingaanduider kan het woord *naar* nooit op zichzelf staan: het wordt óf gevolgd door een substantief of locatie ('We gaan naar de stad / naar Oostenrijk') of het wordt vervangen door *naartoe* ('Waar ga je naartoe?'). In andere betekenissen kan het woord *naar* wel zelfstandig gebruikt worden ('Waar kijk je naar?'). Bespreek bovenstaande alleen als er vragen van de cursisten komen, of als u zelf merkt dat de cursisten deze uitleg nodig hebben en u ook inschat dat ze het zullen begrijpen.

Oplossing
vraag: **naartoe, weg**;
antwoord: **dagje, land, weekend, thuis, met**

b)
Doel
De cursisten leren enkele vaste preposities bij woorden rond het thema vakantie.

Uitvoering
Zie 5.6 Invuloefeningen – Algemene aanwijzingen voor invuloefeningen (p. 15).
Zie 5.3.3 Routines – Wat kun je zeggen? (p. 11).

Oplossing
We staan **op** de camping, **met** een tent / caravan / camper.
We zitten **in** een hotel **aan** zee / **in** de bergen.
We huren een appartement / vakantiehuisje **in** een vakantiepark.
We maken een strandwandeling **langs** de zee.
We maken een stedentrip **naar** Barcelona.

> **Oefeningen werkboek**
> Op deze oefeningen in het tekstboek volgen
>
>  WB 9A - 1, 2, 3

Let op: Bij oefening 3b) van het werkboek moeten de cursisten activiteiten aan seizoenen koppelen. Leg uit dat ze de Nederlandse seizoenen daarbij als uitgangspunt moeten nemen. Spreek af dat de oefening zich binnen Europa afspeelt. Anders kunt u niet nagaan of ze de woorden voor de verschillende vakanties begrepen hebben.

Bij oefening 3c) moeten de cursisten op www.postbus51.nl de data van de schoolvakanties opzoeken. Let wel: alleen de data voor de zomervakantie zijn bindend, voor de andere vakanties gelden adviesdata. Voor deze oefening is het niet belangrijk om daar dieper op in te gaan. Het gaat erom dat de cursisten de informatie kunnen vinden en kunnen werken met windrichtingen en de namen van de vakanties. De antwoorden op vraag 1d), 2 en 3 kunnen per jaar verschillen. U moet deze dus altijd controleren. In de sleutel staan enkel aanwijzingen die de cursisten kunnen gebruiken.
Vraag 1 is in vier subvragen gesplitst om de cursist langzaam naar het totale antwoord te leiden.

Hoofdstuk 9A

3   Spreken – Wat ga jij doen op vakantie?
Doel
- De cursisten kunnen vragen naar iemands vakantieplannen.
- De cursisten kunnen vertellen over hun vakantieplannen.

Uitvoering
Zie 5.3.1 Spreekoefeningen in twee-, drie- en viertallen (p. 10).

Voorbeeldoplossing
We gaan op wintersportvakantie naar Tsjechië.
Ik ga een culturele reis maken door Griekenland.
We gaan wandelen in de bergen van Oostenrijk.
Ik ga op vakantie naar een warm land, want ik houd van strandvakanties.
Wij gaan twee weken kamperen in Frankrijk.
We gaan met de kinderen een dagje naar een pretpark in Nederland.
We hebben een vakantiehuisje in Zweden gehuurd.
Ik ga met mijn vriend een lang weekend naar Rome.

> **Oefeningen werkboek**
> Op deze oefeningen in het tekstboek volgt
>
> 📖 WB 9A - 4

4   Spreken – Met wie ga je op vakantie?

Let op: bij deze oefening hoort een kopieerblad.

Doel
- De cursisten kunnen details vragen over iemands vakantieplannen.
- De cursisten kunnen details vertellen over hun vakantieplannen.

Uitvoering
Zie 5.3.1 Spreekoefeningen in twee-, drie- en viertallen (p. 10).

Let op: Bij deze oefening is het belangrijk dat bij de cursisten het gebruik van *naar* en *naartoe* goed inslijt, en dat ze oefenen met het gebruik van de juiste preposities. Laat ze daar dus vooral op letten bij deze oefening, en besteed daar ook aandacht aan in de nabespreking.

> **Oefeningen werkboek**
> Op deze oefeningen in het tekstboek volgt
>
> 📖 WB 9A - 5
>
> U kunt oefening 5c) laten inleveren.
> Omdat deze oefening niet zo lang is, kunt u er ook voor kiezen om hem door de cursisten onderling te laten beoordelen.
> Verdeel de groep dan in kleine groepjes (circa vier personen). Laat de antwoorden aan elkaar voorlezen en vraag de groep om samen alle antwoorden te controleren op begrijpelijkheid, grammatica en woordenschat. De groepjes zijn ervoor verantwoordelijk dat iedereen een correct eindproduct heeft. Zorg eventueel voor woordenboeken in de klas of opzoekgrammatica's.
> U kunt vervolgens óf zelf de producten controleren óf alle antwoorden op het bord hangen en de klas in zijn geheel laten controleren of de eindproducten inderdaad correct zijn. De bedoeling is dat de groepjes en klasgenoten met elkaar de discussie aangaan. Loop zelf rond en beantwoord zo min mogelijk vragen. Houd het initiatief bij de groepjes. Gezamenlijk hebben ze genoeg kennis. Maak wel aantekeningen van eventuele opvallende fouten. U kunt deze later op het bord zetten of wellicht in de volgende les op een papier uitdelen bij wijze van herhaling. Dit zou dan een 'zoek-en-verbeter-de-foutoefening' kunnen zijn.

5   Lezen en invuloefening – Overal en nergens
a) + b
Doel
- De cursisten kunnen de betekenis van de woorden *ergens, nergens, overal, daar* en *hier* afleiden uit de tekst.
- De cursisten kunnen de woorden *ergens, nergens, overal, daar* en *hier* op een juiste manier gebruiken.

Uitvoering
Zie 5.5 Lezen – Algemene aanwijzingen voor leesvaardigheidsoefeningen (p. 14).
Zie 5.6 Invuloefeningen – Algemene aanwijzingen voor invuloefeningen (p. 15).

Let op: Besteed eventueel ook aandacht aan *ergens anders* en *nergens anders*.

Oplossing
a)
2. overal, 3. nergens, 4. hier, 5. daar

Oplossing
b)
1. ergens, 2. overal, nergens, 3.hier, 4. daar

> **Oefeningen werkboek**
> Op deze oefeningen in het tekstboek volgt
>
> 📖 WB 9A - 6

Hoofdstuk 9A

6 Grammatica en spreken – Ik hoef niet te werken!

a)

Doel
- De cursisten kunnen begrijpen hoe het verbum auxiliare *hoeven* wordt gebruikt: als ontkenning van *moeten*.
- De cursisten kunnen de juiste vormen van het verbum auxiliare *hoeven* maken.
- De cursisten kunnen begrijpen dat na *niet hoeven* altijd *te* volgt.

Uitvoering
Zie 5.7 Grammatica – Algemene aanwijzingen voor grammaticaoefeningen (p. 15).
Bereid deze oefening zelf terdege voor. Introduceer de oefening goed. Dat is erg belangrijk.

Introductiefase
1. Herhaal de negatie op socratische wijze. Doe dit door simpele vragen te stellen, waarop de cursisten negatief moeten antwoorden. Stel vragen die antwoorden ontlokken met *niet/geen*. Mogelijke vragen met *geen* in het antwoord:
   – Heb je een woordenboek?
   – Heb je een sigaret voor me?
   – Heb je een pen voor me?
   – Wil je een kopje koffie?
   Mogelijke vragen met *niet* in het antwoord:
   – Kun je het boek even geven?
   – Wil je op vakantie gaan?
   – Mag ik hier bellen?
   Waarschijnlijk zullen sommige cursisten dit niet meer allemaal weten.
2. Laat de cursisten in tweetallen of in groepjes de regels voor de negatie aan elkaar uitleggen en herhalen.
3. Laat de cursisten de regels voor *niet* en *geen* formuleren.
4. Bekijk samen de eerste zin van oefening 6a). Wat valt ze op? (Het woord *te* moet opvallen: *niet hoeven te* + infinitief.)
5. Instrueer de cursisten om alleen of in tweetallen oefening 6a) in te vullen.

Uitvoerfase
1. De cursisten vullen oefening 6a) in.
2. Loop rond en assisteer waar nodig.

Evaluatiefase
1. Bespreek de antwoorden en schrijf de antwoorden op het bord.
2. Beantwoord eventuele vragen.
3. Besteed aandacht aan de betekenis van *niet hoeven*. Het is de ontkenning van *moeten* in de betekenis van *nodig zijn*.
4. Ga na of de cursisten begrijpen hoe ze *niet hoeven te moeten* gebruiken. Stel enkele vragen:
   – Moet je vandaag werken?
   – Moet je straks boodschappen doen?
   – Moet je vanavond koken?
   Deze vragen moeten met *niet hoeven te* beantwoord worden. Doe dit eerst mondeling. Als er behoefte aan is, kunt u daarna ook op het bord zetten. U kunt ook één cursist het antwoord mondeling laten geven, en een andere cursist het antwoord op het bord laten schrijven.
5. Ga hierna pas door met oefening 6b).

Let op: *Moeten* kan soms ook ontkend worden door *niet moeten*. Het beste kunt u daar in dit stadium nog geen aandacht aan besteden. Dat werkt alleen maar verwarrend. Het gebruik van *moeten* en *hoeven* in negatieve zinnen is ingewikkeld, en daarom ook moeilijk volledig en duidelijk te beschrijven. Het is niet nodig (en ook niet haalbaar) om de cursisten door middel van één oefening het gebruik van *moeten* en *hoeven* volledig te laten doorgronden. Probeer het thema '*niet moeten* of *niet hoeven*' in dit stadium nog te vermijden. Let dus ook goed op als u zelf voorbeeldzinnen geeft, dat het zinnen zijn die ontkend worden door *niet hoeven*. In deze fase is het belangrijk dat de cursisten de betekenis begrijpen van zinnen met *niet hoeven te* zoals bij oefening 6.

Mochten snelle cursisten toch al met vragen komen, dan kunt u die cursisten eventueel deze uitleg geven:
Moeten kan op twee manieren negatief gemaakt worden: *niet moeten* en *niet hoeven te*. Dezelfde vraag kan soms zowel met *niet moeten* als met *niet hoeven te* beantwoord worden. Er is dan een betekenisverschil, maar het betekenisverschil is niet altijd even duidelijk, en is ook moeilijk in regels te vatten.
Voor uzelf zijn deze voorbeeldzinnen wellicht handig om het verschil te zien:
1. Je moet naar hem luisteren. = Het is noodzakelijk dat je naar hem luistert.
2. Je moet niet naar hem luisteren. = Het is noodzakelijk dat je niet naar hem luistert.
3. Je hoeft niet naar hem te luisteren. = Het is niet noodzakelijk dat je naar hem luistert.

Meer hierover vindt u bijvoorbeeld in de ANS (de Algemene Nederlandse Spraakkunst).

Oplossing
a)
2. hoeft
3. moet, hoeft
4. moeten, hoeven ... niet moeten ↔ niet hoeven

b)

Let op: bij deze oefening hoort een kopieerblad.

Doel
- De cursisten kunnen ontkennend antwoorden op simpele vragen en daarbij de woorden *niet* en *geen* gebruiken.
- De cursisten kunnen het verbum auxiliare *hoeven* gebruiken in korte antwoorden op simpele vragen.

Uitvoering
Zie 5.3.1 Spreekoefeningen in twee-, drie- en viertallen (p. 10).

Let op: Print het kopieerblad, en knip het in strookjes. Iedere cursist krijgt een strookje.
Vertel in de introductiefase dat de cursisten de keuze *niet* of *geen* moeten maken, en dat ze soms *hoeven* moeten gebruiken.
De bedoeling is dat de cursisten meerdere vragen stellen en beantwoorden. Bekijkt u zelf hoe het gaat en bepaal op grond daarvan hoe lang deze opdracht moet duren.

Hoofdstuk 9A

Vervolgsuggestie
Als uw cursisten veel moeite hebben met de oefening, kunt u het kopieerblad in zijn geheel afdrukken, of de losse vragen zelf overnemen op een apart papier en de oefening als extra schrijfoefening laten maken. De cursisten moeten dan alle vragen beantwoorden.

Oefeningen werkboek
Op deze oefeningen in het tekstboek volgt

 WB 9A - 7

De antwoorden van oefening 7c) uit het werkboek moeten de cursisten inleveren.

7 Invuloefening – Waar ligt Leeuwarden?
Doel
- De cursisten leren de woorden voor windrichtingen.
- De cursisten kunnen de ligging van plaatsen benoemen.
- De cursisten leren de ligging van enkele Nederlandse steden.

Uitvoering
Zie 5.6 Invuloefeningen – Algemene aanwijzingen voor invuloefeningen (p. 15).

Let op: Besteed in de nabespreking aandacht aan de verschillen in interpunctie (wel / geen hoofdletter, wel / geen verbindingsstreepje) en in artikel- en prepositiegebruik (wel / geen artikel, in / ten / van) tussen de drie manieren om de locatie te beschrijven.

Oplossing
2. Zuid-Nederland, 4. West-Nederland, 5. noorden, 7. oosten, 8. westen, 9. noorden, 10. zuiden, 11. oosten

Oefeningen werkboek
Op deze oefeningen in het tekstboek volgt

 WB 9A - 8

8 Spreken – Waar ligt …?
Doel
- De cursisten kunnen vragen waar Nederlandse plaatsen liggen.
- De cursisten kunnen vertellen waar Nederlandse plaatsen liggen.

Uitvoering
Zie 5.3.1 Spreekoefeningen in twee-, drie- en viertallen (p. 10).

Let op: Introduceer deze oefening door eerst klassikaal wat vragen te stellen. Schrijf bijvoorbeeld drie steden op het bord die in verschillende delen van het land liggen. Let op: De steden moeten wel op de kaart op pagina 190 staan. Laat de cursisten even zelf zoeken en aanstrepen op de kaart waar ze liggen.
Voorbeeld: Heerlen.
Vraag waar Heerlen ligt en probeer drie verschillende antwoorden uit te lokken: in Zuid-Nederland, in het zuiden van Nederland, ten oosten van Maastricht. Laat een cursist de antwoorden op het bord schrijven. Kies hierbij een andere cursist dan degene die het antwoord geeft. Varieer ook de vraag een beetje: 'Weet je waar Heerlen ligt?' 'Kun je me vertellen waar Heerlen ligt?'.

9 Luisteren en schrijven – cd 2 - 20
Portugal is prachtig!

a) + b) + c)
Doel
- De cursisten kunnen in het verhaal van Maxine de belangrijkste feiten over Portugal verstaan en begrijpen.
- De cursisten kunnen tijdens het luisteren aantekeningen maken van de belangrijkste gegevens die ze horen.
- De cursisten kunnen een informatieve e-mail schrijven over Portugal, gebaseerd op de informatie die ze van Maxine hebben gehoord.

Uitvoering
Zie 5.2 Luisteren – Algemene aanwijzingen voor luistervaardigheidsoefeningen (p. 9).
Zie 5.4 Schrijven – Algemene aanwijzingen voor schrijfvaardigheidsoefeningen (p. 12).
Zie 5.4.1 Aanpak dictoglosoefeningen (p. 12).

Let op: De tekst van Maxine staat niet in de het tekstboek, maar alleen hieronder. Het is namelijk de bedoeling dat de cursisten de informatie kunnen reproduceren. Als ze de tekst zelf zouden kunnen nalezen, wordt het doel voorbij geschoten. Voer deze oefening als een dictoglosoefening uit.

Introductiefase
Vertel in de introductiefase wat een dictoglosoefening is. Besteed ook aandacht aan het maken van aantekeningen: hoe doe je dat?
Maak duidelijk dat de cursisten niet woord voor woord alles op moeten schrijven, maar de belangrijkste feiten uit de tekst moeten halen. Het is geen dictee!

Uitvoerfase
1. Laat de tekst één keer zijn geheel horen. De cursisten mogen geen aantekeningen maken.
2. Laat de tekst nog een keer horen. De cursisten maken aantekeningen.
3. De volgende stap is afhankelijk van het niveau van uw groep.
a. Bij een zwakkere groep kunt u de cursisten eerst in kleine groepjes hun informatie laten vergelijken. Vervolgens reconstrueren ze gezamenlijk de tekst.
b. Bij een sterkere groep kunt u na het luisteren meteen de e-mail laten schrijven, individueel of in groepjes.
4. Instrueer de cursisten bij het schrijven van de e-mail dat ze niet de letterlijke tekst van Maxine hoeven te reproduceren, maar dat ze een inhoudelijk en grammaticaal correcte tekst moeten produceren, gebaseerd op de gegevens die Maxine verteld heeft.

Evaluatiefase
Controleer de e-mails op inhoudelijke en grammaticale correctheid.
Bespreek de e-mails in de les.

Hoofdstuk 9B

Transcriptie
Portugal is een prachtig land! Het ligt in het westen van Europa. Spanje is Portugals enige buurland. Portugal heeft bijna elf miljoen inwoners. Het grootste deel van de inwoners, bijna 70%, woont in de buurt van de kust. In het zuiden en in het binnenland wonen veel minder mensen. Meer dan 10% van de bevolking woont in twee steden, in Lissabon en Porto. Dat zijn erg mooie steden om te bezoeken.

Portugal ligt aan de Atlantische Oceaan. In de Portugese gerechten gebruiken de mensen dus veel vis. De Portugezen eten ook graag rijst. Portugese wijnen zijn erg bekend, ook buiten Portugal. Ik houd erg van Portugese port, bijvoorbeeld Madeira.

Ik ga zelf graag naar de Algarve. Dat is een prachtig gebied in Zuid-Portugal. De meeste toeristen gaan naar het westen van de Algarve. Ik vind zelf het oosten veel mooier. Je kunt daar prachtige natuurgebieden bekijken. Dat vind ik leuk.

> **Oefeningen werkboek**
> Op deze oefeningen in het tekstboek volgt
>
>  WB 9A - 9

10   Spreken – Kies een vakantie!
Doel
- De cursisten kunnen informatie vragen over iemands favoriete vakantiebestemming.
- De cursisten kunnen informatie vertellen over hun eigen favoriete vakantiebestemming.

Uitvoering
Zie 5.3.1 Spreekoefeningen in twee-, drie- en viertallen (p. 10).

Let op: Introduceer de oefening door zeven vakken op het bord te schrijven met de titels: land / bestemming, type / soort vakantie, transport, waar slapen, activiteiten die ik wil doen, duur van vakantie, kosten / prijs.
Geef een voorbeeld van wat u zelf leuk vindt, en vul de zeven vakken in, en / of vraag een cursist om hetzelfde te doen.
Het is de bedoeling dat iedere cursist eerst individueel zijn of haar favoriete vakantiebestemming of vakantieland bedenkt, en de zeven items benoemt. Daarna bespreken de cursisten in kleine groepjes wat hun gezamenlijke favoriete vakantiebestemming of vakantieland is. Daar moeten ze het dus per groepje over eens worden.
Sluit de oefening af door de groepjes klassikaal te laten vertellen over de vakantie die ze hebben gekozen.

Uitdrukking
Doel
De cursisten begrijpen globaal de betekenis van de uitdrukking.

Uitvoering
Zie 5.9 Uitdrukking – Algemene aanwijzingen voor het bespreken van de uitdrukking (p. 16).

B   Vakantieverhalen

> **Doel**
> Vertellen over je vakantie
> Vertellen over vroeger
>
> **Grammatica**
> Imperfectum (regelmatig)
> Imperfectum (onregelmatig)

1   Lezen – Vakantie vieren: vroeger en nu
a) + b)
Doel
- De cursisten kunnen begrijpen dat de man vertelt over de vakantiegebruiken van vroeger.
- De cursisten kunnen begrijpen dat het meisje vertelt over de vakantiegebruiken van nu.
- De cursisten maken kennis met het imperfectum.
- De cursisten kunnen de woorden van vroeger en nu met elkaar in verband brengen.

Thema tekst: vakantiegebruiken vroeger en nu
Sleutelwoorden: *tegenwoordig, toen, vakantie vieren, de vakantieganger, de vakantieverhalen, ver, vroeger*
Kennis van de wereld: moderne apparatuur (iPod, navigatiesysteem, weblog); de 'ouderwetse' voorwerpen en handelingen (fotorolletje laten ontwikkelen en afdrukken, ansichtkaart); *pinnen* is een Nederlands woord.

Uitvoering
Zie 5.5 Lezen – Algemene aanwijzingen voor leesvaardigheidsoefeningen (p. 14).
Zie 5.6 Invuloefeningen – Algemene aanwijzingen voor invuloefeningen (p. 15).

Oplossing
de reisgids – **het internet**
geld wisselen bij een bank – **geld pinnen**
de telefooncel – **het mobieltje**
de ansichtkaart – **de e-mail**
de radio – **de iPod**
het fotorolletje – **de digitale foto's**
de vakantieverhalen – **de weblog**

> **Oefeningen werkboek**
> Op deze oefeningen in het tekstboek volgt
>
>  WB 9B - 1

2   Grammatica – Imperfectum (regelmatig)
Doel
- De cursisten kunnen het regelmatige imperfectum herkennen in een tekst.
- De cursisten kunnen herleiden van welk infinitief een regelmatig imperfectum komt.
- De cursisten kunnen de vormen van het regelmatige imperfectum benoemen.

Uitvoering
Zie 5.7 Grammatica – Algemene aanwijzingen voor grammaticaoefeningen (p. 15).

Hoofdstuk 9B

Zie 5.6 Invuloefeningen – Algemene aanwijzingen voor invuloefeningen (p. 15).

Let op: Laat de cursisten na oefening b) zelf de link leggen met de kofschipregel bij het perfectum.
Vraag aan de cursisten wie nog weet waar ze bij het perfectum op moesten letten (kofschipregel).
Als de cursisten daar niet spontaan op komen, verwijs dan naar de afbeeldingen (van 't kofschip, 't fokschaap en de soft ketchup) in het boek.
Help ze eventueel op weg door te vragen welke verba -te / -ten krijgen en welke -de / -den.
Laat de cursisten zelf de kofschipregel formuleren.

Oplossing
a)
Tegenwoordig is het heel normaal om buiten Europa op vakantie te gaan, maar vroeger <u>maakten</u> de Nederlanders nog niet zo veel verre reizen. Toen <u>vierden</u> ze vakantie in Nederland, België of Duitsland. Sommige vakantiegangers <u>reisden</u> verder, naar Frankrijk of Spanje. Voor de vakantie <u>bestudeerde</u> je de wegenkaart en een reisgids uit de bibliotheek. Je <u>wisselde</u> geld bij een bank en <u>stopte</u> kleren en een paar boeken in je koffer. Je <u>gebruikte</u> toen nog fotorolletjes om foto's te maken. Onderweg <u>belde</u> je naar huis vanuit een telefooncel of je <u>stuurde</u> een ansichtkaart. Je <u>luisterde</u> naar muziek op een klein radiootje. Na de vakantie <u>vertelde</u> je je vakantieverhalen aan je familie en vrienden en <u>wachtte</u> je een week op de vakantiefoto's.

Oplossing
b)
2. vieren – vier – vierden
3. reizen – reis – reisden
4. bestuderen – bestudeer – bestudeerde
5. wisselen – wissel – wisselde
6. stoppen – stop – stopte
7. gebruiken – gebruik – gebruikte
8. bellen – bel – belde
9. sturen – stuur – stuurde
10. luisteren – luister – luisterde
11. vertellen – vertel – vertelde
12. wachten – wacht – wachtte

Oplossing
c)
De singularisvorm is de **stam** + **-te** of **-de**. De pluralisvorm is de **stam** + **-ten** of **-den**.
De kofschipregel.

Oplossing
d)
maakte, maakte, maakte, maakte, maakte, maakte
luisterden, luisterden, luisterden

3 Invuloefening – Alles is nu anders
a) + b)
Doel
- De cursisten kunnen het regelmatig imperfectum onderscheiden van het presens.
- De cursisten kunnen woorden van tijd herkennen en begrijpen.
- De cursisten kunnen begrijpen wanneer ze het imperfectum moeten gebruiken en wanneer het presens.
- De cursisten kunnen de juiste vormen van het regelmatig imperfectum maken.

Uitvoering
Zie 5.7 Grammatica – Algemene aanwijzingen voor grammaticaoefeningen (p. 15).
Zie 5.6 Invuloefeningen – Algemene aanwijzingen voor invuloefeningen (p. 15).

Let op: Vraag de cursisten welke woorden informatie geven over de tijd. Deze woorden bepalen de keuze voor presens / imperfectum en zijn belangrijk. De cursisten moeten ze kennen, ook om later in de spreekoefeningen te gebruiken. Schrijf de woorden eventueel op het bord.

Oplossing
a)
1. luisterde, 2. reis, 3. gebruikte, 4. wisselden, 5. gebruikten, maken, 6. belden, 7. stuurt, 8. fietste

Oplossing
b)
2. reisden, navigatiesysteem, 3. gebruikte, internet, 4. pinden, geld, 5. maakten, digitale foto's, 6. belden, mobieltje, 7. stuurden, e-mail, 8. fietste, omafiets

> **Oefeningen werkboek**
> Op deze oefeningen in het tekstboek volgen
>
> WB 9B - 2, 3, 4

4 Spreken – Hoe was het vroeger?
Doel
- De cursisten kunnen in eenvoudige zinnen over vroeger en over nu vertellen.
- De cursisten kunnen het regelmatig imperfectum toepassen in korte, eenvoudige zinnen.
- De cursisten kunnen inversie toepassen in korte eenvoudige zinnen in het imperfectum.

Uitvoering
Zie 5.3.1 Spreekoefeningen in twee-, drie- en viertallen (p. 10).

Let op: De cursisten hebben voorafgaand aan deze oefening al een inversie-oefening in het werkboek gemaakt. De inversie-kennis is als het goed is dus al opgefrist.
Besteed eventueel aandacht aan de functie van het veranderen van de woordvolgorde in deze oefening. Door het woord *vroeger* op de eerste plaats in de zin te zetten, maak je het contrast met *tegenwoordig* groter. Laat de cursisten daar zelf achter komen.

5 Luisteren en invuloefening – cd 2 – 21, 22
Ben jij nog weggeweest in de vakantie?
a) + b)
Doel
- De cursisten kunnen begrijpen hoe de vakanties van Teun en Maud waren.
- De cursisten kunnen in grote lijnen begrijpen wat Teun en Maud over hun vakanties vertellen.

Hoofdstuk 9B

- De cursisten maken kennis met het onregelmatig imperfectum.

Thema tekst: luisteren naar vakantieverhalen
Sleutelwoorden: *bij de bagage zitten, de pech, regenen, de rugzak, het weer (mooi weer / slecht weer), weg zijn (ben jij weggeweest?)*
Nieuwe onregelmatige participia: geslapen, gelegen, bezocht
Kennis van de wereld: Rome ligt in Italië

Uitvoering
Zie 5.2 Luisteren – Algemene aanwijzingen voor luistervaardigheidsoefeningen (p. 9).

Transcriptie
Zie tekstboek, p. 324.

Oplossing
a)
Italië, hotel, slecht, musea bezocht

Oplossing
b)
moeder, het vliegtuig, mooi, koffer

c) + d)
Doel
- De cursisten leren de woorden die nodig zijn om het weer te bespreken.
- De cursisten leren de woorden voor verschillende soorten reistassen.

Uitvoering
Zie 5.6 Invuloefeningen – Algemene aanwijzingen voor invuloefeningen (p. 15).

Oplossing
c)
Hoe, weer, weer

Oplossing
d)
1. de koffer, 2. de handtas, 3. de rugzak, 4. de reistas

> **Oefeningen werkboek**
> Op deze oefeningen in het tekstboek volgt
>
> WB 9B - 5

 **Grammatica – Imperfectum (meer vormen)**
a) + b)
Doel
- De cursisten kunnen onregelmatige vormen van het imperfectum herkennen.
- De cursisten kunnen herleiden van welk infinitief een onregelmatig imperfectum komt.
- De cursisten kunnen de imperfectumvormen van de verba *hebben* en *zijn* benoemen.

Uitvoering
Zie 5.7 Grammatica – Algemene aanwijzingen voor grammaticaoefeningen (p. 15).

Zie 5.6 Invuloefeningen – Algemene aanwijzingen voor invuloefeningen (p. 15).

Oplossing
a)
onregelmatig
We hadden een mooie kamer in een leuk klein hotelletje. Het weer was mooi. We gingen iedere dag iets anders bekijken.

We konden een goedkope last minute boeken.
Toen we weer in Amsterdam op Schiphol waren, zaten onze koffers niet bij de bagage. Onze koffers stonden nog gewoon in Turkije.

Oplossing
b)
zijn	was – waren
gaan	gingen
kunnen	konden
zitten	zaten
staan	stonden

Oplossing
c)
was, was, was, was, was, was
waren, waren, waren

had, had, had, had, had, had
hadden, hadden, hadden

NOTITIE
Zie 5.8 Algemene aanwijzingen voor het bespreken van informatie in de kaders getiteld 'Notitie' (p. 15).

Let op: Maak de cursisten duidelijk dat ze de onregelmatige vormen van het imperfectum uit hun hoofd moeten leren. Bespreek met de cursisten manieren om dat te doen. Wijs de cursisten erop dat ze de vormen in 'twee richtingen' moeten kennen: ze moeten het imperfectum herkennen en weten van welk infinitief het komt, en ze moeten van een infinitief ook het imperfectum kunnen maken.
Zorg ervoor dat de cursisten wel doorhebben dat dit niet vanzelf gaat, maar jaag ze ook niet teveel schrik aan: het is in deze fase echt nog niet nodig dat ze alle onregelmatige imperfecta al uit het hoofd kennen. Maar de vormen op p. 196 van het tekstboek moet men snel beheersen.

7 **Lezen en invuloefening – Fotoalbum**
a) + b)
Doel
- De cursisten kunnen korte, informele tekstjes in het imperfectum begrijpen.
- De cursisten kunnen de informatie uit de leestekstjes koppelen aan de foto's.
- De cursisten kunnen onregelmatige vormen van het imperfectum herkennen.

Thema tekst: aan de hand van foto's vakantieverhalen vertellen.
Sleutelwoorden: *het fotoalbum, het ponykamp, de regenjas, de ski's, in slaap vallen*
Kennis van de wereld: (pony)kamp, schoolreisjes

Hoofdstuk 9C

Uitvoering
Zie 5.5 Lezen – Algemene aanwijzingen voor leesvaardigheidsoefeningen (p. 14).
Zie: 5.6 Invuloefeningen – Algemene aanwijzingen voor invuloefeningen (p.15).

Oplossing
a)
A. 3, B. 2, C. 5, D. 6, E. 1, F. 4

b)
1. was, 2. kocht, 3. waren, 4. reed, 5. stond, 6. zei, moest, 7. gingen, 8. sliep

> **Oefeningen werkboek**
> Op deze oefeningen in het tekstboek volgen
> WB 9B - 6, 7

 8 Mijn vakantiefoto's
Doel
- De cursisten kunnen vertellen over 'hun' vakantie.
- De cursisten kunnen eenvoudige zinnen in het imperfectum maken.

Uitvoering
Zie 5.3.1 Spreekoefeningen in twee-, drie- en viertallen (p. 10).

NOTITIE
Zie 5.8 Algemene aanwijzingen voor het bespreken van informatie in de kaders getiteld 'Notitie' (p. 15).

Let op: Ga nog niet teveel in op vragen van de cursisten over het verschil tussen imperfectum en perfectum. Maak de cursisten wel attent op het verschil in dit notitieblaadje. In alledaagse communicatie wordt de vraag vaak in het perfectum gesteld. De eerste zin van het antwoord volgt ook in die tijd. Alle details in het verhaal worden doorgaans in de imperfectum verteld. Probeer de cursisten door het stellen van vragen zelf tot die conclusie te laten komen. Bijvoorbeeld: In welke tijd staat de vraag? Welke tijden zie je in het antwoord? Zie je een patroon in het gebruik van de tijden? Et cetera.

> **Oefeningen werkboek**
> Op deze oefeningen in het tekstboek volgt
> WB 9B - 8

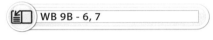 **9 Spreken – Hoe was je vakantie?**

Let op: bij deze opdracht hoort een kopieerblad.

Doel
- De cursisten kunnen vragen hoe iemands vakantie was.
- De cursisten kunnen vertellen over hun vakantie.

Uitvoering
Zie 5.3.1 Spreekoefeningen in twee-, drie- en viertallen (p. 10).

Let op: Maak groepjes van vier cursisten (combinaties van sterkere en zwakkere cursisten). Iedere cursist krijgt een ander werkblad (A, B, C, D). Het grootste deel van de informatie op het kopieerblad is met afbeeldingen weergegeven, zodat de cursisten de woordenschat zelf moeten terughalen / -zoeken. Moedig sterke cursisten aan meer vragen te bedenken.

> **Oefeningen werkboek**
> Op deze oefeningen in het tekstboek volgt
> WB 9B - 9

 **10 Spreken – Waar was je en wat deed je?**

Let op: De cursisten moeten voor deze oefening zelf een foto meenemen. Kondig dat de les ervoor aan.
Wellicht zullen enkele cursisten vergeten om een foto mee te nemen. U kunt in dat geval zelf makkelijk een aantal foto's vinden, door op een zoekmachine het zoekwoord 'vakantiefoto's' in te voeren en hierbij aan te geven dat u alleen afbeeldingen wilt bekijken.

Doel
- De cursisten kunnen aan de hand van een foto vertellen over hun vakantie.
- De cursisten kunnen vertellen wat er op een foto te zien is.

Uitvoering
Zie 5.3.1 Spreekoefeningen in twee-, drie- en viertallen (p. 10).

Uitdrukking
Doel
De cursisten begrijpen globaal de betekenis van de uitdrukking.

Uitvoering
Zie 5.9 Uitdrukking – Algemene aanwijzingen voor het bespreken van de uitdrukking (p. 16).

C Lieve Marie

> **Doel**
> Vertellen wat je hebt meegemaakt
> Een positieve / negatieve reactie geven
> Een e-mail of brief schrijven: structuur en briefconventies
>
> **Grammatica**
> Introductie: wanneer perfectum, wanneer imperfectum

 **1 Lezen – Een mailtje terug**
Doel
- De cursisten kunnen begrijpen dat dit een informele mail is van twee bevriende collega's, van wie de één thuis is (met zwangerschapsverlof).
- De cursisten kunnen begrijpen wie de in de mail genoemde personen zijn.

Hoofdstuk 9C

- De cursisten kunnen begrijpen dat de mail niet gaat over werkzaken, maar over wat Els in haar privéleven heeft meegemaakt.

Thema tekst: een informele mail tussen vrienden of bevriende collega's; vertellen wat je gedaan hebt
Sleutelwoorden: *afgelopen, het (herdenkings)concert, lieve, terugmailen, uit bed halen*
Kennis van de wereld: André Hazes, herdenkingsconcerten, je trouwdag vieren

Uitvoering
Zie 5.5 Lezen – Algemene aanwijzingen voor leesvaardigheidsoefeningen (p. 14).

Oplossing
1. b, 2. b, 3. a, 4. b

NOTITIE
Zie 5.8 Algemene aanwijzingen voor het bespreken van informatie in de kaders getiteld 'Notitie' (p. 15).

Let op: In het werkboek staat meer informatie over André Hazes (zie oefening 1), het levenslied en de smartlap (zie: Over Nederland).

 Luisteren – Hoe was het cd 2 - 23 concert?

Doel
- De cursisten kunnen begrijpen dat Els vertelt over haar avondje uit.
- De cursisten kunnen begrijpen dat Els positief is over het eten, het concert en het cafeetje na afloop.
- De cursisten kunnen in grote lijnen begrijpen hoe het concert was.
- De cursisten kunnen begrijpen dat Els en Daan 's nachts het hotel niet meer inkwamen.

Thema tekst: een concert, een avondje uit
Sleutelwoorden: *de artiest, de fan, de (film)beelden, kennen, de nachtsleutel, het publiek, het scherm, verliefd, (mee)zingen*
Nieuwe onregelmatige participia en imperfecta: gegeten, zongen
Kennis van de wereld: hotels met nachtslot

Uitvoering
Zie 5.2 Luisteren – Algemene aanwijzingen voor luistervaardigheidsoefeningen (p. 9).

Let op: In de transcriptie wordt het liedje 'Een beetje verliefd' van André Hazes genoemd. In het werkboek staat een oefening bij dit liedje. U kunt ervoor kiezen om die oefening aansluitend in de klas te doen.

Transcriptie
Zie tekstboek, p. 324 - 325.

Oplossing
1. waar, 2. niet waar, 3. waar, 4. waar, 5. niet waar
6. niet waar, 7. niet waar, 8. waar

Oefeningen werkboek
Op deze oefeningen in het tekstboek volgen

WB 9C - 1, 2

Bij oefening 2 luisteren de cursisten naar het liedje 'Een beetje verliefd' van André Hazes. Dat kunt u eventueel ook in de les doen.

3 Invuloefening – Wat vond je van het concert?
a)
Doel
- De cursisten leren de woorden die nodig zijn om een positief oordeel te geven.
- De cursisten kunnen de verwijswoorden *het* en *hij* op een correcte manier gebruiken.

Uitvoering
Zie 5.6 Invuloefeningen – Algemene aanwijzingen voor invuloefeningen (p. 15).
Zie 5.3.3 Routines – Wat kun je zeggen? (p. 11).

Let op: In het invulschema komen ook de verwijswoorden *het* en *hij* voor. Dit is al aan de orde geweest, maar besteed er wel weer aandacht aan. Verwijswoorden zijn namelijk erg belangrijk voor het begrip van teksten. Vraag de cursisten of ze nog weten waar *het* en *hij* naar verwijzen. Als het niet meer duidelijk is, herhaal dan nog kort de theorie. Laat elke cursist een vraag maken zoals 'Hoe was de pizza? Hij was lekker.' Of : 'Hoe vond je het boek? Het was leuk.' Hierdoor oefenen de cursisten zowel het nieuwe vocabulaire als het verwijzen naar objecten.

Oplossing
Het was heel **goed** / geweldig / fantastisch.
Hij was goed / **leuk** / mooi / grappig.
Het was **heel** leuk / heel gezellig.
Het was **lekker** / heerlijk / fantastisch.
Ja, het was echt een leuke / heerlijke / **fantastische** / **geweldige** vakantie.

b) + c)
Doel
- De cursisten maken kennis met de regels voor het gebruik van het perfectum en het imperfectum.
- De cursisten leren de woorden die nodig zijn om een negatief oordeel te geven.

Uitvoering
Zie 5.7 Grammatica – Algemene aanwijzingen voor grammaticaoefeningen (p. 15).
Zie 5.6 Invuloefeningen – Algemene aanwijzingen voor invuloefeningen (p. 15).
Zie 5.3.3 Routines – Wat kun je zeggen? (p. 11).

Oplossing
b)
perfectum, imperfectum

Oplossing
c)
Ik vond er (echt) **niets** / **niks** aan.
Er was **niets** / **niks** aan.

Hoofdstuk 9C

Hij was **niet zo** / **niet echt** leuk.
Het was geen **leuk** feest.
Het was een **beetje** saai.
Het eten was **heel (erg)** slecht / vies.
Nee, het was geen **leuke** vakantie.

d)
Doel
De cursisten kunnen de woorden om een positief of negatief oordeel te geven, op een juiste manier toepassen.

Uitvoering
Zie 5.6 Invuloefeningen – Algemene aanwijzingen voor invuloefeningen (p. 15).

Oplossing
2. fantastisch, 3. fantastische, 4. leuke, 5. er echt niets aan, 6. geweldig

NOTITIE
Zie 5.8 Algemene aanwijzingen voor het bespreken van informatie in de kaders getiteld 'Notitie' (p. 15).

> **Oefeningen werkboek**
> Op deze oefeningen in het tekstboek volgen
>
> WB 9C - 3, 4, 5

4 Spreken – En hoe vond u het?
Doel
- De cursisten kunnen vragen wat iemand van een film, concert, vakantie of andere gebeurtenis vond.
- De cursisten kunnen vertellen wat ze van een film, concert, vakantie of andere gebeurtenis vonden.
- De cursisten kunnen hun oordeel over een film, concert, vakantie of andere gebeurtenis onderbouwen.

Uitvoering
Zie 5.3.1 Spreekoefeningen in twee-, drie- en viertallen (p. 10).

Let op:
1. Bij afbeelding 1 wordt de film 'Ober' genoemd. In werkboekoefening 9C3 hebben de cursisten al iets gelezen over die film.
2. Bij afbeelding 2 wordt De Dijk genoemd. Als cursisten zich niet meer herinneren dat dat een Nederlandse band is, verwijs ze dan naar hoofdstuk 7 (werkboek, oefening 7C7, p. 112), waar een liedje van De Dijk staat.
3. Instrueer de cursisten de juiste tijd van het verbum te gebruiken (perfectum voor wat je gedaan hebt, imperfectum voor de beschrijving of je mening).
4. Instrueer de cursisten de juiste verwijswoorden te gebruiken.

5 Spreken – En wat heb jij gedaan?
a) + b)
Doel
- De cursisten kunnen vragen wat iemand heeft meegemaakt.
- De cursisten kunnen details vragen over wat iemand heeft meegemaakt.
- De cursisten kunnen vertellen wat ze zelf of wat iemand anders meegemaakt hebben / heeft.
- De cursisten kunnen iemands oordeel vragen over een film, concert, vakantie of andere gebeurtenis.
- De cursisten kunnen vertellen wat ze zelf of wat een ander van een film, concert, vakantie of andere gebeurtenis vonden / vond.
- De cursisten kunnen navertellen wat iemand anders heeft meegemaakt.

Uitvoering
Zie 5.3.1 Spreekoefeningen in twee-, drie- en viertallen (p. 10).

Introductiefase a)
1. Bespreek het idioom 'gaan over'. Geef enkele voorbeelden. Gebruik daarbij zowel het presens als het imperfectum: Het boek gaat over … / De film ging over… / Het liedje 'Een beetje verliefd' gaat over … / et cetera.
2. Instrueer de cursisten om zoveel mogelijk informatie aan elkaar te vragen.
3. Instrueer de cursisten om bij a) beknopte aantekeningen te maken. Ze moeten geen volzinnen opschrijven, maar steekwoorden. De aantekeningen hebben ze nodig bij b). Zie ook de afbeelding van het notitieblokje bij b). Dat kan de cursisten een idee geven van het type aantekeningen dat ze moeten maken. Let wel op dat het een spreekoefening blijft; het aantekeningen maken mag niet gaan overheersen.
4. Instrueer de cursisten om te praten over iets wat de gesprekspartner nog niet wist, dus niet over zaken die ze in de klas hebben meegemaakt, of met de gesprekspartner samen, of waarover ze eerder al verteld hebben. De informatiekloof moet bij aanvang van de oefening zo groot mogelijk zijn.

Introductiefase b)
1. Als de groep groot is, kunt u ervoor kiezen om de groep in twee of drie kleinere groepen te splitsen, zodat elke cursist zijn verhaal kan vertellen in een kleiner groepje. Hierdoor duurt de oefening minder lang, krijgt iedereen waarschijnlijk meer aandacht en is de prestatiedruk iets minder groot. Het maakt voor veel sprekers een groot verschil of de hele groep luistert of dat vijf à zes medecursisten luisteren.
2. Als de groep het aankan, kunt u er ook voor kiezen om luisterrollen te verdelen in de groep. Dit vergroot de betrokkenheid bij een oefening. Bijvoorbeeld:
   – twee cursisten luisteren / beoordelen of het verhaal duidelijk / begrijpelijk is;
   – twee cursisten luisteren naar / beoordelen het gebruik van de verleden tijd (perfectum presens en imperfectum);
   – twee cursisten luisteren naar / beoordelen de woordenschat: kiest de cursist duidelijke / goede woorden?
   – et cetera.

6 Lezen – Brieven
Doel
- De cursisten kunnen begrijpen wat het verschil is tussen formele en informele brieven.
- De cursisten kunnen herkennen of een brief formeel of informeel is.

125

Hoofdstuk 9C

Thema tekst: formele en informele brieven
Sleutelwoorden: *het afscheid, betreft, het cadeau(tje), geachte, meedelen, de planten, supertof, verontschuldigingen aanbieden*
Kennis van de wereld: voor de planten zorgen tijdens de vakantie, afscheidscadeau van collega's

Uitvoering
Zie 5.5 Lezen – Algemene aanwijzingen voor leesvaardigheidsoefeningen (p. 14).

Let op: Brief C kan discussie opleveren. Dat is goed. Het is de bedoeling dat de cursisten de grenzen verkennen van wat formeel en wat informeel is. Deze brief zit tussen formeel en informeel in, dus leent zich prima voor dat doeleinde.
Besteed aandacht aan wat een brief formeel of informeel maakt. Laat de cursisten zelf zaken noemen. Stuur ze eventueel, als ze zelf niet veel dingen kunnen noemen: de keuze voor je / u, de woordkeuze, de aanhef en afsluiting, het wel of niet vermelden van naam- en adresgegevens, de relatie tussen de schrijver en de lezer, de opmaak, et cetera.

Oplossing
Brief A is informeel.
Brief B is formeel.
Brief C is informeel / formeel. Hij is niet helemaal formeel en ook niet helemaal informeel.

> **Oefeningen werkboek**
> Op deze oefeningen in het tekstboek volgen
>
> 📖 WB 9C - 6, 7

7 Invuloefening – Brieven schrijven
a) + b)
Doel
- De cursisten leren de woorden die nodig zijn om een formele brief te beginnen en te eindigen.
- De cursisten leren de woorden die nodig zijn om een informele brief te beginnen en te eindigen.
- De cursisten kunnen de conventies voor formele brieven op een juiste manier toepassen.

Uitvoering
Zie 5.6 Invuloefeningen – Algemene aanwijzingen voor invuloefeningen (p. 15).

Let op:
1. Instrueer de cursisten bij b) dat ze moeten doen alsof ze de brief vandaag schrijven.
2. Besteed aandacht aan het kort, krachtig en duidelijk vermelden van het onderwerp. Benadruk dat dit zowel bij brieven als bij e-mails erg belangrijk (en prettig voor de lezer) is. Het vereist de vaardigheid om informatie bondig samen te kunnen vatten. Oefen dat. Of laat bij de nabespreking van de oefening alle formuleringen zien die de cursisten bij 'Betreft' hebben opgeschreven (bij voorkeur anoniem). Laat de groep samen beslissen welke formulering het beste is.

Oplossing
a)
informeel: **Lieve, liefs**
informeel / formeel: **Beste**
formeel: **vriendelijke**

Oplossing
b)

> Taleninstituut Multitaal
> Bijleveldstraat 262
> 3562 PS Utrecht
>
> Dhr. M. Cornelissen   Utrecht, 26-9-2010
> Oranje Nassaulaan 74
> 3563 HC Utrecht
>
> **Betreft: Cursus Frans voor gevorderden**
>
> **Geachte** heer Cornelissen,
>
> U hebt zich **ingeschreven** voor de cursus Frans voor gevorderden.
> **Helaas** moet ik u meedelen dat deze cursus niet **doorgaat** omdat er niet genoeg inschrijvingen zijn.
> Als u het cursusgeld al hebt **betaald,** zullen wij dit uiteraard aan u terugbetalen. Wij hopen dat wij u in de toekomst wel van dienst kunnen zijn.
>
> **Met vriendelijke groet(en),**
> Ilse de Koning
> Managementassistent

> **Oefeningen werkboek**
> Op deze oefeningen in het tekstboek volgt
>
> 📖 WB 9C - 8
>
> Bij oefening 8c) dienen de cursisten een mail aan u te sturen. U kunt ervoor kiezen om uw eigen e-mailadres aan de cursisten te geven, zodat ze het mailtje echt kunnen versturen. De cursisten zullen waarschijnlijk een informele mail schrijven, maar een formele mag ook. Bespreek vooraf in de les in hoeverre de conventies voor formele en informele brieven ook voor e-mails gelden: de aanhef en afsluiting van brieven en e-mails zijn hetzelfde, maar bij formele e-mails hoef je niet alle naam- en adresgegevens bovenaan in de mail te zetten.

8 Schrijven – Wat schrijf je?
Doel
- De cursisten kunnen een informele mail schrijven.
- De cursisten kunnen een informele ansichtkaart schrijven.
- De cursisten kunnen een formele brief schrijven.

Uitvoering
Zie 5.4.2 Aanpak individuele schrijfoefeningen (p. 13).
Zie 5.4.3 Correctiemodel schrijfoefeningen (p. 13).

Hoofdstuk 10A

Let op:
1. Bespreek eventueel (nogmaals) de overeenkomsten en verschillen tussen enerzijds brieven en anderzijds e-mails. Wijs de cursisten erop dat ze ook bij e-mails moeten opletten of het een formele of informele tekst is.
2. U kunt de opdrachten eventueel in laten leveren. Als u een grote groep hebt, is het veel werk om alles na te kijken. De werkboekoefeningen 8c) en 10 leveren de cursisten ook al in.
U kunt er eventueel ook voor kiezen om de cursisten elkaars e-mails, ansichtkaarten en brieven te laten beoordelen. Kondig dat dan wel van tevoren aan, zodat de cursisten er rekening mee kunnen houden dat medecursisten hun teksten gaan lezen.

Oefeningen werkboek
Op deze oefeningen in het tekstboek volgen

> WB 9C - 9, 10

Oefening 10 moeten de cursisten bij u inleveren.

Uitdrukking
Doel
De cursisten begrijpen globaal de betekenis van de uitdrukking.

Uitvoering
Zie 5.9 Uitdrukking – Algemene aanwijzingen voor het bespreken van de uitdrukking (p. 16)

Uitspraak cd 2 - 24
Doel

- De cursisten maken kennis met de klanken /**eu**/ en /**oe**/.
- De cursisten leren luisteren naar de klanken /**eu**/ en /**oe**/.
- De cursisten kunnen de klanken /**eu**/ en /**oe**/ maken.

Uitvoering
Zie 5.10 Uitspraak – Algemene aanwijzingen voor het bespreken van de uitspraak (p. 16).

Oefeningen werkboek
Op deze oefeningen in het tekstboek volgen

> WB 9 uitspraak - 1, 2, 3, 4, 5, 6

Heb jij een leuk huis?

Titelpagina
Zie 5.1 Begin van een hoofdstuk: titelpagina (p. 9).

A Een tuin op het zuiden

> **Doel**
> Woningtypen
> Een woning zoeken
> Indeling huis
> Interesse tonen
>
> **Grammatica**
> Er + indefiniet subject

Vocabulaire
Doel
De cursisten kunnen veel voorkomende woningtypen herkennen en benoemen.

Uitvoering
1. Bekijk samen de foto's.
2. Stel vragen bij de foto's: welke huizen hebben buren, welke niet? Welke huizen zijn groot? Welke huizen staan in uw straat? Et cetera.
3. Bespreek de woorden bij de foto's. Leg uit dat met *de flat* zowel het flatgebouw als het appartement bedoeld kan worden.
4. Bespreek het verschil tussen het vrijstaande huis, de bungalow en de villa (op de foto lijken ze alle drie groot, maar een vrijstaand huis en een bungalow kunnen ook klein zijn. En een bungalow heeft geen verdiepingen, hooguit een zolder).
5. Besteed aandacht aan de uitspraak van de woorden.
6. Laat de cursisten de woorden spellen.
7. Suggestie: Maak kopieën van de foto's, zonder de woorden, knip de gekopieerde foto's los en plak ze op kaartjes. Maak ook kaartjes met de namen van de woningtypen. Speel *memory*: de cursisten moeten de goede combinatie maken van plaatje + woord.

NOTITIE
Zie 5.8 Notitie – Algemene aanwijzingen voor het bespreken van informatie in de kaders getiteld 'Notitie' (p. 15).

Let op: Bespreek eventueel ook al de woorden *de huurder, de verhuurder* en *de koper, de verkoper*.

1 Luisteren – Ik wil een ander huis! cd 2 - 25
Doel
- De cursisten kunnen begrijpen wat de huidige leefsituatie van Eva en Bas is: ze wonen met een kind in een klein huis, en er is een tweede kind op komst.
- De cursisten kunnen begrijpen dat Eva en Bas een groter huis willen en dat ze overwegen te kopen.
- De cursisten kunnen begrijpen dat Bas op internet uitzoekt welk bedrag ze zouden kunnen lenen.
- De cursisten kunnen begrijpen dat Eva en Bas € 260.000 zouden kunnen lenen bij de bank.
- De cursisten kunnen begrijpen dat Eva een oud huis wil.

Hoofdstuk 10A

Uitvoering
Zie 5.2 Luisteren – Algemene aanwijzingen voor luistervaardigheidsoefeningen (p. 9).
Zie 5.5 Lezen – Algemene aanwijzingen voor leesvaardigheidsoefeningen (p. 14).

Let op: Laat de cursist bij b) ook onder woorden brengen waarom woning b. geschikt is en waarom a. en c. niet geschikt zijn. Stimuleer de cursisten om hele zinnen te maken. Bijvoorbeeld: 'Woning a. is niet goed omdat …'.

Thema tekst: een nieuwe woning willen
Sleutelwoorden: *de bank, het bedrag, de buitenwijk, genoeg hebben van, het huurappartement, kindvriendelijk, de koopwoning, lenen, uitrekenen, dat heeft geen zin*
Kennis van de wereld: via internet hypotheek uitzoeken en huizen zoeken; de (financiële) mogelijkheid hebben om groter te gaan wonen als het huis te klein wordt voor twee kinderen

Transcriptie
Zie tekstboek, p. 325.

Oplossing
a)
1. a, 2. c, 3. a, 4. b

Oplossing
b)
b

NOTITIE
Zie 5.8 Algemene aanwijzingen voor het bespreken van de informatie in de kaders getiteld 'Notitie' (p. 15).

Let op: Besteed ook aandacht aan het verschil tussen de familie en het gezin.
Bespreek wat de gemiddelde gezinsgrootte is in Nederland.

2 Invuloefening – Waar woon je?
Doel
- De cursisten leren de woorden die nodig zijn om een buurt te beschrijven.
- De cursisten kunnen verschillende woningtypen benoemen.

Uitvoering
Zie 5.6 Invuloefeningen – Algemene aanwijzingen voor invuloefeningen (p. 15).

Oplossing
– een appartement
– een twee-onder-een-kapwoning
– een hoekhuis / een hoekwoning / een tussenwoning / een rijtjeshuis
– een flat
– een hoekhuis / een hoekwoning / een tussenwoning / een rijtjeshuis
– een boerderij
– een vrijstaand huis
– een villa

Oefeningen werkboek
Op deze oefeningen in het tekstboek volgen
 WB 10A - 1, 2, 3

3 Spreken – En wat voor soort woning heb jij?
Doel
- De cursisten kunnen vragen in wat voor woning en wat voor buurt iemand woont.
- De cursisten kunnen vertellen in wat voor woning en wat voor buurt ze wonen.

Uitvoering
Zie 5.3.2 Kettingoefeningen en klassikale spreekoefeningen (p. 11).

4 Spreken – Waar woonde je vroeger?
Doel
- De cursisten kunnen vragen in wat voor woning en wat voor buurt iemand woont.
- De cursisten kunnen vertellen in wat voor woning en wat voor buurt ze wonen.

Uitvoering
Zie 5.3.1 Spreekoefeningen in twee-, drie- en viertallen (p. 10).

Let op:
1. In deze oefening gebruiken de cursisten de woordenschat die tot nu toe is opgebouwd over het onderwerp 'wonen'. Bovendien moeten ze het imperfectum hier gebruiken (verplicht!).
2. In de laatste vraag van de oefening staat 'er'. De functie van deze 'er' (verwijzing naar plaats) is in hoofdstuk 6 aan bod geweest (zie oefening 6A4). Herhaal dat eventueel. Laat de cursisten benoemen wat 'er' is in de laatste vraag van de oefening.

Notitie
Zie 5.8 Notitie – Algemene aanwijzingen voor het bespreken van de informatie in de kaders getiteld 'Notitie' (p. 15).

Let op: Ga na wie in uw groep wel eens een huis gekocht heeft of overweegt dat te doen.
Als er geen huizenkopers in uw groep zijn, ga dan niet te uitgebreid in op de rol van de makelaar.

5 Luisteren en invuloefening – Een afspraak met de makelaar cd 2 - 26
a)
Doel
- De cursisten kunnen begrijpen dat Eva een afspraak met de makelaar maakt om een huis te bezichtigen.
- De cursisten kunnen begrijpen dat Eva en Bas samen met de makelaar een huis bezichtigen.
- De cursisten kunnen begrijpen hoe de indeling van het huis is.
- De cursisten kunnen begrijpen dat Eva en Bas niet meteen beslissen of ze het huis kopen.

Thema tekst: een huis bezichtigen
Sleutelwoorden stellingen in het boek: *het balkon, de dakkapel, de kelder, de open keuken, het schuurtje, de slaapkamer, de verdieping, de woonkamer, de zolderverdieping*
Sleutelwoorden luistertekst: *de babykamer, de badkamer, de bergruimte, naar binnen gaan, naar boven gaan, de bovenverdieping, gerenoveerd, de hal, de logeerkamer, het makelaarskantoor, het pluspunt, de studeerkamer, het toilet, de (vaste) trap, de wc, de woning*

Hoofdstuk 10A

Kennis van de wereld: een huis bezichtigen (met een makelaar)

Uitvoering
Zie 5.2 Luisteren – Algemene aanwijzingen voor luistervaardigheidsoefeningen (p. 9).

Let op:
1. Het is een lange luistertekst. Kondig dat van tevoren aan.
2. Laat de tekst een eerste keer horen. Stel een paar simpele vragen, zoals:
– Met wie praat Eva eerst? (met een mevrouw van het makelaarskantoor)
– Wat voor soort gesprek is dat? (een telefoongesprek om een afspraak te maken)
– Met wie spreken Eva en Bas daarna? (met de makelaar)
– Waar zijn ze dan? (in het te bezichtigen huis)

Transcriptie
Zie tekstboek, p. 325.

Oplossing
a)
1. waar, 2. niet waar, 3. waar, 4. waar, 5. niet waar, 6. niet waar, 7. niet waar, 8. niet waar, 9. waar, 10. niet waar

b) + c)
Doel
De cursisten leren de woorden die nodig zijn om een huis te beschrijven.

Uitvoering
Zie 5.6 Invuloefeningen – Algemene aanwijzingen voor invuloefeningen (p. 15).

Oplossing
b)
1. de garage, 2. het terras, 3. de tuin, 4. de fietsenkelder, 5. de open keuken, 6. de woonkamer, 7. de badkamer, 8. de slaapkamer, 9. de berging, 10. de zolderkamer

Oplossing
c)
slaapkamers, eerste, Er, tweede, tuin

> **Oefeningen werkboek**
> Op deze oefeningen in het tekstboek volgen
>
> WB 10A - 4, 5

 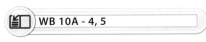 **Grammatica – Er**

a)
Doel
- De cursisten kunnen begrijpen welke dingen er wel en welke er niet in en bij het beschreven huis zijn.
- De cursisten maken kennis met 'er' bij een indefiniet subject.
- De cursisten kunnen het verschil begrijpen tussen 'er is' en 'er zijn'.
- De cursisten kunnen begrijpen welke substantieven singularis zijn en welke pluralis.

Uitvoering
Zie 5.5 Lezen – Algemene aanwijzingen voor leesvaardigheidsoefeningen (p. 14).
Zie 5.6 Invuloefeningen – Algemene aanwijzingen voor invuloefeningen (p. 15).

Let op:
Herhaal eventueel de regels voor de pluralis van substantieven.
Besteed in ieder geval aandacht aan substantieven die in het singularis op -en eindigen (de keuken), omdat cursisten in dit stadium van het leerproces substantieven op -en vaak automatisch beschouwen als pluralisvorm. Noem eventueel nog een paar andere voorbeelden (het laken, de deken, het leven).

Oplossing
Er is een grote slaapkamer, kelder, kleine slaapkamer, tuin, tweede toilet.
Er is geen garage.
Er zijn scholen.
Er zijn geen winkels.

b) + c) + d) + e)
Doel
- De cursisten kunnen begrijpen dat je 'er is' en 'er zijn' gebruikt bij een indefiniet subject.
- De cursisten kunnen het verschil begrijpen tussen 'er is' en 'er zijn'.
- De cursisten kunnen korte, simpele antwoorden geven met 'er' en een indefiniet subject.

Uitvoering
Zie 5.7 Grammatica – Algemene aanwijzingen voor grammaticaoefeningen (p. 15).
Zie 5.6 Invuloefeningen – Algemene aanwijzingen voor invuloefeningen (p. 15).

Let op:
Dit is een introductie van het grammaticale onderwerp: 'er' als voorlopig subject. In hoofdstuk 11 zal er ook aandacht aan worden besteed. Voor nu moeten de cursisten deze constructie vooral begrijpen en in kunnen vullen. Simpele standaardvragen zoals in c) worden productief geoefend.

Oplossing
b)
1. een, 2. geen, 3. Er, 4. Er
een, geen

Oplossing
c)
2. Ja, er is een kelder in het huis.
3. Nee, er is geen open keuken in het huis.
4. Nee, er is geen bijkeuken in het huis.
5. Nee, er is geen garage bij het huis.
6. Ja, er is een dakkapel op zolder.
7. Nee, er zijn geen winkels in de buurt.

Oplossing
d)
twee, zijn drie
substantief

Hoofdstuk 10A

Oplossing
e)
Voorbeeldoplossing

Is er een open keuken in het huis?	Ja, er is een open keuken.
Is er een tuin bij het huis?	Nee, er is geen kleine tuin voor het huis.
Hoeveel ramen zijn er?	Er zijn drie ramen.
Hoeveel wc's zijn er?	Er is één wc.
Hoeveel slaapkamers zijn er?	Er zijn twee slaapkamers.

7 Invuloefening – Ik heb nog wat vragen
a) + b)
Doel
- De cursisten kunnen een korte e-mail met vragen over een woning begrijpen.
- De cursisten kunnen de woorden om een woning te beschrijven, begrijpen en op een juiste manier toepassen.
- De cursisten kunnen 'er' met indefiniet subject op een juiste manier toepassen in simpele zinnen.

Uitvoering
Zie 5.6 Invuloefeningen – Algemene aanwijzingen voor invuloefeningen (p. 15).

Oplossing

b)

> Geachte heer De Kleijn en mevrouw Vermeer,
>
> Fijn om te horen dat u in **de woning** aan de Valklaan geïnteresseerd bent.
>
> De keuken is acht jaar **geleden** gerenoveerd. Hij is nog in goede staat. **Er is** alleen een probleem met de oven. Hij is vorige week kapot gegaan.
> **Er staat** een schuurtje in de tuin. Het is wel erg klein en oud.
> **Er is** geen oprit bij het huis, maar **er zijn** parkeerplaatsen tegenover de woning.
>
> Ik hoop dat uw vragen zo beantwoord zijn en dat u snel belt voor een nieuwe afspraak. Ik wil u adviseren om snel te reageren want **er is** nog een gezin **geïnteresseerd** in het huis.
>
> Met vriendelijke groet,
> Henk Verheij

Oefeningen werkboek
Op deze oefeningen in het tekstboek volgen

WB 10A - 6, 7

8 Spreken – Wat is er wel, wat is er niet?
a) + b)
Doel
- De cursisten kunnen vragen stellen over (de indeling van) een woning.
- De cursisten kunnen vragen beantwoorden over (de indeling van) hun woning.

Uitvoering
Zie 5.3.1 Spreekoefeningen in twee-, drie- en viertallen (p. 10).

Let op:
1. Instrueer de cursisten goed te letten op 'er is' en 'er zijn', ook in vragen.
2. Laat bij voorkeur cursisten samen spreken die elkaars woning niet kennen.

Oefeningen werkboek
Op deze oefeningen in het tekstboek volgt

WB 10A - 8

Oefening 8 van het werkboek dienen de cursisten in te leveren.
Ze beschrijven daarin hun huis.

Suggestie
U kunt cursisten eventueel vragen om een foto van hun huis te mailen of mee te nemen. In de les laat u de cursisten dan de geschreven teksten bij de foto's zoeken.

9 Spreken – Is er een zolderkamer?

Let op: bij deze opdracht hoort een kopieerblad.
Let op: deze oefening kunt u tijdens de les in een talenpracticum doen.

Doel
- De cursisten kunnen de vragen stellen over een woning.
- De cursisten kunnen informatie geven over een woning.
- De cursisten kunnen een afspraak maken om een woning te bezichtigen.

Uitvoering
Zie 5.3.1 Spreekoefeningen in twee-, drie- en viertallen (p. 10).

Let op:
1. Laat de cursisten de oefening goed voorbereiden. Geef de cursisten rustig de tijd om de informatie op het kopieerblad te lezen.
2. Het is de bedoeling dat de cursisten een telefoongesprek voeren, waarbij ze elkaar niet kunnen zien. Doe de oefening dus bij voorkeur in een talenpracticum (gebruikmakend van de functie *pairing* op de computers), of laat de cursisten met de ruggen naar elkaar zitten.
3. De cursisten beschikken over dezelfde foto's van de huizen, maar de informatie die de makelaar heeft, is uiteraard uitgebreider dan de informatie waar de potentiele koper over beschikt.
4. Stimuleer de cursisten zo min mogelijk informatie letterlijk van het kopieerblad voor te lezen. Het is de bedoeling dat ze het in eigen woorden, op een natuurlijke toon, vertellen.

Uitdrukking
Doel
De cursisten begrijpen globaal de betekenis van de uitdrukking.

Hoofdstuk 10B

Uitvoering
Zie 5.9 Uitdrukking – Algemene aanwijzingen voor het bespreken van de uitdrukking (p. 16).

B Ons paleisje

Doel
Praten over je huis: afmetingen en materialen

Grammatica
Adjectieven eindigend op -en (materialen)

1 Luisteren – Een nieuw huis   cd 2 - 27, 28
a) + b)
Doel
- De cursisten kunnen een simpele plattegrond van een woning begrijpen.
- De cursisten kunnen begrijpen welke plattegrond past bij de beschrijving van het huis van Eva en Bas.

Thema tekst: de plattegrond van een woning beschrijven
Sleutelwoorden: bij (voor afmetingen: 2,5 bij 3), vier meter breed, de breedte, daarachter, vijf meter lang, linksvoor, m (= meter), m² (= vierkante meter), de meterkast, de muur, de overloop, de plattegrond, de voordeur, vrij (klein)
Kennis van de wereld: plattegronden kunnen lezen (schematische voorstelling, bovenaanzicht); het metrisch stelsel (afmetingen in meters en centimeters); de ouderslaapkamer is vaak de grootste slaapkamer

Uitvoering
Zie 5.2 Luisteren – Algemene aanwijzingen voor luistervaardigheidsoefeningen (p. 9).

Let op: Het is niet nodig dat de cursisten alle details van de beschrijving door Bas en Eva begrijpen. Ze hoeven alleen te bepalen welke plattegrond bij de beschrijving past.

Transcriptie
Zie tekstboek, p. 325 - 326.

Oplossing
a) A, b) B

2 Invuloefening – Afmetingen
Doel
De cursisten leren de woorden die nodig zijn om de afmetingen van een huis te benoemen.

Uitvoering
Zie 5.6 Invuloefeningen – Algemene aanwijzingen voor invuloefeningen (p.15).

Let op: Ga na of alle cursisten weten dat je vierkante meters berekent door de lengte met de breedte te vermenigvuldigen.
Herhaal eventueel de woorden om te kunnen rekenen: *plus / en, min, maal / keer, gedeeld door, is* (zie ook oefening 1B6).

Oplossing
Vijftig **vierkante** meter.
Hoe **groot** is de keuken?
Drie bij tweeënhalve **meter**.
Tien meter **diep**.

3 Invuloefening – Hoe groot is ...?
a) + b) + c)
Doel
De cursisten leren de woorden die nodig zijn om de afmetingen van een huis te benoemen.

Uitvoering
Zie 5.6 Invuloefeningen – Algemene aanwijzingen voor invuloefeningen (p. 15).

Oplossing
a)
1. a, 2. b, 3. a, 4. b

Oplossing
b)
1. breed, lang, 2. vierkante meter, 3. bij, 4. diep

Oplossing
c)
1. 20, 2. 4 bij 5, 3. 2,5 meter, 3 meter, 4. 12 vierkante meter (3 meter bij 4 meter)

Oefeningen werkboek
Op deze oefeningen in het tekstboek volgen

WB 10B - 1, 2, 3

4 Spreken – Hoe groot is jouw woonkamer?

Let op: bij deze opdracht hoort een kopieerblad.

Doel
- De cursisten kunnen vragen wat de afmetingen van een woning zijn.
- De cursisten kunnen van een plattegrond aflezen wat de afmetingen van een woning zijn.
- De cursisten kunnen vertellen wat de afmetingen van een woning zijn.

Uitvoering
Zie 5.3.1 Spreekoefeningen in twee-, drie- en viertallen (p. 10).

Let op: Het is essentieel dat de cursisten niet bij elkaar op het kopieerblad kijken.

5 Vocabulaire – Materialen
Doel
De cursisten leren de woorden voor enkele veel voorkomende materialen.

Uitvoering
Zie 5.6 Invuloefeningen – Algemene aanwijzingen voor invuloefeningen (p. 15).

Hoofdstuk 10B

Let op:
1. Bekijk samen alle foto's. Herkennen de cursisten de materialen? Wijs eventueel in het klaslokaal dezelfde materialen aan, zodat zeker is dat de cursisten weten om welk materiaal het gaat.
2. Instrueer de cursisten de woorden in te vullen.
3. Bespreek de antwoorden.
4. Laat de cursisten nog meer voorwerpen noemen die gemaakt zijn van de genoemde materialen.

Oplossing
1. leer, 2. wol, 3. zilver, 4. plastic / papier, 5. glas,
6. papier, 7. IJzer / Steen

 **Luisteren en invuloefening –**  **cd 2 - 29**
Groot nieuws!
a) + b) + c)
Doel
- De cursisten kunnen begrijpen dat Eva aan haar moeder vertelt over het huis dat ze heeft gekocht.
- De cursisten kunnen begrijpen welke elementen aanwezig zijn in het huis en welke niet.
- De cursisten maken kennis met de adjectiefvorm van materialen.
- De cursisten kunnen begrijpen dat de adjectiefvorm van materialen vrijwel altijd op -en eindigt.

Thema tekst: een nieuwe woning beschrijven
Sleutelwoorden: *de centrale verwarming, het gordijn, de open haard, het hek, de kraan, het ligbad, het nieuws, de tegel, de vloer, de wastafel*

Uitvoering
Zie 5.2 Luisteren – Algemene aanwijzingen voor luistervaardigheidsoefeningen (p. 9).
Zie 5.6 Invuloefeningen – Algemene aanwijzingen voor invuloefeningen (p. 15).
Zie 5.7 Grammatica – Algemene aanwijzingen voor grammaticaoefeningen (p. 15).

Let op: Bij c) hoeven de cursisten als enige uitzondering *plastic* te noemen.
Als u een groep met snelle cursisten hebt, kunt u eventueel ook al *nylon* en *aluminium* noemen als uitzonderingen.

Transcriptie
Zie tekstboek, p. 326.

Oplossing
a)
woonkamer
houten vloer: ja
openslaande deuren: ja
open haard: ja
wollen gordijnen: ja
centrale verwarming: ja

badkamer
blauwe tegels: nee
goudkleurige kranen: ja
ligbad: ja
douche: ja
dubbele wastafel: ja
tweede toilet: ja

tuin
ijzeren hek: ja
houten schuurtje: nee
garage: nee

Oplossing
b)
Wollen vloerbedekking.
Een **ijzeren** hek.
De deur is van **glas**.
De kranen zijn van **goud**.
Het schuurtje is van **steen**.

Oplossing
c)
-en, plastic

7 **Invuloefening – Gouden kranen**
Doel
- De cursisten kunnen de woorden voor materialen op een juiste manier gebruiken.
- De cursisten kunnen de adjectiefvorm van materialen maken.

Uitvoering
Zie 5.6 Invuloefeningen – Algemene aanwijzingen voor invuloefeningen (p. 15).

Let op: Herhaal eventueel de spellingsregels (dubbele vocaal wordt enkele vocaal, enkele consonant wordt dubbele consonant, s wordt z, f wordt v). U kunt ook verwijzen naar p. 308 van het grammaticaoverzicht in het tekstboek.
Wijs de cursisten erop dat de spelling van *glas – glazen* onregelmatig is (vanwege de enkele vocaal).

Oplossing
a)
leren, papieren, wollen, stenen

Oplossing
b)
glazen, leren, plastic, stenen, ijzeren

> **Oefeningen werkboek**
> Op deze oefeningen in het tekstboek volgen
>  WB 10B - 4, 5, 6, 7

8 **Spreken – Van welk materiaal is het gemaakt?**
Doel
- De cursisten kunnen objecten benoemen.
- De cursisten kunnen de materialen waarvan objecten gemaakt zijn, benoemen.

Uitvoering
Zie 5.3.2 Kettingoefeningen en klassikale spreekoefeningen (p. 11).

Let op: Bereid deze oefening goed voor. Laat de cursisten eerst zoveel mogelijk objecten bedenken, zodat ze daar tijdens de spreekoefening niet meer over hoeven na te denken.

Hoofdstuk 10C

Laat de cursisten eventueel nog nieuwe materialen opzoeken in het woordenboek.

> **Oefeningen werkboek**
> Op deze oefeningen in het tekstboek volgen
>
>  WB 10B - 8, 9

Oefening 8 en 9b) van het werkboek dienen de cursisten in te leveren. Bij oefening 9b) moeten de cursisten een e-mail schrijven. U kunt de e-mails ook echt naar uw e-mailadres laten sturen. U kunt dan makkelijker een foutenanalyse maken en die in de erop volgende les klassikaal bespreken.

9 Spreken – Hoe is het huis?

Let op: bij deze opdracht hoort een kopieerblad.

Doel
- De cursisten kunnen de informatie begrijpen in een advertentie voor een woning.
- De cursisten kunnen telefonisch informatie vragen over een woning die te koop staat.
- De cursisten kunnen telefonisch informatie verstrekken over hun woning.

Uitvoering
Zie 5.3.1 Spreekoefeningen in twee-, drie- en viertallen (p. 10).

Let op:
1. Laat de cursisten de oefening goed voorbereiden. Geef de cursisten rustig de tijd om de informatie op het kopieerblad te lezen.
2. Het is de bedoeling dat de cursisten een telefoongesprek voeren, waarbij ze elkaar niet kunnen zien. Doe de oefening dus bij voorkeur in een talenpracticum (gebruikmakend van de functie *pairing* op de computers), of laat de cursisten met de ruggen naar elkaar zitten.
3. Op het kopieerblad van de potentiële koper staat de internetadvertentie met beknopte informatie over het huis. Op het kopieerblad van de potentiële verkoper staat veel achtergrondinformatie over het huis. Eventueel kunt u de informatie uit de internetadvertentie ook kopiëren voor de verkoper. De verkoper moet immers weten wat hij zelf in de advertentie heeft gezet. Let dan wel op dat u alléén de advertentie kopieert voor de verkoper, en niet de vragen die de koper gaat stellen.
4. Stimuleer de cursisten zo min mogelijk informatie letterlijk van het kopieerblad voor te lezen. Het is de bedoeling dat ze het in eigen woorden, op een natuurlijke toon, vertellen.

Uitdrukking

Doel
De cursisten begrijpen globaal de betekenis van de uitdrukking.

Uitvoering
Zie 5.9 Uitdrukking – Algemene aanwijzingen voor het bespreken van de uitdrukking (p. 16).

C Ik ga op kamers

> **Doel**
> Een kamer huren / verhuren
> Inrichting: meubels en apparaten
>
> **Grammatica**
> De verba *liggen, staan, zitten* bij objecten

1 Lezen – Kamer gezocht!
a) + b) + c)

Doel
- De cursisten kunnen begrijpen dat de advertenties deels geschreven zijn door studenten die op zoek zijn naar een kamer en deels door mensen die een kamer willen verhuren aan studenten.
- De cursisten kunnen begrijpen in welke advertenties een kamer gevraagd wordt en in welke advertenties een kamer aangeboden wordt.
- De cursisten kunnen begrijpen op welke advertentie Babette kan reageren.
- De cursisten kunnen de strekking van de informatie in de advertenties begrijpen.

Thema tekst: studentenkameradvertenties
Sleutelwoorden: *aangeboden, gezocht, de huisgenoot, de informatica, op kamers gaan, de meubels, het prikbord, op straat staan, het studentencafé, het studentenhuis, te huur, iemand aan een kamer helpen*
Kennis van de wereld: op kamers wonen, kameradvertenties in het café

Uitvoering
Zie 5.5 Lezen – Algemene aanwijzingen voor leesvaardigheidsoefeningen (p. 14).

Oplossing
a)
kamer aangeboden: **B / D**
kamer gezocht: **A / C / E / F**

Oplossing
b)
B

Oplossing
c)
1. E, 2. F, 3. D, 4. A, 5. B, 6. C

NOTITIE
Zie 5.8 Notitie – Algemene aanwijzingen voor het bespreken van informatie in de kaders getiteld 'Notitie' (p. 15).

Ga na of er cursisten in uw groep op kamers wonen of willen gaan wonen.
Als u geen (aanstaande) kamerbewoners in uw groep heeft, kunt u het beste niet te uitgebreid ingaan op de informatie op het notitieblaadje.

Hoofdstuk 10C

 Luisteren – Is de kamer nog vrij? cd 2 - 30
a) + b)
Doel
- De cursisten kunnen begrijpen dat Babette de eerste is die voor de kamer belt.
- De cursisten kunnen begrijpen hoe de kamer is en hoe het huis is.
- De studenten kunnen begrijpen dat Sonja bouwkunde studeert.
- De studenten kunnen begrijpen dat Sonja Babette uitnodigt voor de kijkavond.

Thema tekst: informatie over een studentenkamer vragen
Sleutelwoorden: *de bewoner, de bouwkunde, exclusief, inclusief, de huurprijs, de kijkavond, de natuurkunde, de woonkeuken*
Kennis van de wereld: studentenhuis, kijkavonden in studentenhuizen, gemengde bewoning

Uitvoering
Zie 5.2 Luisteren – Algemene aanwijzingen voor luistervaardigheidsoefeningen (p. 9).

Transcriptie
Zie tekstboek, p. 326.

Oplossing
a)
1. waar, 2. niet waar, 3. waar, 4. niet waar, 5. waar, 6. niet waar, 7. niet waar, 8. niet waar

Oplossing
b)
1. c, 2. c

 Invuloefening en spreken – Kamer gezocht!
a)
Doel
- De cursisten leren de woorden en zinnen om te laten weten dat je een kamer zoekt.
- De cursisten leren de woorden en zinnen om te laten weten dat je een kamer verhuurt.
- De cursisten leren de woorden en zinnen om informatie over een kamer te vragen en te geven.

Uitvoering
Zie 5.6 Invuloefeningen – Algemene aanwijzingen voor invuloefeningen (p. 15).
Zie 5.3.3 Routines – Wat kun je zeggen? (p. 11).

Oplossing
huren
Ik **zoek** een kamer.
Ik wil een **kamer** huren.
Is de kamer **nog** vrij?
Hoe hoog is de **huur**?
Hoe ver is de kamer van het centrum?
verhuren
Ik heb een **kamer** te huur.
De huurprijs is € 350,- per maand inclusief / exclusief gas, **water** en licht.

b)
Let op: bij deze opdracht hoort een kopieerblad.
Het symbool hiervoor ontbreekt in het tekstboek (1e druk 2009).

Doel
- De cursisten kunnen eenvoudige vragen stellen over een studentenkamer.
- De cursisten kunnen eenvoudige vragen over een studentenkamer beantwoorden.

Uitvoering
Zie 5.3.1 Spreekoefeningen in twee-, drie- en viertallen (p. 10).

Let op:
1. Op het kopieerblad staan tekstregels. Kopieer het blad een aantal maal.
   Knip de tekstregels uit. Hussel ze goed door elkaar. Leg ze met de beschreven kant naar beneden op de tafels van de cursisten. Elk tweetal krijgt een stapel briefjes.
2. Instrueer de cursisten dat ze hele zinnen moeten gebruiken, alleen '€ 300' is niet genoeg.
3. Snelle cursisten kunt u stimuleren om iets langere dialoogjes te maken, bijvoorbeeld:
   A: Hoe hoog is de huur?
   B: De huur is € 300,- per maand.
   A: Is dat inclusief of exclusief gas, water en licht?
   B: Dat is exclusief.

> **Oefeningen werkboek**
> Op deze oefeningen in het tekstboek volgen
>
> 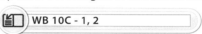 WB 10C - 1, 2
>
> Oefening 2c) dienen de cursisten in te leveren of aan u te mailen.

4 Spreken – Welke kamer kies je?

Let op: bij deze opdracht hoort een kopieerblad.

Doel
- De cursisten kunnen informatie vragen over een studentenkamer.
- De cursisten kunnen informatie geven over een studentenkamer.
- De cursisten kunnen informatie met elkaar vergelijken.
- De cursisten kunnen een keuze maken op grond van de verkregen informatie.

Uitvoering
Zie 5.3.1 Spreekoefeningen in twee-, drie- en viertallen (p. 10).

Let op:
1. Laat de cursisten de oefening goed voorbereiden. Geef ze ruim de tijd om de informatie op het kopieerblad te lezen.
2. Maak drietallen: steeds één student en twee huisbazen.
3. Eventueel kunt u de cursisten eerst in andere groepjes hun rol laten voorbereiden. Maak één groepje met studenten, één met huisbazen A, en één groepje met

Hoofdstuk 10C

huisbazen B. De groepjes kunnen dan samen overleggen welke vragen en zinnen ze in hun rol kunnen gebruiken.
4. Na de voorbereiding met andere cursisten met dezelfde rol, gaan de cursisten in drietallen bij elkaar zitten. De student praat vervolgens eerst met huisbaas A (terwijl huisbaas B luistert), en daarna met huisbaas B (terwijl huisbaas A) luistert.
5. Geen van beide kamers voldoet aan alle eisen van de cursist. U kunt als extra opdracht cursisten toch laten kiezen en laten opbellen naar de huisbazen. Vertel aan de ene huisbaas dat u de kamer graag wilt bekijken. Maak een afspraak. Vertel aan de andere huisbaas op beleefde wijze waarom u liever niet in zijn / haar studentenhuis woont.

Suggestie
Als u wilt dat iedereen evenveel spreektijd krijgt, en de huisbazen niet alleen maar aan het luisteren zijn als de student met de andere huisbaas praat, kunt u de opzet van de oefening ook een beetje wijzigen. Geef dan meer cursisten de rol van student (bij een groep van zestien cursisten bijvoorbeeld: acht studenten, vier huisbazen A en vier huisbazen B). De oefening wordt dan ofwel in viertallen uitgevoerd, ofwel klassikaal. Bij viertallen zitten er twee studenten en twee huisbazen in een groepje. Als u het klassikaal doet, zitten er een paar huisbazen op een rij, en komen de studenten langs bij de huisbazen. Schat zelf in wat het beste is voor uw groep. Bij groepen die veel sturing nodig hebben, kunt u de oefening beter niet klassikaal doen, omdat u zelf dan weinig zicht meer heeft op wat er gebeurt en wat de cursisten zeggen.

5 Luisteren – Meubels kopen! cd 2 - 31
a) + b)
Doel
- De cursisten kunnen begrijpen dat Babette met haar moeder overlegt welke meubels en spullen ze nog moet kopen voor haar studentenkamer.
- De cursisten kunnen begrijpen welke meubels en spullen Babette al heeft en welke ze nog moet kopen.
- De cursisten kunnen begrijpen dat ze sommige spullen van haar ouderlijk huis meeneemt naar haar studentenkamer.
- De cursisten kunnen begrijpen dat Babette en haar moeder naar Ikea gaan.

Thema tekst: een studentenkamer inrichten, meubels aanschaffen
Sleutelwoorden: *het campingkoelkastje, de lepel, het mes, de slaapbank, het servies, het tostiapparaat / het tosti-ijzer, het tweepersoonsbed, de vork, de wasmachine, de waterkoker, de woonboulevard*
Kennis van de wereld: studentenkamers huur je in Nederland doorgaans ongemeubileerd; woonboulevard; Ikea

Uitvoering
Zie 5.2 Luisteren – Algemene aanwijzingen voor luistervaardigheidsoefeningen (p. 9).

Transcriptie
Zie tekstboek, p. 326.

Oplossing
a)
– servies (borden, kopjes, glazen), bestek (messen, vorken, lepels), waterkoker
– campingkoelkast, slaapbank

Oplossing
b)
b.

6 Vocabulaire en invuloefening – Inrichting en apparaten
a) + b) + c)
Doel
- De cursisten leren de woorden voor meubilair.
- De cursisten leren de woorden voor verschillende ruimtes in huis.
- De cursisten leren de woorden voor keukenapparatuur en witgoed.

Uitvoering
Zie 5.6 Invuloefeningen – Algemene aanwijzingen voor invuloefeningen (p. 15).

Oplossing
a)
de woonkamer: de bank, het vloerkleed, de lamp, de plant, de fauteuil, de kast, de eettafel met stoelen, de salontafel, het televisiemeubel, de zitzak, de stereo-installatie
de hal / entree: de lamp, de kapstok
de slaapkamer: de lamp, de plant, het bed, de kast, het nachtkastje
de studeerkamer: het bureau, de lamp, de plant, de kast

Oplossing
b)
1. het fornuis, 2. de magnetron, 3. de koelkast, 4. de diepvries, 5. de afwasmachine, 6. de wasmachine

Oplossing
c)
1. het koffiezetapparaat, 2. de waterkoker, 3. de mixer, 4. het tostiapparaat, 5. de broodrooster (het broodrooster mag ook), 6. de citruspers, 7. het strijkijzer, 8. de stofzuiger

---
Oefeningen werkboek
Op deze oefeningen in het tekstboek volgen

 WB 10C - 3, 4, 5

 Spreken – Ik kan niet zonder …

Let op: bij deze opdracht hoort een kopieerblad.

Doel
- De cursisten kunnen vragen of iemand bepaalde apparaten kan missen.
- De cursisten kunnen vertellen en onderbouwen welke apparaten ze wel, en welke ze niet kunnen missen.

Hoofdstuk 10C

Uitvoering
Zie 5.3.1 Spreekoefeningen in twee-, drie- en viertallen (p. 10).

Let op:
1. Bespreek het idioom 'ik kan missen' en 'ik kan (niet) zonder …'
2. Herhaal eventueel de syntaxis van zinnen met *want* en *omdat*.
3. Bekijk samen de oefening. Ga na of de cursisten goed begrijpen wat de bedoeling is.
   Geef eventueel extra uitleg:
   Op het kopieerblad staan foto's van apparaten.
   Als er een kruis door de foto staat, betekent het dat de cursist het apparaat wel kan missen.
   Als er geen kruis door de foto staat, betekent het dat de cursist het apparaat niet kan missen.
   Mochten de cursisten het verwarrend vinden dat 'geen kruis' 'wel missen' betekent (en vice versa), help ze dan met: 'geen kruis' betekent 'ik heb het niet nodig'.
4. Maak duidelijk dat de cursisten een reden moeten geven waarom ze het apparaat wel of niet kunnen missen. Instrueer ze de woorden onder de foto daarvoor te gebruiken.

NOTITIE
Zie 5.8 Notitie – Algemene aanwijzingen voor het bespreken van informatie in de kaders getiteld 'Notitie' (p. 15).

8 Invuloefening – Er hangt een lamp boven de tafel
a) + b) + c) + d)

Doel
- De cursisten kunnen begrijpen welke informatie de verba *liggen*, *staan* en *zitten* geven over de houding van mensen.
- De cursisten kunnen begrijpen dat de verba *hangen*, *liggen*, *staan* en *zitten* ook voor objecten gebruikt kunnen worden.
- De cursisten kunnen de verba *hangen*, *liggen*, *staan* en *zitten* op een juiste manier gebruiken.
- De cursisten kunnen enkele preposities die een plaatsbepaling aanduiden, op de juiste manier gebruiken.

Uitvoering
Zie 5.6 Invuloefeningen – Algemene aanwijzingen voor invuloefeningen (p. 15).

Let op:
1. Zorg ervoor dat als u zelf extra voorbeelden geeft met de verba *hangen*, *liggen*, *staan* en *zitten*, dat de verba dan wel in dezelfde (letterlijke) betekenis als in deze oefening gebruikt worden.
   Vermijd zinnen als: Er zit een brief bij de post / De bakker zit naast de supermarkt / Het staat in de e-mail, et cetera.
2. Het is voor de cursisten misschien fijn om nog eens een keer aandacht te besteden aan preposities die een plaatsbepaling aanduiden. Vraag de cursisten zelf om zoveel mogelijk preposities met voorbeeld te noemen.

Oplossing
a)
1. staan, 2. zitten, 3. liggen

Oplossing
b)
1. liggen, 2. staan, 3. zitten, 4. hangt

Oplossing
c)
1. ligt, 2. hangt, 3. ligt, 4. staan, 5. staat, 6. hangen, 7. staat, 8. hangt, 9. zitten, 10. staat

Oplossing
d)
1. op, 2. onder, 3. naast, 4. links van

> **Oefeningen werkboek**
> Op deze oefeningen in het tekstboek volgen
>  WB 10C - 6, 7

9 Spreken – Welke kamer is het?

Let op: bij deze opdracht hoort een kopieerblad.

Doel
- De cursisten kunnen vragen hoe een kamer eruitziet.
- De cursisten kunnen (de inrichting van) een kamer beschrijven.

Uitvoering
Zie 5.3.1 Spreekoefeningen in twee-, drie- en viertallen (p. 10).

Let op: De cursisten moeten door vragen te stellen erachter komen welke kamer van de andere cursist is. Stimuleer de cursisten zoveel mogelijk vragen te stellen, en niet al heel snel te gaan gokken welke kamer de goede is. De cursisten kunnen vragen stellen over het meubilair (welke meubels staan er wel / niet), de positie van meubels en spullen, et cetera.
Stimuleer de cursisten om ook 'er' met het indefiniet subject te gebruiken, in combinatie met de verba *zijn*, *hangen*, *liggen*, *staan* en *zitten*.

10 Mijn eigen huis

Doel
- De cursisten kunnen iemand vragen hoe hij / zij zijn / haar huis heeft ingericht.
- De cursisten kunnen vertellen over de inrichting van hun eigen huis of kamer.

Uitvoering
Zie 5.3.1 Spreekoefeningen in twee-, drie- en viertallen (p. 10).

Suggestie
Ter voorbereiding zou u de cursisten kunnen vragen om een foto van hun woonkamer of studentenkamer te maken en te mailen of mee te nemen. U kunt de foto's printen en ophangen in de klas, of in een bestand op de computer zetten en via de beamer kunnen projecteren.
De cursisten beschrijven één voor één hun eigen kamer; de groep moet dan raden welke kamer bij welke cursist hoort. Uiteraard moeten uw cursisten hiervoor openstaan.
Ter controle kunt u een afbeelding van een inrichting van

Hoofdstuk 11A

het internet halen. Typ bijvoorbeeld de zoekwoorden 'interieurinrichting', 'woonkamer' of 'studentenkamer' in op een zoekmachine. Zoek expliciet naar afbeeldingen. Print een aansprekende foto uit en laat deze foto beschrijven, in tweetallen, groepsgewijs of zelfs klassikaal.

> **Oefeningen werkboek**
> Op deze oefeningen in het tekstboek volgen
> WB 10C - 8, 9 ...j u in te leveren.

Uitdrukking
Doel

De cursisten begrijpen globaal de betekenis van de uitdrukking.

Uitvoering
Zie 5.9 Uitdrukking – Algemene aanwijzingen voor het bespreken van de uitdrukking (p. 16).

Uitspraak cd 2 - 32
Doel
- De cursisten maken kennis met de consonanten / g / en / h /, / ng /, / w / en / r /.
- De cursisten leren luisteren naar het verschil tussen / g / en / h /.
- De cursisten leren luisteren naar / ng /, / w / en / r /.
- De cursisten kunnen / g / en / h /, / ng /, / w / en / r / maken.

Uitvoering
Zie 5.10 Uitspraak – Algemene aanwijzingen voor het bespreken van de uitspraak (p. 16).

> **Oefeningen werkboek**
> Op deze oefeningen in het tekstboek volgen
>  WB 10 uitspraak - 1, 2, 3, 4, 5, 6, 7

Heb je het al gehoord?

Titelpagina
Zie 5.1 Begin van een hoofdstuk: titelpagina (p. 9).

 Wat een blunder

> **Doel**
> Een verhaal vertellen in het verleden
> Een formele brief schrijven: structuur, vaste formules en briefconventies
>
> **Grammatica**
> Herhaling perfectum en imperfectum
> Imperfectum separabele verba

 Spreken, luisteren en schrijven – cd 2 - 33
Wat een blunder!

 a)
Doel
- De cursisten kunnen vertellen of ze een abonnement op een krant hebben.
- De cursisten kunnen vertellen of ze wel eens (met een klacht) naar een klantenservice bellen.
- De cursisten begrijpen wat een blunder is.

Uitvoering
Zie 5.3.1 Spreekoefeningen in twee-, drie- en viertallen (p. 10).

Let op: Deze oefening is bedoeld om te checken of sleutelwoorden uit de luistertekst bij b) bekend zijn en om de context duidelijk te maken. Daarom moeten deze vragen voorafgaand aan de luistertekst worden besproken. Laat de cursisten eerst in tweetallen naar de vragen kijken en erover praten. Bespreek deze vragen daarna klassikaal. Gebruik bij vraag 3 ook de foto.

Oplossing
1. Het antwoord verschilt per persoon.
2. Het antwoord verschilt per persoon.
3. Een blunder is een hele domme fout. (Deze definitie is afkomstig uit Thematische woordenschat Nederlands voor anderstaligen (Intertaal).)

b)
Doel
De cursisten kunnen de hoofdlijnen van een anekdote begrijpen: ze kunnen begrijpen dat de man die de anekdote vertelt, klaagt omdat hij zijn krant niet ontvangt.

Thema tekst: een blunder: telefonisch een onterechte klacht uiten over de bezorging van een krant
Sleutelwoorden: *een abonnement (afsluiten / opzeggen), belachelijk, (de krant) bezorgen, tevreden, tegenvallen, woedend*
Kennis van de wereld: verschillende Nederlandse kranten (de Volkskrant, de Telegraaf, NRC Handelsblad,

Hoofdstuk 11A

het Parool; gratis kranten: Metro, Sp!ts, de Pers; regionale / nationale dagbladen)

Uitvoering
Zie 5.2 Luisteren – Algemene aanwijzingen voor luistervaardigheidsoefeningen (p. 9).

Let op: Kijk voor het luisteren goed naar de foto's. Vraag de cursisten of ze een idee hebben waar de tekst over zal gaan.

Transcriptie
Zie tekstboek, p. 327.

Oplossing
a

c)
Doel
De cursisten kunnen een anekdote navertellen.

Uitvoering
Zie 5.4 Schrijven – Algemene aanwijzingen voor schrijfvaardigheidsoefeningen (p. 12)

Let op:
Introductiefase
Controleer of cursisten nog weten dat na *want* en *maar* een hoofdzin volgt. Laat de cursisten hiervoor bijvoorbeeld de volgende zinnen afmaken:
– De man belt naar de klantenservice want …
– De man heeft een klacht maar …
Schrijf de antwoorden op het bord.

Uitvoerfase
De cursisten vullen de zinnen individueel aan en vergelijken hun tekst met die van een medecursist.

Evaluatiefase
Laat de vier zinnen door vier verschillende cursisten voorlezen. Geef feedback en beantwoord mogelijke vragen uit de groep.

Voorbeeldoplossing
Een man nam (**na lang nadenken**) een abonnement op een krant.
Hij was niet **tevreden over het abonnement,** want **de bezorging ging vaak niet goed.**
Op een dag **was de man heel boos omdat hij geen krant kreeg.**
Hij belde de klantenservice om te klagen, maar het was zondag en er komt nooit een krant op zondag.

2 Grammatica – Verba in het imperfectum
Doel
- De cursisten kunnen de imperfectumvormen herkennen in de transcriptie.
- De cursisten kunnen zien of het om een regelmatige vorm of een onregelmatige vorm gaat.

Uitvoering
Zie 5.7 Grammatica – Algemene aanwijzingen voor grammaticaoefeningen (p. 15).

Let op: Het betreft hier een onderwerp dat al behandeld is in hoofdstuk 9. Cursisten zouden hier dus niet veel tijd aan kwijt moeten zijn.
Vraag in de introductiefase of cursisten zinnen kunnen maken met een imperfectum. Schrijf deze zinnen op het bord. Vraag of de cursisten de regel voor het imperfectum nog weten of kunnen afleiden uit de zinnen.

Oplossing

willen	wilde	regelmatig
afsluiten	sloot af	onregelmatig
zijn	was / waren	onregelmatig
hebben	had	onregelmatig
opstaan	stond op	onregelmatig
aankleden	kleedde aan	regelmatig
afwachten	wachtte af	regelmatig
tegenvallen	viel tegen	onregelmatig
komen	kwam	onregelmatig
opbellen	opbelde / belde op	regelmatig
gaan	ging	onregelmatig
krijgen	kreeg	onregelmatig
voornemen	nam voor	onregelmatig
hoeven	hoefde	regelmatig
kunnen	kon	onregelmatig
proberen	probeerde	regelmatig
opnemen	nam op	onregelmatig
vertellen	vertelde	regelmatig
blijven	bleef	onregelmatig
zeggen	zei	onregelmatig
geven	gaf	onregelmatig
doorpraten	praatte door	regelmatig
beloven	beloofden	regelmatig
nadenken	dacht na	onregelmatig
vragen	vroeg	onregelmatig
neerleggen	legde neer	regelmatig

3 Grammatica – Separabele verba in het imperfectum
a)
Doel
De cursisten kunnen de imperfectumvormen van separabele verba uit het schema bij oefening 2 halen.

Uitvoering
Zie 5.7 Grammatica – Algemene aanwijzingen voor grammaticaoefeningen (p. 15).

Oplossing
sloot af, stond op, kleedde aan, wachtte af, viel tegen, opbelde, belde op (2x), nam voor, nam op, praatte door, dacht na, legde neer

b)
Doel
De cursisten kunnen het verschil zien tussen imperfectumvormen van separabele verba in hoofdzinnen en bijzinnen.

Uitvoering
Zie 5.7 Grammatica – Algemene aanwijzingen voor grammaticaoefeningen (p. 15).

Hoofdstuk 11A

Oplossing
Het (oorspronkelijke) verbum staat in het imperfectum naast het **subject** in de hoofdzin. Het prefix staat aan het **einde** van de hoofdzin.
In een bijzin staan het (oorspronkelijke) verbum en het prefix in het imperfectum aan elkaar aan het **einde** van de bijzin.

4 Spreken – Oefen met het imperfectum

Let op: bij deze opdracht hoort een kopieerblad.

Doel
De cursisten kunnen het imperfectum van regelmatige, scheidbare en onregelmatige verba in het imperfectum gebruiken.

Uitvoering
Zie 5.3.1 Spreekoefeningen in twee-, drie- en viertallen (p. 10).

Nodig: dobbelstenen.
Kopieer of print de informatie op het bijbehorende kopieerblad voor alle tweetallen. Knip deze informatie voor de les in strookjes en geef die aan de cursisten.

Suggestie
In plaats van de strookjes op een stapel te leggen kunt u de strookjes ook in enveloppen doen. Elk tweetal krijgt een enveloppe. Voor twintig cursisten hebt u dus tien enveloppen nodig en tien dobbelstenen. Als de groep een oneven aantal cursisten heeft, kunt u ook een drietal formeren.
Leg uw cursisten uit dat de oefening als volgt verloopt. Cursisten pakken om beurten een strookje uit de enveloppe / van de stapel en noemen het verbum en subject, bijv: afwassen – ik. De andere cursist antwoordt door het imperfectum te vormen, in dit geval: ik waste af. De eerste cursist controleert het antwoord. U kunt de betere cursisten instrueren een hele zin te maken met meer informatie. Bijvoorbeeld: Hij waste de beker af. Benadruk dat de cursisten goed moeten luisteren naar het antwoord van de medecursist. Als het niet goed is, moeten zij zeggen dat de cursist het nogmaals probeert en niet direct het goede antwoord roepen.
Deze oefening kan snel worden uitgevoerd, tien minuten moet genoeg zijn.

Oefeningen werkboek
Op deze oefeningen in het tekstboek volgt

WB 11A - 1

5 Spreken – Bijna gratis!

Let op: bij deze opdracht hoort een kopieerblad.

Doel
- De cursisten kunnen een verhaal navertellen dat zij hebben gelezen / gehoord.
- De cursisten kunnen de verschillen tussen twee verhalen aangeven.

Uitvoering
Zie 5.3.2 Kettingoefeningen en klassikale spreekoefeningen (p. 11).
Zie 5.4.1 Aanpak dictoglosoefeningen (p. 12).

In deze oefening werkt u met twee versies van een verhaal. Er zijn in totaal zestien verschillen tussen deze twee versies. De cursisten moeten achter deze verschillen zien te komen door het verhaal - in het imperfectum - aan elkaar te vertellen. Bij de oplossing staat het verhaal waarin de zestien verschillen zijn aangegeven.

Verdeel de groep in tweeën. De iets zwakkere cursisten laat u in het lokaal zitten, de sterkere gaan naar buiten. Zorg ervoor dat de groep precies door de helft is gedeeld. Geef de cursisten die naar buiten gaan, allemaal een kopie van versie A. Vertel dat zij dit verhaal goed moeten lezen en alle details moeten onthouden.
Lees aan de cursisten die binnen zijn, versie B voor. Lees het verhaal minimaal twee keer voor. De cursisten mogen geen notities maken. Stel na de eerste keer luisteren een aantal vragen om erachter te komen of zij het verhaal hebben beschreven, bijvoorbeeld:
- Waarom verkoopt de vrouw de auto?
- Waarom is de auto zo goedkoop?
- Waar is de man van de vrouw nu?
- Hoe voelt de vrouw zich?
- Etc.

Laat indien nodig de cursisten aantekeningen maken. Roep na het voorlezen van het verhaal de cursisten van buiten weer naar binnen. Zij moeten hun versie van het verhaal inleveren. Maak koppels van een cursist buiten en een cursist binnen. Laat de cursisten van buiten eerst het verhaal vertellen in het imperfectum, de cursisten van binnen mogen alleen luisteren. Daarna vertellen de cursisten van binnen hun verhaal in het imperfectum. Ten slotte gaan zij samen in de tabel noteren welke verschillen er zijn opgevallen. Vertel nog niet direct hoeveel verschillen er zijn. Vraag, als een tweetal aangeeft dat het klaar is, hoeveel verschillen zij hebben gevonden. Als het er nog geen zestien zijn, geeft u aan dat dit er niet genoeg zijn en dat zij elkaar vragen moeten stellen. Noteer, als iedereen klaar is, de verschillen op het bord of projecteer ze op het scherm. Als de cursisten een tijdje bezig zijn, maar niet aan de zestien verschillen komen, kunt u de binnengroep hun kopieerblad teruggeven en het verhaal laten voorlezen.

Oplossing

Bijna gratis
Een jonge man van **25 / 28** jaar keek **in de krant / op internet**. Hij zag een advertentie die hij bijna niet kon geloven. In de advertentie stond:

Te koop: zwarte **Mercedes / Ferrari, 50 / 15** *euro*

"Dat moet een fout zijn", dacht hij. "Dat kan niet, een Mercedes / Ferrari, zo goedkoop!"
Hij hoopte dat hij de auto toch kon kopen en ging snel **met de bus / met een taxi** naar het adres. Na **45 / 55** minuten kwam hij aan bij het huis. Het was een grote villa met **3 / 2** verdiepingen **in het zuiden / in het westen** van de stad. Een **slanke / dikke** vrouw van ongeveer **50 / 40** jaar met

Hoofdstuk 11A

kort / lang, grijs haar deed open en ging met hem naar de garage.
Daar stond een prachtige nieuwe **Mercedes / Ferrari**. "Over de prijs …" zei de jonge man. "**50 / 15 euro**," antwoordde de vrouw.
De jonge man pakte zijn portemonnee en gaf haar **50 / 15** euro. De vrouw gaf hem **de sleutel / de sleutel en de papieren** van de auto. Pas toen hij **de sleutel / en de papieren** had, durfde de jonge man te vragen: "Is er misschien een probleem met de auto?". "Helemaal niet," zei de vrouw. "Hij is in perfecte staat. Mijn man hield heel erg veel van deze auto. Maar **vorige week / vorige maand** is hij **met zijn secretaresse / met mijn beste vriendin** naar **Italië / Spanje** gegaan. Hij schreef mij een **briefje / e-mail**. Kijk, dit is de **brief / e-mail**:"

Hallo lieverd!

Sorry, ik woon nu met **mijn secretaresse / jouw beste vriendin** *in* **Spanje / Italië**. *Ik kom niet meer thuis. Ik ga een nieuw huis kopen met haar. Wil jij mijn auto verkopen en het geld naar mij sturen?*
Alvast bedankt!

Veel groetjes, je ex-man.

Oefeningen werkboek
Op deze oefeningen in het tekstboek volgt

 WB 11A - 2

6 **Spreken – Uw grootste blunder**
Doel
De cursisten kunnen over een blunder vertellen.

Uitvoering
Zie 5.3.1 Spreekoefeningen in twee-, drie- en viertallen (p. 10).

Let op: Bespreek vooraf de instructie met de cursisten. Geef de cursisten even tijd om na te denken. U kunt er ook voor kiezen een blunder van uzelf voor de klas te vertellen (in het imperfectum), als inspiratie voor de cursisten.

Oefeningen werkboek
Op deze oefeningen in het tekstboek volgen

 WB 11A - 3, 4

Oefening 3 en 4e) van het werkboek moeten de cursisten in leveren.

Bij oefening 4e)
Het schrijven van een sprookje blijkt in de praktijk een leuke en relevante oefening om te doen in het kader van oefenen met het imperfectum. Cursisten vinden het erg leuk om zelf een sprookje te schrijven en het is een zeer goede manier gebleken om te onderzoeken of het imperfectum voldoende ingeoefend is.
U kunt deze opdracht individueel thuis laten doen, maar u kunt de opdracht ook klassikaal voorbespreken. Veel cursisten vinden het leuk zelf een sprookje te bedenken. U kunt dan in de les frequent 'sprookjesvocabulaire' zoals heksen, vergif, kasteel, prinses, prins, etc voorbereiden. Vaak vinden cursisten het ook leuk elkaars sprookjes te lezen. U kunt ervoor kiezen de sprookjes na uw correctie, uit te delen of per e-mail te verspreiden (als de cursisten hiermee akkoord gaan uiteraard). Ten slotte zou u ervoor kunnen kiezen deze opdracht in tweetallen uit te laten voeren.

Suggestie
Als alternatief kunt u ook een sprookje door alle cursisten samen laten schrijven. Een cursist begint het sprookje en geeft het door aan een medecursist; die schrijft het volgende stukje en geeft het weer aan de volgende cursist, etc. Net zo lang tot alle cursisten aan bod zijn geweest. Vertel dat iedere cursist ongeveer een à twee alinea's moet schrijven (dit is uiteraard ook afhankelijk van de groepsgrootte). Maak nadat de laatste cursist zijn stukje geschreven heeft, kopieën voor alle cursisten en lees het verhaal klassikaal voor (of laat een sterke cursist het voorlezen).
Een extra opdracht kan zijn dat iedere volgende cursist eventuele fouten uit de tekst van zijn voorganger haalt.

7 **Lezen – Een formele brief**
Doel
- De cursisten begrijpen de belangrijkste informatie uit een brief. In dit geval kunnen ze begrijpen dat er mogelijkheid is voor extra kinderopvang op een kinderdagverblijf in de vakantieperiode.
- De cursisten begrijpen wat de mogelijkheden zijn voor extra kinderopvang en wat ze moeten doen om er gebruik van te kunnen maken.

Thema tekst: kinderopvang in de kerstvakantie
Sleutelwoorden: *de belangstelling, extra, gebruikmaken van, de kerst, het kinderdagverblijf, de kinderopvang, oud en nieuw, tot en met, de planning*
Kennis van de wereld: Kinderopvang, kinderdagverblijf, oppas, gastgezinnen, overblijven, BSO

Hoofdstuk 11A

Uitvoering
Zie 5.5 Lezen – Algemene aanwijzingen voor leesvaardigheidsoefeningen (p. 14).

Oplossing
1. c, 2. c, 3. b, 4. a, 5. b

NOTITIE
Zie 5.8 Notitie – Algemene aanwijzingen voor het bespreken van de informatie in de kaders getiteld 'Notitie' (p. 15).

Let op: Bespreek dit schema uitgebreid in de klas. Ter verduidelijking kunt u ieder onderdeel aanwijzen of aan laten wijzen door de cursisten in de brief bij oefening 7.

8 Lezen – Een klachtenbrief
a)
Doel
De cursisten kunnen de logische volgorde van een brief zien.

Thema tekst: een klachtenbrief
Sleutelwoorden: *binnen een week, het bankstel, door de bank zakken, de garantie, garantie hebben op, gratis, de klantenservice, de monteur, repareren*
Kennis van de wereld: Nederlanders zijn niet bang om te laten merken dat iets ze niet bevalt!

Uitvoering
Zie 5.5 Lezen – Algemene aanwijzingen voor leesvaardigheidsoefeningen (p. 14).

Let op: Laat de cursisten in tweetallen puzzelen. Wijs de cursisten ook op verbindings-, structuur- en signaalwoorden als *ten slotte, hier, toen, daarna, weer, etc.*

Oplossing
1 P. Vennen
   Griftdijk 26
   5674 AN Alkmaar
2 Alkmaar, 23 augustus 2013
3 De Meubelgigant
   Afdeling Klantenservice
   Postbus 67656
   1007 HG Amsterdam
4 Betreft: klacht over nieuwe bank
5 Geachte heer, mevrouw,
6 Op 2 september vorig jaar hebben wij bij u een nieuwe blauwe bank gekocht voor € 1799,-. Ik ben niet tevreden over deze bank. De bank was na een maand al kapot.
7 Toen hebt u een monteur gestuurd die de bank heeft gerepareerd.
8 Een week daarna was de bank alweer kapot. U hebt toen weer een monteur gestuurd die de bank heeft gerepareerd.
9 Vorige week ging mijn moeder van 83 jaar op de bank zitten. Opeens zakte ze helemaal door de bank!
10 Weer was de bank dus kapot. Toen wij belden naar de reparatieservice, vertelden ze dat wij nu geen garantie meer hebben op de bank. We moeten betalen als er een monteur moet komen!
11 Hier zijn wij het absoluut niet mee eens. Een bank van € 1799,- mag niet binnen een jaar kapot zijn.
12 Wij stellen voor dat er snel een monteur langskomt om onze bank gratis te repareren.
13 We hopen dat u binnen een week contact met ons opneemt om dit probleem op te lossen.
14 Met vriendelijke groet,
   P. Vennen

b)
Doel
De cursisten begrijpen de structuur van een klachtenbrief.

Sleutelwoorden: *de aanleiding, de actie, het doel, de geschiedenis, de omschrijving, de termijn*

Uitvoering
Zie 5.5 Lezen – Algemene aanwijzingen voor leesvaardigheidsoefeningen (p. 14).

Let op: Bespreek dit schema goed. Het kan zijn dat de cursisten niet alle woorden kennen, leg deze uit met voorbeelden. In de oefening komt als voorbeeld de brief van de heer Vennen aan de orde (uit oefening a), dat is ook een goede manier om het schema concreet te maken.

Oplossing
2. U moet nu zelf betalen voor de reparatie van de bank.
3. De bank is binnen één jaar al drie keer kapot geweest en de reparatie is niet meer gratis.
4. U hebt gebeld naar de reparatieservice.
5. De meubelgigant moet de reparatie gratis uitvoeren en een monteur sturen.
6. Binnen een week.

9 Lezen en schrijven – Antwoord op een klachtenbrief
a)
Doel
De cursisten kunnen de ontbrekende informatie in de brief afleiden.

Thema tekst: een reactie op een klachtenbrief
Sleutelwoorden: *boven de …, contact opnemen, contant, jongstleden, de kosten, de pech, de reparatie, een voorstel doen*
Kennis van de wereld: Nederlanders klagen best vaak dat de service bij bedrijven vaak te wensen over laat.

Uitvoering
Zie 5.5 Lezen – Algemene aanwijzingen voor leesvaardigheidsoefeningen (p. 14).

Let op: Laat de cursisten deze brief in tweetallen aanvullen. Ze kunnen gebruik maken van de brief in oefening 7a) voor informatie, bijvoorbeeld de vaste afsluitingsformule.

Oplossing
Amsterdam, klacht over bank, Geachte, 23 augustus, hiermee, geïnformeerd, u nog vragen, contact, vriendelijke, Klantenservice

b)
Doel
De cursisten herkennen vaste formules.

Hoofdstuk 11B

Uitvoering
Zie 5.6 Invuloefeningen – Algemene aanwijzingen voor invuloefeningen (p. 15).

Oplossing
verzoekbrief
Wij hopen dat u de informatie zo snel mogelijk opstuurt. Bij voorbaat dank voor uw medewerking.
informatiebrief
Ik hoop u hiermee voldoende te hebben geïnformeerd. Mocht u nog vragen hebben, kunt u per mail of telefoon contact met mij opnemen.
sollicitatiebrief
Ik ben graag bereid om een en ander in een persoonlijk gesprek toe te lichten.
klachtenbrief
We hopen dat u binnen twee weken contact met ons opneemt om dit probleem op te lossen.

> **Oefeningen werkboek**
> Op deze oefeningen in het tekstboek volgen
> WB 11A - 5, 6

 **Schrijven – Een klachtenbrief**

Let op: Deze oefening moeten de cursisten inleveren.

Doel
De cursisten kunnen een klachtenbrief schrijven.

Uitvoering
Zie 5.4.2 Aanpak individuele schrijfoefeningen (p. 13).

Let op: Aangezien de cursisten deze brief in tweetallen moeten schrijven, is het raadzaam de opdracht in de klas te laten uitvoeren.

Suggestie evaluatiefase
U kunt hier de cursisten elkaar laten corrigeren op de volgende manier. Laat ze hun brief (eventueel via e-mail) uitwisselen met een ander duo. Laat ze commentaar leveren op elkaars brieven. Als ze ergens niet zeker over zijn, kunnen ze het aan de docent vragen.
Dat commentaar op hun brief verwerken ze en het eindresultaat leveren ze bij u in.

> **Oefeningen werkboek**
> Op deze oefeningen in het tekstboek volgen
> WB 11A - 7, 8
>
> Oefening 8 van het werkboek moeten de cursisten inleveren.
> Eventueel kunt u de cursisten uit a) of b) laten kiezen.

 **Uitdrukking**

Doel
De cursisten begrijpen globaal de betekenis van de uitdrukking.

Uitvoering
Zie 5.9 Uitdrukking – Algemene aanwijzingen voor het bespreken van de uitdrukking (p. 16).

B Het nieuws

> **Doel**
> Je mening over iets geven
> De hoofdpunten van een nieuwsbericht begrijpen
>
> **Grammatica**
> Het (on)eens zijn met

1 Luisteren en spreken – Wat **cd 2 - 34 vind je van Nederlanders?**

a)
Doel
De cursisten kunnen de hoofdlijnen van een gesprek begrijpen: ze kunnen begrijpen wie een positieve en wie een negatieve mening over het onderwerp heeft.

Thema dialoog: Zijn Nederlanders sociaal of niet?
Sleutelwoorden: *buitenlanders, dat vind ik niet / wel, irritant, negatief, positief, sociaal, ten eerste, ten tweede*
Kennis van de wereld: Nederland heeft de naam een tolerant land te zijn.

Uitvoering
Zie 5.2 Luisteren – Algemene aanwijzingen voor luistervaardigheidsoefeningen (p. 9).

Transcriptie
Zie tekstboek, p. 327.

Oplossing
b

b)
Doel
De cursisten begrijpen de constructies die gebruikt kunnen worden voor het vragen naar en formuleren van een mening.

Uitvoering
Zie 5.2 Luisteren – Algemene aanwijzingen voor luistervaardigheidsoefeningen (p. 9).

Let op: Bespreek de constructies die aan de orde komen voor het vragen naar en formuleren van een mening: ik vind dat …, ik denk dat …, volgens mij … . Benadruk dat de constructie: 'ik denk ik ben ziek' niet kan in het Nederlands, dat de conjunctie 'dat' verplicht is. Dat er een bijzin gevormd moet worden, komt in de volgende oefening aan de orde; dat hoeft u hier nog niet te bespreken.

Transcriptie
Zie tekstboek, p. 327.

Oplossing
Wat vind je van Nederlanders?	Margarita
Ik vind dat Nederlanders helemaal niet sociaal zijn.	Mike
Denk je dat echt?	Margarita

Hoofdstuk 11B

Ja, dat denk ik echt.	Mike
Nou, dat vind ik niet, hoor.	Margarita
Volgens mij zijn Nederlanders heel sociaal.	Margarita
Bovendien zijn ze aardig tegen buitenlanders.	Margarita
Ik vind dat Nederlanders helemaal niet aardig tegen buitenlanders zijn.	Mike
Nou, dat vind ik wel.	Margarita
Ja, dat vind ik juist ontzettend irritant!	Mike
Daar heb je wel een beetje gelijk in.	Margarita
Ja, zo kun je het ook zien.	Mike
Misschien heb je gelijk.	Mike

c)
Doel

De cursisten weten wanneer er inversie in de hoofdzin optreedt.

Uitvoering

Zie 5.6 Invuloefeningen – Algemene aanwijzingen voor invuloefeningen (p. 15).
Zie 5.7 Grammatica – Algemene aanwijzingen voor grammaticaoefeningen (p. 15).

Let op: Leg hier uit waarom er inversie optreedt in de hoofdzin. Zet twee zinnen naast elkaar op het bord of projecteer op het scherm:

inversie in de hoofdzin	hoofdzin zonder inversie
Volgens mij zijn Nederlanders heel sociaal.	Nederlanders zijn **volgens mij** heel sociaal. / Nederlanders zijn heel sociaal **volgens mij**.
Bovendien zijn ze aardig tegen buitenlanders.	Ze zijn **bovendien** aardig tegen buitenlanders.
Ja, **zo** kun je het ook zien.	Ja, je kunt het ook **zo** zien.
Misschien heb je gelijk.	Je hebt **misschien** gelijk.
Volgens mij is Nederlands een prachtige taal.	Nederlands is **volgens mij** een prachtige taal. / Nederlands is een prachtige taal **volgens mij**.
Naar mijn mening is de Nederlandse grammatica niet logisch.	De Nederlandse grammatica is **naar mijn mening** niet logisch. / De Nederlandse grammatica is niet logisch **naar mijn mening**.

Oplossing

Ik vind dat Nederlanders helemaal niet sociaal zijn.	**hoofdzin + bijzin**
Volgens mij zijn Nederlanders heel sociaal.	**inversie in de hoofdzin**
Bovendien zijn ze aardig tegen buitenlanders.	**inversie in de hoofdzin**
Ik vind dat Nederlanders helemaal niet aardig tegen buitenlanders zijn.	**hoofdzin + bijzin**
Ja, zo kun je het ook zien.	**inversie in de hoofdzin**
Misschien heb je gelijk.	**inversie in de hoofdzin**
Volgens mij is Nederlands een prachtige taal.	**inversie in de hoofdzin**
Naar mijn mening is de Nederlandse grammatica niet logisch.	**inversie in de hoofdzin**
Ik denk dat Nederlanders heel grappig zijn.	**hoofdzin + bijzin**

d)
Doel

- De cursisten kunnen hun mening geven.
- De cursisten kunnen bijzinnen met een juiste woordvolgorde maken.
- De cursisten kunnen hoofdzinnen met inversie maken.

Uitvoering

Zie 5.6 Invuloefeningen – Algemene aanwijzingen voor invuloefeningen (p. 15).

Let op: De cursisten zijn niet verplicht om het woord tussen haakjes te gebruiken. Ze mogen ook een ander woord gebruiken als dat hun mening beter uitdrukt. Misschien is het goed om een eerste ronde antwoorden te laten geven met de simpele woorden die worden gegeven. Sterkere en / of snelle cursisten kunnen ook een extra antwoordronde doen waarin ze helemaal zelf een mening formuleren.

Voorbeeldoplossing

1. (hoofdzin met bijzin) … ze heel gezellig zijn.
2. (hoofdzin met bijzin) … het slecht weer is.
3. (hoofdzin met bijzin) … ze lekker zijn.
4. (inversie in de hoofdzin) … is het een goed boek.
5. (inversie in de hoofdzin) … is de Nederlandse grammatica moeilijk.
6. (hoofdzin met bijzin) … het duur is.
7. (hoofdzin met bijzin) … Amsterdam een mooie stad is.
8. (inversie in de hoofdzin) … is vakantie in Nederland erg gezellig.
9. (hoofdzin met bijzin) … ze modieus gekleed zijn.
10. (hoofdzin met bijzin) … coffeeshops niet goed zijn.

2 Lezen – Wat een flauwekul!
a)
Doel

De cursisten kunnen begrijpen waar de stelling over gaat.

Thema tekst: een stelling: allochtonen moeten op straat Nederlands praten.
Sleutelwoorden: *allochtonen, discussiëren over, eens / oneens*
Kennis van de wereld: Nederlanders spreken over het algemeen wel een of meerdere vreemde talen.

Hoofdstuk 11B

Uitvoering
Zie 5.5 Lezen – Algemene aanwijzingen voor leesvaardigheidsoefeningen (p. 14).

Let op: Leg uit dat met 'op straat' 'in het openbaar' bedoeld wordt.

b)
Doel
De cursisten kunnen een reactie op een stelling begrijpen.

Thema tekst: reacties op een stelling
Sleutelwoorden: *discriminerend, aan de ene / andere kant, het (niet) eens zijn met, het ermee eens zijn (dat), de flauwekul, de integratie, neutraal, (voor / tegen), respect(loos), stemmen, de onzin, tolerant, de twijfel, verplichten, verschrikkelijk, het (niet) weten*
Kennis van de wereld: Nederlanders staan erom bekend dat ze snel met het vingertje wijzen en in de regel snel hun mening geven.

Uitvoering
Zie 5.5 Lezen – Algemene aanwijzingen voor leesvaardigheidsoefeningen (p. 14).

Oplossing
eens
Alexander (2), Danny (3), Hans (6), José (12), Priscilla (13)
oneens
Karin (1), John (4), Herma (5), Willem (7), Wendy (9), Sigrid (10), Paul (11)
weet het niet / neutraal / twijfel
Angela (8), Maaike (14)

c)
Doel
De cursisten kunnen een reactie op een stelling geven.

Uitvoering
Zie 5.6 Invuloefeningen – Algemene aanwijzingen voor invuloefeningen (p. 15).

Oplossing
eens
Ik ben het ermee eens.
Dat vind ik ook.
Ik ben het er helemaal mee eens. (2x)
Daar ben ik het helemaal mee eens.
oneens
Ik vind niet dat …
Ik ben het niet met je eens.
Ik vind het ontzettende flauwekul.
Ik ben het er totaal niet mee eens.
Grandioze onzin.
weet het niet / neutraal / twijfel
Ik weet niet zeker of …
Aan de ene kant …
Aan de andere kant …
Ik weet het niet.
Hier heb ik eigenlijk geen mening over.

NOTITIE
Zie 5.8 Notitie – Algemene aanwijzingen voor het bespreken van de informatie in de kaders getiteld 'Notitie' (p. 15).

d)
Doel
- De cursisten kunnen hun mening geven en op de mening van iemand anders reageren.
- De cursisten kunnen argumenten voor hun mening geven (positief, negatief, neutraal).

Uitvoering
Zie 5.3.3 Routines – Wat kun je zeggen? (p. 11)

Oplossing
mening geven
Volgens **mij**
Naar **mijn** mening …

reageren
Positief:
Dat **denk** ik ook.
Ik ben **het** ermee eens.
Ik ben het met je **eens**.
Ik **ben** het er helemaal mee eens.

Neutraal:
Aan de **ene** kant …
Aan de **andere** kant …
Ik weet **het** niet.
Hier heb ik eigenlijk geen **mening** over

Negatief:
Volgens **mij** is dat niet zo.
Ik **ben** het er niet mee eens.
Ik ben het er totaal niet mee **eens**.
Ik ben het niet **met** je eens.

Oefeningen werkboek
Op deze oefeningen in het tekstboek volgt

 WB 11B - 2

 Spreken – Mening geven

Let op: bij deze opdracht hoort een kopieerblad.

Doel
- De cursisten kunnen een mening formuleren.
- De cursisten kunnen positief en negatief op een mening reageren.
- De cursisten kunnen argumenten voor hun mening / reactie geven.

Uitvoering
Zie 5.3.1 Spreekoefeningen in twee-, drie- en viertallen (p. 10).

Let op: Bespreek vooraf de instructie met de cursisten.

Nodig: dobbelstenen.
Kopieer of print de stellingen op het bijbehorende kopi-

Hoofdstuk 11B

eerblad voor alle tweetallen. Knip de stellingen voor de les in strookjes.

Suggestie
In plaats van de strookjes op een stapel te leggen kunt u de strookjes ook in enveloppen doen. Elk tweetal krijgt een enveloppe. Voor twintig cursisten hebt u dus tien enveloppen nodig en tien dobbelstenen. Als de groep een oneven aantal cursisten heeft, kunt u ook een drietal formeren. Leg uw cursisten uit dat de oefening als volgt verloopt. Cursisten pakken om de beurt een strookje uit de enveloppe / van de stapel en formuleren een stelling, bijv: *boeken lezen is goed voor je Nederlands*: 'Ik vind dat boeken lezen goed voor je Nederlands is'. De andere cursist reageert op de stelling en geeft ook een argument, bijv.: 'Dat vind ik ook, omdat je uit boeken veel nieuwe woorden kunt leren.' Er zijn veel stellingen, dus als cursisten een stelling tegenkomen waar ze geen mening over hebben, kunnen ze een andere stelling pakken.

> **Oefeningen werkboek**
> Op deze oefeningen in het tekstboek volgt
>
> 📖 WB 11B - 3
>
> Oefening 3 van het werkboek moeten de cursisten inleveren.

 Spreken – Discussie

Let op: bij deze opdracht hoort een kopieerblad.

Doel
- De cursisten kunnen samen afspraken maken over een cadeau voor een kraamvisite.
- De cursisten kunnen bepalen hoe duur het cadeau mag zijn, wat voor cadeau het moet worden en wie het cadeau gaat kopen.

Uitvoering
Zie 5.3.2 Kettingoefeningen en klassikale spreekoefeningen (p. 11).

Let op: Maak groepjes van vijf cursisten.
Leg uit dat één van de vijf personen niet meedoet aan de discussie maar een observerende rol heeft.
U kunt ervoor kiezen om bijvoorbeeld een taalzwakke cursist te laten observeren en daarna de discussie opnieuw te laten doen, met voor iedereen een andere rol zodat de taalzwakke cursist zich sterker voelt.

 Spreken – Op vakantie
a)
Doel
- De cursisten kunnen omschrijvingen van vakanties begrijpen.
- De cursisten kunnen een keuze maken uit de verschillende vakantiebestemmingen en ook uitleggen hoe ze tot hun keuze gekomen zijn.

Uitvoering
Zie 5.3.2 Kettingoefeningen en klassikale spreekoefeningen (p. 11).

b)
Doel
De cursisten kunnen een compromis sluiten.

Uitvoering
Zie 5.3.2 Kettingoefeningen en klassikale spreekoefeningen (p. 11).

Let op: Voeg cursisten met dezelfde vakantiekeus bij elkaar. Zet ze daarna tegenover een groep met een andere keus: mensen die vakantie 1 kozen, tegenover vakantie 2 en mensen die vakantie 3 kozen, tegenover vakantie 4.

c)
Doel
De cursisten kunnen een persoonlijke keuze maken: wat is nodig, wat niet.

Uitvoering
Zie 5.3.2 Kettingoefeningen en klassikale spreekoefeningen (p. 11).

Let op: Loop rond en corrigeer eventueel als cursisten bijvoorbeeld opschrijven: 'eten'. Eten is niet één ding, dit moeten ze specifieker opschrijven, bijvoorbeeld: een kilo rijst, brood, etc. Dit zijn dus meerdere punten op hun lijst.

d)
Doel
De cursisten kunnen overleggen en gemeenschappelijke keuzes maken.

Uitvoering
Zie 5.3.2 Kettingoefeningen en klassikale spreekoefeningen (p. 11).

Let op: Deel de groep nu op in groepjes van vier. Liefst andere groepjes dan bij de vorige opdracht. Laat ze discussiëren. U loopt rond en corrigeert. **Let op:** als iedereen een luchtbed meeneemt, zijn dat vier dingen (één luchtbed per persoon in een groep van vier personen) en niet één.

e)
Doel
De cursisten kunnen kiezen voor het hoogst noodzakelijke.

Uitvoering
Zie 5.3.2 Kettingoefeningen en klassikale spreekoefeningen (p. 11).

Let op: Schrijf de lijsten van de groepen op het bord of laat de cursisten dit zelf doen. Start een klassikale discussie door het nut van bepaalde zaken te betwijfelen, bijvoorbeeld: "Een pan? Volgens mij hebben we helemaal geen pan nodig, we kunnen toch gewoon eten aan een stok boven het vuur warm maken? Wat vinden jullie?" Enzovoorts. Vraag steeds welke items volgens de cursisten

Hoofdstuk 11B

weg kunnen, en streep deze weg als er klassikaal overeenstemming over is bereikt.

> **Oefeningen werkboek**
> Op deze oefeningen in het tekstboek volgen
>
> WB 11B - 4, 5
>
> Oefening 4 en 5 van het werkboek moeten de cursisten inleveren.

6 Spreken en lezen – Het nieuws

a)
Doel
- De cursisten kunnen vertellen of ze geïnteresseerd zijn in het nieuws.
- De cursisten kunnen vertellen op welke wijze ze op de hoogte blijven van het nieuws.

Uitvoering
Zie 5.3.1 Spreekoefeningen in twee-, drie- en viertallen (p. 10).

Let op: Deze oefening is bedoeld om het thema van de leestekst van b) te introduceren. Laat cursisten hier in tweetallen over praten en bespreek het daarna klassikaal. U kunt ook een woordweb m.b.t. het nieuws samen op het bord schrijven.

b)
Doel
De cursisten begrijpen de inhoud van de tekst.

Thema tekst: de geschiedenis van het NOS-journaal
Sleutelwoorden: *het journaal, de uitzending, de nieuwslezer, de kijker, het programma, uitzenden*
Kennis van de wereld: Verschillende soorten televisiejournaals: NOS-journaal / jeugdjournaal / het achtuurjournaal, Hart van Nederland, RTL Nieuws, etc., aandacht voor het Nederlandse omroepstelsel (publieke / commerciële zenders)

Uitvoering
Zie 5.5 Lezen – Algemene aanwijzingen voor leesvaardigheidsoefeningen (p. 14).

Let op: U kunt de cursisten individueel deze tekst in de klas laten lezen; u kunt hem ook klassikaal samen lezen.

Bespreek de antwoorden op deze vragen klassikaal.

Oplossing
1. Drie keer per week een kwartier.
2. In 1957.
3. Omdat het journaal toen 25 jaar bestond; het was een cadeau voor de jeugd.
4. Van 1956 tot 1989.
5. Dat is niet bekend, op willekeurige tijdstippen.
6. Door oud-nieuwslezers het nieuws te laten lezen op tv en door de documentaire 'Het schitterende scherm' van Pieter Fleurey uit te zenden.

7 Luisteren – Het NOS-journaal cd 2 - 35

a)
Doel
De cursisten kunnen de hoofdlijnen van het nieuws begrijpen.

Thema tekst: nieuwsfragmenten (het weer, verkeersinformatie, Nederlandse tradities wat betreft de feestdagen)
Sleutelwoorden: *de bewolking, het carnaval, droog, de file, het knooppunt, het ongeluk, de rijstrook, Sinterklaas, de temperatuur, de verkeersinformatie, het weer, de wegwerkzaamheden, de wind*

Uitvoering
Zie 5.2 Luisteren – Algemene aanwijzingen voor luistervaardigheidsoefeningen (p. 9).

Let op: Als extra oefening kunt u, als u internet hebt in de klas, via www.nos.nl de uitzending van de vorige avond terugkijken. U kunt de cursisten dan de hoofdpunten laten noteren. Vraag u wel af of er geen onderwerpen aan de orde komen die voor sommige cursisten erg gevoelig kunnen liggen (bijv. voor vluchtelingen). In dat geval zou u ook kunnen kiezen voor het jeugdjournaal. Het jeugdjournaal behandelt niet altijd exact dezelfde onderwerpen als het NOS-journaal.

Bespreek de uitkomsten van deze vragen voordat u verder gaat met b). U kunt de fragmenten een paar keer laten horen, mocht dit nodig zijn. Het zijn namelijk authentieke fragmenten waar cursisten moeite mee kunnen hebben.

Transcriptie
Zie tekstboek, p. 327.

Oplossing
Fragment 1: weer (h), Fragment 2: verkeer (g), Fragment 3: Nederlandse tradities (e)

b)
Doel
De cursisten kunnen de hoofdlijnen van het nieuws begrijpen.

Uitvoering
Zie 5.2 Luisteren – Algemene aanwijzingen voor luistervaardigheidsoefeningen (p. 9).

Transcriptie
Zie tekstboek, p. 327.

Oplossing
Fragment 1
1. c, 2. 8 graden, 3. 12 graden
Fragment 2
A1: Lengte: **4** kilometer, Oorzaak: **ongeluk**
A2: Lengte: **8** kilometer, Oorzaak: **ongeluk**
A7: Lengte: **2** kilometer, Oorzaak: **wegreparaties**
A50: Lengte: **4** kilometer, Oorzaak: **onbekend**
Fragment 3
1. a.
2. kerstboom versieren, Koninginnedag, carnaval, beschuit met muisjes eten bij geboorte
3. Nummer 1: Sinterklaasfeest, Nummer 2: Kerstboom versieren, Nummer 3: Koninginnedag

Hoofdstuk 11B

8 **Lezen en schrijven – Berichten uit de krant**

Let op: Deze oefening kunt u door de cursisten voor de les laten voorbereiden.

a)
Doel
- De cursisten begrijpen de inhoud van een kort krantenartikel.
- De cursisten kunnen een titel bij een krantenartikel verzinnen.

Thema tekst: krantenartikelen (over: een gestolen tas, een zesling, een huwelijk, te weinig slaap, een gestolen scooter)
Sleutelwoorden: *bevallen, de bevalling, de beweging, de brand, in brand steken, de bruidegom, de bruiloft, de frisse lucht, de keizersnede, lijden aan, het slachtoffer, stelen, de verloofde, de zesling*
Kennis van de wereld: thuisbevallingen

Uitvoering
Zie 5.5 Lezen – Algemene aanwijzingen voor leesvaardigheidsoefeningen (p. 14).

Suggestie
U kunt ter introductie enkele (gratis) kranten meenemen en de cursisten in kleine groepjes laten kijken wat het belangrijkste artikel op de voorpagina is. Laat de titels vervolgens op het bord schrijven en bespreek klassikaal of er veel overeenkomsten / verschillen zijn.

Let op: U kunt ervoor kiezen om cursisten deze oefening thuis te laten voorbereiden of in tweetallen te laten uitvoeren.

Voorbeeldoplossing
1. Mobiele telefoon verraadt dief
2. Zesling zonder naam geboren in New York
3. Japanse man steekt hotel in brand om huwelijk te voorkomen
4. De helft van de Nederlanders is moe
5. Dieven met een hart

b)
Doel
- De cursisten kunnen een nieuwsbericht navertellen.
- De cursisten kunnen antwoorden geven op *waar, wat, wie* en *hoe*?

Uitvoering
Zie 5.5 Lezen – Algemene aanwijzingen voor leesvaardigheidsoefeningen (p. 14).

Let op: U kunt de cursisten nog een keer individueel deze tekst in de klas laten lezen, u kunt hem ook klassikaal samen lezen.

Als u de oefening niet in wilt laten leveren, kunt u de antwoorden op deze vragen klassikaal bespreken.

Oefeningen werkboek
Op deze oefeningen in het tekstboek volgen

 WB 11B - 6, 7, 8, 9

Oefening 8 en 9 van het werkboek moeten de cursisten inleveren

Bij oefening 8
Spreek met uw cursisten een tijdstip en datum af zodat iedereen naar hetzelfde journaal kijkt.

---

9 **Luisteren en schrijven – Bokito**

Let op: Deze oefening moeten de cursisten inleveren.

Doel
- De cursisten begrijpen de hoofdlijnen uit een nieuwsbericht.
- De cursisten kunnen de inhoud van een nieuwsbericht in hun eigen woorden opschrijven.

Uitvoering
Zie 5.4.1 Aanpak dictoglosoefeningen (p. 12).

Let op: Lees de tekst twee keer voor, de eerste keer luisteren de cursisten, de tweede keer kunnen zij notities maken. Vervolgens verdeelt u de groep in groepjes van twee, drie of vier en laat u de tekst schriftelijk reproduceren. Deze teksten neemt u in en kijkt u na. U kunt eventueel na afloop van de oefening de originele tekst uitdelen.
Als u de beschikking heeft over internet in uw klas, zijn er via YouTube veel filmpjes te zien over de ontsnapping van Bokito. Een daarvan kunt u er één ter introductie / ter afsluiting van de oefening in de klas bekijken.

Transcriptie
Een tijd geleden is in een dierentuin in Rotterdam de gorilla Bokito ontsnapt.
De grote aap heeft een uur vrij door de dierentuin gelopen.
Vier mensen zijn gewond geraakt.
De eerste persoon was een vrouw die viel in de mensenmassa.
Ook een medewerker van de dierentuin raakte gewond.
Hij raakte in een shock toen hij Bokito op een meter afstand zag lopen.
Een man in een rolstoel werd door bezoekers in paniek weggeduwd en viel ook.
Ten slotte is een bezoekster van de dierentuin gewond geraakt. Bokito heeft deze vrouw meer dan honderd keer gebeten.
De vrouw kwam minimaal vier keer per week in de dierentuin en ging dan altijd naar Bokito.
Ze maakte dan altijd oogcontact met de aap en ze dacht dat ze een speciale relatie met Bokito had.
Vanuit het ziekenhuis meldde de vrouw: "Bokito is en blijft mijn lieveling. Sinds hij in de dierentuin zit, heb ik contact met hem. Als ik mijn hand op het glas legde, deed hij dat ook. Als ik naar hem lachte, lachte hij terug."
Volgens onderzoekers was de aap gefrustreerd omdat de vrouw zo vaak oogcontact maakte.
Bokito is na een uur weer gevangen en in zijn hok gezet.

Hoofdstuk 11C

Van deze tekst is ook een versie als kopieerblad voor het geval u de tekst aan de cursisten wilt uitdelen.

 Uitdrukking

Doel
De cursisten begrijpen globaal de betekenis van de uitdrukking.

Uitvoering
Zie 5.9 Uitdrukking – Algemene aanwijzingen voor het bespreken van de uitdrukking (p. 16).

C Typisch Nederlands?

Doel
Praten over het weer
Informatie over Nederland begrijpen

Grammatica
Relatief pronomen (die / dat)
Relatieve bijzin

 Luisteren – Wat een weer! cd 2 - 36

Doel
De cursisten kunnen de hoofdlijnen van een telefoongesprek begrijpen: ze kunnen begrijpen waar de mensen in de dialoog naartoe willen, hoe ze daar naartoe gaan en wat de weersomstandigheden zijn.

Thema tekst: een afspraak maken, het weer
Sleutelwoorden: *regenen, slecht weer, stormen, waaien*
Kennis van de wereld: In Nederland waait het veel en vaak. In het Nederlands komen in verhouding dan ook veel uitdrukkingen voor met het woordje 'wind'. Te denken valt aan:
– de wind mee hebben
– de wind van voren krijgen
– een frisse wind
– hoge bomen vangen veel wind
– er de wind onder hebben
– wie wind zaait, zal storm oogsten
– iets in de wind slaan
– met alle winden meewaaien
– het gaat hem voor de wind
– iemand de wind uit de zeilen nemen
– wind en weder dienende
– men kan niet van de wind leven
– dat zal hem geen windeieren leggen
– een uur in de wind stinken

Suggestie bij kennis van de wereld
Om te laten zien dat dit typisch Nederlandse en dus slecht vertaalbare uitdrukkingen zijn zou u, als u over internet beschikt, de Eneco-commercial op YouTube kunnen laten zien (From the wind we can not live).

Uitvoering
Zie 5.2 Luisteren – Algemene aanwijzingen voor luistervaardigheidsoefeningen (p. 9).

Let op: Introduceer deze oefening door een klein praatje over het weer van die dag.

Transcriptie
Zie tekstboek, p. 327.

Oplossing
1. a, 2. b, 3. b

 Invuloefening – Het weer

Let op: deze oefening kunt u door de cursisten voor de les laten voorbereiden.

a) + b)
Doel
De cursisten kunnen verschillende weertypes benoemen.

Uitvoering
Zie 5.6 Invuloefeningen – Algemene aanwijzingen voor invuloefeningen (p. 15).

Let op: Laat de cursisten deze oefening in eerste instantie zelf proberen op te lossen, eventueel met een woordenboek.

Oplossing
a) + b)
A: het regent   de regen
B: het sneeuwt   de sneeuw
D: het is mistig   de mist
E: het ijzelt   de ijzel
F: de zon schijnt   de zon(neschijn)
G: het waait   de wind
H: het vriest

NOTITIE
Zie 5.8 Notitie – Algemene aanwijzingen voor het bespreken van de informatie in de kaders getiteld 'Notitie' (p. 15).

Oefeningen werkboek
Op deze oefeningen in het tekstboek volgen

 WB 11C - 1, 2

 Lezen en spreken – Lekker weertje, hè?
 a)
Doel
De cursisten begrijpen de inhoud van de tekst.

Thema tekst: praten over het weer
Sleutelwoorden: *Lekker weer, hè?, nou en of, zeg dat wel, tjonge jonge, wat een rotweer / hitte, hè?*
Kennis van de wereld: Klagen over het weer. Het weer als onderwerp voor smalltalk.

Uitvoering
Zie 5.5 Lezen – Algemene aanwijzingen voor leesvaardigheidsoefeningen (p. 14).

Let op: Vraag of de cursisten dit herkennen en of het anders is dan in hun eigen land. Maken ze weleens een praatje bij de bushalte of op een receptie? En waar praten ze dan over?

Hoofdstuk 11C

b)

Doel
De cursisten kunnen over het weer praten.

Uitvoering
Zie 5.6 Invuloefeningen – Algemene aanwijzingen voor invuloefeningen (p. 15).

Oplossing
bij goed weer
Heerlijk zo'n zonnetje!
Het is zacht voor de tijd van het jaar.
Het weer is een stuk beter dan gisteren.
Lekker weertje vandaag!
Wat een prachtige dag!

bij slecht weer (te warm / te koud, regen etc.)
Bah, alweer regen!
Het lijkt wel alsof het nooit ophoudt met regenen.
Ik heb onderhand genoeg van dit weer!
Ik vind ijzel altijd zo gevaarlijk!
Ik zweet me een ongeluk door de hitte!
Koud hè!
Wat een grijze, saaie dag is het vandaag.
Wat een rotweer!
Wat is het verschrikkelijk koud!
Wat is het vandaag benauwd!

c)

Doel
De cursisten kunnen over het weer praten en reageren op opmerkingen over het weer.

Uitvoering
Zie 5.3.1 Spreekoefeningen in twee-, drie- en viertallen (p. 10).

Let op: Bespreek hier naar aanleiding van de tekst bij a) ook enkele veel voorkomende interjecties zoals *nou, nou, poeh, poeh poeh, tjonge jonge, hè?*, etc.

Voorbeeldoplossing
1. Wat een hitte, hè? – Nou, zeg dat wel, bloedheet is het!
2. Wat een regen, hè? Het houdt maar niet op. – Inderdaad, vies hoor!
3. Tjonge, jonge, koud, hè? – Nou en of! Hopelijk is het morgen weer wat warmer!
4. Poeh, wat een wind, hè? – Zeg dat wel. Ik was mijn hoed bijna kwijt!
5. Nou, nou, wat een mist! Ik zie bijna niks! – Inderdaad, daar hebt u gelijk in.

4   Spreken – Ik vind het Nederlandse weer heerlijk!

Doel
De cursisten kunnen vertellen over hun favoriete seizoen of weertype.

Uitvoering
Zie 5.3.1 Spreekoefeningen in twee-, drie- en viertallen (p. 10).

Vervolgsuggestie
Laat de cursisten aantekeningen maken van deze conversatie. Thuis moeten ze dan een tekst schrijven over wat de ander heeft verteld over zijn of haar land. Dit stimuleert het goed luisteren naar en begrijpen van elkaar.

> **Oefeningen werkboek**
> Op deze oefeningen in het tekstboek volgt
>
>  WB 11C - 3
>
> Oefening 3c) en d) van het werkboek moeten de cursisten inleveren.

5   Invuloefening – Beroemde Nederlanders

Let op: Deze oefening kunt u door de cursisten voor de les laten voorbereiden of tijdens de les in een computerlokaal of talenpracticum laten uitvoeren.

a)

Doel
De cursisten kunnen informatie op internet vinden om beroemde Nederlanders te combineren met objecten die typisch voor hen zijn.

Uitvoering
Zie 5.6 Invuloefeningen – Algemene aanwijzingen voor invuloefeningen (p. 15).

Let op: Bespreek als introductie van deze oefening of de cursisten al beroemde Nederlanders kennen. Kennen ze schilders, muzikanten, sportmannen / -vrouwen, politici, etc.? Zo ja, wie? Herkennen ze mensen op de foto's of namen in de linkerkolom?

Oplossing
Ruud Gullit – de voetbal
Vader Abraham – de smurfen
Vincent van Gogh – het oor
Willem-Alexander en Máxima – de kroon
Rembrandt van Rijn – De Nachtwacht
Anne Frank – het dagboek
Sinterklaas – de cadeautjes
Anton Corbijn – de foto
Dick Bruna – Nijntje
Paul Verhoeven – de films

b)

Doel
De cursisten kunnen zinnen maken die de combinaties uit a) verwoorden.

Uitvoering
Zie 5.6 Invuloefeningen – Algemene aanwijzingen voor invuloefeningen (p. 15).

Let op: Deze oefening is ook bedoeld als een korte herhaling van het perfectum. Bespreek voordat de cursisten aan de oefening beginnen, nogmaals het perfectum. Laat een of twee cursisten voorbeeldzinnen noemen en / of de regels formuleren en schrijf de zinnen op het bord om te zien of de regels er nog goed in zitten.

Oplossing
1. veel films heeft gemaakt / gemaakt heeft.
2. de koning draagt.

Hoofdstuk 11C

3. veel foto's van muzikanten heeft gemaakt / gemaakt heeft.
4. Dick Bruna heeft getekend / getekend heeft.
5. een dagboek tijdens de Tweede Wereldoorlog heeft geschreven / geschreven heeft.
6. Rembrandt heeft geschilderd / geschilderd heeft.
7. een stuk van zijn oor heeft afgesneden / afgesneden heeft.
8. het Smurfenlied heeft gezongen / gezongen heeft.
9. in het Nederlands elftal heeft gevoetbald / gevoetbald heeft.
10. Sinterklaas aan kinderen uitdeelt.

 Grammatica – De relatieve bijzin
a)
Doel
- De cursisten leren wanneer je een relatieve bijzin gebruikt.
- De cursisten leren dat een relatieve bijzin met *die* of *dat* kan beginnen.
- De cursisten weten ook wanneer de relatieve bijzin met *die* of *dat* begint.
- De cursisten leren dat het verbum in een relatieve bijzin aan het einde staat.

Uitvoering
Zie 5.7 Grammatica – Algemene aanwijzingen voor grammaticaoefeningen (p. 15).

Let op: Bespreek hier alleen nog maar de relatieve bijzin die met *die* of *dat* begint; laat de relatieve bijzinnen met *waar* … / … *wie* nog even zitten. Die komen uitgebreid in **Contact!** deel 2 aan de orde.

Oplossing
Vincent van Gogh is **een schilder** en **beroemd**.
Anne Frank is **een meisje** en **bekend**.
Nijntje is **een konijntje** en **Dick Bruna heeft haar getekend**.
Cadeautjes zijn **dingen** en **Sinterklaas geeft ze**.

De relatieve bijzin begint met **die** of **dat**. De verba staan in een relatieve bijzin **aan het einde** van de zin.

Het definiet artikel van 'sporter' en 'schilder' is: **de**
Het definiet artikel van 'meisje' en 'konijntje' is: **het**
Het definiet artikel van 'cadeautjes' is: **de**

Bij het definiet artikel 'de' is het relatief pronomen: **die**
Bij het definiet artikel 'het' is het relatief pronomen: **dat**

b)
Doel
- De cursisten kunnen *die* of *dat* correct in een relatieve bijzin toepassen.
- De cursisten zetten het verbum in een relatieve bijzin aan het einde van de zin.

Uitvoering
Zie 5.7 Grammatica – Algemene aanwijzingen voor grammaticaoefeningen (p. 15).

Let op: Doe deze oefening snel in de les om te controleren of de regel bij a) voor iedereen duidelijk is.

Oplossing
1. die heel hoog is.
2. dat heel koud is.
3. die heel rijk is.
4. die heel duur is.
5. dat heel klein is.
6. dat heel lief is.
7. die heel oud is.
8. die heel druk is.
9. dat heel gevaarlijk is.
10. dat heel dik is.

 Spreken – Wat kiest u?
a)
Doel
- De cursisten kunnen een correcte relatieve bijzin maken.
- De cursisten kunnen correcte zinnen maken met *want* / *omdat*.

Uitvoering
Zie 5.3.1 Spreekoefeningen in twee-, drie- en viertallen (p. 10).

Let op: Laat de cursisten elkaar controleren op het gebruik van een relatieve bijzin en vervolgens ofwel een hoofdzin met *want*, ofwel een bijzin met *omdat*. Op dit niveau moeten ze vooral het laatste aspect foutloos kunnen uitvoeren.

b)
Let op: bij deze opdracht hoort een kopieerblad.

Doel
De cursisten kunnen een keuze maken en beargumenteren.

Uitvoering
Zie 5.3.1 Spreekoefeningen in twee-, drie- en viertallen (p. 10).

Let op: Laat de cursisten elkaar controleren op het gebruik van een relatieve bijzin en vervolgens ofwel een hoofdzin met *want*, ofwel een bijzin met *omdat*. Op dit niveau moeten ze vooral het laatste foutloos kunnen uitvoeren.

Oefeningen werkboek
Op deze oefeningen in het tekstboek volgen

WB 11C - 4, 5

 Spreken – Hoezo beroemd?

Let op: bij deze opdracht hoort een kopieerblad.

Doel
De cursisten kunnen informatie inwinnen.

Hoofdstuk 11C

Uitvoering
Zie 5.3.1 Spreekoefeningen in twee-, drie- en viertallen (p. 10).

Let op: Verdeel de klas in maximaal vijf groepen. Elke groep krijgt een kopieerblad met informatie over twee van de bekende Nederlanders uit oefening 5. Ook krijgt elke groep een lijst met vragen. Kopieer of print deze informatie en de vragen en knip het in stroken. Doe de stroken in een enveloppe met de naam van de groep erop (A, B, C, D of E). Laat de cursisten eerst de informatie rustig lezen en eventueel vragen stellen als ze woorden niet begrijpen. Dan is het de bedoeling dat ze de klas doorgaan en bij alle groepjes antwoorden op de vragen achterhalen. De groep die het eerst klaar is en de correcte antwoorden heeft, wint.

 Spreken – Typisch Nederlands?

a)
Doel
De cursisten kunnen typisch Nederlandse dingen benoemen.

Uitvoering
Zie 5.3.1 Spreekoefeningen in twee-, drie- en viertallen (p. 10).

Let op: Inventariseer de antwoorden op het bord / scherm. Ga daarna naar b).

b)

Let op: bij deze opdracht hoort een kopieerblad.
Zie verder instructie in het tekstboek.

Doel
- De cursisten kunnen zich woorden herinneren die ze net hebben gelezen.
- De cursisten kunnen die woorden correct spellen.

Uitvoering
Zie 5.3.1 Spreekoefeningen in twee-, drie- en viertallen (p. 10).

c)
Doel
- De cursisten kunnen om uitleg vragen.
- De cursisten kunnen aangeven of ze iets positief of negatief vinden.

Uitvoering
Zie 5.3.1 Spreekoefeningen in twee-, drie- en viertallen (p. 10).

Vervolgsuggestie
Bij een snelle groep kunt u de cursisten vragen te vertellen over typische dingen uit hun vaderland.

Oefeningen werkboek
Op deze oefeningen in het tekstboek volgen

 WB 11C - 6, 7, 8

Oefening 8 van het werkboek moeten de cursisten inleveren.

Bij oefening B7a)
Bespreek deze oefening eerst. Leg kort uit dat dit een rapnummer is dat redelijk kritisch over Nederland is. Bespreek ook dat er relatief moeilijke woorden in voorkomen, die ze niet allemaal hoeven te begrijpen. De belangrijkste begrippen en gebeurtenissen kunt u bij b) bespreken.

 Spreken – Quiz over Nederland

Let op: bij deze opdracht hoort een kopieerblad.

Doel
De cursisten kunnen onder tijdsdruk quizvragen over Nederland beantwoorden.

Uitvoering
Zie 5.3.2 Kettingoefeningen en klassikale spreekoefeningen (p. 11).

Let op: Verdeel de klas voor deze oefening in groepen van drie personen. Elke groep krijgt een kopieerblad met quizvragen.
Als u de beschikking hebt over internet in uw klas, kunt u de cursisten ook op internet laten zoeken.

Oefeningen werkboek
Op deze oefeningen in het tekstboek volgt

 WB 11C - 9

 Uitdrukking

Doel
De cursisten begrijpen globaal de betekenis van de uitdrukking.

Uitvoering
Zie 5.9 Uitdrukking – Algemene aanwijzingen voor het bespreken van de uitdrukking (p. 16).

 Uitspraak cd 2 - 37

Doel
- De cursisten kunnen het ritme in de zin horen.
- De cursisten leren luisteren naar de benadrukte woorden / woorddelen in een zin.
- De cursisten kunnen ritme en accent toepassen.

Uitvoering
Zie 5.10 Uitspraak – Algemene aanwijzingen voor het bespreken van de uitspraak (p. 16).

Let op: Dit onderwerp is ook al behandeld in hoofdstuk 6. Ook bij deze voorbeelden moet de docent herhalen en het ritme overdreven voordoen. Eventueel erbij tikken of klappen.

Hoofdstuk 12A

Oefeningen werkboek
Op deze oefeningen in het tekstboek volgen

 WB 11 uitspraak - 1, 2, 3, 4, 5

Oefeningen werkboek

Let op: Oefening b) bij **WB 11 Over Nederland** moeten de cursisten inleveren.

Weet jij al wat je gaat doen?

Titelpagina
Zie 5.1 Begin van een hoofdstuk: titelpagina (p. 9).

 Studeren, studeren, studeren

> **Doel**
> Het Nederlandse schoolsysteem
> Vertellen over je opleiding
>
> **Grammatica**
> Herhaling futurum
> Iedereen, allemaal, iemand, niemand, alles, niets, wat, iets, elk(e), ieder(e), heel, hele, veel, weinig

1 Lezen en luisteren – Het Nederlandse schoolsysteem

a)
Doel
De cursisten kunnen de hoofdlijnen van een tekst begrijpen. In dit geval kunnen ze begrijpen hoe het Nederlandse schoolsysteem werkt.

Thema tekst: het Nederlandse schoolsysteem
Sleutelwoorden: *de arbeidsmarkt, de basisschool, het beroepsonderwijs, het diploma, de leerplicht, het middelbaar onderwijs, het primair onderwijs, het schoolsysteem (vmbo, havo, vwo, mbo, havo, wo), de universiteit, de vakken (Nederlands, wiskunde, aardrijkskunde, geschiedenis, Grieks, Latijn)*

Uitvoering
Zie 5.5 Lezen – Algemene aanwijzingen voor leesvaardigheidsoefeningen (p. 14).

Let op: Lees de verschillende schooltypen voor zodat ze horen dat havo het enige schooltype is dat in zijn geheel uitgesproken wordt en niet als afkorting.
Leg uit dat voor basisschool door veel mensen nog steeds de term lagere school gebruikt wordt.

Vraag welk (vergelijkbaar) type middelbare school de cursisten zelf gedaan hebben.

Als de cursisten naar aanleiding van de tekst naar de andere (niet in de tekst genoemde) schoolvakken vragen, kunt u ervoor kiezen om direct oefening 1a) en b) uit het werkboek te doen, zodat de cursisten zelf achter de namen van de andere vakken komen.

Oplossing
1. Als ze vijf jaar zijn.
2. Als ze vier jaar zijn.
3. Als het twaalf jaar is.
4. Vwo, dit duurt zes jaar.
5. Vmbo, dit duurt vier jaar.
6. Naar het mbo of naar de havo.
7. Wetenschappelijk onderwijs.
8. 22 jaar (van 4 tot 12 jaar basisonderwijs, van 12 tot 18 jaar vwo en van 18 tot 22 jaar wo).

Hoofdstuk 12A

b) cd 2 - 38
Doel
- De cursisten leren de woorden die nodig zijn om over het schoolsysteem te praten.
- De cursisten kunnen zelf controleren of ze de juiste woorden hebben ingevuld.

Uitvoering
Zie 5.5 Lezen – Algemene aanwijzingen voor leesvaardigheidsoefeningen (p. 14).
Zie 5.6 Invuloefeningen – Algemene aanwijzingen voor invuloefeningen (p. 15).
Zie 5.2 Luisteren – Algemene aanwijzingen voor luistervaardigheidsoefeningen (p. 9).

Let op: Leg het verschil uit (of laat de cursisten het verschil uitleggen) tussen *Ik kan naar de havo* (mogelijkheid) en *Ik ga naar de havo* (feit).

Oplossing
regel 2   zijn **vwo**-diploma
regel 4   eerst naar het **vwo**
regel 5   naar de **universiteit**
regel 5   naar het **beroepsonderwijs**
regel 7   nog op de **basisschool**
regel 7   naar het **middelbaar onderwijs**
regel 8   naar het laagste niveau, het **vmbo**
regel 9   naar een niveau hoger, naar de **havo**
regel 9   nog geen **leerplicht**
regel 10   al naar de **basisschool**

Oefeningen werkboek
Op deze oefeningen in het tekstboek volgen

WB 12A - 1, 2, 3

Oefening 3 van het werkboek moeten de cursisten inleveren.

 Luisteren – Wat ga jij doen? cd 2 - 39, 40
a)
Doel
De cursisten kunnen de hoofdlijnen van een gesprek begrijpen: ze kunnen begrijpen wie geslaagd of gezakt is en wat de scholieren vervolgens gaan doen.

Thema tekst: eindexamen
Sleutelwoorden: *balen, het examen, examen doen, het herexamen, de opluchting, slagen (ik ben geslaagd voor), super, de teleurstelling, zakken (ik ben gezakt voor)*
Kennis van de wereld: geslaagd: vlag en schooltas, eindexamenfeestjes

Uitvoering
Zie 5.2 Luisteren – Algemene aanwijzingen voor luistervaardigheidsoefeningen (p. 9).

Let op:
1. Als introductie van dit onderwerp kunt u een woordspin maken over onderwijs. Waar denken de cursisten aan bij onderwijs in Nederland en welke termen kennen ze al? Hebben ze misschien kinderen op school in Nederland en zo ja, op wat voor school zitten ze?

2. Zeker bij een jongere groep cursisten is het leuk om n.a.v. het woord super(blij) aandacht te schenken aan de 'jeugdtaal' die op dat moment actueel is: super, vet (chillen), cool, etc. Dit verandert snel dus zorg dat u goed op de hoogte bent van de meest actuele woorden.

Suggestie
Laat eerst dialoog 1 horen en de vragen invullen en bespreek de oefening klassikaal. Ga dan pas verder met dialoog 2. De cursisten die moeite hadden met de eerste dialoog, kunnen direct bekijken of ze na de klassikale behandeling van dialoog 1, dialoog 2 beter begrijpen.

Transcriptie
Zie tekstboek, p. 327 - 328.

Oplossing
Dialoog 1
Janneke **doet nog een keer examen.**
Thomas **weet nog niet wat hij gaat doen.**
Dialoog 2
Jasper **gaat werken.**
Anne **gaat een beroepsopleiding doen.**

NOTITIE
Zie 5.8 Notitie – Algemene aanwijzingen voor het bespreken van de informatie in de kaders getiteld 'Notitie' (p. 15). Bespreek het notitieblaadje en doe daarna oefening b).

b)
Doel
De cursisten kennen het verschil tussen slagen en zakken.

Uitvoering
Zie 5.6 Invuloefeningen – Algemene aanwijzingen voor invuloefeningen (p. 15).

Oplossing
1. geslaagd, 2. gezakt, 3. opluchting, 4. teleurstelling

 Grammatica – Wat ga je doen?
Doel
- De cursisten kunnen *gaan naar + schooltype* begrijpen.
- De cursisten kunnen *gaan + infinitief* begrijpen.
- De cursisten kunnen de vormen van het verbum *gaan* in het presens gebruiken.

Uitvoering
Zie 5.6 Invuloefeningen – Algemene aanwijzingen voor invuloefeningen (p. 15).

Let op: Het gaat hier o.a. om een herhaling van het futurum met *gaan*. De cursisten moeten deze oefening snel en zonder problemen kunnen maken.

Oplossing
Ik **ga** volgend jaar naar de havo.
Ik zou later graag naar de havo **gaan**.
Misschien **ga** ik ook wel naar het mbo.
Wat **ga** jij doen na het examen?
Jij **gaat** toch naar het mbo of niet?
Ik **ga** eerst in het bedrijf van mijn vader werken en daarna zie ik wel.
Ik denk dat ik naar de havo **ga**.

Hoofdstuk 12A

> **Oefeningen werkboek**
> Op deze oefeningen in het tekstboek volgen
>
> WB 12A - 4, 5

4 Spreken – Ik ga aan de universiteit studeren

Let op: bij deze opdracht hoort een kopieerblad.

Doel
De cursisten kunnen vragen stellen over de toekomst.

Uitvoering
Zie 5.3 Spreken – Algemene aanwijzingen voor spreekvaardigheidsoefeningen (p. 10).

Let op: Deze oefening is bedoeld om te oefenen met het stellen van vragen die over de toekomst gaan. Ook kennis van het Nederlandse schoolsysteem is belangrijk om de vragen te kunnen beantwoorden. Bij deze oefening is het echter ook belangrijk dat de cursisten de betekenis van de voorzetsels goed kennen. Bijvoorbeeld: op de universiteit en na de universiteit. Dat zou een ander antwoord moeten uitlokken. Controleer dit goed als de cursisten antwoord geven.

5 Luisteren – Mijn opleidingen en werkervaring cd 2 - 41

a)
Doel
De cursisten kunnen de hoofdlijnen van een gesprek begrijpen: ze kunnen begrijpen wie de nieuwe docente is, wat voor werk ze tot nu toe gedaan heeft en waarom ze van baan veranderd is.

Thema tekst: een nieuwe docente stelt zich voor
Sleutelwoorden: *de directeur, een paar, het instituut, de kinderen, kinderen krijgen, de leerlingen, de lerarenopleiding, de vergadering, de volwassenen*
Kennis van de wereld: vergadercultuur in Nederland

Uitvoering
Zie 5.2 Luisteren – Algemene aanwijzingen voor luistervaardigheidsoefeningen (p. 9).

Transcriptie
Zie tekstboek, p. 328.

Oplossing
1. havo: **5 jaar**, vwo: **2 jaar**, hbo: **een paar jaar**, universiteit: **4 jaar**
2. c, 3. c, 4. b

b)
Doel
De cursisten kunnen gericht luisteren naar de in te vullen woorden.

Sleutelwoorden: *allemaal, alles, elke, genoeg, heel, iedere, iedereen, iemand, iets, niemand, niets, veel, wat, weinig*

Uitvoering
Zie 5.6 Invuloefeningen – Algemene aanwijzingen voor invuloefeningen (p. 15).

Let op: U kunt de cursisten na het luisteren en invullen eventueel zelf laten kijken of ze inderdaad de woorden ingevuld hebben zoals ze aangeboden werden boven de tekst.

Oplossing
Hallo, kan **iedereen** mij verstaan? Ja, horen jullie mij **allemaal**? Ik ben Gerda, de nieuwe medewerker. Ik heb veel zin om te beginnen bij dit instituut. De directeur heeft me gevraagd om even **wat** over mezelf te vertellen. Volgens mij ken ik nog helemaal **niemand**! Nou, ja, alleen de directeur dan. Ik kan natuurlijk niet meteen **alles** over mijn leven vertellen, maar ik zal kort **iets** vertellen over mijn opleidingen en werk tot nu toe. Ik ben 43 en ik werk nu 15 jaar als docent Frans. Ik heb eerst 5 jaar de havo gedaan en daarna nog 2 jaar het vwo. Na het vwo heb ik eerst **een paar** jaar hbo gedaan, de lerarenopleiding Frans. Ik heb die opleiding niet afgemaakt, maar ben overgestapt naar de universiteit. Daar heb ik 4 jaar Frans gestudeerd. Ik heb **een paar** jaar op een middelbare school gewerkt, maar dat ging niet zo goed. De leerlingen luisterden niet naar mij en ze deden helemaal **niets**. Ik had **veel** problemen met de kinderen en **iedereen** zei tegen mij dat ik beter kon stoppen. Dat heb ik dus maar gedaan, want ik kwam **elke** dag met hoofdpijn thuis en **iedere** leerling denk ik ook. Ik heb vanaf toen lesgegeven aan volwassenen, dat ging erg goed en vind ik ook heel leuk om te doen. De afgelopen jaren heb ik **weinig** gewerkt, omdat ik in korte tijd **een paar** kinderen achter elkaar heb gekregen. Dat was **heel** druk en ik had **weinig** tijd om te werken. Maar nu kan ik weer **veel** doen, en heb ik **genoeg** tijd. Ik heb dus **veel** zin om hier les te gaan geven en om **iedereen** te leren kennen! Als **iemand** nog meer wil weten, loop maar even onze kamer binnen!

6 Grammatica – Enkele belangrijke woorden

a)
Doel
De cursisten kunnen antoniemen herkennen.

Uitvoering
Zie 5.7 Grammatica – Algemene aanwijzingen voor grammaticaoefeningen (p. 15).

Oplossing
veel – weinig
alles – niets
iemand – niemand

b)
Doel
- De cursisten leren onderscheid maken tussen: *iedereen* en *allemaal, iemand* en *niemand, alles* en *niets, heel* en *hele*.
- De cursisten leren dat *wat* en *iets* en dat *elk(e)* en *ieder(e)* hetzelfde betekenen.
- De cursisten leren dat *elke* en *iedere* bij de-woorden en dat *elk* en *ieder* bij het-woorden gebruikt worden.

Hoofdstuk 12A

Uitvoering
Zie 5.7 Grammatica – Algemene aanwijzingen voor grammaticaoefeningen (p. 15).

Let op: Ga niet te diep in op het 'spreektaalgebruik' van *hele* voor een adjectief. Een bijwoord is onveranderlijk en een slimme cursist zou het op kunnen vallen dat er niet *heel mooie kleren* staat.

Oplossing
1. iedereen, allemaal, singularis
2. één onbekende persoon, geen enkele persoon
3. alle dingen, geen enkel ding
4. object
5. elke / iedere, elk / ieder
6. niet, wel

c)
Doel
De cursisten kunnen de woorden uit b) toepassen.

Uitvoering
Zie 5.6 Invuloefeningen – Algemene aanwijzingen voor invuloefeningen (p. 15).

Oplossing
Ik moet **elke** dag vijftien kilometer fietsen om naar school te gaan. Soms fiets ik samen met **iemand**, maar meestal fiets ik alleen. **Iedereen** vindt het **heel** gek dat ik altijd zo ver fiets, maar ik vind het heerlijk. Mijn vrienden gaan **allemaal** liever met de brommer of met de bus. Maar ik kan op de fiets **alles** van school vergeten en lekker **wat** dromen. Ik vind het heerlijk als ik even lekker alleen ben en met **niemand** hoef te praten. Super, **niets** zeggen en alleen genieten van de natuur! **Elke** zondag ga ik naar het bos. Ik woon daar **heel** dichtbij. Ik wandel **heel** lang, soms wel drie uur. Ik vind het heerlijk in het bos, want ik hoef **niets** te doen, alleen genieten van **alles**.

> **Oefeningen werkboek**
> Op deze oefeningen in het tekstboek volgt
>
>  WB 12A - 6

7 **Spreken en schrijven – Alles of niets!**
a) + b)
Doel
De cursisten kunnen zinnen maken met de woorden uit oefening 6a).

Uitvoering
Zie 5.3 Spreken – Algemene aanwijzingen voor spreekvaardigheidsoefeningen (p. 10).
Zie 5.4 Schrijven – Algemene aanwijzingen voor schrijfvaardigheidsoefeningen (p. 12).

> **Oefeningen werkboek**
> Op deze oefeningen in het tekstboek volgt
>
>  WB 12A - 7
>
> Oefening 7b) van het werkboek moeten de cursisten inleveren.

8 **Spreken en schrijven – Een docent van vroeger**
a)
Doel
- De cursisten kunnen een verhaal over een docent van vroeger vertellen.
- De cursisten kunnen de woorden uit oefening 6a) in een verhaal gebruiken.
- De cursisten kunnen een verhaal over vroeger begrijpen en opschrijven.

Uitvoering
Zie 5.3 Spreken – Algemene aanwijzingen voor spreekvaardigheidsoefeningen (p. 10).
Zie 5.4 Schrijven – Algemene aanwijzingen voor schrijfvaardigheidsoefeningen (p. 12).

Let op: De cursisten werken in drietallen. Iedere cursist vertelt over een docent van vroeger. Telkens als een cursist vertelt, maken de beide andere cursisten aantekeningen. Laat bij b) iedere keer slechts één cursist vertellen en laat de andere cursist die aantekeningen heeft gemaakt daar waar nodig aanvullingen geven.

U kunt deze oefening inleiden door eventueel zelf iets over een docent van vroeger te vertellen.

b)
Doel
De cursisten kunnen een verhaal navertellen: in dit geval kunnen ze vertellen wat een medecursist over een docent van vroeger heeft verteld.

Uitvoering
Zie 5.3 Spreken – Algemene aanwijzingen voor spreekvaardigheidsoefeningen (p. 10).

Let op: U hoeft niet alle cursisten aan het woord te laten. Kies er een paar uit en noteer kenmerken / maak een foutenanalyse op het bord. Let op een juist gebruik van de woorden uit oefening 6a).

Voorbeeldoplossing
Ik wil **iets** vertellen over een docent van vroeger. Ik wil wat vertellen over juffrouw Karin. Zij was lerares op mijn basisschool. **Iedereen** vond juffrouw Karin lief. Zij was aardig tegen ons **allemaal**. **Elke** dag aan het eind van de les vertelde zij een mooi verhaal. **Iedereen** was stil en luisterde. **Niemand** praatte want het verhaal was altijd **heel** leuk. Als wij jarig waren dan gaf juffrouw Karin ons altijd **iets** leuks. Het was altijd wat anders. Soms kreeg **iemand** snoep, soms mocht **iemand** een film uitkiezen. We konden dan **allemaal** meekijken. Dat was heel leuk. Alles was leuk aan de lessen van juffrouw Karin, **niets** was vervelend.

Hoofdstuk 12B

 Luisteren – Is dit nu later? **cd 2 - 42**

Doel
De cursisten kunnen horen welke woorden in de gezongen tekst anders zijn dan in de geschreven tekst.

Thema tekst: liedje over later
Sleutelwoorden: *het diploma, de dromen, de held, de huisvrouw, het huiswerk, later, de leugens, de meester, de pauze, het plein, het rapport, straks, de toekomst, toen, de voetballer, de waarheid*

Uitvoering
Zie 5.2 Luisteren – Algemene aanwijzingen voor luistervaardigheidsoefeningen (p. 9).

Vervolgsuggestie
Laat cursisten de antoniemen halen uit de beide versies van de tekst.
nooit ↔ ooit
kleine ↔ grote
alles ↔ niets

Vraag ze ook welke woorden uit de beide versies wel (ongeveer) hetzelfde zijn.
straks = later
diploma = rapport
vroeger = toen
iedereen = allemaal
hele = totale

Oplossing
We speelden **ooit** verstoppertje
in de pauze op het plein
we hadden **grote** dromen
want we waren toen **nog** klein

de ene werd een voetballer
de ander werd een held
we geloofden in de toekomst
want de meester had **verteld**

jullie kunnen **alles** worden
als je maar je **huiswerk** kent
maar je moet geduldig wachten
tot je **later** groter bent

is dit nu later
is dit nu later als je groot bent
een **diploma** vol met leugens
waarop staat dat je volwassen bent
is dit nu later
is dit nu later als je groot bent
ik snap geen donder van het leven
ik weet nog steeds niet **wie** ik ben
is dit nu later

we spelen nog verstoppertje
maar niet meer op het plein
en de meesten zijn geworden
wat ze **toen** niet wilden zijn

we zijn **allemaal** volwassen
wie niet weg is, is gezien

en ik zou die **hele** chaos
nu toch helder moeten zien

maar ik zie geen **hand** voor ogen
en het donker maakt mij bang
mamma, mamma
mag het licht aan op de gang
is dit nu later
is dit nu later als je groot bent
een **diploma** vol met leugens
waarop staat dat je de waarheid kent
is dit nu later
is dit nu later als je groot bent
ik snap geen donder van het leven
ik weet nog steeds niet **wie** ik ben
is dit nu later

is dit nu later
ik snap geen donder van het leven
ik weet nog steeds niet **wie** ik ben
is dit nu later
is dit nu later

Oefeningen werkboek
Op deze oefeningen in het tekstboek volgt

WB 12A - 8

Oefening 8 van het werkboek moeten de cursisten inleveren.

Let op: Zorg ervoor dat u de werkboekoefeningen 6, 7 en 8 niet allemaal samen opgeeft, dat is wellicht wat veel. Verdeel het liever als huiswerk over twee lessen.

 Uitdrukking
Doel
De cursisten begrijpen globaal de betekenis van de uitdrukking.

Uitvoering
Zie 5.9 Uitdrukking – Algemene aanwijzingen voor het bespreken van de uitdrukking (p. 16).

 Aan het werk!

Doel
Praten over je beroep / werk
Praten over beroepswensen
Praten over je werkdag

Grammatica
Zou / zouden bij een wens

 Luisteren en invuloefening – **cd 2 - 43**
Wat is mijn beroep?
a)
Doel
De cursisten kunnen de hoofdlijnen van een gesprek begrijpen: ze kunnen begrijpen wat voor werk de sprekers doen.

Hoofdstuk 12B

Thema tekst: beroepen
Sleutelwoorden: *de baan, betalen, het beroep, het bijbaantje, de carrière, de collega, de concurrentie, fulltime, de fulltimebaan, het pensioen, het salaris, verdienen, vergaderen, het werk*
Kennis van de wereld: deeltijdbanen, vervroegd pensioen, doorwerken tot 65 / 67 jaar

Uitvoering
Zie 5.2 Luisteren – Algemene aanwijzingen voor luistervaardigheidsoefeningen (p. 9).

Let op: U kunt dit hoofdstuk introduceren door de cursisten te vragen welke beroepen ze al kennen. Deze kunt u op het bord schrijven. U kunt ook vragen welke beroepen de cursisten hebben, of graag zouden willen uitoefenen in Nederland. Beroepen zijn oppervlakkig behandeld in het eerste hoofdstuk.
Bespreek als u deze oefening hebt gedaan, de namen van de beroepen nog een keer. Bespreek ook de beroepen die een mannelijke en vrouwelijke variant hebben.

Transcriptie
Zie tekstboek, p. 328-329.

Oplossing
8	de bakker	11	de slager
2	de huisvrouw	3	de politicus (m)
9	de taxichauffeur	5	de conductrice (v)
4	de vuilnisman	10	de opticien
15	de politieagente (v)	17	de verkoopster (v)
14	de visser	18	de docente (v)
7	de postbode	6	de fietsenmaker
16	de brandweerman (m)	13	de dokter, de arts
1	de serveerster (v)	12	de stewardess

NOTITIE
Zie 5.8 Notitie – Algemene aanwijzingen voor het bespreken van de informatie in de kaders getiteld 'Notitie' (p. 15).

b)
Doel
De cursisten begrijpen wat de sprekers van hun werk vinden.

Thema tekst: (niet zulke) leuke beroepen
Sleutelwoorden: *fantastisch, gevaarlijk, heerlijk, leuk / niet leuk / niet meer zo (erg) leuk vinden, met plezier, moeilijk, saai, tevreden zijn met, vervelend, verschrikkelijk, vies*

Uitvoering
Zie 5.2 Luisteren – Algemene aanwijzingen voor luistervaardigheidsoefeningen (p. 9).

Let op: Laat cursisten voorafgaand aan de oefening woorden verzinnen die uitdrukken of mensen hun werk leuk of niet leuk vinden.

leuk: fantastisch, heerlijk, erg leuk, met plezier, tevreden
niet leuk: gevaarlijk, niet meer zo leuk, moeilijk, saai, vervelend, verschrikkelijk, vies

Laat vervolgens alleen de eerste tien personen van track 43 op cd 2 horen en vertel de cursisten dat ze een kruisje in de juiste kolom moeten zetten.

Transcriptie
Zie tekstboek, p. 328.

Oplossing
Persoon 1: *niet leuk*, Persoon 2: *niet leuk*, Persoon 3: *soms leuk, soms niet leuk*, Persoon 4: *leuk*, Persoon 5: *niet leuk*, Persoon 6: *leuk*, Persoon 7: *soms leuk, soms niet leuk*, Persoon 8: *leuk*, Persoon 9: *soms leuk, soms niet leuk*, Persoon 10: *leuk*

c)
Doel
- De cursisten leren de verschillende woorden voor werk en weten in welke zinnen ze welke variant kunnen gebruiken.
- De cursisten kunnen vertellen of ze hun werk wel of niet leuk vinden.

Uitvoering
Zie 5.6 Invuloefeningen – Algemene aanwijzingen voor invuloefeningen (p. 15).

Let op: Het is niet eenvoudig om uit te leggen waarom je de ene keer wel alle varianten (beroep, werk, baan) kunt gebruiken en de andere keer niet. Ga hier niet te diep op in, maar geef alleen aan dat *baan* en *werk* de werkkring betreffen waarin iemand betrokken is en dat *beroep* de algemene term voor professie is. Geef, als de cursisten er om vragen, eventueel wat aanvullende voorbeelden:
- Je kunt docent van beroep zijn, maar op dit moment geen baan / werk hebben.
- een beroep uitoefenen
- Ik ben docent van beroep (… van beroep zijn).
- een vrij beroep
- aan het werk zijn (= werken)
- je werk doen
- (bij)baantje

Oplossing
zeggen dat je je werk leuk vindt
Ik vind mijn werk / beroep / baan leuk / heerlijk / **fantastisch**.
Ik doe mijn werk met **plezier**.
Ik vind het **leuk** om mijn werk te doen.
Ik ben **gek** op mijn werk.
Ik ben **blij / tevreden** met mijn werk / beroep / baan.
Ik ga met **plezier** naar mijn werk.
Ik ben tevreden **met** mijn werk / beroep / baan.
Ik heb het **leukste** werk / beroep dat er bestaat.
zeggen dat je je werk niet leuk vindt
Ik vind mijn werk / beroep / baan niet (meer) **leuk**.
Ik vind mijn werk / beroep / baan verschrikkelijk.
Ik ben niet (meer) zo **blij** met mijn werk / beroep / baan.
Ik vind mijn werk / beroep / baan verschrikkelijk / erg **saai / vervelend**.

d)
Doel
De cursisten begrijpen waarom de sprekers wel of niet blij zijn met hun werk.

Hoofdstuk 12B

Thema tekst: meningen over beroepen
Sleutelwoorden: *laag salaris, veel verdienen*
Kennis van de wereld: steeds meer agressie in openbaar vervoer / naar hulpverleners

Uitvoering
Zie 5.2 Luisteren – Algemene aanwijzingen voor luistervaardigheidsoefeningen (p. 9).

Transcriptie
Zie tekstboek, p. 328-329.

Oplossing
a. 14, b. 18, c. 15, d. 17, e. 1, f. 6, g. 2, h. 10, i. 7, j. 5,
k. 11, l. 3, m. 13, n. 4, o. 8, p. 9, q. 12, r. 16

> **Oefeningen werkboek**
> Op deze oefeningen in het tekstboek volgen
>
> WB 12B - 1, 2

 **Lezen – Ik zou graag ...**

Doel
De cursisten begrijpen de hoofdlijnen van de tekst: ze begrijpen wat de wensen van de mensen op het forum zijn.

Thema tekst: wensen
Sleutelwoorden: *zou, zouden*

Uitvoering
Zie 5.5 Lezen – Algemene aanwijzingen voor leesvaardigheidsoefeningen (p. 14).

Oplossing
Thijs – wekker met slak
Ankie33 – meisje met diploma
Mieke – vliegende persoon met paraplu
Baby – huisje
Hanne – vrouw aan zee
Susan76 – kat
Ella-Dee – koffer met geld
Herman321 – tv

b)
Doel
De cursisten kunnen wensen verwoorden.

Uitvoering
Zie 5.6 Invuloefeningen – Algemene aanwijzingen voor invuloefeningen (p. 15).

Oplossing
1. Susan76: een lieve nieuwe kat
2. Ella-Dee: graag tien miljoen euro op haar bankrekening
3. Herman321: zou graag een nieuwe tv willen
4. Ankie33: haar zusje haar vwo-diploma haalt
5. Hanne: haar verkoudheid eens overgaat
6. Thijs: willen dat de tijd wat sneller gaat
8. Baby: zou graag willen dat haar huisje klaar is

3 **Grammatica – Zouden: wens**
a) + b)
Doel
De cursisten leren het verschil tussen zou / zouden + object en zou / zouden + dat (+ bijzin).

Uitvoering
Zie 5.7 Grammatica – Algemene aanwijzingen voor grammaticaoefeningen (p. 15).

Let op: Attendeer cursisten er nog eens op dat in de bijzin het verbum aan het einde staat.

Introductiesuggestie
Vraag de cursisten of ze nog weten in welke andere situatie je zou / zouden ook al weer kunt gebruiken (bij adviezen, zie oefening C8, p. 161).

Oplossing
a)
De wens is **een ding**.
Ik **zou** + (graag) + *wens (object)* + **willen**.

b)
De wens is **een actie**.
Ik **zou** (graag) **willen** + dat + *wens (bijzin)*

> **Oefeningen werkboek**
> Op deze oefeningen in het tekstboek volgen
>
> WB 12B - 3, 4
>
> Oefening 4c) van het werkboek moeten de cursisten inleveren.

4 **Spreken – Ik zou graag ...**
a) + b) + c)
Doel
- De cursisten kunnen beroepen benoemen.
- De cursisten kunnen vertellen welk beroep ze zouden willen hebben en kunnen ook uitleggen waarom ze dat beroep zouden willen hebben.

Uitvoering
Zie 5.3 Spreken – Algemene aanwijzingen voor spreekvaardigheidsoefeningen (p. 10).

Let op: Ga nog niet te diep in op de dubbele infinitief achter zou / zouden. In **Contact!** deel 2 komt dit uitvoerig aan de orde.

5 **Spreken – Wat zou jij willen zeggen?**
Doel
De cursisten kunnen wensen uitspreken.

Uitvoering
Zie 5.3 Spreken – Algemene aanwijzingen voor spreekvaardigheidsoefeningen (p. 10).

Let op: Sluit deze oefening klassikaal af en vraag alle cursisten wat ze op dit moment het allerliefste zouden willen. Stel eventueel ook de vraag wat ze het allerliefste

Hoofdstuk 12B

zouden willen over tien jaar (als introductie op werkboekoefening 5).

> **Oefeningen werkboek**
> Op deze oefeningen in het tekstboek volgt
>
> WB 12B - 5
>
> Deze oefening moeten de cursisten inleveren.

6 Lezen – Vertellen over een beroep

a)

Doel
De cursisten kunnen de hoofdlijnen van de tekst begrijpen, ze begrijpen hoe de werkdag van een secretaresse eruit ziet.

Thema tekst: werkdag secretaresse
Sleutelwoorden: *als eerste, daarna, meestal, na de pauze, om (ongeveer) … uur, de rest van de middag, rond … uur, soms, tot … uur, vanaf … uur, vaak, vervolgens*
Kennis van de wereld: typisch vrouwelijke / mannelijke beroepen

Uitvoering
Zie 5.5 Lezen – Algemene aanwijzingen voor leesvaardigheidsoefeningen (p. 14).

Let op:
Introductiesuggestie
Herhaal nog eens de frequentiewoorden (nooit, meestal, vaak, soms, altijd), de tijden (om, van … tot, rond, om ongeveer, na), de woorden om de volgorde in een verhaal aan te geven (eerst, vervolgens, daarna tot slot / ten slotte), de tijdsbepalingen (op 3 juli, op maandag, in het weekend, iedere zondag, doordeweeks).

Oplossing
8 – lunchpauze, 11 – mails beantwoorden, 2 – lichten aandoen, 13 – kantoor afsluiten, 9 – achter de balie zitten en klanten helpen, 3 – post ophalen, 4 – koffie en thee zetten, 6 – koffiepauze, 5 – vroege telefoondienst, 1 – kantoor openen, 7 – post verwerken, 10 – brieven en notulen van vergaderingen typen, 12 – kantoorartikelen bestellen

b)
Doel
- De cursisten kunnen informatie uit de tekst halen, ze weten wat de secretaresse wanneer doet.
- De cursisten kunnen over de secretaresse vertellen in de derde persoon.

Uitvoering
Zie 5.6 Invuloefeningen – Algemene aanwijzingen voor invuloefeningen (p. 15).

Oplossing
Om 8.30 uur **opent ze het kantoor** en **doet ze alle lichten aan**.
Daarna **haalt ze de post op in de postkamer**.
Om 8.45 uur **zet ze koffie en thee**.
Tot 11.00 uur **heeft ze telefoondienst**. Daarna **heeft ze koffiepauze**.
Na de koffiepauze **neemt haar collega de telefoondienst over** en **gaat Jolien de post verwerken**.
Om ongeveer 12.30 uur **heeft ze lunchpauze**.
De rest van de middag **zit ze weer achter de balie** en **helpt ze klanten**.
Van 15.00 uur – 17.30 uur **typt ze brieven en notulen, beantwoordt ze mails van klanten, bestelt ze eventueel kantoorartikelen en plant ze de agenda's van de directie**.
Om 17.45 uur **is ze weer thuis**.
Als ze thuiskomt, **drinkt ze een wijntje met haar man**.

> **Oefeningen werkboek**
> Op deze oefeningen in het tekstboek volgt
>
>  WB 12B - 6
>
> Oefening 6b) van het werkboek moeten de cursisten inleveren.
>
> **Bij oefening 6b):**
> Het gaat hier om een beeldoefening. Cursisten 'zien' het verhaal en moeten zelf de woorden bedenken. Wellicht weten de cursisten niet alle woorden. Stimuleer ze om hun woordenboek te gebruiken of om de situatie te omschrijven. In het leven buiten de klas zullen cursisten ook zulke situaties tegenkomen en moet men zich redden met de taal die men tot zijn beschikking heeft.

7 Spreken – Vertellen over uw werkdag

Let op: bij deze opdracht hoort een kopieerblad.

Doel
De cursisten kunnen elkaar vragen stellen om erachter te komen hoe hun werkdag eruit ziet.

Uitvoering
Zie 5.3 Spreken – Algemene aanwijzingen voor spreekvaardigheidsoefeningen (p. 10).

Let op: Het gaat hier om een beeldoefening.
Stimuleer de cursisten om situaties te omschrijven als ze niet op de juiste woorden komen.

Behandel ter introductie de mogelijke vragen klassikaal. Bijvoorbeeld: Hoe laat sta je op?, Hoe laat ga je naar je werk?, Hoe laat ben je klaar met werken?, Van wanneer tot wanneer heb je pauze?, etc. Laat de cursisten de vragen zelf formuleren. U omschrijft alleen maar: wat kun je zeggen als je wilt weten hoe laat iemand opstaat, met werken begint / klaar is?, etc.

Deze oefening is ook gedeeltelijk een herhaling van het vertellen over alledaagse zaken zoals opstaan, weggaan, eten, etc. Inventariseer klassikaal welke verba nuttig kunnen zijn bij het omschrijven van een werkdag en schrijf deze op het bord.

Hoofdstuk 12B

> **Oefeningen werkboek**
> Op deze oefeningen in het tekstboek volgt
>
>  WB 12B - 7
>
> Deze oefening moeten de cursisten inleveren.

 Spreken – Welk beroep?

Let op: bij deze opdracht hoort een kopieerblad.

a)
Doel
De cursisten kunnen de juiste vragen stellen om beroepen te raden.

Uitvoering
Zie 5.3 Spreken – Algemene aanwijzingen voor spreekvaardigheidsoefeningen (p. 10).

Let op: Bij deze opdracht hoort een kopieerblad met een bingoformulier en een kopieerblad met beroepen. Kopieer of print het kopieerblad met het bingoformulier voor iedere cursist en knip de kaartjes uit het kopieerblad met beroepen.
Geef iedere cursist een kopieerblad met een bingoformulier. Leg voor de cursisten die het concept Bingo niet kennen, het idee van de oefening goed uit.
Bespreek de opdracht. De cursisten moeten door de klas lopen en mogen aan iedere medecursist maximaal twee vragen stellen. Bijvoorbeeld: ze vragen aan een medecursist of hij buiten werkt. De medecursist is bijvoorbeeld kok. Zijn antwoord is dus 'Nee, ik werk niet buiten'. Vertel de cursisten dat ze moeten antwoorden in een complete zin. Vervolgens mag de cursist nog een vraag stellen. Hij vraagt bijvoorbeeld: 'Moet je op zondag werken?' Het antwoord van de medecursist is in dit geval 'ja' of 'soms', omdat een kok soms op zondag zal moeten werken. Vertel de cursisten dat hun antwoorden mogen beginnen met *ja* of *nee* en dat ze frequentiewoorden mogen gebruiken. De cursist vult vervolgens de naam van zijn medecursist op het Bingoformulier in. Als cursisten een hele rij hebben, verticaal, horizontaal of diagonaal roepen ze 'bingo' en komen ze naar u. **Let op:** er mag maximaal twee keer dezelfde naam op het bingoformulier staan, de bingo bestaat dus uit een lijst met verschillende namen. Controleer dit.
Mochten er cursisten zijn die heel snel bingo hebben terwijl de rest nog volop bezig is, instrueer ze dan nogmaals een bingo te halen.
Deel, als de instructie duidelijk is, de kaartjes met beroepen uit. Dit kaartje mogen ze niet aan de andere cursisten laten zien. Als iedereen zijn of haar beroep begrijpt, schrijven ze hun naam op de kaartjes en geven ze de kaartjes aan u terug. Dan begint de spreekoefening.
U loopt rond en corrigeert.

Let op: bij deze opdracht hoort een kopieerblad.

b)
Doel
- De cursisten kunnen vragen stellen over beroepen.
- De cursisten kunnen raden welke beroep op het kaartje op hun rug staat.

Uitvoering
Zie 5.3 Spreken – Algemene aanwijzingen voor spreekvaardigheidsoefeningen (p. 10).

Let op:
Schrijf de beroepen van opdracht a) over op geeltjes of knip de kaartjes op het kopieerblad uit en bevestig ze met een plakbandje op de rug van een cursist.

U kunt ook zelf beroepen verzinnen en deze op een geeltje schrijven of cursisten klassikaal de beroepen laten noemen die u op het geeltje moet schrijven.

Verdeel de cursisten in groepjes van vier en laat ze vragen stellen om erachter te komen wat hun beroep is. Iedere cursist mag telkens één vraag stellen. Vertel de cursisten dat hun antwoorden mogen beginnen met ja of nee en dat ze frequentiewoorden mogen gebruiken. Als een cursist het beroep wil raden maar niet het juiste beroep noemt, krijgt hij twee strafbeurten. Hij mag dan dus twee rondes niet meedoen. Dit om te voorkomen dat de cursisten in het wilde weg gaan zitten raden.

Introductiesuggestie
Neem een beroep in gedachten en laat de cursisten allemaal één vraag stellen om achter uw beroep te komen. Schrijf handige vragen op het bord.

 Luisteren en schrijven – Gratis plastische chirurgie

Let op: Deze oefening moeten de cursisten inleveren.

Doel
De cursisten kunnen het verhaal begrijpen en navertellen.

Uitvoering
Zie 5.4.1 Aanpak dictoglosoefeningen (p. 12).

Let op: Vraag voordat u de oefening begint of iedereen in de klas weet wat plastische chirurgie is.
Lees de tekst twee keer in een normaal spreektempo voor. De eerste keer moeten de cursisten alleen luisteren, de tweede keer mogen ze pas notities maken. Pas uw tempo niet aan en blijf op een normaal spreektempo voorlezen. Verdeel, na de tweede keer voorlezen, de klas in groepjes van vier en laat ieder groepje de tekst schriftelijk reproduceren in hun eigen woorden. Deze tekst leveren ze bij u in. Eventueel kunt u aan het einde van de les de gekopieerde tekst uitdelen zodat ze deze kunnen vergelijken met hun eigen tekst.

Transcriptie
Een vrouw in China krijgt gratis plastische chirurgie omdat ze te lelijk is om een baan te vinden. Ze zou graag willen werken, maar sinds 1993 is ze al 997 keer om haar uiterlijk afgewezen voor een baan. Niemand wil haar een baan geven. De vrouw is secretaresse en bijna alle bedrijven

Hoofdstuk 12C

vinden haar uiterlijk niet representatief genoeg.
Het verhaal van de 25-jarige Jing stond in alle Chinese kranten. Toen een kliniek haar verhaal las, belden ze naar de krant om Jing gratis plastische chirurgie aan te bieden. Jing is al aan haar neus en ogen geopereerd en de chirurg gaat volgende week haar voorhoofd en tanden opereren. "Ik wil geen fotomodel worden, maar ik zou alleen graag willen dat ik normaal kan leven", zo citeerde een krant de vrouw. "Met mijn nieuwe uiterlijk denk ik dat ik snel een baan vind."

Van deze tekst is ook een versie als kopieerblad voor het geval u de tekst aan de cursisten wilt uitdelen.

> **Oefeningen werkboek**
> Op deze oefeningen in het tekstboek volgt
>
> WB 12B - 8
>
> Deze oefening moeten de cursisten inleveren.
>
> **Bij oefening 8:**
> Dit is een internetopdracht. Controleer altijd van te voren of de site die in de oefening wordt genoemd nog bestaat. Mocht deze site uit de lucht zijn, dan kunt u de cursisten ook doorverwijzen naar een andere site waarop een beroepskeuzetest staat. Probeer deze test wel eerst zelf uit.

Uitdrukking
Doel
De cursisten begrijpen globaal de betekenis van de uitdrukking.

Uitvoering
Zie 5.9 Uitdrukking – Algemene aanwijzingen voor het bespreken van de uitdrukking (p. 16).

C In de praktijk

> **Doel**
> Informatie begrijpen en vragen over een stage
> Een grafiek beschrijven
>
> **Grammatica**
> Herhaling imperatief (gebod uitspreken)
> Bijzondere subjecten: persoonsvorm singularis

1 Lezen – Stagelopen in Zweden
a)
Doel
De cursisten kunnen de hoofdlijnen van een tekst begrijpen: ze begrijpen wat de stage inhoudt en wat kenmerken zijn van het land waarin de stage plaatsvond, en van zijn inwoners.

Thema tekst: stage
Sleutelwoorden: *acclimatiseren, de campus, gesloten, de huisvesting, het legitimatiebewijs, het jongerencentrum, de stage, stage lopen, de stagebegeleider, de stageplaats*
Kennis van de wereld: Erasmusproject

Uitvoering
Zie 5.5 Lezen – Algemene aanwijzingen voor leesvaardigheidsoefeningen (p. 14).

Let op: Wijs cursisten erop dat ze deze tekst extensief kunnen lezen voor het beantwoorden van de vragen, omdat de alinea's vermeld staan in de vragen.

Oplossing
1. a, 2. c, 3. c, 4. b, 5. b, 6. c

b)
Doel
De cursisten kunnen synoniemen voor woorden in de tekst vinden.

Uitvoering
Zie 5.5 Lezen – Algemene aanwijzingen voor leesvaardigheidsoefeningen (p. 14).

Oplossing
1. geweldig, 2. stageplaats, 3. stagebegeleider, 4. stage lopen, 5. huisvesting, 6. campus, 7. op bezoek, 8. acclimatiseren, 9. prachtige, 10. gesloten, 11. doordeweeks, 12. legitimatiebewijs, 13. scherp

Let op:
Vertel de cursisten van tevoren dat de zinnen in deze oefening niet letterlijk in de tekst terug te vinden zijn.

2 Luisteren – Een stageplek zoeken cd 2 - 44
a)
Doel
De cursisten kunnen de hoofdlijnen van een gesprek begrijpen: ze kunnen begrijpen welke tips er door de decaan aan Joris gegeven worden.

Thema tekst: tips voor het vinden van een stageplaats
Sleutelwoorden: *belangrijk(e), contact opnemen met, gebruikmaken van, de informatie, interesse hebben in, de stageplaats, de (stage)site, op tijd, de tip, verschillende, via, zoeken*

Uitvoering
Zie 5.2 Luisteren – Algemene aanwijzingen voor luistervaardigheidsoefeningen (p. 9).

Transcriptie
Zie tekstboek, p. 329.

Oplossing
Tip 1: b, Tip 2: a, Tip 3: a, Tip 4: a, Tip 5: b, Tip 6: a, Tip 7: b, Tip 8: b

b)
Doel
- De cursisten leren op twee manieren een gebod formuleren: met *moeten + infinitief* en met de imperatief.
- De cursisten begrijpen de toevoeging *maar* en *maar eens*.

Uitvoering
Zie 5.7 Grammatica – Algemene aanwijzingen voor grammaticaoefeningen (p. 15).

Hoofdstuk 12C

Let op: Deze oefening dient ook als herhaling van de imperatief. Vooral in de functie van advies geven.
Bij de imperatiefvormen wordt nog niet ingegaan op de beleefdheidsvorm. Dit komt in **Contact!** deel 2 aan bod.

Oplossing
Manier 1: Je + **moet** + rest + **infinitief** van het verbum
Manier 2: De **stam** van het verbum (zonder subject in de zin)

Maar: kun je gebruiken bij manier **a en b.**
Maar eens: kun je gebruiken bij manier **a en b.**

> **Oefeningen werkboek**
> Op deze oefeningen in het tekstboek volgt
>
> WB 12C - 1

Spreken – Advies geven
Doel
De cursisten kunnen op twee manieren adviezen geven: met *moeten + infinitief* en met de imperatief.

Uitvoering
Zie 5.3 Spreken – Algemene aanwijzingen voor spreekvaardigheidsoefeningen (p. 10).

Voorbeeldoplossing
1.
a. Je moet **altijd je huiswerk maken.**
b. Maak **je huiswerk maar eens.**
2.
a. Je moet **eerder gaan slapen / vroeger naar bed gaan.**
b. Ga **maar eens eerder slapen / vroeger naar bed.**
3.
a. Je moet **niet met de auto naar je werk gaan, maar met de fiets.**
b. Neem **maar de fiets naar je werk.**
4.
a. U moet **een computercursus volgen, dan leert u hoe u moet e-mailen.**
b. Volg **maar eens een computercursus, dan leert u hoe u moet e-mailen.**
5.
a. Je moet **voortaan met de fiets of de bus naar het werk komen.**
b. Kom **voortaan maar met de fiets of de bus naar het werk.**

> **Oefeningen werkboek**
> Op deze oefeningen in het tekstboek volgt
>
> WB 12C - 2

Spreken – Doe de deur maar dicht

Let op: bij deze opdracht hoort een kopieerblad.

Doel
- De cursisten kunnen een opdracht geven met moeten + infinitief.
- De cursisten kunnen en opdracht geven met de imperatief.

Uitvoering
Zie 5.3 Spreken – Algemene aanwijzingen voor spreekvaardigheidsoefeningen (p. 10).

Suggestie
In plaats van de kaartjes met de afbeeldingen op een stapel te leggen, kunt u de kaartjes ook in enveloppen doen. De cursisten voeren deze oefening in tweetallen uit. Elk tweetal krijgt een enveloppe. Eén cursist moet een opdracht geven met *moeten + infinitief* en de andere cursist moet de opdracht in de imperatief geven.

U kunt als aanvullende oefening deze opdrachten om en om door de cursisten laten uitvoeren. Soms moeten ze 'mime' gebruiken, geef hier voordat u met de oefening start een voorbeeld van, bijvoorbeeld door tegen een cursist te zeggen dat hij zijn haren moet wassen of zijn horloge moet afdoen (tegen iemand die geen horloge draagt ...).
Loop rond en corrigeer.

Spreken – Een gesprek over een stage

Let op: bij deze opdracht hoort een kopieerblad.

Doel
De cursisten kunnen telefonisch informatie over een stageplaats inwinnen.

Uitvoering
Zie 5.3 Spreken – Algemene aanwijzingen voor spreekvaardigheidsoefeningen (p. 10).

Let op: Zet de cursisten met de rug naar elkaar toe. Op deze manier lijkt het gesprek meer op een telefoongesprek en kunnen cursisten elkaar niet helpen met gebaren en lichaamstaal.

> **Oefeningen werkboek**
> Op deze oefeningen in het tekstboek volgt
>
> WB 12C - 3

Lezen – Een statistische figuur bekijken
a)
Doel
De cursisten kunnen een eenvoudige statistische figuur begrijpen.

Thema tekst: statistische figuren over stages
Sleutelwoorden: *het cirkeldiagram, de grafiek, het onderzoek, het procent, verplicht, vrijwillig*

Uitvoering
Zie 5.5 Lezen – Algemene aanwijzingen voor leesvaardigheidsoefeningen (p. 14).

Oplossing
Figuur A: 70, 20, 10
Figuur B: 55%, 25%, 20%

Hoofdstuk 12C

b)
Doel
De cursisten weten dat de persoonsvorm bij een percentage in de singularis staat.

Uitvoering
Zie 5.7 Grammatica – Algemene aanwijzingen voor grammaticaoefeningen (p. 15).

Oplossing
Hieronder is het subject onderstreept en de persoonsvorm vetgedrukt.
<u>10% van de studenten</u> **loopt** geen stage.
<u>20% van alle studenten</u> **loopt** vrijwillig stage.
<u>70%</u> **moet** verplicht stagelopen.
<u>25%</u> **vindt** een stageplek via internet.
Uit onderzoek blijkt dat <u>55% van de studenten</u> een stageplek **vindt** via de opleiding.

Als het subject van de zin een percentage is, staat de persoonsvorm in de **singularis**.

NOTITIE
Zie 5.8 Notitie – Algemene aanwijzingen voor het bespreken van de informatie in de kaders getiteld 'Notitie' (p. 15).

Let op: Laat meer voorbeelden zien om het verschil duidelijk te maken, bijvoorbeeld:
De studenten blijven in hetzelfde lokaal zitten. ↔ Het aantal studenten blijft hetzelfde.

 Luisteren en invuloefening – cd 2 - 45
Beschrijven van een grafiek

a)
Doel
De cursisten kunnen de hoofdlijnen van een tekst begrijpen. In dit geval kunnen ze de beschrijving van een grafiek begrijpen.

Thema tekst: uitleg grafiek
Sleutelwoorden: *het aantal, de afname, afnemen, dalen, de daling, onderzoek doen, stijgen, de stijging, de toename, toenemen, totale*

Uitvoering
Zie 5.2 Luisteren – Algemene aanwijzingen voor luistervaardigheidsoefeningen (p. 9).

Transcriptie
Ik heb voor mijn stage onderzoek gedaan naar de studentenpopulatie aan de Technische Universiteit Delft.
In de grafiek kunt u zien dat de totale studentenpopulatie in 1995 ruim 13.500 was. Daarna is het aantal studenten steeds gedaald, tot het dieptepunt in 1999. Toen was het aantal studenten ongeveer 12.900. Na 1999 steeg de studentenpopulatie weer tot 2001. Van 2001 tot 2002 was er een lichte daling, maar daarna is het aantal studenten alleen maar toegenomen. In 2007 was het aantal ongeveer 14.300. Uit de toename van het aantal studenten blijkt dat de TU steeds populairder wordt.

Oplossing
Onderwerp: totale studentenpopulatie
12.600 – 14.400: aantal
1995 – 2007: studiejaar

b)
Doel
De cursisten kunnen de correcte woorden uit de tekst verstaan.

Uitvoering
Zie 5.2 Luisteren – Algemene aanwijzingen voor luistervaardigheidsoefeningen (p. 9).

Oplossing
gedaan, zien, is, gedaald, was, steeg, daling, is, toegenomen, toename

c)
Doel
De cursisten beheersen de woorden die gebruikt worden om grafieken te beschrijven.

Uitvoering
Zie 5.6 Invuloefeningen – Algemene aanwijzingen voor invuloefeningen (p. 15).

Let op: Geef extra aandacht aan het verbum auxiliare bij *toenemen* en *afnemen* in het perfectum en aan de bijbehorende participia. Leg uit dat *constant* en *gelijk* hetzelfde betekent. Vul aan met voorbeelden op het bord. Schrijf bijvoorbeeld twee jaartallen op het bord met daaronder aantal verkochte boeken, cd's, dvd's, computerspelletjes, etc. in elk jaar. Laat cursisten de twee jaren met elkaar vergelijken. Stimuleer het gebruik van de verschillende tijden.

Oplossing
verbum – infinitief: **afnemen**
verbum – imperfectum: **nam af**
verbum – perfectum: **is toegenomen, is constant gebleven**

substantief: **de daling**

verbum – infinitief: **stijgen**
verbum – imperfectum: **daalde, bleef gelijk**
verbum – perfectum: **is gestegen**

> **Oefeningen werkboek**
> Op deze oefeningen in het tekstboek volgen
>
>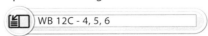
>
> Bij oefening 4:
> U kunt bij oefening 4 eventueel een extra opdracht geven, namelijk: "Schrijf drie teksten van elk maximaal 60 woorden waarin u uitlegt waarom u deze keuze maakt. Lever uw tekst in bij de docent."

Hoofdstuk 12C

 Spreken – Grafiek beschrijven

Let op: bij deze opdracht hoort een kopieerblad.

Doel
De cursisten kunnen grafieken beschrijven en herkennen.

Uitvoering
Zie 5.3 Spreken – Algemene aanwijzingen voor spreekvaardigheidsoefeningen (p. 10).

Let op: Laat cursisten eventueel met de rug naar elkaar toe gaan zitten, zodat ze niet kunnen zien welke grafiek er omschreven wordt.

 Spreken – Is het gestegen of gedaald?

Let op: bij deze opdracht hoort een kopieerblad.

Doel
De cursisten kunnen een grafiek tekenen op basis van de informatie die ze krijgen.

Uitvoering
Zie 5.3 Spreken – Algemene aanwijzingen voor spreekvaardigheidsoefeningen (p. 10).

Let op: Het is belangrijk dat de cursisten tijdens het uitvoeren van deze opdracht met de rug naar elkaar toe zitten, zodat ze de grafiek die ze moeten intekenen niet al kunnen zien. Op deze manier wordt ook de luistervaardigheid bevorderd, omdat eventuele gebaren van de cursist die omschrijft niet zichtbaar zijn voor de cursist die de curve moet tekenen.

> **Oefeningen werkboek**
> Op deze oefeningen in het tekstboek volgen
>
>  WB 12C - 7, 8
>
> Oefening 7 van het werkboek moeten de cursisten inleveren.

 Uitdrukking

Doel
De cursisten begrijpen globaal de betekenis van de uitdrukking.

Uitvoering
Zie 5.9 Uitdrukking – Algemene aanwijzingen voor het bespreken van de uitdrukking (p. 16).

 **Uitspraak** cd 2 - 46

Doel
De cursisten herhalen alle uitspraakonderdelen uit de vorige hoofdstukken.

Uitvoering
Zie 5.10 Uitspraak – Algemene aanwijzingen voor het bespreken van de uitspraak (p. 16).

> **Oefeningen werkboek**
> Op deze oefeningen in het tekstboek volgen
>
> WB 12 uitspraak - 1, 2, 3, 4, 5, 6

Voortgangstoets 1: hoofdstuk 1 – 4

U gaat nu een toets maken over deze hoofdstukken.

De toets heeft 12 onderdelen. De onderdelen toetsen grammatica en woordenschat.

U hebt 45 minuten om de toets te maken.

Veel succes!

1 Zet de woorden in de juiste volgorde en maak een goede zin.
Zet ook het verbum in de juiste vorm van het presens.

Voorbeeld:
Wat – jij – *studeren* – ?

   Wat studeer jij?

1. Frankrijk – *komen* – Hij – uit –.

2. oud – *zijn* – Sara – Hoe – ?

3. *Spreken* – Nederlands – jij – ook – ?

4. de les – *gaan* – Hoe – jij – naar – ?

5. naar – *gaan* – Ik – met – de stad – een vriendin – .

6. jouw moeder – een fiets – *Hebben* – en een auto – ?

7. de bioscoop – volgende – naar – week – *gaan* – We – .

2 Hoe laat is het? Schrijf de analoge tijd en het dagdeel op. Schrijf de getallen compleet.

Voorbeeld:

   Het is kwart over negen 's ochtends.

 1.

 2.

Voortgangstoets 1

3. [15:45] _____

4. [00:52] _____

5. [19:31] _____

6. [13:00] _____

3 In elke zin staat één fout. Omcirkel de fout en schrijf het juiste woord op.

Voorbeeld:

Ik (kun) niet naar de les komen.   kan

Verbumfout:

1. Hij gat op maandag naar het taleninstituut.   _____

2. Spreekt jij goed Nederlands?   _____

3. De Nederlandse les duren 1 uur en 45 minuten.   _____

4. Welk hoofdgerecht nem jij?   _____

Prepositiefout:

5. De cursus Nederlands begint morgen op 17.45 uur.   _____

6. Zaterdag ga ik in de markt met mijn moeder.   _____

7. Op het weekend ga ik naar Amsterdam.   _____

8. Ik zit al twee jaar bij gitaarles.   _____

4 Vul de juiste prepositie in.

Voorbeeld:
Ik eet zuurkool __met__ worst.

Ik studeer _____ Nederland, maar ik kom _____ Italië. Ik woon _____ Amsterdam, _____ de Tuinstraat _____ nummer 15. Ik heb het nu druk _____ studeren. Ik studeer de hele dag. Ik ga alleen af en toe boodschappen doen _____ de markt. De examens zijn volgende week _____ maandag _____ vrijdag. Na de examens ga ik _____ vakantie _____ Italië. Ik vertrek in de nacht _____ zaterdag _____ zondag. In Italië wil ik afspreken _____ mijn vrienden. Ik logeer _____ mijn ouders.

Voortgangstoets 1

5 **Vul de juiste vorm van het verbum in het presens in.**

Voorbeeld:
Ik ___werk___ (werken) in de tuin.

Mijn naam _____ (zijn) Sofie. Ik _____ (zijn) dertien jaar en ik _____ (gaan) doordeweeks naar school. Op zaterdag en zondag _____ (spelen) ik graag computerspelletjes.

Mijn beste vriend _____ (heten) Siem. Ik _____ (kennen) Siem van school.

We _____ (zijn) al jaren vrienden omdat hij computerspelletjes ook leuk _____ (vinden).

Ieder weekend _____ (komen) hij langs. Soms _____ (hebben) hij een nieuw computerspel. We _____ (gamen) dan de hele dag. Tot mijn moeder _____ (zeggen):

"Nu _____ (zijn) het genoeg! Jullie _____ (zitten) al de hele dag achter de computer, _____ (gaan) nu maar eens in de tuin spelen!" Mijn moeder _____ (snappen) ook helemaal niets!

6 **Geef antwoord op de vragen. Schrijf een hele zin.**

Voorbeeld:
Hoe oud bent u?

Ik ben 42 jaar.

1. Waar komt u vandaan?

_____

2. Waar woont u?

_____

3. Spreekt u Nederlands?

_____

4. Wanneer hebt u Nederlandse les?

_____

5. Hoe vaak hebt u Nederlandse les?

_____

6. Hoe laat begint de Nederlandse les?

_____

7. Hoe gaat het met uw vriend(in)?

_____

8. Hoeveel broers en zussen hebt u?

_____

Voortgangstoets 1

7 **Schrijf iets over uw beste vriend of vriendin. Schrijf minimaal tien zinnen. Gebruik de volgende vragen.**

Hoe heet hij / zij?
Waar woont hij / zij?
Waar komt hij / zij vandaan?
Hoe oud is hij / zij?
Welke talen spreekt hij / zij?

Wat voor werk doet hij / zij?
Hoeveel uren werkt hij / zij per week?
Wat doet hij / zij in het weekend?
Welke hobby heeft hij / zij?
Welke sport doet hij / zij?

_____
_____
_____
_____
_____
_____
_____
_____
_____
_____

8 **Kijk naar de plaatjes. Beschrijf de dag van Janneke. Maak de zinnen af.**

1. Om half acht 's ochtends _____.

2. Daarna _____.

3. Dan _____.

4. Vervolgens _____.

5. Van 9.00 uur tot 17.00 uur _____.

6. Na het werk _____.

7. Omdat zij om 17.30 uur altijd honger heeft, _____.

8. Om 23.00 uur _____.

Voortgangstoets 1

9 Maak de volgende zinnen af.

Voorbeeld:
Ik ga naar de slager en _naar de bakker_ .

1. Ik moet studeren maar _____ .

2. Heb jij zin in ijs of _____ ?

3. Doe jij de boodschappen of _____ ?

4. Zal ik vandaag het eten koken en _____ ?

5. Wij gaan vandaag niet voetballen omdat _____ .

6. Hij wil niet opstaan want _____ .

7. Mijn moeder moet de hele dag werken, dus _____ .

8. Omdat ik moet werken, _____ .

10 Welk woord past niet bij de rest? Streep dit woord door.
Vertel waarom dit woord niet past bij de andere woorden.

Voorbeeld:
rijst – brood – ~~bier~~ – aardappels

Bier is drinken, maar rijst brood en aardappels zijn eten.

1. Spaans – Zweden – Deens – Russisch

_____

2. groot – zoet – zout – zuur

_____

3. ons – 500 gram – pond – halve kilo

_____

4. tennissen – hockeyen – huiswerk maken – voetballen

_____

5. eerst – omdat – daarna – ten slotte

_____

11 Vul de juiste vorm van het adjectief in.

Voorbeeld:
De man is *aardig*. Een _aardige_ man.

1. De wijnkaart is *groot*. Een _____ wijnkaart.

2. Het kind is *klein*. Het _____ kind.

3. Het *lieve* meisje. Een _____ meisje.

4. De spruitjes zijn *vies*. _____ spruitjes.

Voortgangstoets 1

5. Het land is *groot*.   Een _____ land.

6. Het hoofdgerecht is *zwaar*.   Het _____ hoofdgerecht.

12 Zet de ontbrekende vormen van het adjectief onder de afbeeldingen.

Voorbeeld:

| klein | kleiner | het kleinst |

1.
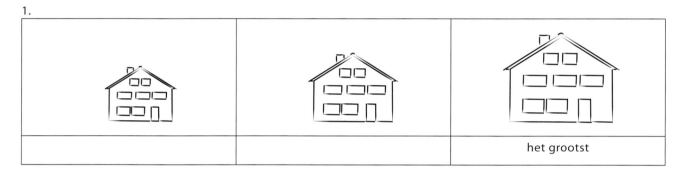

| | | het grootst |

2.

| zwaar | | |

3.
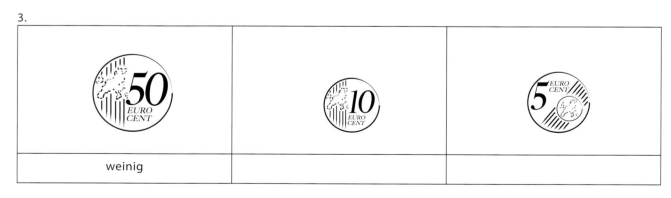

| weinig | | |

Voortgangstoets 1

4.

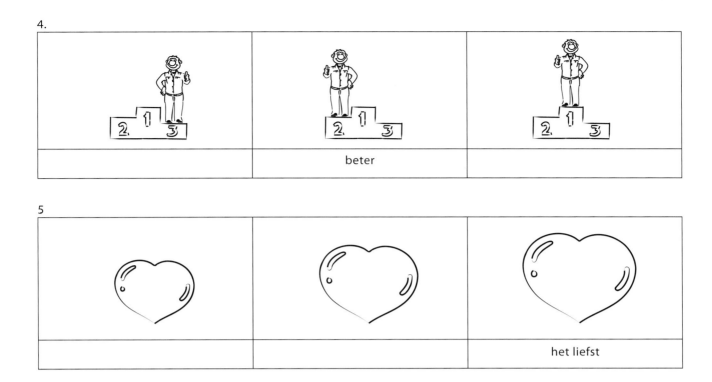

	beter	

5.

		het liefst

Einde van de toets.

Voortgangstoets 2: hoofdstuk 5 – 8

U gaat nu een toets maken over deze hoofdstukken.

De toets heeft 10 onderdelen. De onderdelen toetsen grammatica en woordenschat.

U hebt 45 minuten om de toets te maken.

Veel succes!

1 Lees de situatie. Geef een passende reactie. Kies zelf of u één woord of een hele zin schrijft.

Voorbeeld:
U bent op uw werk. Uw collega gaat ziek naar huis. Wat zegt u?

Beterschap!

1. U houdt de deur open voor een mevrouw. Ze zegt: 'Dank u wel.' Wat zegt u?

2. U arriveert op de verjaardag van een vriend. U ziet uw vriend. Wat zegt u?

3. U komt een vriendin tegen op straat. Ze draagt een nieuwe, blauwe jas. U vindt de jas mooi. Wat zegt u?

4. De moeder van uw collega is overleden. Wat zegt u tegen uw collega?

5. U hebt om 10.00 uur een afspraak met een goede vriend. Het is nu 10.15 uur. U komt binnen. U bent te laat. Uw vriend is al aanwezig. Wat zegt u?

6. U vertelt een vriend dat u zo weinig energie hebt. Uw vriend stelt voor om samen te gaan sporten. Wat zegt u? Geef een negatieve reactie.

7. U vertelt een vriend dat u zo moe bent. Uw vriend zegt dat u meer fruit moet eten. Wat zegt u? Geef een positieve reactie.

**2 Welk woord past niet bij de rest? Streep dit woord door.
Vertel waarom dit woord niet past bij de andere woorden.**

Voorbeeld:
trein – ~~station~~ – fiets – bus

Station is een plaats, maar trein, fiets en bus zijn vervoermiddelen.

1. broer – oma – vader – oom

Voortgangstoets 2

2. bruin – trui – broek – jas
_____

3. paspoort – loket – rijbewijs – visum
_____

4. tafel – kamer – kast – stoel
_____

5. betrouwbaar – bevolking – personeel – gasten
_____

3 Omcirkel de foute pronomina. Schrijf ook het goede pronomen op.

Voorbeeld: goede vorm

Ik zal (zich) even voorstellen.   me

1. Gerard, is dit jou boek?   _____
2. De patiënt voelt zijn niet goed.   _____
3. Hoe gaat het met jij?   _____
4. Anna heeft een zus. Zijn zus heet Diane.   _____
5. De kinderen zijn klaar met hen huiswerk.   _____
6. Hij moet hem altijd erg haasten.   _____
7. Meneer, vergeet u hoed niet!   _____
8. Iedereen feliciteert Fabian wel, maar me niet.   _____
9. Ik zoek Bas en Carlo. Weet jij waar jullie zijn? _____

4 Hoe schrijft u het? Schrijf alles in woorden. Schrijf alle getallen en afkortingen compleet.

Voorbeeld:
8.00 – 11.00 uur   van acht tot elf uur

Getallen, afstanden, maten, prijzen en afkortingen

1. 14 km   _____
2. 6 t/m 12 jaar   _____
3. 40% korting   _____
4. € 3,00 p.p.   _____

Rangtelwoorden

5. 1e Kerstdag   _____
6. mijn 20e verjaardag   _____
7. de 3e straat rechts   _____
8. vrijdag de 13e   _____

Voortgangstoets 2

5 Maak de volgende zinnen af.

Voorbeeld:
Ik wil mijn paspoort vernieuwen want _mijn paspoort is verlopen._

1. De schoenen zitten lekker maar _____.

2. Ik ga naar de dokter als _____.

3. Gerard kijkt niet op datingsites want _____.

4. Paul vraagt de weg als _____.

5. Monica schrijft zich in voor de cursus Spaans omdat _____.

6. Jeanne belt haar moeder op terwijl _____.

6 Vul de juiste vorm van het verbum in het perfectum in. Zet het hulpverbum *(hebben of zijn)* in de goede vorm en zet het participium in de goede vorm.

Voorbeeld:

Ik _heb_ in de tuin _gewerkt_ (hebben, werken).

■ _____ je het al _____ (hebben, horen)? Ik _____ vandaag met Mark in het ziekenhuis _____ (zijn, zijn).

● Wat? Wat _____ er _____ (zijn, gebeuren)?

■ Mark _____ vanochtend vroeg naar zijn werk _____ (zijn, fietsen). Het was nog donker buiten. Hij _____ een vuilniszak op de weg niet _____ (hebben, zien).

Hij _____ van zijn fiets _____ (zijn, vallen).

● En toen? _____ hij toen meteen naar het ziekenhuis _____ (zijn, gaan)?

■ Nee, je kent Mark toch? Hij _____ gewoon naar het werk _____ (zijn, komen).

Na een uur _____ hij _____ (hebben, klagen) over de pijn in zijn pols.

Ik _____ naar zijn pols _____ (hebben, kijken): hij was hartstikke blauw!

Ik _____ _____ (hebben, zeggen) dat hij naar het ziekenhuis moest gaan.

Gelukkig _____ hij _____ (hebben, luisteren).

7 Maak de volgende zinnen af. Gebruik de indirecte rede.

Voorbeeld:
U vraagt aan een meneer op straat:
'Weet u _waar het postkantoor is_ ?'

1. U vraagt aan de medewerker van het reisbureau:

    'Kunt u voor mij uitzoeken _____?'

2. U vraagt aan de baliemedewerker van de gemeente:

    'Kunt u me vertellen _____?'

Voortgangstoets 2

3. U vraagt aan de docent:

   'Kunt u me uitleggen _____?'

4. U zegt tegen uw buurman:

   'Mijn dochtertje zegt dat _____'

5. Uw beste vriend vraagt u:

   'Ik vraag me af _____?"

8 Vul de juiste prepositie in.

Voorbeeld:

Ik ben dol _op_ films en musicals.

Ik ben op zoek _____ een baan. Vandaag ga ik vacatures zoeken. Ik begin _____ de krant. Maar _____ de kranten zie ik geen leuke vacatures. Dan ga ik _____ internet zoeken. Gelukkig, daar vind ik wel iets leuks: een baan _____ de gemeente Tiel. De advertentie staat _____ de website _____ een uitzendbureau. Ik bel het uitzendbureau.

"Goedemiddag, uitzendbureau Nu Werk, u spreekt _____ Ellen de Maas."

"Dag, ik bel _____ de vacature _____ baliemedewerker. Ik ben geïnteresseerd _____ die functie. Ik wil graag wat meer informatie _____ de baan. Kunt u me iets vertellen _____ het werk?", vraag ik.

"Natuurlijk," zegt Ellen de Maas. "Wat wil je weten?" Ik stel heel veel vragen. Ellen luistert goed naar me en geeft antwoord _____ al mijn vragen.

Aan het einde _____ het gesprek vraagt ze: "Wil je solliciteren _____ de baan?"

Ik zeg: "Ja, ik heb wel zin _____ te solliciteren." Ellen zegt: "Kom dan morgen even _____ het uitzendbureau. Dan kunnen we kennismaken en dan kan ik je gegevens noteren. Kun je morgen _____ 13.00 uur?"

"Dat is goed. _____ morgen."

9 Lees de zinnen. Geef een advies. Schrijf één hele zin (niet meer en niet minder).

Ziektes

1. Ik ben de laatste tijd zo moe maar ik slaap wel heel veel. Wat moet ik doen?

   _____

2. Ik heb al drie weken kiespijn. Wat moet ik doen?

   _____

Familie en relaties

3. Mijn zus gaat volgende week trouwen. Maar ik heb geen tijd om mooie kleren te kopen voor de bruiloft. Wat kan ik doen?

   _____

4. Mijn grootouders zijn 40 jaar getrouwd. Ze geven 25 mei een feest. Maar ik moet 25 mei rijexamen doen. Wat kan ik doen?

   _____

Voortgangstoets 2

10 Kijk naar de afbeelding. Beschrijf de persoon. Schrijf acht zinnen. Gebruik de volgende vragen.

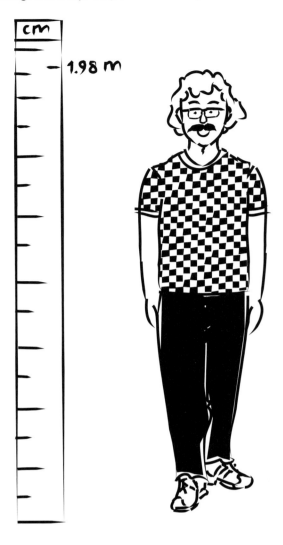

Hoe ziet hij eruit?
Welke kleren draagt hij?
Welke emotie laat hij zien?
Welke leeftijd heeft hij ongeveer, denkt u?
Welke karaktereigenschappen heeft hij, denkt u?

_____
_____
_____
_____
_____
_____
_____
_____

Einde van de toets.

Voortgangstoets 3: hoofdstuk 9 – 12

U gaat nu een toets maken over deze hoofdstukken.

De toets heeft 9 onderdelen. De onderdelen toetsen grammatica en woordenschat.

U hebt 45 minuten om de toets te maken.

Veel succes!

1 Vul de juiste vorm van het verbum in het imperfectum in. Let goed op de spelling!

Voorbeeld:
Vroeger ___werkte___ (werken) ik voor een uitzendbureau.

1. Gisteren _____ (willen) mijn zus en ik een dagje fietsen.

2. Maar het _____ (regenen) de hele ochtend.

3. Ik _____ (hebben) geen zin om in de regen te fietsen.

4. Mijn zus _____ (zeggen) dat we ook met de auto ergens naartoe konden gaan.

5. Maar dat _____ (vinden) ik geen goed idee.

6. Wat _____ (moeten) we doen?

7. Eerst _____ (klagen) we samen over het slechte Nederlandse weer.

8. Vervolgens _____ (wachten) we een uurtje binnen in ons droge huis,

   en _____ (bestuderen) we de weerkaart op internet.

9. Ten slotte _____ we ons goed _____ (aankleden);

   _____ (pakken) we onze fietsen, en _____ (gaan) we naar buiten.

10. En toen _____ (zijn) het natuurlijk net droog.

2 Benoem het object op het plaatje. Zet ook het artikel bij het woord. Schrijf ook het materiaal bij het woord.

Voorbeeld:

___de gouden ring___

1.

_____

Voortgangstoets 3

2.

_____

3.

_____

4.

_____

5.

_____

3 Vul het juiste hulpverbum in. Kies uit: *gaan / moeten / zouden*.
Zet het hulpverbum ook in de juiste vorm van het presens.

Voorbeeld:
De scholier ___moet___ zijn examen goed maken, anders mag hij niet naar de universiteit.

1. Ik _____ graag op vakantie willen, maar ik heb geen geld.

2. Ik heb zo'n zin in volgende week! Dan _____ we met de hele familie naar zee.

3. In Nederland _____ alle kinderen van 5 tot 16 jaar naar school. Dat is verplicht.

4. Mijn broer _____ na de zomer naar Zuid-Amerika verhuizen. Hij wil daar studeren.

5. Mijn buurvrouw is huisvrouw, maar ze _____ wel een baan willen.

6. Heb jij al plannen voor morgenavond? Ja, ik denk dat ik morgenavond naar de bioscoop _____ .

7. Je _____ eigenlijk elke dag fruit eten. Dat is gezond.

8. Wat _____ jullie aan de Nederlandse taal willen veranderen?

Voortgangstoets 3

4 Beschrijf de kamer. Schrijf acht zinnen (niet meer en niet minder).

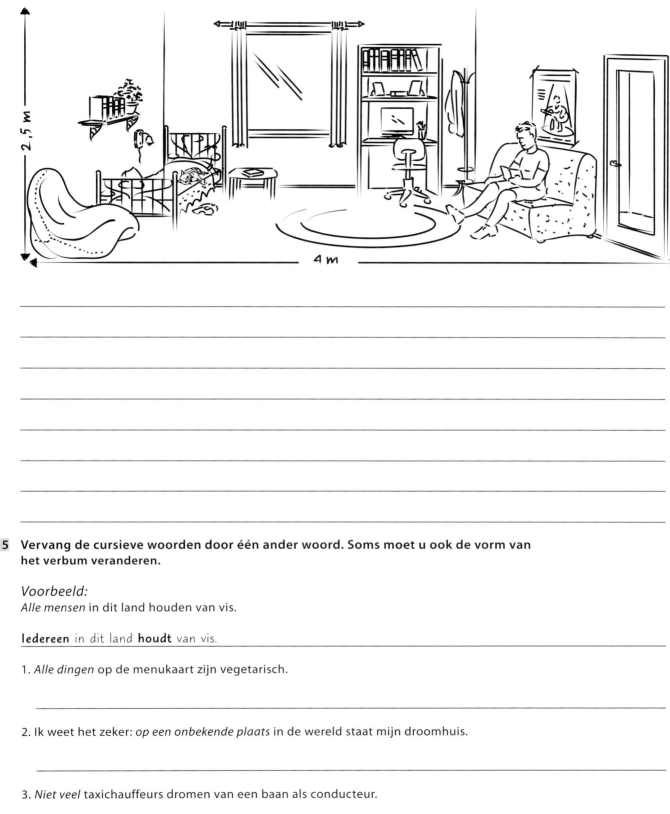

_____
_____
_____
_____
_____
_____
_____
_____

5 Vervang de cursieve woorden door één ander woord. Soms moet u ook de vorm van het verbum veranderen.

Voorbeeld:
Alle mensen in dit land houden van vis.

Iedereen in dit land **houdt** van vis.

1. *Alle dingen* op de menukaart zijn vegetarisch.

_____

2. Ik weet het zeker: *op een onbekende plaats* in de wereld staat mijn droomhuis.

_____

3. *Niet veel* taxichauffeurs dromen van een baan als conducteur.

_____

Voortgangstoets 3

4. *Geen dingen* gaan goed vandaag: mijn auto is kapot, mijn fiets is gestolen en ik ben mijn huissleutels kwijt.

_____

5. De stewardess komt echt *op alle plaatsen*.

_____

6. *Geen enkele* van mijn collega's is bij de vergadering geweest.

_____

6 Lees de zinnen. Kijk naar de plaatjes. Bedenk een opdracht. Gebruik de imperatief. Gebruik een vriendelijke vorm.

Voorbeeld:

Helen: Het is hier warm. Ik wil graag wat frisse lucht.

Jack: Doe het raam maar open.

1.

Helen: Wie is eigenlijk de minister-president van Nederland? Weet jij dat?

Jack: _____

_____

2.

Helen: Het regent buiten. En ik ben op de fiets. Mijn haar is helemaal nat!

Jack: _____

_____

Voortgangstoets 3

3.

Helen: Ik heb sla gegeten. Kun je dat zien? Zie je iets groens tussen mijn tanden?

Jack: _____

_____

4.

Helen: De vakantie is bijna voorbij. Vanmiddag vliegen we naar huis. Wat zal ik nu als eerste doen?

Jack: _____

_____

5.

Helen: De auto is kapot en ik moet over een half uur bij de tandarts zijn. Wat moet ik nou doen?

Jack: _____

_____

7 Geef antwoord op de vragen. Maak de zinnen af.

1. Wat vindt u van het Nederlandse weer?

   Ik vind dat _____

2. Wat is volgens u de moeilijkste taal: Chinees, Nederlands of Russisch?

   Volgens mij _____

3. Naar wat voor land gaat u graag op vakantie? Een warm of een koud land?

   Ik ga graag naar een land _____

4. Denk aan de laatste keer dat u in een restaurant heeft gegeten. Hoe was het eten?

   Ik vond _____

5. Wat voor boeken leest u graag?

   Ik lees graag boeken _____

Voortgangstoets 3

8 Lees de informatie. Maak de brief af. Soms moet u twee keer hetzelfde woord gebruiken.

Informatie:

Dit hebt u gekocht.   Dit hebt u vandaag gekregen.

Bij deze winkel bent u geweest: De Huishoudgigant, Spoelstraat 131, 2671 WM, Schoonhoven

Van: _____

_____

_____

Aan: _____

_____

_____

Plaats, datum: _____

Betreft: _____

_____,

Vorige week heb ik een nieuwe _____ bij uw bedrijf gekocht. Uw bezorgers hebben de _____ bij mij thuis bezorgd. Vandaag heb ik per post een _____ van u gekregen. Op de _____ hebt u ook kosten voor de bezorging gezet.

U schrijft dat de kosten voor de bezorging € 25,- zijn.

Volgens mij klopt dat niet. In de winkel hebt u gezegd dat ik geen bezorgkosten hoef te betalen.

Ik ontvang daarom graag binnen twee weken een nieuwe _____ zonder € 25,- bezorgkosten.

_____,

_____

_____

Voortgangstoets 3

9 **Beschrijf de grafiek. Gebruik ook de informatie boven de grafiek. Schrijf volledige zinnen. Schrijf minimaal 6 zinnen en maximaal 12 zinnen.**

Informatie:

U hebt voor uw studie of werk onderzoek gedaan. U hebt de gegevens in een grafiek gezet. Nu moet u de grafiek beschrijven aan uw medestudenten of aan uw collega's.

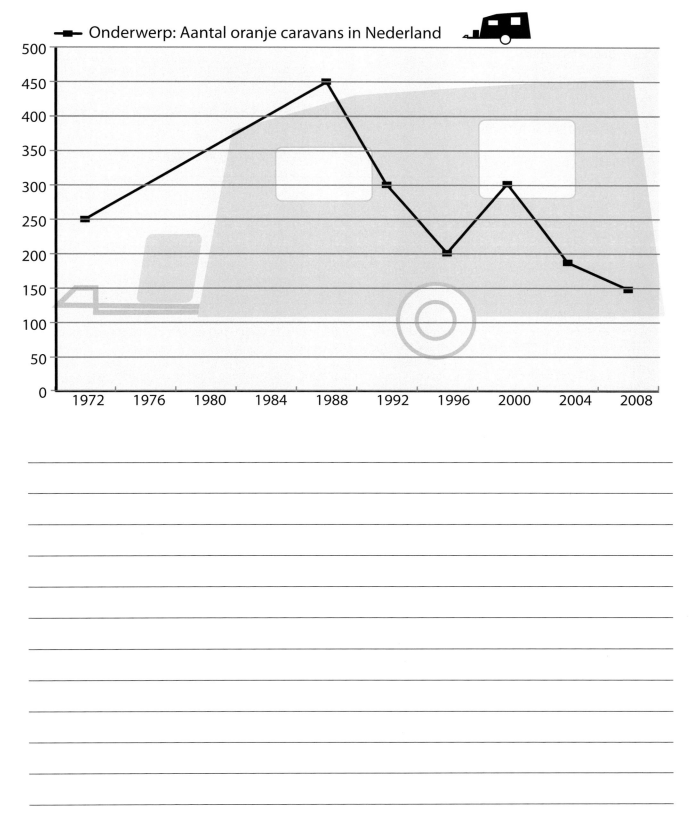

Einde van de toets.

Voortgangstoets 1 sleutel

Sleutel en beoordelingsmodel voortgangstoets 1: hoofdstuk 1 – 4

1
1. Hij komt uit Frankrijk.
2. Hoe oud is Sara?
3. Spreek jij ook Nederlands?
4. Hoe ga jij naar de les?
5. Ik ga naar de stad met een vriendin. / Ik ga met een vriendin naar de stad.
6. Heeft jouw moeder een fiets en een auto?
7. We gaan volgende week naar de bioscoop.

> **Beoordeling:**
> Per zin kan een cursist 2 punten krijgen. Eén punt voor de goede volgorde van de zin / vraag en één punt voor de juiste vorm van het verbum.
>
> Let op: als een cursist bij zin 7 een zin met inversie maakt (en dus de hoofdletter in het woord 'We' negeert), krijgt hij / zij toch een punt.
>
> Maximaal aantal punten is 14.

2
1. Het is vijf voor half negen 's ochtends / 's morgens.
2. Het is veertien over twaalf 's middags.
3. Het is kwart voor vier 's middags.
4. Het is acht voor één 's nachts.
5. Het is één minuut over half acht 's avonds.
6. Het is één uur 's middags.

> **Beoordeling:**
> Per tijdstip kan een cursist 2 punten krijgen. Eén punt voor de goede tijd en één punt voor de juiste toevoeging 's ochtends / 's morgens / 's middags / 's avonds.
>
> Let op: de cursist mag nog spelfouten maken, maar u moet wel meteen kunnen begrijpen wat er staat.
>
> Maximaal aantal punten is 12.

3 Verbumfout:

1. Hij <u>gat</u> op maandag naar het taleninstituut.   gaat
2. <u>Spreekt</u> jij goed Nederlands?   spreek
3. De Nederlandse les <u>duren</u> 1 uur en 45 minuten.   duurt
4. Welk hoofdgerecht <u>nem</u> jij?   neem

Prepositiefout:
5. De cursus Nederlands begint morgen <u>op</u> 17.45 uur.   om
6. Zaterdag ga ik <u>in</u> de markt met mijn moeder.   naar
7. <u>Op</u> het weekend ga ik naar Amsterdam.   in
8. Ik zit al twee jaar <u>bij</u> gitaarles.   op

> **Beoordeling:**
> Per zin kan een cursist 2 punten krijgen. Eén punt voor de omcirkeling van de fout en één punt voor de juiste correctie.
>
> Let op: de cursist mag geen spelfouten meer maken in de correctie.
>
> Maximaal aantal punten is 16.

Voortgangstoets 1 sleutel

4 Ik studeer **in** Nederland, maar ik kom **uit** Italië. Ik woon **in** Amsterdam, **in** de Tuinstraat **op** nummer 15. Ik heb het nu druk **met** studeren. Ik studeer de hele dag. Ik ga alleen af en toe boodschappen doen **op** de markt. De examens zijn volgende week **van** maandag **tot** vrijdag. Na de examens ga ik **op** vakantie **naar** Italië. Ik vertrek in de nacht **van** zaterdag **op** zondag. In Italië wil ik afspreken **met** mijn vrienden. Ik logeer **bij** mijn ouders.

> **Beoordeling:**
> Per prepositie kan een cursist 1 punt krijgen.
>
> Let op: de cursist mag nog spelfouten maken, maar u moet wel meteen kunnen begrijpen wat er staat.
>
> Maximaal aantal punten is 15.

5 Mijn naam **is** (zijn) Sofie. Ik **ben** (zijn) dertien jaar en ik **ga** (gaan) doordeweeks naar school. Op zaterdag en zondag **speel** (spelen) ik graag computerspelletjes. Mijn beste vriend **heet** (heten) Siem. Ik **ken** (kennen) Siem van school. We **zijn** (zijn) al jaren vrienden omdat hij computerspelletjes ook leuk **vindt** (vinden). Ieder weekend **komt** (komen) hij langs. Soms **heeft** (hebben) hij een nieuw computerspel. We **gamen** (gamen) dan de hele dag. Tot mijn moeder **zegt** (zeggen): "Nu **is** (zijn) het genoeg! Jullie **zitten** (zitten) al de hele dag achter de computer, **ga** (gaan) nu maar eens in de tuin spelen!" Mijn moeder **snapt** (snappen) ook helemaal niets!

> **Beoordeling:**
> Per verbum kan een cursist 1 punt krijgen.
>
> Let op: de cursist mag geen spelfouten maken. Bij een spelfout is de score 0.
>
> Maximaal aantal punten is 16.

6 *Voorbeeldoplossing:*
1. Ik kom uit Nederland / Italië / Turkije.
2. Ik woon in Nijmegen / Amsterdam / Venlo / de Kerkstraat / een dorp / een stad / etc.
3. (Ja,) Ik spreek een beetje Nederlands / (Ja, maar) Mijn Nederlands is niet goed / etc.
4. Ik heb Nederlandse les op maandag / dinsdag / etc.
5. Ik heb drie / vier / etc. keer (in de week) Nederlandse les.
6. De (Nederlandse) les begint om negen uur / om 9.00 uur / etc.
7. Het gaat goed / niet goed / slecht / etc. met mijn vriendin.
8. Ik heb geen / twee / etc. zussen.

> **Beoordeling:**
> Per antwoord kan een cursist 2 punten krijgen. Eén punt voor de inhoud (is het antwoord een logische respons op de vraag) en één punt voor grammatica (bijv. werkwoordsvervoeging, gebruiken van een subject etc.).
>
> Let op: de cursist mag nog spelfouten maken, maar u moet wel meteen kunnen begrijpen wat er staat. De persoonsvormen moeten wél goed zijn gespeld.
>
> Maximaal aantal punten is 16.

Voortgangstoets 1 sleutel

7 *Voorbeeldoplossing:*
Mijn beste vriendin heet Sandra. Ze woont in Afrika. Ze komt uit Nederland. Ze is 40 jaar. Ze spreekt Nederlands, Engels en een klein beetje Frans. Ze werkt bij een bank. Ze werkt 40 uur in de week. In het weekend speelt ze met haar kinderen. Haar hobby is dansen. Ze tennist ook vaak.

> **Beoordeling:**
> Per zin / antwoord op een vraag kan een cursist 2 punten krijgen. Eén punt voor de inhoud (is de zin te begrijpen en geeft de zin informatie over de beste vriend / is het antwoord een logische respons op de vraag) en één punt voor grammatica (bijv. werkwoordsvervoeging, gebruiken van een subject etc.).
>
> Let op: de cursist mag nog spelfouten maken, maar u moet wel meteen kunnen begrijpen wat er staat. De persoonsvormen moeten wél goed zijn gespeld.
>
> Maximaal aantal punten is 20.

8 *Voorbeeldoplossing:*
1. Om half acht 's ochtends wordt Janneke wakker / staat Janneke op.
2. Daarna leest ze de krant.
3. Dan poetst ze haar tanden.
4. Vervolgens stofzuigt ze. / gaat ze stofzuigen.
5. Van 9.00 uur tot 17.00 uur is ze aan het werk. / gaat ze werken / werkt ze.
6. Na het werk gaat ze hockeyen. / speelt ze hockey / hockeyt ze.
7. Omdat zij om 17.30 uur altijd honger heeft, gaat ze (eten) koken / kookt ze (eten).
8. Om 23.00 uur gaat ze naar bed. / gaat ze slapen.

> **Beoordeling:**
> Per zin kan een cursist 2 punten krijgen. Eén punt voor de inhoud (is de zin te begrijpen en geeft de zin informatie over de activiteit die Janneke doet) en één punt voor grammatica (bijv. werkwoordsvervoeging, gebruiken van een subject, plaats van de persoonsvorm etc.).
>
> Let op: de cursist mag nog spelfouten maken, maar u moet wel meteen kunnen begrijpen wat er staat. De persoonsvormen moeten wél goed zijn gespeld.
>
> Maximaal aantal punten is 16.

9 *Voorbeeldoplossing:*
1. Ik moet studeren maar ik heb geen zin / ik wil niet / ik vind het huiswerk moeilijk / ik ben ziek.
2. Heb jij zin in ijs of chocoladevla / heb jij geen zin in ijs?
3. Doe jij de boodschappen of zal ik de boodschappen doen / doe jij de boodschappen niet?
4. Zal ik vandaag het eten koken en afwassen / ga jij dan sporten?
5. Wij gaan vandaag niet voetballen omdat we op vakantie gaan / moe zijn / geen zin hebben / huiswerk hebben.
6. Hij wil niet opstaan want hij is moe / hij is ziek.
7. Mijn moeder moet de hele dag werken, dus ze heeft geen tijd om te koken / dus kook ik / dus help ik.
8. Omdat ik moet werken, kan ik geen huiswerk maken / kan ik niet komen / kan ik niet voetballen.

> **Beoordeling:**
> Per zin kan een cursist 2 punten krijgen. Eén punt voor de inhoud (is de zin te begrijpen en een logisch vervolg na de conjunctie) en één punt voor grammatica (bijv. werkwoordsvervoeging, gebruiken van een subject, plaats van de persoonsvorm etc.).
>
> Let op: de cursist mag nog spelfouten maken, maar u moet wel meteen kunnen begrijpen wat er staat. De persoonsvormen moeten wél goed zijn gespeld.
>
> Maximaal aantal punten is 16.

Voortgangstoets 1 sleutel

10   1. Zweden
Zweden is een land maar Spaans, Deens en Russisch zijn talen of nationaliteiten.
2. groot
Zoet, zuur en zoet zijn adjectieven over smaak, groot niet.
3. ons
Een ons is 100 gram, maar 500 gram, een pond en een halve kilo is 500 gram.
4. huiswerk maken
Tennissen, hockeyen en voetballen zijn sporten, maar huiswerk maken niet.
5. omdat
Eerst, daarna en ten slotte gebruik je voor volgorde, omdat is een conjunctie.

> **Beoordeling:**
> Per antwoord kan een cursist 2 punten krijgen. Eén punt voor de juiste keuze en één punt voor een bijpassende, zinvolle motivatie.
>
> Let op: de cursist mag nog spelfouten maken, maar u moet wel meteen kunnen begrijpen wat er staat.
>
> Maximaal aantal punten is 10.

11   Een **grote** wijnkaart.
Het **kleine** kind.
Een **lief** meisje.
Vieze spruitjes.
Een **groot** land.
Het **zware** hoofdgerecht.

> **Beoordeling:**
> Per antwoord kan een cursist 1 punt krijgen. De woorden moeten goed gespeld zijn.
>
> Maximaal aantal punten is 6.

12   1. **groot**   groter   het grootst
2. **zwaar**   zwaarder   het zwaarst
3. **weinig**   minder   het minst
4. **goed**   beter   het best
5. **lief**   liever   het liefst

> **Beoordeling:**
> Per antwoord kan een cursist 1 punt krijgen. De woorden moeten goed gespeld zijn.
>
> Maximaal aantal punten is 10 (een punt voor een juist adjectief, comparatief of subjectief).

Voortgangstoets 1 sleutel

Voortgangstoets Hoofdstuk 1 – 4	Naam cursist: _____
Onderdeel 1 (max. 14 punten)	punten
Onderdeel 2 (max. 12 punten)	punten
Onderdeel 3 (max. 16 punten)	punten
Onderdeel 4 (max. 15 punten)	punten
Onderdeel 5 (max. 16 punten)	punten
Onderdeel 6 (max. 16 punten)	punten
Onderdeel 7 (max. 20 punten)	punten
Onderdeel 8 (max. 16 punten)	punten
Onderdeel 9 (max. 16 punten)	punten
Onderdeel 10 (max. 10 punten)	punten
Onderdeel 11 (max. 6 punten)	punten
Onderdeel 12 (max. 10 punten)	punten
Totaal aantal punten: (max. 167 punten)	punten

Uitslag:

0 – 40 punten: Uw score is slecht. Advies: herhaal hoofdstuk 1, 2, 3 en 4 helemaal.

41 – 80 punten: Uw score is onvoldoende. Advies: herhaal hoofdstuk 1, 2, 3 en 4.

81 – 120 punten: Uw score is voldoende. Advies: Herhaal de grammatica en woorden die nog moeilijk zijn en ga verder met hoofdstuk 5.

121 – 167 punten: Uw score is goed. Advies: ga verder met hoofdstuk 5.

Sleutel en beoordelingsmodel voortgangstoets 2: hoofdstuk 5 – 8

1 *Voorbeeldoplossing:*
1. Geen dank. / Niets te danken. / Graag gedaan.
2. Gefeliciteerd! / Van harte!
3. Wat een mooie jas! / Wat een leuke jas! / Wat een mooie kleur!
4. Gecondoleerd. / Wat erg voor je.
5. Sorry!
6. Nou nee, ik heb niet zo'n zin. / Liever niet, ik houd niet van sporten. / Sorry, ik heb geen tijd.
7. Dank je voor het advies. / Je hebt gelijk. / Dat is waar.

> **Beoordeling:**
> Per antwoord kan een cursist 2 punten krijgen. Eén punt voor een passende, zinvolle reactie.
> Eén punt voor een foutloze spelling.
>
> Let op: de cursist mag ook een andere reactie geven dan één van bovenstaande, mits het een passende, zinvolle reactie is.
> Als de cursist spelfouten maakt, maar de reactie is wel meteen begrijpelijk, krijgt hij 1 punt voor de inhoud. Als de reactie door de spelfouten niet meteen te begrijpen is, krijgt de cursist ook voor de inhoud geen punt.
>
> Maximaal aantal punten is 14.

2
1. broer – <u>oma</u> – vader – oom
   Oma is een vrouw, maar broer, vader en oom zijn mannen.
2. <u>bruin</u> – trui – broek – jas
   Bruin is een kleur, maar trui, broek en jas zijn kledingstukken.
3. paspoort – <u>loket</u> – rijbewijs – visum
   Loket is een plaats, maar paspoort, rijbewijs en visum zijn documenten.
4. tafel – <u>kamer</u> – kast – stoel
   Kamer is een plaats, maar tafel, kast en stoel zijn objecten/meubels.
5. <u>betrouwbaar</u> – bevolking – personeel – gasten
   Betrouwbaar is een eigenschap, maar bevolking, personeel en gasten zijn mensen.

> **Beoordeling:**
> Per antwoord kan een cursist 2 punten krijgen. Eén punt voor de juiste keuze en één punt voor een bijpassende, zinvolle motivatie
>
> Let op: de cursist mag nog spelfouten maken, maar u moet wel meteen kunnen begrijpen wat er staat.
>
> Maximaal aantal punten is 10.

3
1. Is dit **jouw** boek?
2. De patiënt voelt **zich** niet goed.
3. Hoe gaat het met **jou / je**?
4. **Haar** zus heet Diane.
5. De kinderen zijn klaar met **hun** huiswerk.
6. Hij moet **zich** altijd erg haasten.
7. Meneer vergeet **uw** hoed niet.
8. …, maar **mij** niet.
9. Weet jij waar **ze** zijn?

> **Beoordeling:**
> Per correct omcirkeld pronomen kan de cursist 1 punt krijgen. Voor het correct verbeteren van een fout kan een cursist ook 1 punt krijgen.
>
> Maximaal aantal punten is 18.

Voortgangstoets 2 sleutel

4 Getallen, afstanden, maten, prijzen en afkortingen
1. **veertien kilometer**
2. **zes tot en met twaalf** jaar
3. **veertig procent** korting
4. **drie** euro **per persoon**

Rangtelwoorden
5. **Eerste** Kerstdag
6. mijn **twintigste** verjaardag
7. de **derde** straat rechts
8. vrijdag de **dertiende**

> **Beoordeling:**
> Maten, afstanden, prijzen en afkortingen: per zin kan de cursist 2 punten krijgen. Eén punt voor de getallen en één punt voor het voluit schrijven van de afkorting: Voor 1 t/m 4 is het maximaal aantal punten dus 8. Voor 5 t/m 8 is het maximaal aantal punten dus 4.
>
> Let op: bij zin 2 moeten beide getallen correct zijn (zes, twaalf).
> Rangtelwoorden: Per rangtelwoord kan een cursist 1 punt krijgen.

> Maximaal aantal punten is 12.

5 *Voorbeeldoplossing:*
1. De schoenen zitten lekker maar **ik vind ze niet mooi / ze zijn duur / de kleur is niet mooi**.
2. Ik ga naar de dokter als **ik ziek ben / me niet lekker voel / ik hoofdpijn heb**.
3. Gerard kijkt niet op datingsites want **hij is al getrouwd / hij vindt datingsites stom / hij heeft geen tijd**.
4. Paul vraagt de weg als **hij de weg niet weet / de weg kwijt is**.
5. Monica schrijft zich in voor de cursus Spaans omdat **ze in Zuid-Amerika gaat wonen / de cursus Italiaans vol is / ze een Erasmusbeurs heeft voor Barcelona**.
6. Jeanne belt haar moeder op terwijl **ze spruitjes kookt / ze televisie kijkt / op de fiets zit**.

> **Beoordeling:**
> Per zin kan een cursist 2 punten krijgen. Eén punt voor de inhoud (is de zin te begrijpen en een logisch vervolg na de conjunctie) en één punt voor grammatica (bijv. werkwoordsvervoeging, gebruiken van een subject, plaats van de persoonsvorm etc.).
>
> Let op: de cursist mag nog spelfouten maken, maar u moet wel meteen kunnen begrijpen wat er staat. De persoonsvormen moeten wél goed zijn gespeld.

> Maximaal aantal punten is 12.

6 ■ Heb je het al gehoord? Ik ben vandaag met Mark in het ziekenhuis geweest.
● Wat? Wat **is** er **gebeurd**?
■ Mark **is** vanochtend vroeg naar zijn werk **gefietst**. Het was nog donker buiten. Hij **heeft** een vuilniszak op de weg niet **gezien**. Hij **is** van zijn fiets **gevallen**.
● En toen? **Is** hij toen meteen naar het ziekenhuis **gegaan**?
■ Nee, je kent Mark toch? Hij **is** gewoon naar het werk **gekomen**. Na een uur **heeft** hij **geklaagd** over de pijn in zijn pols. Ik **heb** naar zijn pols **gekeken**: hij was hartstikke blauw! Ik **heb gezegd** dat hij naar het ziekenhuis moest gaan. Gelukkig **heeft** hij **geluisterd**.

> **Beoordeling:**
> Per goed vervoegd hulpverbum kan een cursist 1 punt krijgen. Per participium kan een cursist ook 1 punt krijgen.
>
> Let op: de cursist mag geen spelfouten maken. Bij een spelfout is de score 0.
> De cursist mag ook geen fouten in de persoonsvorm (= hulpverbum) maken. Bij een verkeerd gespelde persoonsvorm is de score 0.

> Maximaal aantal punten is 24.

# Voortgangstoets 2 sleutel

7 *Voorbeeldoplossing:*
1. 'Kunt u voor mij uitzoeken **hoe duur het vliegticket is / hoe duur een reis naar Indonesië is / etc.?**'
2. 'Kunt u me vertellen **waar de afdeling burgerzaken is / hoe duur een nieuw paspoort is / of ik mijn dochter op mijn paspoort mag bijschrijven / etc.?**'
3. 'Kunt u me uitleggen **hoe de soft ketchup-regel gaat / wanneer ik het perfectum moet gebruiken / wat 'eigenwijs' betekent / etc.?**'
4. 'Mijn dochtertje zegt dat **uw zoontje agressief is / u gaat verhuizen / etc.**'
5. 'Ik vraag me af **of je mee naar de film wilt / of het goed met je gaat / wanneer je bij me op bezoek komt / etc.**'

> **Beoordeling:**
> Per zin kan een cursist 2 punten krijgen. Eén punt voor de inhoud (is de zin te begrijpen en een logisch vervolg op het begin en in de gegeven situatie) en één punt voor grammatica (bijv. werkwoordsvervoeging, gebruiken van een subject, plaats van de persoonsvorm etc.).
>
> Let op: de cursist mag nog spelfouten maken, maar u moet wel meteen kunnen begrijpen wat er staat. De persoonsvormen moeten wél goed zijn gespeld.
>
> Maximaal aantal punten is 10.

8 Ik ben op zoek **naar** een baan. Vandaag ga ik vacatures zoeken. Ik begin **met** de krant. Maar in de kranten zie ik geen leuke vacatures. Dan ga ik **op** internet zoeken. Gelukkig, daar vind ik wel iets leuks: een baan **bij** de gemeente Tiel. De advertentie staat **op** de website **van** een uitzendbureau. Ik bel het uitzendbureau.
"Goedemiddag, uitzendbureau Nu Werk, u spreekt **met** Ellen de Maas."
"Dag, ik bel **over** de vacature **voor** baliemedewerker. Ik ben geïnteresseerd **in** die functie. Ik wil graag wat meer informatie **over** de baan. Kunt u me iets vertellen **over** het werk?", vraag ik.
"Natuurlijk," zegt Ellen de Maas. "Wat wil je weten?"
Ik stel heel veel vragen. Ellen luistert goed naar me en geeft antwoord **op** al mijn vragen.
Aan het einde **van** het gesprek vraagt ze: "Wil je solliciteren **naar** de baan?"
Ik zeg: "Ja, ik heb wel zin **om** te solliciteren." Ellen zegt: "Kom dan morgen even **naar** het uitzendbureau. Dan kunnen we kennismaken en dan kan ik je gegevens noteren. Kun je morgen **om** 13.00 uur?" "Dat is goed. **Tot** morgen."

> **Beoordeling:**
> Per prepositie kan een cursist 1 punt krijgen.
>
> Let op: de cursist mag geen spelfouten maken. Bij een spelfout is de score 0.
>
> Maximaal aantal punten is 20.

9 *Voorbeeldoplossing:*
Ziektes
1. Misschien moet je eens op vakantie gaan. / Werk je niet teveel?
2. Waarom ga je niet naar de tandarts? / Ik zou een pijnstiller nemen.

Familie en relaties
3. Ik zou geen nieuwe kleren kopen. / Kun je je rode jurk niet aantrekken?
4. Kun je niet op een andere dag rijexamen doen? / Ik zou niet naar het feest gaan.

> **Beoordeling:**
> Per zin kan een cursist 2 punten krijgen. Eén punt voor de inhoud (is de zin te begrijpen en een passend advies bij de situatie?) en één punt voor grammatica (bijv. werkwoordsvervoeging, gebruiken van een subject, plaats van de persoonsvorm etc.).
>
> Let op: de cursist mag nog spelfouten maken, maar u moet wel meteen kunnen begrijpen wat er staat. De persoonsvormen moeten wél goed zijn gespeld.
>
> Maximaal aantal punten is 8.

Voortgangstoets 2 sleutel

10 *Voorbeeldoplossing:*
De persoon is een man.
Hij is 1.98m (lang).
Hij is erg lang.
Hij draagt een bril.
Hij is jong.
Zijn haar is blond.
Hij heeft krullend haar. / Hij heeft krullen.
Hij draagt een T-shirt met korte mouwen.
Hij heeft een zwart-wit ruitjes / geruit T-shirt aan.
Hij draagt een zwarte broek.
Hij heeft witte (sport)schoenen aan.
Hij heeft een snor.
Ik denk dat de man (ongeveer) 25 is.
De man lacht. Hij is / kijkt vriendelijk.
Ik denk dat de man een vrolijk / optimistisch / aardig karakter heeft.

> **Beoordeling:**
> Per zin kan een cursist 2 punten krijgen. Eén punt voor de inhoud (is de zin te begrijpen en geeft de zin informatie over de persoon op de afbeelding/is het antwoord een logische respons op de vraag) en één punt voor grammatica (bijv. werkwoordsvervoeging, gebruiken van een subject etc.).
>
> Let op: de cursist mag nog spelfouten maken, maar u moet wel meteen kunnen begrijpen wat er staat.
> De persoonsvormen moeten wél goed zijn gespeld.

> Maximaal aantal punten is 16.

Voortgangstoets 2 sleutel

Voortgangstoets Hoofdstuk 5 – 8	Naam cursist: _____
Onderdeel 1 (max. 14 punten)	punten
Onderdeel 2 (max. 10 punten)	punten
Onderdeel 3 (max. 18 punten)	punten
Onderdeel 4 (max. 12 punten)	punten
Onderdeel 5 (max. 12 punten)	punten
Onderdeel 6 (max. 24 punten)	punten
Onderdeel 7 (max. 10 punten)	punten
Onderdeel 8 (max. 20 punten)	punten
Onderdeel 9 (max. 8 punten)	punten
Onderdeel 10 (max. 16 punten)	punten
Totaal aantal punten: (max. 144 punten)	punten

Uitslag:

0 – 30 punten: Uw score is slecht. Advies: herhaal hoofdstuk 5, 6, 7 en 8 helemaal. Het is ook goed om hoofdstuk 1, 2, 3 en 4 te herhalen.

31 – 60 punten: Uw score is onvoldoende. Advies: herhaal hoofdstuk 5, 6, 7 en 8. Herhaal eventueel ook nog lesstof uit hoofdstuk 1, 2, 3 en 4.

61 – 90 punten: Uw score is voldoende. Advies: Herhaal de grammatica en woorden die nog moeilijk zijn en ga verder met hoofdstuk 9.

91 – 144 punten: Uw score is goed. Advies: ga verder met hoofdstuk 9.

Voortgangstoets 3 sleutel

Sleutel en beoordelingsmodel voortgangstoets 3: hoofdstuk 9 – 12

1
1. wilden
2. regende
3. had
4. zei
5. vond
6. moesten
7. klaagden
8. wachtten, bestudeerden
9. kleedden aan, pakten, gingen
10. was

> **Beoordeling:**
> Per verbum kan een cursist 1 punt krijgen.
>
> Let op: zowel de vorm als de spelling van de woorden moet goed zijn.
>
> Maximaal aantal punten is 13.

2
1. de stenen muur
2. het zilveren / metalen mes
3. de glazen fles
4. het ijzeren hek
5. het plastic tasje / de plastic tas

> **Beoordeling:**
> Per antwoord kan een cursist 3 punten krijgen. Eén punt voor een passend substantief. Eén punt voor het juiste artikel. En één punt voor een juist adjectief.
>
> Let op: de cursist mag andere woorden gebruiken dan hierboven genoemd, maar de woorden (zowel adjectieven als substantieven) moeten wel bij de afbeelding passen.
> De cursist mag geen spelfouten maken.
>
> Maximaal aantal punten is 15.

3
1. zou
2. gaan
3. moeten / gaan
4. gaat
5. zou
6. ga
7. moet
8. zouden

> **Beoordeling:**
> Per verbum kan een cursist 2 punten krijgen. Eén punt voor de juiste keuze en één punt voor de goede vorm.
>
> Let op: de cursist mag geen spelfouten maken.
>
> Maximaal aantal punten is 16.

4 *Voorbeeldoplossing:*
Er staat een bed in de kamer. / In de kamer staat een bed.
Er ligt een kat op het bed. / Op het bed ligt een kat.
Er staan schoenen onder het bed. / Onder het bed staan schoenen.
Er staat een tafeltje naast het bed. / Naast het bed staat een tafeltje.
Er ligt een boek op het tafeltje. / Op het tafeltje ligt een boek.

Voortgangstoets 3 sleutel

Er staat een kapstok in de hoek. / In de hoek staat een kapstok.
Er hangt een jas aan de kapstok. / Aan de kapstok hangt een jas.
Er hangen gordijnen voor het raam. / Voor het raam hangen gordijnen.
Er staat een bank in de kamer. / In de kamer staat een bank.
Er zit een jongen op de bank. / Op de bank zit een jongen.
De kamer is 4 meter breed en 2,5 meter hoog.

> **Beoordeling:**
> Per zin kan een cursist 2 punten krijgen. Eén punt voor de inhoud (is de zin te begrijpen en klopt de inhoud met de afbeelding) en één punt voor grammatica (bijv. vervoeging van het verbum, goed gebruik van 'er', plaats van de persoonsvorm etc.).
>
> Let op: de cursist mag nog spelfouten maken, maar u moet wel meteen kunnen begrijpen wat er staat. In de persoonsvormen (staat, staan, etc.) mag de cursist geen spelfouten maken.

Maximaal aantal punten is 16.

5 Bij zin 2 en 5 is er geen relatie tussen het in te vullen woord en de vorm van het verbum. In die zinnen is het verbum cursief.

1. **Alles** op de menukaart **is** vegetarisch.
2. Ik weet het zeker: **ergens** in de wereld *staat* mijn droomhuis.
3. **Weinig** taxichauffeurs **dromen** van een baan als conducteur.
4. **Niets gaat** goed vandaag: de auto is kapot, mijn fiets is gestolen en ik ben mijn huissleutels kwijt.
5. De stewardess *komt* echt **overal**.
6. Niemand van mijn collega's **is** bij de vergadering geweest.

> **Beoordeling:**
> Per antwoord kan een cursist 2 punten krijgen. Eén punt voor een goed gekozen vervangend woord en één punt voor de goede vorm van het verbum.
>
> Let op: de cursist mag nog spelfouten maken, maar u moet wel meteen kunnen begrijpen wat er staat. In de persoonsvormen mag de cursist geen spelfouten maken.
> De cursist mag andere woorden gebruiken dan hierboven genoemd, maar de woorden moeten wel exact de goede betekenis weergeven.

Maximaal aantal punten is 12.

6 *Voorbeeldoplossing:*
1. Lees de krant maar (eens).
2. Pak maar een handdoek.
3. Kijk maar (eens) in de spiegel.
4. Stop de / je kleren maar in de koffer. / Pak je spullen maar in.
5. Neem de fiets maar.

> **Beoordeling:**
> Per zin kan een cursist 2 punten krijgen. Eén punt voor de inhoud (is de zin te begrijpen en een logische keuze bij de afbeelding) en één punt voor grammatica (bijv. vervoeging van het verbum, plaats van de persoonsvorm etc.).
>
> Let op: de cursist mag nog spelfouten maken, maar u moet wel meteen kunnen begrijpen wat er staat. De persoonsvormen moeten wél goed zijn gespeld.

Maximaal aantal punten is 10.

Voortgangstoets 3 sleutel

7 *Voorbeeldoplossing:*
1. Ik vind dat **het Nederlandse weer fijn is**.
2. Volgens mij **is Chinees de moeilijkste taal**.
3. Ik ga graag naar een land **dat warm is**.
4. Ik vond **het eten heerlijk / dat het eten heerlijk was**.
5. Ik lees graag boeken **die nieuw zijn**.

> **Beoordeling:**
> Per antwoord kan een cursist 2 punten krijgen. Eén punt voor de inhoud (is de zin te begrijpen en is het een logisch vervolg op het begin) en één punt voor de grammatica (vorm van het verbum, persoonsvorm op de goede plaats in de zin, vorm adjectief, etc.)
>
> Let op: de cursist mag nog spelfouten maken, maar u moet wel meteen kunnen begrijpen wat er staat. De persoonsvorm moet goed gespeld zijn.
>
> Maximaal aantal punten is 10.

8 *Voorbeeldoplossing:*

Van: **Naam van de cursist**

       Adres van de cursist / fictief adres

       Postcode en woonplaats van de cursist / fictieve gegevens

Aan: De Huishoudgigant

       Spoelstraat 131

       2671 WM Schoonhoven

Plaats, datum: **Woonplaats cursist / Fictieve plaats, datum van toetsdag**

Betreft: Rekening bezorging wasmachine

Geachte mevrouw, heer,

Vorige week heb ik een nieuwe **wasmachine** bij uw bedrijf gekocht. Uw bezorgers hebben de **wasmachine** bij mij thuis bezorgd. Vandaag heb ik per post een **rekening** van u gekregen. Op de **rekening** hebt u ook kosten voor de bezorging gezet.

U schrijft dat de kosten voor de bezorging € 25,- zijn.

Volgens mij klopt dat niet. In de winkel hebt u gezegd dat ik geen bezorgkosten hoef te betalen.

Ik ontvang daarom graag binnen twee weken een nieuwe **rekening** zonder € 25,- bezorgkosten.

Met vriendelijke groet,

Handtekening
Eigen naam cursist

Voortgangstoets 3 sleutel

Beoordeling:
In totaal kan de cursist 10 punten krijgen:
Eigen naam- en adresgegevens bij 'Van' = 1 punt.
Naam- en adresgegevens van de Huishoudgigant bij 'Aan' = 1 punt.
Een ingevulde woonplaats en datum = 1 punt.
Een passende en begrijpelijke omschrijving bij 'Betreft' = 1 punt.
Een passende en goed gespelde aanhef = 1 punt.
Het woord 'wasmachine' twee maal op de juiste plaatsen ingevuld = 1 punt.
Het woord 'rekening' drie maal op de juiste plaatsen ingevuld = 1 punt.
Een passende en goed gespelde groet = 1 punt.
De handtekening van de cursist = 1 punt.
De eigen naam van de cursist onder aan de brief = 1 punt.

Maximaal aantal punten is 10.

9 *Voorbeeldoplossing:*
Ik heb onderzoek gedaan naar het aantal oranje caravans in Nederland (in de periode 1972 – 2008).
In de grafiek kunt u zien dat het aantal oranje caravans in 1972 ongeveer 250 was. Daarna is het aantal oranje caravans steeds gestegen, tot ongeveer 450 in 1988. Na 1988 daalde het aantal caravans weer tot iets meer dan 200 in 1996. Van 1996 tot 2000 was er een lichte stijging. Daarna is het aantal oranje caravans alleen maar gedaald. In 2008 was het aantal ongeveer 150.

Beoordeling:
Voor de inhoud kan de cursist 5 punten krijgen: 1 punt voor het noemen van het onderwerp, 3 punten voor het correct weergeven van de stijgingen en dalingen en 1 punt voor het benoemen van de piek in 1988.

Let op: de cursist mag spelfouten maken, maar u moet wel meteen begrijpen wat er staat.

Voor de grammatica kan de cursist 5 punten krijgen: 1 punt voor de juiste keuze tussen de verba-tijden (presens, perfectum, imperfectum), 1 punt voor een juiste keuze voor de hulpverba hebben en zijn bij het perfectum, 1 punt voor de goede persoonsvorm van de verba, 1 punt voor de juiste plaats van de persoonsvormen, 1 punt voor de juiste preposities.

Let op: de cursist mag geen spelfouten maken in de persoonsvormen en preposities.

Voor de structuur kan de cursist 3 punten krijgen: 1 punt voor het beginnen met het noemen van het onderwerp, 2 punten voor het in een logische volgorde beschrijven van de gegevens.

Maximaal aantal punten is 13.

Voortgangstoets 3 sleutel

Voortgangstoets Hoofdstuk 9 – 12	Naam cursist: _____
Onderdeel 1 (max. 13 punten)	punten
Onderdeel 2 (max. 15 punten)	punten
Onderdeel 3 (max. 16 punten)	punten
Onderdeel 4 (max. 16 punten)	punten
Onderdeel 5 (max. 12 punten)	punten
Onderdeel 6 (max. 10 punten)	punten
Onderdeel 7 (max. 10 punten)	punten
Onderdeel 8 (max. 10 punten)	punten
Onderdeel 9 (max. 13 punten)	punten
Totaal aantal punten: (max. 115 punten)	punten

Uitslag:

0 – 28 punten: Uw score is slecht. Advies: herhaal hoofdstuk 9, 10, 11 en 12 helemaal. Het is ook goed om de eerdere hoofdstukken 1 tot en met 8 te herhalen.

29 – 56 punten: Uw score is onvoldoende. Advies: herhaal hoofdstuk 9, 10, 11 en 12. Herhaal eventueel ook nog lesstof uit hoofdstuk 5, 6, 7 en 8.

57 – 83 punten: Uw score is voldoende. Advies: Herhaal de grammatica en woorden die nog moeilijk zijn.

84 – 115 punten: Uw score is goed.

Correctiemodel schrijfoefeningen

S: U moet dit woord anders spellen.
Bijvoorbeeld:
S
Waneer begint de les?

W: U moet hier een ander woord gebruiken.
Bijvoorbeeld:
W
Ik heb 35 jaar.

√: U hebt hier een woord vergeten.
Bijvoorbeeld:
√
Om 9.00 uur ga naar het werk

___: U moet dit woord weghalen.
Bijvoorbeeld:
___
Ik woon naar in Nederland.

WP: U moet dit woord op een andere plaats in de zin zetten.
Bijvoorbeeld:
WP
China ik kom uit.

SV: U moet voor dit subject een andere vorm van het verbum gebruiken.
Bijvoorbeeld:
SV
De man lopen naar huis

PL: U moet hier een andere vorm van de pluralis gebruiken.
Bijvoorbeeld:
PL
Ik wil twee stoels kopen.

A: U moet hier een ander artikel gebruiken.
Bijvoorbeeld:
A
De boek is heel interessant.

I: U moet hier inversie gebruiken.
Bijvoorbeeld:
I
Om 14.00 uur ik ga naar huis.

BZ: U moet hier een bijzin gebruiken.
Bijvoorbeeld:
BZ
Ik ga naar huis omdat ik ben ziek.

Adj: U moet dit adjectief in een andere vorm zetten.
Bijvoorbeeld:
Adj
Ik heb een grote probleem.

T: U moet dit verbum in een andere tijd zetten.
Bijvoorbeeld:
T
Ik luister gisteren naar mooie muziek.

R: U moet hier een ander relatief pronomen gebruiken.
Bijvoorbeeld:
R
Ik zie de man dat jij bedoelt.

O: Overige fouten